作者简介

　　夏昊晗，德国波恩大学法学博士，中南财经政法大学法学院副教授，硕士研究生导师，中南司法案例研究中心研究员，《私法研究》（CSSCI 来源集刊）副主编，湖北省民法学研究会理事，湖北省法学教育研究会理事，具有多年的律师和公司法务工作经验。研究兴趣集中于民商法，于核心期刊发表多篇学术论文，并被诸多知名微信公众号转载。授课深入浅出，直击考点，擅长用浅显易懂的原理帮助学生举一反三，理论和实务的结合也让授课变得更加生动和符合法考的考情！

2022年觉晓法考培优系列

民法培优

从入门到贯通

夏昊晗◎编著　觉晓法考◎组编

中国政法大学出版社

2022·北京

图书在版编目（ＣＩＰ）数据

2022 年觉晓法考培优系列.民法培优：从入门到贯通/夏昊晗编著；觉晓法考组编.—北京：中国政法大学出版社，2022.2

ISBN 978-7-5764-0376-3

Ⅰ.①2… Ⅱ.①夏… ②觉… Ⅲ.①民法−中国−资格考试−自学参考资料 Ⅳ.①D92

中国版本图书馆 CIP 数据核字(2022)第 029896 号

出　版　者	中国政法大学出版社
地　　　址	北京市海淀区西土城路 25 号
邮寄地址	北京 100088 信箱 8034 分箱　邮编 100088
网　　　址	http://www.cuplpress.com（网络实名：中国政法大学出版社）
电　　　话	010-58908285(总编室)　58908433（编辑部）　58908334(邮购部)
承　　　印	北京鑫海金澳胶印有限公司
开　　　本	787mm×1092mm　1/16
印　　　张	20.75
字　　　数	500 千字
版　　　次	2022 年 2 月第 1 版
印　　　次	2022 年 2 月第 1 次印刷
定　　　价	75.00 元

CSER高效学习模型

传统机构没有搭建教学体系的能力，只贩卖老师讲知识点的课件，缺失搭框架、刷题、记忆等环节；听完课不会做题、知识点散、后期没有背诵资料，学习效果很差！

觉晓坚持每年投入上千万，组建名师+高分学霸教学团队，按照 **C**（讲考点→理解）→**S**（搭体系→不散）→**E**（刷够题→会用）→**R**（多轮背→记住）学习模型设计教学产品，让你学习效果提高 **1.97 倍**。

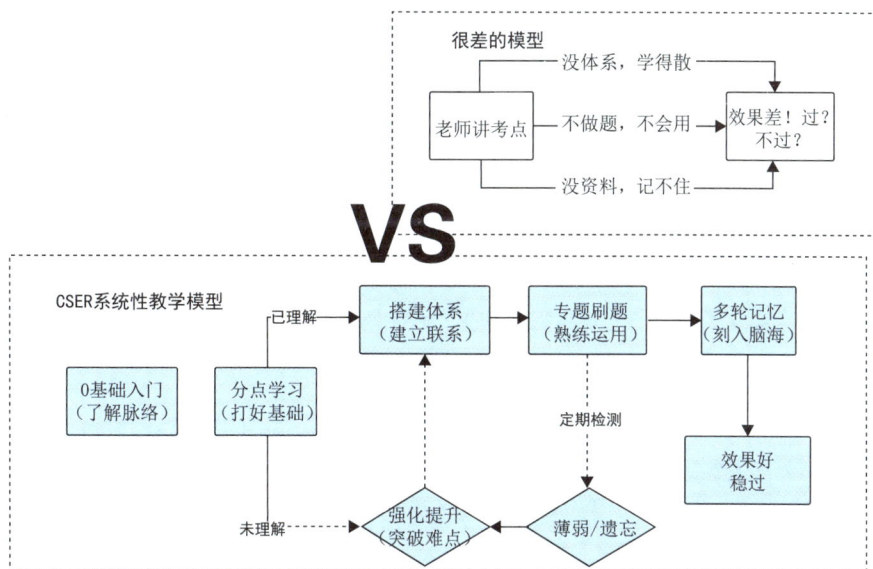

前面理解阶段跟名师，但后面记忆应试阶段，高分学霸更擅长，这样搭配既能保证理解，又能应试；时间少的在职考生可以直接跟学霸高效应试。

同时，知识要成体系性，后期才能记住，否则学完就忘！因此，觉晓有推背图，诉讼流程图等产品，辅助你建立知识框架体系，后期可以高效复习！

觉晓坚持数据化学习

　　觉晓已经实现听课、刷题、模考、记忆全程线上化学习；在学习期间，觉晓会进行数据记录，自2018年APP上线，觉晓已经积累了上百万的数据，并有十多万过线考生的精准数据。

　　觉晓有前百度、腾讯、京东等大厂的AI算法团队，建模分析"过线考生"VS"没过线考生"的数据差异，建立"过考模型"，其应用层包括：

　　1. 精准的数据指标，让你知道过线每日需要消耗的"热量、卡路里"，有标准，过线才稳！

　　2. 按照数据优化教学产品，一些对过线影响不大的科目、知识点就减少，重要的要加强；课时控制，留够做题时间，因为中后期做题比听课更重要！

　　3. 精准预测分数，实时检测你的数据，对比往年相似考生数据模型，让你知道，你这样学下去，最后会考几分！

　　4. AI智能推送，根据过线数据模型推送二轮课程和题目，精准且有效的查缺补漏，让你的时间花的更有价值！

　　注：觉晓每年都会分析当年考生数据，出具一份完整的通过率数据分析报告，每年有三份"客观题版""主客一体版""主观题二战版"，可以在微信订阅号"sikao411"，或"蒋四金法考""觉晓法考"微博获取。

绪　论 …………………………………………………………………………………… 1

总则编

第一章　民法概述 ……………………………………………………………………… 5

第一节　民法的概念与调整对象 …………………………………………………… 5

第二节　民事法律关系 ……………………………………………………………… 5

第三节　民法的基本原则 …………………………………………………………… 10

第二章　自然人 ………………………………………………………………………… 13

第一节　自然人的民事权利能力与行为能力 …………………………………… 13

第二节　监　护 ……………………………………………………………………… 15

第三节　宣告失踪和宣告死亡 …………………………………………………… 19

第三章　法人和非法人组织 ………………………………………………………… 22

第一节　法人的概念与特征 ……………………………………………………… 22

第二节　法人的类型 ……………………………………………………………… 22

第三节　法人的设立、变更与终止 ……………………………………………… 24

第四节　法定代表人 ……………………………………………………………… 25

第五节　非法人组织 ……………………………………………………………… 26

第四章　民事法律行为 ……………………………………………………………… 27

第一节　意思表示 ………………………………………………………………… 27

第二节　民事法律行为的分类 …………………………………………………… 30

第三节　民事法律行为的成立与生效 …………………………………………… 31

第四节　无效的民事法律行为 …………………………………………………… 32

第五节　可撤销的民事法律行为 ………………………………………………… 36

第六节　效力待定的民事法律行为 ……………………………………………… 42

第七节　附条件、附期限的民事法律行为 ……………………………………… 44

第八节　民事法律行为无效、被撤销、不发生效力的法律后果 ……………… 45

第五章　代理 …………………………………………………………………………… 47

第六章　诉讼时效 …………………………………………………………………… 54

物权编

第一章 物权法概述 ……………………………………………………… 61
　第一节 物权的概念与分类 ……………………………………………… 61
　第二节 物权的客体 ……………………………………………………… 61
　第三节 物权的效力 ……………………………………………………… 63
第二章 物权变动 ………………………………………………………… 66
　第一节 基于法律行为的物权变动 ……………………………………… 66
　第二节 非基于法律行为的物权变动 …………………………………… 73
第三章 所有权 …………………………………………………………… 76
　第一节 善意取得 ………………………………………………………… 76
　第二节 拾得遗失物 ……………………………………………………… 80
　第三节 先占与添附 ……………………………………………………… 81
　第四节 共有 ……………………………………………………………… 83
　第五节 建筑物区分所有权 ……………………………………………… 86
　第六节 相邻关系 ………………………………………………………… 88
第四章 用益物权 ………………………………………………………… 89
　第一节 居住权 …………………………………………………………… 89
　第二节 地役权 …………………………………………………………… 89
　第三节 土地承包经营权 ………………………………………………… 92
　第四节 建设用地使用权与宅基地使用权 ……………………………… 93
第五章 占有 ……………………………………………………………… 94
　第一节 占有概述 ………………………………………………………… 94
　第二节 占有的分类 ……………………………………………………… 94
　第三节 占有的效力 ……………………………………………………… 96
　第四节 无权占有人与权利人之间的权利义务关系 …………………… 97

债法总论

第一章 债法概述 ………………………………………………………… 101
　第一节 债与债法的含义 ………………………………………………… 101
　第二节 债的特征 ………………………………………………………… 102
　第三节 债的分类 ………………………………………………………… 105
第二章 债的移转 ………………………………………………………… 109
　第一节 债权让与 ………………………………………………………… 109
　第二节 债务承担 ………………………………………………………… 111
　第三节 债权债务的概括承受 …………………………………………… 112

第三章　债的保全 …………………………………………………………… 114

　　第一节　债权人代位权 …………………………………………………… 114

　　第二节　债权人撤销权 …………………………………………………… 116

第四章　债的消灭 …………………………………………………………… 119

　　第一节　清偿 ……………………………………………………………… 119

　　第二节　抵销 ……………………………………………………………… 121

　　第三节　提存 ……………………………………………………………… 122

　　第四节　免除 ……………………………………………………………… 123

　　第五节　混同 ……………………………………………………………… 123

第五章　无因管理 …………………………………………………………… 124

第六章　不当得利 …………………………………………………………… 128

合同编通则

第一章　合同的分类 ………………………………………………………… 132

第二章　合同的成立与效力 ………………………………………………… 134

　　第一节　合同的成立 ……………………………………………………… 134

　　第二节　悬赏广告 ………………………………………………………… 138

　　第三节　格式条款 ………………………………………………………… 139

　　第四节　缔约过失责任 …………………………………………………… 139

第三章　合同的履行 ………………………………………………………… 141

　　第一节　合同内容的确定 ………………………………………………… 141

　　第二节　合同履行的特殊情况 …………………………………………… 142

　　第三节　双务合同的履行抗辩权 ………………………………………… 143

第四章　合同解除 …………………………………………………………… 146

　　第一节　合同解除事由 …………………………………………………… 146

　　第二节　合同解除权的行使 ……………………………………………… 150

　　第三节　合同解除的法律效果 …………………………………………… 151

第五章　违约责任 …………………………………………………………… 152

　　第一节　违约责任的成立 ………………………………………………… 152

　　第二节　违约责任的承担方式 …………………………………………… 153

合同编典型合同

第一章　买卖合同 …………………………………………………………… 159

　　第一节　买卖合同的风险负担 …………………………………………… 159

　　第二节　所有权保留买卖 ………………………………………………… 162

　　第三节　分期付款买卖 …………………………………………………… 164

第四节　试用买卖 ·· 165

第五节　样品买卖 ·· 166

第六节　商品房买卖合同 ·· 166

第七节　买受人的检验通知义务 ······························ 167

第八节　出卖人的瑕疵担保责任 ······························ 167

第二章　赠与合同 ·· 169

第三章　借款合同 ·· 171

第四章　租赁合同 ·· 174

第一节　租赁合同的一般规则 ································· 174

第二节　房屋租赁合同的特殊规则 ······················ 176

第五章　融资租赁合同 ·· 179

第六章　保理合同 ·· 183

第七章　建设工程施工合同 ·· 185

第八章　其他有名合同 ·· 190

第一节　物业服务合同 ·· 190

第二节　合伙合同 ··· 191

第三节　委托合同 ··· 192

第四节　中介合同 ··· 194

第五节　行纪合同 ··· 194

第六节　承揽合同 ··· 195

第七节　运输合同 ··· 196

第八节　保管合同与仓储合同 ······························ 197

第九节　技术合同 ··· 198

担保制度

第一章　担保的一般问题 ·· 201

第一节　担保概述 ··· 201

第二节　担保的从属性 ·· 202

第三节　担保合同 ··· 204

第四节　反担保 ·· 207

第五节　借新还旧对担保的影响 ···························· 207

第二章　担保物权的一般问题 ··· 209

第一节　担保物权的特性 ······································· 209

第二节　主债权诉讼时效对担保物权的影响 ··········· 210

第三节　担保物权的代持 ······································· 211

第三章　抵押权 ……………………………………………………………… 212
　第一节　抵押财产的范围 ………………………………………………… 212
　第二节　抵押权的设立 …………………………………………………… 213
　第三节　正常经营买受人 ………………………………………………… 217
　第四节　抵押财产转让 …………………………………………………… 218
　第五节　抵押权实现 ……………………………………………………… 220
　第六节　最高额抵押 ……………………………………………………… 223

第四章　质权 ………………………………………………………………… 225
　第一节　动产质权 ………………………………………………………… 225
　第二节　权利质权 ………………………………………………………… 229

第五章　留置权 ……………………………………………………………… 231

第六章　保证 ………………………………………………………………… 235
　第一节　保证合同 ………………………………………………………… 235
　第二节　保证方式 ………………………………………………………… 235
　第三节　保证期间与保证债务诉讼时效 ………………………………… 238
　第四节　保证人的权利 …………………………………………………… 241

第七章　非典型担保 ………………………………………………………… 243
　第一节　物权法定原则 …………………………………………………… 243
　第二节　让与担保和后让与担保 ………………………………………… 244
　第三节　保兑仓 …………………………………………………………… 247
　第四节　保证金账户质押 ………………………………………………… 249

第八章　担保并存 …………………………………………………………… 251
　第一节　共同担保 ………………………………………………………… 251
　第二节　担保物权的竞合 ………………………………………………… 254

侵权责任编与人格权编

第一章　侵权责任一般理论 ………………………………………………… 260
　第一节　侵权责任的归责原则 …………………………………………… 260
　第二节　一般侵权责任的构成要件 ……………………………………… 262
　第三节　免责事由 ………………………………………………………… 263
　第四节　侵权责任的承担方式 …………………………………………… 267

第二章　多数人侵权 ………………………………………………………… 269
　第一节　共同侵权行为 …………………………………………………… 269
　第二节　无意思联络的数人分别侵权 …………………………………… 270

第三章　具体侵权行为 ……………………………………………………… 273

第四章　人格权 …………………………………………………………………… 286

　第一节　人格权概述 …………………………………………………………… 286

　第二节　具体人格权 …………………………………………………………… 287

婚姻家庭编

第一章　结婚 ……………………………………………………………………… 294

第二章　离婚 ……………………………………………………………………… 297

第三章　夫妻财产关系 …………………………………………………………… 301

第四章　家庭关系 ………………………………………………………………… 304

第五章　收养 ……………………………………………………………………… 306

继承编

第一章　继承法概述 ……………………………………………………………… 309

第二章　法定继承 ………………………………………………………………… 311

第三章　遗嘱继承、遗赠与遗赠扶养协议 ……………………………………… 315

　第一节　遗嘱继承 ……………………………………………………………… 315

　第二节　遗赠 …………………………………………………………………… 316

　第三节　遗赠扶养协议 ………………………………………………………… 317

第四章　遗产的处理 ……………………………………………………………… 319

绪 论

一、作为私法的民法

1. 鲁滨逊独居孤岛，自然可以随心所欲，而不必顾及他人。人群共处则不然，必须有一定的游戏规则，否则社会秩序难以维持，每个人都将无法正常生活。习惯、宗教、道德和法律均属于此种游戏规则。其中，法律扮演着极其重要的角色，因为唯有法律是由国家以公权力保障强制实施的。

2. 现代社会，法律繁多，大体上可以分为公法和私法。简单来说，所谓公法，就是调整具有命令与服从关系的主体之间关系的法律，例如刑法、行政法；所谓私法，就是调整平等主体之间关系的法律，例如民法、公司法。

3. 民法调整平等主体之间的财产关系和人身关系，适用于一切人，在私法中居于基础和核心地位，公司法、保险法、票据法、破产法、证券法等不过是民法的特别法。《中华人民共和国民法典》（以下简称《民法典》）构成民法的骨干，通常所说的民法即由《民法典》及最高人民法院的相关司法解释组成。

二、民法的逻辑构造与体系

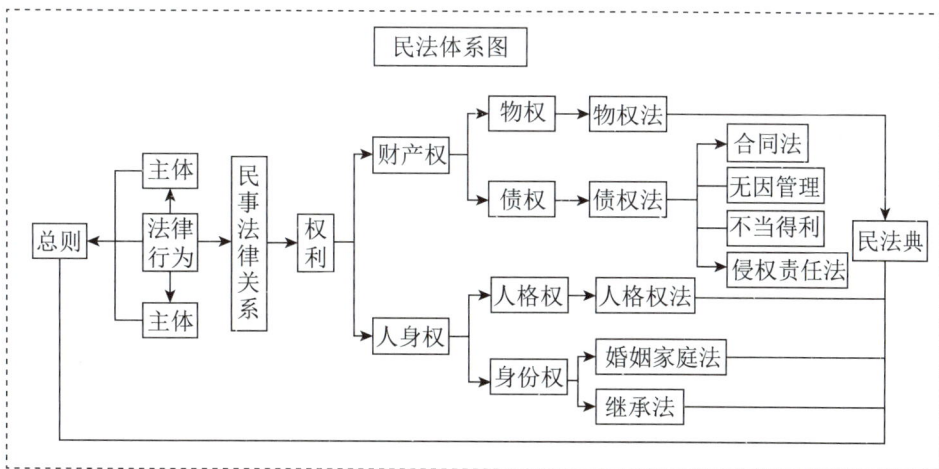

民法体系图

（一）生活事实层面的思考

人群共处，就私人生活而言，简单来说，至少需要解决以下几个方面的问题：

1. 某物属于谁所有？

民法用所有权这一概念界定物的归属，以定分止争。所有权人将其对物的使用价值的支配让与给他人，他人即对物取得用益物权，例如居住权；所有权人将其对物的交换价值的支配让与给他人，他人即对物取得担保物权，例如抵押权。所有权、用益物权和担保物权这三种人对物的权利构成物权法的骨干，此即《民法典》物权编的由来。

2. 属于不同人所有的物，如何在不同人之间进行交换，以满足各自所需？

民法将人与人之间的此种交换关系称之为合同，规范合同交易的规则被称之为合同法，此即《民法典》合同编的由来。

3. 某人或者属于其所有的物被人侵害，如何处理？

民法将侵害他人人身和财产权益的行为称之为侵权行为，规范侵权行为的规则被称之为侵权法，此即《民法典》侵权责任编的由来。为了解决人的尊严和自由受到他人不当侵害的问题，现代社会还发展出所谓的人格权法，此即《民法典》人格权编的由来。

4. 异性之间如何结合成为夫妻？夫妻之间、父母子女之间、亲属之间关系如何？

该问题涉及男女结婚组成家庭后形成的各种关系。民法将解决此问题的规则称之为亲属法，此即《民法典》婚姻家庭编的由来。

5. 一个人去世之后，他留下的财产如何处理？

该问题涉及一个人去世后其财产归谁所有的问题。民法将解决此问题的规则称之为继承法，此即《民法典》继承编的由来。

（二）理论与立法技术层面的思考

1. 总则编/民事法律行为概念的由来

无论是物权编设立用益物权抑或担保物权的协议，例如抵押合同，抑或是合同编的合同，例如买卖合同，还是婚姻家庭编的结婚和继承编的遗嘱，这些生活事实的共性在于，依照当事人的意志产生法律效果。民法理论将此种依照当事人意志产生法律效果的自治行为抽象为民事法律行为概念。在此基础上，立法者采用提取公因式的立法技术，将物权编、合同编、侵权责任编、人格权编、婚姻家庭编、继承编的一些共同规则提取出来，例如民事主体（自然人与法人）、民事法律行为等，规定于《民法典》之首，形成最为抽象的总则编。

2. 以权利为核心

民法理论将私人生活中所产生的关系抽象为权利与义务问题。通俗来说，民法所要解决的问题就是谁与谁之间基于何种事实产生了何种关系，在该特定关系中，谁享有何种权利，谁负有何种义务，如果权利受到侵害，应该如何救济，如果义务被违反，应该如何制裁。民法主要从权利的角度来进行体系构建，所以民法被称为权利法。

（1）财产权与人身权的区分

物权编、合同编和侵权责任编涉及的均为财产问题，被合称为财产法。而婚姻家庭编、继承编主要涉及身份问题或以身份为基础的财产问题，被合称为身份法。

（2）物权与债权的区分

物权编涉及的是人对物的关系，这种关系的特征是人可以直接支配物并享受其利益，不需要其他人的配合，其他人只要不侵害人对物的权利即可。民法理论将这种具有对世性的权利称之为物权，规范物权的法律即为物权法。合同编和侵权责任编涉及的是人与人的关系，这种关系的特征是当事人一方可以请求另一方为某种行为或不为某种行为。例如，在买卖合同中，卖方可以请求买方支付价款，买方可以请求卖方交付标的物并转移其所有权。民法理论将这种一方可以请求另一方为某种行为或不为某种行为的权利称之为债权。合同法、侵权责任法等合称为债权法。

三、民法的根本理念：私法自治

1. 民法上的人是平等的，且民法假定每一个人均是理性的，均是自己利益的最佳判断者，每个人追求自我利益最大化，同时也会增进社会福利，促进社会发展。故而，民法奉行私法自治（意思自治），即每个人均可依其自由意志自主决定，去追求自己想要的东西，公权力则应尽可能对此予以尊重，让每个人得偿所愿，正所谓法无禁止皆自由。这与公法所奉行的法无授权即禁止原则形成鲜明对比。当然，责任自负也是私法自治的应有之义，正所谓自愿做甘愿受。

2. 私法自治的精神贯穿于整个《民法典》。所有权人在法律允许的范围内可以自由占有、使用、收益、处分其所有物；每个人都可以自由决定是否订立合同，与谁订立合同，以什么形式订立合同以及决定合同内容；每个人均有结婚与离婚的自由；每个人均可自由决定其身后遗产如何分配。《民法典》的规定尤其是合同编的规定在性质上主要为任意性规定，当事人可以通过约定排除适用，故而《民法典》经常出现"当事人另有约定的除外"这样的表述。基于私法自治，未经他人同意，不得为其设定义务，不得令其承受不利益，甚至不得强迫其接受好处，故而赠与为合同，需要赠与人和受赠人达成合意方可，而非依赠与人单方意志即产生效力。

3. 任何自由均有其边界，私法自治若超出正当之界限，法律自然应对之进行限制。例如，买卖毒品的交易无效，包养协议无效。然而，一切限制均以必要为限，须符合公法上的比例原则。而且此种限制的存在，并不足以改变私法自治系民法的根本理念这一点。若无私法自治作为根本理念，民法将失去其灵魂，不再成其为民法。

4. 学习民法，务必充分体悟其私法自治精神。唯有如此，方可充分理解其规则要义，亦可以大大减轻记忆负担。学法之人，若不懂私法自治，若不能将私法自治精神贯穿于自己的工作和生活，则很难称得上是一个真正的法律人。

KEEP AWAKE

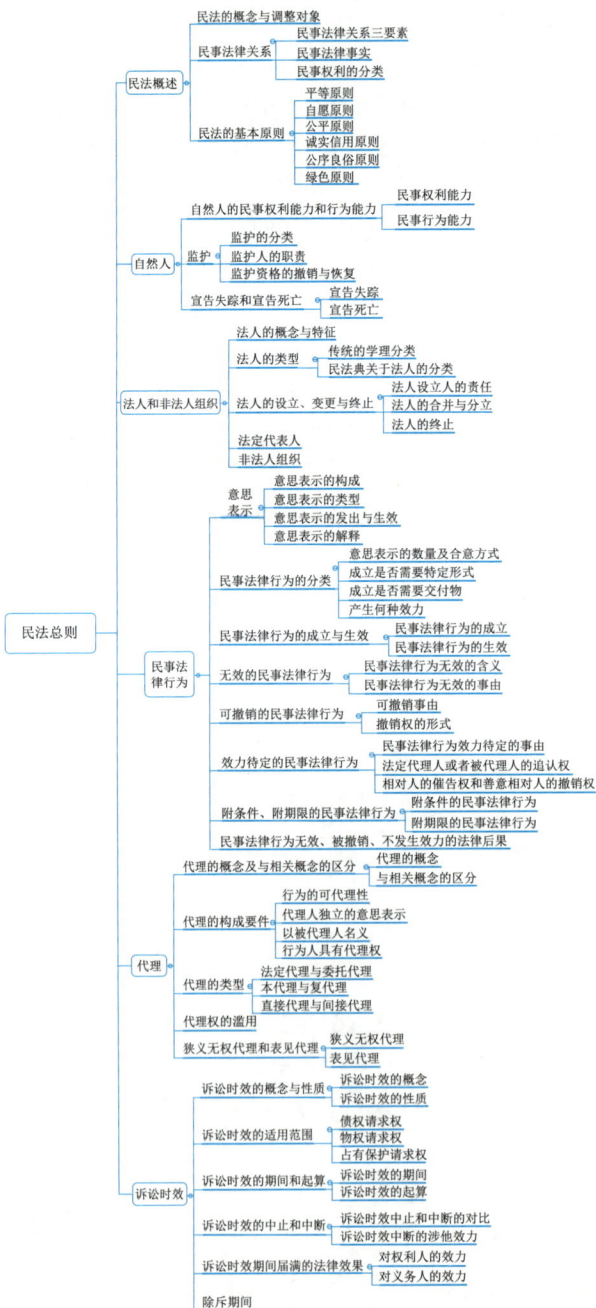

第一章
民法概述

【重点】事实行为与情谊行为；支配权、请求权、抗辩权和形成权；自愿原则、诚实信用原则、公序良俗原则

第一节　民法的概念与调整对象

民法，是调整平等主体的自然人、法人和非法人组织之间人身关系和财产关系的法律规范的总称。

1. 民法调整平等主体之间的关系。

是否属于平等主体之间的关系，要放在特定的关系之中进行具体判断。例如，水果店老板张三因占道经营被城管部门罚款时，城管部门与张三之间存在命令与服从关系，此种关系不属于平等主体之间的关系；城管部门向张三购买水果用于发放春节福利时，城管部门与张三之间不存在命令与服从关系，属于平等主体之间的关系。

2. 民法调整的是平等主体之间的财产关系和人身关系。

民法不是万能的，平等主体之间的关系并非均由民法调整，如恋爱关系、朋友关系。这些关系属于法外空间，不受法律调整。

【注意】民法总则的内容十分抽象，后面部分才会学到的专业名词也不可避免地会出现于此。请耐着性子坚持下去，到后面自然会产生豁然开朗的感觉。

第二节　民事法律关系

平等主体之间的财产关系和人身关系经由民法的调整，即形成民事法律关系。

一、民事法律关系三要素

民事法律关系包括三个要素：主体、客体和内容。

1. 民事法律关系的主体：简称民事主体或者权利主体，包括自然人、法人和非法人组织。国家在某些特定的情况下也能成为民事主体：如中国政府购买美国国债。

2. 民事法律关系的客体：指民事权利和民事义务所指向的对象。

（1）物权法律关系的客体：物（包括动产与不动产）+权利（如权利质权）。

（2）债权法律关系的客体：给付（包括作为与不作为）。

（3）人身权法律关系的客体：人身利益（人格权客体是人格利益，身份权客体是身份利益）。

（4）知识产权法律关系的客体：智力成果（如发明创造）。

3. 民事法律关系的内容：指民事主体在特定法律关系中所享有的权利或者所负担的义务，即民事权利和民事义务。

4. 民事义务与民事责任：民事责任是民事主体因违反民事义务所应承担的法律后果，包括缔约过失责任、违约责任和侵权责任。

二、民事法律事实

民事法律关系的变动即发生、变更和消灭，绝非无缘无故的，必有一定的原因。此原因被称为民事法律事实。民事法律事实分为两大类，即事件和人的行为。

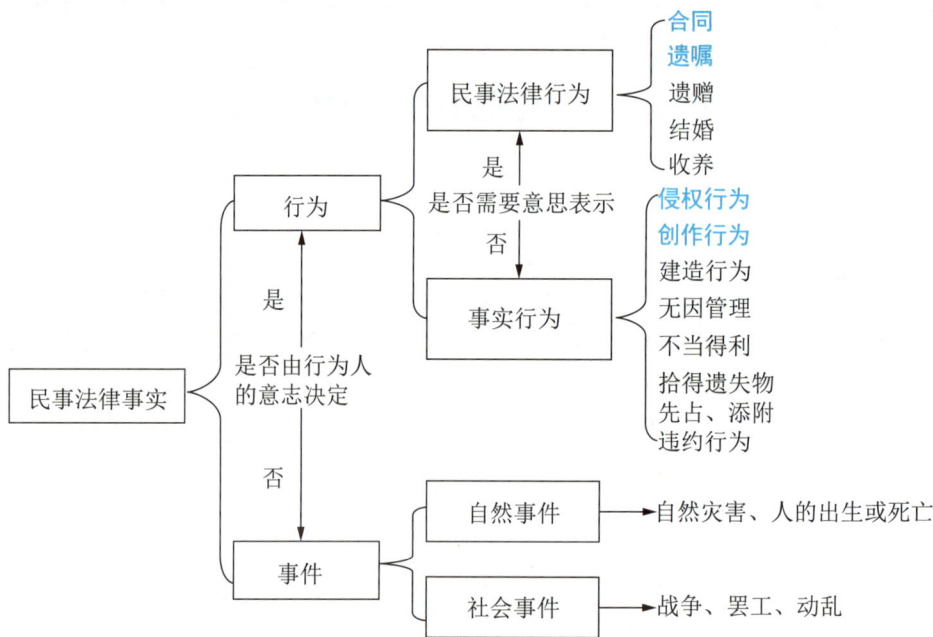

1. 事件，是指与人的意志无关，能够引起民事法律关系发生、变更或消灭的一切客观情况。

【示例】甲与乙系夫妻，育有独生子丙。甲因交通事故意外身亡，甲与乙的婚姻关系自动消除，甲的遗产则由乙、丙继承。无论是婚姻关系的消除还是继承关系的发生，均与甲、乙、丙的意志无关，故而人的死亡属于自然事件。

2. 民事法律行为，是以意思表示为核心要素，旨在根据行为人意志发生私法上法律效果的行为。民事法律行为的最大特征是，其法律效果依行为人意志发生。例如，合同、遗嘱。

【示例】甲与乙签订手机买卖合同。其法律效果是，乙可以请求甲交付手机，甲可以请求乙支付价款。如果二人依约行事，则乙取得手机的所有权，甲取得一定数额的金钱。之所以产生此种法律效果，是因为甲乙二人就此达成了合意。

3. 事实行为，是不以意思表示为要素，直接依照法律规定产生某种法律效果的行为。事实行为的最大特征是，其法律效果是法律直接规定的，与行为人内心的想法毫无关系，行为人也没有必要将其内心想法表达出来。例如，创作、无主物的先占。正是因为如此，事实行为不要求行为人具有民事行为能力。

【示例】六岁的琪琪对其完成的画作享有著作权。之所以如此，不是因为琪琪想取得著作权，而是因为《著作权法》第11条规定，著作权属于创作作品的作者，这一法律效果与琪琪的内心想法毫无关系。

【比较】民事法律行为 vs 事实行为

	民事法律行为	事实行为
是否需要意思表示（核心）	√	×（有或没有不影响）
法律效果是否由当事人决定	√	×（法定）
是否需要行为人具有行为能力	√	×
是否存在效力问题	√	×

【判断分析】

1. 甲与乙登记结婚的行为属于民事法律行为。【正确。婚姻关系成立需要甲乙双方的意思表示达成一致。】

2. 甲拾得乙掉落的钱包属于民事法律行为。【错误。甲拾得乙掉落的钱包的行为不以意思表示为要素。根据拾得遗失物的法律规定，乙可以请求甲返还，此种法律效果直接根据法律规定产生。故而，甲拾得乙掉落的钱包的行为属于事实行为。】

4. 情谊行为，又叫好意施惠，是指由当事人一方基于良好的道德风尚实施的使另一方受恩惠，旨在增进情谊而无意受法律拘束的行为。例如，邀请同看演出、请客吃饭、火车到站叫醒、搭便车、顺路投递邮件、帮邻居清扫积雪等。

（1）判断属于民事法律行为还是情谊行为，关键在于结合生活常识判断当事人是否有受法律拘束的意思。无意受法律拘束的就是情谊行为。

（2）通常来说，情谊行为不具有法律意义，不属于民事法律事实。例如，甲向与其同住一个小区的同事乙表示，以后每天可以顺便将乙带到公司上班，乙欣然接受。虽然甲乙二人一拍即合，但是二者之间并未成立合同关系，因为基于普通人的认知，甲显然并无受法律拘束的意思。若甲爽约，乙自然无权请求其承担违约责任。当然，情谊行为不排除侵权的成立。若乙在乘坐甲的顺风车去上班的路上遭遇交通事故，而甲应对交通事故负责，则乙可以请求甲承担损害赔偿责任。只不过，因为乙是无偿搭乘，应当减轻甲的责任。

【判断分析】

1. 甲邀请朋友乙去观看演唱会，乙欣然答应。甲为此精心准备，还因购买门票花费2000元。但当日乙因其他事情而未赴约，致使甲购买的门票浪费。甲可以请求乙承担赔偿责任。【错误。甲邀请乙同看演唱会的行为是情谊行为，不属于民事法律事实。】

2. 甲与乙约定，甲为乙准备20万元彩礼用于结婚，若结婚不成，乙应全额退还。甲与乙之间的约定属于民事法律行为。【正确。甲乙之间的约定基于双方真实的意思表示，系以结婚为目的的赠与，属于民事法律行为。】

三、民事权利的分类

民事权利,依据作用的不同分为支配权、请求权、抗辩权和形成权。

(一) 支配权

支配权,是指直接支配权利客体,享有特定利益,并排除他人干涉的权利。

1. 支配权的类型

支配权包括物权、人格权、身份权、知识产权,以物权中的所有权最为典型。

2. 支配权的特征

(1) 直接性:支配权的实现无需义务人的积极作为,仅需义务人不作为。例:甲对自己的汽车享有所有权,享有汽车的利益,不需要其他人的配合,其他人只要予以尊重即可。

(2) 对世性:支配权的义务人不特定,权利人以外的人均有不得侵害支配权的不作为义务。例:任何人都不得侵害甲对其汽车享有的所有权。

(3) 排他性:同一客体之上不能同时并存两个同一内容的支配权。例:同一块土地上只能成立一个土地承包经营权。

(4) 特定性:客体是特定化的财产和人身利益。

(5) 公示性:支配权具有对世性和排他性,效力强大,事关交易秩序和交易安全,原则上以公示为前提。

(二) 请求权

请求权,是权利人请求义务人为一定行为或不为一定行为的权利。

1. 请求权基础

(1) 物权请求权:基于物权请求对方返还原物、排除妨害、消除危险的权利。例:乙将臭味熏天的垃圾堆放在甲家门口,影响了甲的出行与生活,甲可以请求乙予以清除,即排除妨害。

(2) 债权请求权:基于债权请求他人给付的权利。例:甲将汽车出卖给乙,甲有权请求乙支付购车款,乙有权请求甲交付汽车并转移汽车的所有权。

(3) 占有保护请求权:基于占有请求对方返还原物、排除妨害、消除危险的权利。例:甲误将乙的摩托车当作自己的摩托车予以使用,结果被丙盗走,甲可以基于其对摩托车的占有,请求丙返还摩托车。

2. 请求权的特征

(1) 请求性:请求权的实现有赖于义务人的积极配合,而非对特定利益的直接支配。例:甲乙订立汽车买卖合同,如果甲拒不交付汽车,乙只能请求甲交付,而不能未经同意开走汽车。

(2) 对人性:请求权的义务主体是特定的,具有相对性。例:甲乙订立汽车买卖合同,乙只能请求甲履行交付汽车的义务。

(3) 非排他性:请求权具有相容性。例:甲就自己的汽车分别与乙、丙、丁三人订立汽车买卖合同,乙、丙、丁三人均有权请求甲交付汽车。

(4) 非公示性:由于请求权仅涉及交易方的利益,原则上请求权的变动无需公示。

(三) 抗辩权

抗辩权,是对抗请求权的权利,即针对请求权人的请求,抗辩权人可以拒绝其请求。抗辩权的行使以请求权的行使为前提。请求权与抗辩权的关系犹如矛与盾的关系。

【示例】甲乙订立汽车买卖合同，约定乙先付款甲再交付汽车。若乙未付款即请求甲交付汽车，则甲可以行使先履行抗辩权，拒绝交付。

1. 抗辩权法定

抗辩权源于法律的明文规定。

2. 抗辩权的类型

（1）一时抗辩权：只能暂时对抗请求权，如一般保证人的先诉抗辩权、同时履行抗辩权、先履行抗辩权、不安抗辩权。

（2）永久抗辩权：可以永久对抗请求权，如诉讼时效抗辩权。

【比较】抗辩 VS 抗辩权

1. 功能不同：抗辩的功能在于否认请求权的存在，核心在于否认；抗辩权是承认请求权的存在，但有拒绝履行的理由，核心在于拒绝履行；

2. 是否需要主张不同：抗辩即使当事人不主张，法官也需依职权审查；抗辩权必须当事人主张，法官不得依职权主动适用。

【示例】甲被乙家的狗咬伤后向法院起诉赔偿：

①乙说："我的狗没有将你咬伤，你凭什么要求我赔钱？"

乙在提出抗辩，因为乙否认甲请求权的存在。即使乙自己未主动提出此种抗辩，法官也要依职权审查乙家的狗到底有没有咬伤甲；

②乙说："我的狗虽然将你咬伤了，但是事情都已经过了五年了，我可以拒绝赔钱。"

乙在主张诉讼时效抗辩权，因为乙承认甲有请求权，只是以诉讼时效已过为由拒绝赔偿。法官不能在乙未主张时效抗辩权时判决乙无需赔钱。

（四）形成权

形成权，是指依权利人单方的意思表示，即可导致民事法律关系发生、变更或者消灭的权利。

1. 形成权的来源

（1）源自法律规定：如可撤销法律行为的撤销权。

（2）源自当事人约定：如约定解除权。

【总结】典型的形成权包括：撤销权（如合同撤销权）、追认权（如效力待定的民事法律行为中法定代理人的追认权）、解除权（如合同解除权）、抵销权、选择之债中的选择权等。

【注意】效力待定法律行为中相对人的催告权、合同解除相对方的异议权，不属于形成权，因为该权利的行使不会引起民事法律关系的变动。

2. 形成权的行使

形成权的存在本身不能产生任何法律后果，必须经权利人行使才能发生相应的法律后果。

（1）行使方式

①单纯形成权：既可以诉讼、仲裁方式行使，也可以单方通知方式行使。例：甲的汽车因突发洪水灭失，无法交付乙，甲可通知乙解除合同。

②形成诉权：只能通过诉讼、仲裁方式行使。例：甲通过胁迫的方式与乙订立合同，乙只有通过诉讼方式行使撤销权才可撤销该合同。

【总结】形成权原则为单纯形成权。属于形成诉权的例外情形包括：可撤销法律行为中的撤销权、债权人撤销权、违约方的合同解除权、基于情势变更的合同解除权属于形成诉权。

（2）行使限制

形成权受除斥期间的限制。形成权人在除斥期间届满前未行使权利，则形成权消灭。例：甲未在除斥期间内行使合同解除权，则解除权消灭。

【判断分析】

关于民事权利，下列哪一选项是正确的？（2008-3-1，单选）

A. 抵销权属抗辩权【错误。抵销权是指依一方当事人的意思表示，就能使双方的债权在等额内消灭的权利，属于形成权。】

B. 权利的行使不都是事实行为【正确。例如，形成权的行使是单方法律行为。】

C. 支配权的客体只能是物【错误。支配权不仅仅包括物权，还包括人身权等，而人身权的客体是人身利益，不是物。】

D. 请求权只能基于基础权利受侵害而发生【错误。请求权可以作为基础权利产生，如合同债权；也可基于基础权利受侵害而产生，如侵害所有权产生的损害赔偿请求权。】

第三节　民法的基本原则

民法的基本原则，是指对民事立法、司法和民事活动具有普遍指导意义的基本准则，体现了民法的内在价值。

【说明】民法基本原则涉及到的直接考点较为简单，但是深刻体会民法基本原则，对于把握民法的精神，理解民法的制度和规则，具有莫大好处。

一、平等原则

平等原则，是指民事主体的法律地位一律平等。具体表现在以下方面：

1. 权利能力平等：自然人的民事权利能力一律平等；
2. 地位平等：不同的民事主体参与民事关系，应适用同一法律，具有平等的地位；
3. 保护平等：民事权利平等地受法律保护。

二、自愿原则

自愿原则，又称意思自治或私法自治原则，是指民事主体根据其自主意志形成民事法律关系的原则。私法自治原则是民法根本精神的体现，具体表现在以下方面：

1. 自主决定：民事主体有权自主决定是否参加民事活动以及如何参加民事活动。如甲可以自己决定是否卖房、卖给谁、以多少钱卖。
2. 自己责任：民事主体要对自己的民事活动所导致的结果负责任。如甲乙签订房屋买卖合同后，因房屋价格暴涨，甲拒绝交付房屋，则乙可以起诉至法院强制甲交付房屋。
3. 法无禁止即自由：只要民事主体的行为不违反法律、行政法规的强制性规定和公序良俗，国家即不得干预。

三、公平原则

民事主体从事民事活动，应当遵循公平原则，合理确定各方的权利和义务。法乃善良与公正的艺术。

四、诚实信用原则

诚实信用原则，简称诚信原则，指民事主体从事民事活动时要诚实、守信、正当行使权利并履行义务，不辜负对方的合理期待，在不损害他人利益的前提下追求自己的利益。具体体现：

1. 民事主体必须将有关事项和真实情况如实告知对方，不为欺诈行为。

2. 民事主体之间一旦达成合意签订合同，就必须重合同、守信用。

3. 合同当事人应当遵循诚信原则，根据合同的性质、目的和交易习惯履行通知、协助、保密等义务。

【注意】禁止权利滥用原则（诚信原则的延伸）

1. 禁止权利滥用原则：是指权利的行使不得超过正当的界限和范围。

2. 典型的权利滥用行为包括：

（1）行为人以损害国家利益、社会公共利益、他人合法权益为主要目的行使权利（损人不利己）；

（2）权利人获益甚少而给他人造成极大损害，获益与损害明显不成比例。

3. 滥用权利行为的法律后果

滥用权利的行为不发生相应的法律效力，造成损害的，可能承担侵权责任。

【示例】甲、乙二人同村，宅基地毗邻。甲的宅基地倚山、地势较低，乙的宅基地在上将其环绕。乙因琐事与甲多次争吵而郁闷难解，便沿二人宅基地的边界线靠己方一侧，建起高5米围墙，使甲在自家院内却有身处监牢之感。乙的行为损人不利己，违背诚信原则。

五、公序良俗原则

1. 公序良俗是公共秩序和善良风俗的简称。所谓公共秩序，是指直接涉及公共利益而应由全体社会成员共同遵守的基本规范；所谓善良风俗，是指全体社会成员所公认且共同遵从的基本社会伦理道德。

2. 公序良俗原则，指民事主体的行为应当遵守公共秩序，符合善良风俗。违反公序良俗的民事法律行为无效。

3. 违反公序良俗的常见行为类型

（1）损害人格尊严的行为。如离婚协议限制一方配偶再婚或生育；劳动合同约定限制结婚或生育；劳动合同约定工伤概不负责条款。

（2）过度限制行为自由或经济自由。如在委托律师代理诉讼的合同中，约定委托人未经律师同意不得撤诉、接受调解或者和解。

（3）危害家庭秩序。如断绝亲子关系的协议；约定离婚后未直接抚养子女的一方不得探望子女的协议；代孕协议。

（4）违背性道德。如包养协议；以维持两性关系为目的的赠与行为；为结束恋爱关系而约定支付分手费或者青春损失费。

（5）危害政治公序。如犯罪嫌疑人被羁押后，其家属与律师约定以"捞人"成功为条件的报酬和"公关"费用支付约定；约定一方不举报另一方犯罪的"封口费"。

（6）危害竞争秩序。如招投标中串通投标人之间的围标协议；帮忙解决入学就读指标的委托协议。

（7）射幸行为。如赌博、打赌。经国家特许经营的射幸行为除外，例如彩票合同。

【示例】甲与夜总会签订《业务承揽协议书》，约定：甲通过招揽"小妹"组建团队为夜总会顾客提供有偿陪侍服务，帮助增加包厢和酒水等消费额，夜总会向其支付销售金额的30%作为报酬。该《业务承揽协议书》因违反公序良俗而无效。

六、绿色原则

绿色原则，是指民事主体从事民事活动，应当有利于节约资源，保护生态环境。

第二章

自然人

【重点】民事行为能力、监护、宣告死亡

第一节　自然人的民事权利能力与行为能力

一、民事权利能力

（一）民事权利能力的含义

1. 民事权利能力，是指民事主体依法享有民事权利和承担民事义务的**资格**。

【示例】终身未嫁的赵女士长期独居，与家里的两条宠物狗相依为命。临去世前，赵女士留下遗嘱一份，将其名下所有财产全部留给其宠物狗。该遗嘱无效，因为狗不具有民事权利能力。

2. 自然人的民事权利能力一律平等。只要是人，即有民事权利能力。民事权利能力不得转让也不得抛弃，如：卖身为奴的协议无效。

（二）民事权利能力的存续时间

1. 民事权利能力始于出生，终于死亡（包括生理死亡与宣告死亡）。

2. 出生与死亡时间的确定：证据>出生证明/死亡证明>户籍登记。

3. 例外情况下的胎儿保护

（1）出生时为活体（包括出生后夭折）：在**遗产继承、接受赠与等胎儿利益保护**方面，从受胎时起就有民事权利能力。

（2）出生时为死体：**自始没有**民事权利能力。

【示例1】王某40岁才怀孕，其婆婆刘某激动不已，遂赠送给胎儿一对金手镯，并交给王某。

①若王某流产，金手镯仍属于刘某所有，因为胎儿**未出生，自始不具有民事权利能力，赠与不成立**。

②若胎儿出生后是死体，金手镯仍属于刘某所有，因为胎儿出生为死胎，自始没有民事权利能力。

③若胎儿出生后存活，但是因病旋即死亡，金手镯属于胎儿所有，胎儿的继承人**可以继承**该手镯。

④若胎儿尚未出生，其父亲便因车祸去世，在遗产分割时，应当保留胎儿的继承份额。

【示例2】甲乙系夫妻，乙有孕在身。在去医院产检的路上，甲驾驶的汽车与超速且逆行的丙驾驶的汽车相撞，甲当场死亡，坐在副驾驶的乙受重伤，也因此导致乙产下一名脑瘫的婴儿丁。①因甲死亡，丁可以请求丙支付死亡赔偿金。②丁在母胎中受到侵害，可以请求丙承担损害赔偿责任。

（3）父母在胎儿娩出前可以作为**法定代理人**主张继承遗产、赔偿损害等相应权利，而不必等到胎儿出生之后。

【注意】主流观点认为，因医生过失未能诊断出胎儿缺陷，致使产下缺陷儿的，有权请求医疗机构赔偿损害的主体**只能是缺陷儿父母**，不能是其他近亲属。

4. 死者的人格利益保护

死者的人格利益，即姓名、肖像、名誉、荣誉、隐私、遗体等受到侵害的，其**配偶、子女、父母**有权依法请求行为人承担民事责任；死者**没有配偶、子女且父母已经死亡**的，**其他近亲属**有权依法请求行为人承担民事责任。

【注意】死者已经丧失民事权利能力，不享有人格权，近亲属不能以死者名义起诉，而是**以自己名义作为原告起诉**。

二、民事行为能力

民事行为能力，是指民事主体能够**独立**实施民事法律行为，从而实际取得民事权利和承担民事义务的**能力**。

【注意】民事权利能力只是资格，能否实际取得民事权利和承担民事义务，取决于民事行为能力的有无。如：1个月大的婴儿具有民事权利能力，但是并无民事行为能力，无法通过自己的独立行为取得权利或者负担义务。

1. 民事行为能力的划分

欲实现私法自治，行为人必须能够理解其所实施行为的意义，而这取决于行为人具有何等的理性能力。而自然人的理性能力，一般随年龄的增长而增长，因此行为能力的划分以年龄为首要标准，其次考虑辨认能力。

	无民事行为能力人	**限制**民事行为能力人	**完全**民事行为能力人
范围	①**<8周岁**的未成年人 ②**完全不能辨认**自己行为的成年精神病人	①**≥8周岁**的未成年人 ②**不能完全辨认**自己行为的成年人	①**≥18周岁**的正常人 ②**≥16周岁且以自己劳动收入作为主要生活来源**的未成年人
法律效果	**不能独立**实施任何民事法律行为，只能由其法定代理人代理	①可以独立实施**纯获利益**或者与其**年龄、智力、精神健康状况相适应**的民事法律行为 ②其他民事法律行为，只能由其法定代理人代理，或者经其法定代理人同意、追认	**可以独立实施**任何民事法律行为

【说明】法律之所以不赋予部分人行为能力，或者仅赋予其部分行为能力，是考虑到这些人的认识能力完全缺失或者部分缺失，有必要让其与复杂的交易世界隔离开来，以免其遭受损害。故而，**行为能力制度是以限制之名行保护之实**。

【注意】对于未成年人的行为能力，一概以年龄为标准，不再考虑未成年人的个体差异。例如，15 岁的甲为限制行为能力人，即使其心智较成年人更为成熟；乙于 18 周岁生日当天为限制行为能力人，而待 18 周岁生日一过，乙马上成为完全行为能力人，尽管乙的心智不会在一天之内发生本质变化。之所以如此，是为了更好地保护未成年人，同时也是为了避免个案判断带来的高度不确定性影响交易安全。

2. 限制民事行为能力人可以独立实施的民事法律行为

（1）纯获利益的民事法律行为，是指限制民事行为能力人通过法律行为仅享有权利，不负担义务，而不是从经济角度看是否获得了利益。例如，甲（10 岁）的舅舅以象征性的 50 万元价格将市值 500 万元的房屋出售给甲，虽然甲因此稳赚不赔，但是该房屋买卖合同依然是甲不能独立实施的法律行为，因为甲依据买卖合同负有支付 50 万元价款的义务。如果甲的舅舅是将房子赠与给甲，对于甲来说，赠与合同属于纯获利益的法律行为。

（2）与年龄、智力、精神健康状况相适应的理解：从行为与本人生活相关联的程度，本人的智力、精神健康状况能否理解其行为并预见相应的后果，以及标的、数量、价款或者报酬等方面认定。例如，14 岁的少女甲到纹身店，对背部进行大范围纹身，并用其积攒起来的 500 元零花钱支付费用。虽然是用零花钱支付费用，但是 14 岁的甲显然无法认识到纹身会给其未来造成何种影响。因此，甲与纹身店签订的服务合同不是与其年龄、智力相适应的法律行为。

【判断分析】

1. 甲 16 周岁，一次买彩票中奖 500 万，便以此作为主要生活来源，甲为完全民事行为能力人。【错误。甲虽年满 16 周岁且有生活来源，但是其生活来源不是自己的"劳动收入"，故其仍为限制民事行为能力人。】

2. 甲 10 岁，不幸患严重精神病，完全无法辨认自己的行为，甲为限制民事行为能力人。【错误。甲虽年满 10 岁但其患严重精神病，完全不能辨认自己行为，因此其为无民事行为能力人。】

3. 甲 26 岁，因感情受挫患精神病，不能完全辨认自己的行为，甲为无民事行为能力人。【错误。甲为限制民事行为能力的成年人，因为甲只是不能完全辨认自己的行为，而非完全不能辨认自己的行为。】

第二节　监　护

为保护和照管无民事行为能力人和限制民事行为能力人，法律特设监护制度。

一、监护的分类

（一）法定监护

1. 未成年人的法定监护人

（1）父母为未成年子女的当然监护人。

【注意】即使离婚，父母双方也均为未成年子女的监护人，与是否直接抚养未成年子女无关；父母一方死亡的，另一方为监护人。

（2）父母双亡或者没有监护能力：下列有监护能力的人按顺序担任监护人：祖父母、外祖父

母>兄、姐>其他愿意担任监护人的个人或者组织（须经未成年人住所地的居委会、村委会或者民政部门同意）

2. 无、限制民事行为能力成年人的法定监护人

下列有监护能力的人按顺序担任监护人：配偶>父母、子女>其他近亲属>其他愿意担任监护人的个人或者组织（须经被监护人住所地的居委会、村委会或者民政部门同意）

（二）协议监护

1. 具有监护资格的人之间可以协议确定监护人，且不受法定监护顺位的限制。

【注意】有监护能力的父母是未成年子女的当然监护人，不得通过协议确定监护人。

2. 有监护能力的未成年人的父母与其他依法具有监护资格的人订立协议，约定免除自己的监护职责的，协议无效；协议约定在未成年人的父母丧失监护能力时由该具有监护资格的人担任监护人的，协议有效。

【注意】监护人因患病、外出务工等原因在一定期限内不能完全履行监护职责，可以将全部或者部分监护职责委托给他人，但是监护人并不变更。

（三）指定监护

1. 前提：具有监护资格的人对监护人的确定有争议，无法协商确定监护人（争当监护人/不愿当监护人）。

【注意】有监护能力的父母是未成年子女的当然监护人，不适用指定监护。

2. 方式

（1）先指定再起诉：由被监护人住所地的居委会、村委会或者民政部门指定监护人，不服则应于接到指定通知之日起30日内向法院申请指定。

（2）直接向法院申请指定监护人。

3. 擅自变更监护人的后果

监护人被指定后，擅自变更的，不免除被指定监护人的监护责任。

4. 临时监护

指定监护人前，被监护人处于无人保护状态的，由被监护人住所地的居委会、村委会、法律规定的有关组织或者民政部门担任临时监护人。

【注意】因发生突发事件等紧急情况，监护人暂时无法履行监护职责，被监护人的生活处于无人照料状态的，被监护人住所地的居委会、村委会或者民政部门应当为被监护人安排必要的临时生活照料措施。

（四）遗嘱指定监护

被监护人的父母担任监护人的，可以通过遗嘱指定监护人。

1. 有权通过遗嘱指定监护人的，仅限于被监护人的父母，且父母系被监护人的监护人。

【示例】甲、乙在海难中去世，二人的独生子丙交由其爷爷丁抚养。丁若担心其去世后无人照看丙，可以通过遗嘱指定丙的姑姑为其监护人。该遗嘱指定监护无效，因为有权通过遗嘱指定监护人的，仅限于被监护人的父母。

2. 被监护人既可以是未成年子女，也可以是无、限制民事行为能力的成年子女。

3. 未成年人由父母担任监护人，父母中的一方通过遗嘱指定监护人，另一方在遗嘱生效时有监护能力，有关当事人对监护人的确定有争议的，应当由另一方担任监护人。

【示例】甲、乙协议离婚，约定由甲抚养丙。其后，甲因病去世，留下遗嘱一份，指定其父母为丙的监护人。因乙尚健在，若对丙的监护人有争议，应由乙担任丙的监护人。

4. 父母通过共同遗嘱指定监护人，一方死亡后另一方另立遗嘱指定其他监护人，或者父母各立遗嘱指定了不同监护人：原则上以后死亡一方的指定为准，不过应考虑最有利于被监护人原则和尊重被监护人真实意愿原则。

5. 遗嘱生效时被指定的人不同意担任监护人的，按照法定监护规则确定监护人。

（五）成年人意定监护

1. 具有完全民事行为能力的成年人，可以与其近亲属、其他愿意担任监护人的个人或者组织事先协商，以书面形式确定自己的监护人，在自己丧失或者部分丧失民事行为能力时，由该监护人履行监护职责。

2. 该成年人丧失或者部分丧失民事行为能力前：协议的任何一方均可请求解除协议。

3. 该成年人丧失或者部分丧失民事行为能力后：协议确定的监护人无正当理由不得请求解除协议。

（六）组织监护

没有依法具有监护资格的人的，监护人由民政部门担任，也可以由具备履行监护职责条件的被监护人住所地的居委会、村委会担任。

【总结】未成年人的监护人：父母>遗嘱指定监护>父母之外的法定监护人协议监护>指定监护>父母之外的法定监护人按顺序确定>组织监护

成年人的监护人：意定监护人>法定监护人协议监护>指定监护>法定监护人按顺序确定>组织监护

【判断分析】

1. 甲的父母在车祸中去世，甲的爷爷和外公都想当甲的监护人。关于甲监护人的确定有争议的，甲的爷爷必须先请求相关部门指定监护。【错误。对担任监护人有争议，又不能协商确定监护人的，可以先向居委会或民政部门申请指定，不服再申请法院指定，也可以直接向法院申请指定监护人。】

2. 身患重病的甲有权与其堂兄签订协议，在其丧失行为能力的时候，由堂兄担任自己的监护人照顾自己的衣食住行。【正确。具有完全民事行为能力的成年人，可以与其近亲属事先协商，以书面形式确定自己的监护人，在自己丧失或者部分丧失民事行为能力时，由该监护人履行监护职责。】

二、监护人的职责

监护本质上为一种职责，而非权利。

1. 代理被监护人实施民事法律行为：监护人是被监护人的法定代理人。

2. 保护被监护人人身、财产权利及其他合法权益。

3. 对被监护人有能力独立处理的事务，监护人不得干涉。

4. 监护人不履行监护职责或者侵害被监护人合法权益的，应当承担民事责任。

5. 尊重被监护人的真实意愿，按照最有利于被监护人的原则履行监护职责；非为被监护人的利益，不得处分被监护人的财产。

【讨论】非为被监护人的利益，不得处分被监护人的财产。

1. 判断是否为了维护被监护人的利益，应以一个处于与监护人同等情景下的理性人的判断为标准，不能以财产的得丧为唯一标准。

通常认为，为被监护人求学、就医处分其财产，属于为其利益；以被监护人名下的房产为第三人的债务提供抵押担保、利用被监护人的财产进行高风险投资行为（炒股等），属于非为其利益。

2. 监护人非为被监护人利益处分其财产行为的效力

（1）观点一：基于保护被监护人尤其是未成年人的考虑，主张：监护人是被监护人的法定代理人，其法定代理权原则上不受限制。"监护人除为维护被监护人利益外，不得处分被监护人的财产"构成对监护人法定代理权的法定限制。故而，监护人非为被监护人利益以被监护人名义处分其财产，构成无权代理，且法定代理中不存在成立表见代理的可能性，只有等待被监护人取得完全行为能力，由其决定是否追认。

（2）观点二：基于保护交易安全的考虑，主张：即使监护人非为被监护人利益处分其财产，也不影响外部行为的效力，若因此造成被监护人损害，由监护人予以赔偿即可。

【说明】法考真题采纳观点一。其合理性在于，未成年人保护优先于交易安全保护，采纳观点二，将导致被监护人的财产保护沦为空话。

【示例】甲、乙协议离婚，约定由甲抚养6岁的独生子丙，夫妻共有的A房赠与给丙，并办理了过户登记手续。其后，甲因生意失败意志消沉，染上了毒瘾。为筹措资金购买毒品，甲以丙的名义将A房出售给丁并办理了过户登记手续。本案中，甲为购买毒品出售其子丙的房屋，属于非为其利益处分其财产，其行为构成无权代理，故而买卖合同效力待定。丙可于成年后进行追认，善意的丁则可以在此之前撤销合同，以避免买卖合同效力长期处于不确定状态。

三、监护资格的撤销与恢复

（一）撤销事由

1. 实施严重损害被监护人身心健康或合法权益的行为；

2. 监护人怠于履行监护职责；

3. 无法履行监护职责并且拒绝将监护职责部分或全部委托给他人，导致被监护人处于危困状态。

（二）撤销申请人

1. 其他有监护资格的人；

2. 被监护人住所地的居委会、村委会，民政部门；

3. 学校、医疗机构、妇女联合会、残疾人联合会、未成年人保护组织、依法设立的老年人组织等。

（三）撤销机关：人民法院

（四）撤销的法律后果

1. 原监护人丧失监护权；

2. 依法负担被监护人抚养费、赡养费、扶养费的父母、子女、配偶等，应当继续履行负担的义务。

（五）监护资格的恢复

1. 被监护人的父母或子女被人民法院撤销监护人资格后，确有悔改表现的，经其申请，人民法院可以在尊重被监护人真实意愿的前提下，视情况恢复其监护人资格。

2. 监护人资格恢复后，人民法院指定的监护人与被监护人的监护关系同时终止。

【注意】监护资格的恢复规定仅适用于父母或子女，并且对被监护人实施故意犯罪的不能恢复。

【判断分析】

甲、乙婚后育有一子丙。甲、乙离婚后，丙由甲抚养。甲生性嗜赌、动辄无故打骂丙，手段残忍，造成丙轻伤。后甲还变卖丙的祖母赠与丙的珍贵珠宝用于赌博。请判断下列表述。

A. 乙有权申请法院撤销甲的监护资格。【正确。甲实施了严重损害被监护人身心健康以及严重侵害被监护人财产权益的行为。】

B. 甲被撤销监护资格后，仍然应当支付丙的抚养费用。【正确。撤销监护资格不影响原监护人支付抚养费的义务。】

C. 甲监护人资格被撤销后，确有悔改表现的，人民法院可以恢复其监护资格。【错误。甲的虐待行为情节严重，构成虐待罪，由于故意犯罪被撤销监护资格的，不得恢复。】

第三节　宣告失踪和宣告死亡

一、宣告失踪

【说明】宣告失踪制度主要是为了保护失踪人的利益，为其确定财产代管人。

（一）宣告失踪的条件

1. 自然人下落不明达到法定时间

（1）下落不明满 2 年。

（2）下落不明时间的起算

①原则：自失去音讯之日起开始计算。

②例外：战争期间下落不明的，自战争结束之日或者有关机关确定的下落不明之日起计算。

2. 利害关系人申请宣告失踪

（1）管辖机关：下落不明人住所地基层人民法院

（2）利害关系人的范围

①被申请人的近亲属：配偶、父母、子女、兄弟姐妹、祖父母、外祖父母、孙子女、外孙子女；

②对被申请人有继承权的亲属：包括代位继承人、作为第一顺序继承人的丧偶儿媳和女婿；

③与被申请人有民事权利义务关系的债权人、债务人、合伙人等：原则允许，不申请宣告失踪不影响其权利行使、义务履行的除外。

3. 法院宣告下落不明人失踪

（1）法院受理宣告失踪案件后，应当发出寻人公告；公告期间为3 个月。

（2）公告期届满仍无下落的，宣告失踪。

（二）宣告失踪的法律效果

1. 确定财产代管人：配偶、父母、成年子女或者其他愿意担任财产代管人的人，**无顺序限制**。

2. 财产代管人的权利：**有权管理处分**失踪人财产，如替失踪人纳税、偿债。在涉及失踪人财产的诉讼中，财产代管人为**诉讼当事人**。

3. 财产代管人的义务：**妥善保管**失踪人财产，失踪人归来的，及时交还。**故意或重大过失**造成失踪人财产损失的，**应赔偿**。

【注意】宣告失踪后婚姻关系仍存续，一方若起诉离婚，判离。

（三）失踪宣告的撤销

1. 失踪人重新出现，经本人或者利害关系人申请，人民法院应当撤销失踪宣告。

2. 本人有权请求财产代管人及时移交有关财产并报告财产代管情况。

二、宣告死亡

【说明】与宣告失踪不同的是，宣告死亡主要是为了维护与失踪人有利害关系者的利益。

（一）宣告死亡的条件

1. 自然人下落不明达到法定时间

（1）原则：**下落不明需满 4 年**；

（2）例外：因**意外事故**下落不明的，需**满 2 年**；经有关机关证明该自然人**不可能生存**的，**不受 2 年时间限制**。

2. 利害关系人申请宣告死亡

（1）管辖机关：下落不明人住所地基层人民法院

（2）利害关系人的范围

①被申请人的配偶、父母、子女；

②对被申请人有继承权的亲属：仅限于作为第一顺序继承人的**丧偶儿媳和女婿**；

③被申请人的其他近亲属、对被申请人有继承权的亲属（仅限于代位继承人）满足下列条件之一：

a. 被申请人的配偶、父母、子女**均已死亡或者下落不明**的；

b. **不申请宣告死亡不能保护其相应合法权益**的；

④被申请人的债权人、债务人、合伙人等：**原则上不作为利害关系人**，但不申请宣告死亡不能保护其相应合法权益的除外。

【注意】宣告失踪并非宣告死亡的前置程序；申请宣告死亡，**没有顺序限制**；有的申请宣告失踪，有的申请宣告死亡，**应当宣告死亡**。

3. 法院宣告下落不明人死亡

（1）法院受理死亡宣告申请后，应当发出寻人公告。公告期间为 **1 年**；因意外事故下落不明且经有关机关证明不可能生存的，公告期间为 3 个月。

（2）公告期届满仍无下落的，宣告死亡。

（二）宣告死亡的法律效果

1. 被宣告死亡人在法律上死亡，如同自然死亡一般。死亡日期为**判决作出之日**；意外事件死亡的，死亡日期为意外发生之日。

【注意】被宣告死亡人若未死亡，其实施的法律行为效力不受影响。例：福建人甲出海捕鱼，遇到暴风雨，被海浪冲到台湾。甲失忆，在台湾做生意、娶妻生子。其间，经甲的福建家人申请，法院宣告甲死亡，但不影响甲在台湾所实施的民事法律行为之效力。

2. 被宣告死亡人与其配偶的婚姻关系消灭。

3. 被宣告死亡人的遗产开始由其继承人继承。

（三）死亡宣告被撤销的法律效果

被宣告死亡人重新出现，经本人或者利害关系人申请，人民法院应当撤销死亡宣告。死亡宣告一旦被撤销，将产生下列法律后果：

1. 财产关系

（1）依继承取得财产者负有返还义务，不能返还则适当补偿；

（2）非依继承取得财产者无返还义务，不论有偿与否。例如，依照继承取得财产者将财产赠与第三人，则第三人并无返还义务。

2. 婚姻关系：原则上自行恢复；例外情形不恢复：

（1）配偶再婚（包括再婚后又离婚或者再婚配偶死亡）；

（2）配偶向婚姻登记机关书面声明不愿意恢复。

3. 收养关系：宣告死亡期间子女被收养，不得以未经本人同意为由主张收养无效。

【判断分析】

1. 甲下落不明，符合宣告死亡条件，甲父向法院申请宣告失踪，甲妻向法院申请宣告甲死亡，法院应当宣告甲失踪。【错误。同时申请宣告失踪和死亡的，应当宣告死亡。】

2. 甲被宣告死亡但实际并未死亡。甲在被宣告死亡期间从事的民事法律行为效力待定。【错误。甲在被宣告死亡期间实施的民事法律行为的效力不受宣告死亡的影响，而是依据民事法律行为有效与否的条件进行判定。】

3. 甲被宣告死亡后，其妻子乙改嫁于丙，一年后丙死亡。其后，乙得知甲并未死亡，申请撤销对甲的死亡宣告。甲乙的婚姻关系自行恢复。【错误。宣告死亡被撤销后，婚姻关系原则上自动恢复，但是乙再婚过，哪怕再婚的婚姻关系结束，也不会自动恢复和甲的婚姻关系。】

第三章
法人和非法人组织

【重点】法人类型、法人设立人的责任、法定代表人

第一节　法人的概念与特征

1. 法人，是指依法成立，具有民事权利能力与民事行为能力，依法独立享有民事权利和承担民事义务的团体。如有限责任公司和股份有限公司。

【注意】法人的民事权利能力和民事行为能力，从法人成立时产生，到法人终止时消灭。

2. 法人是独立于出资人或者其成员的民事主体，其人格独立、财产独立，并以其全部财产对自己的债务承担无限责任，而法人成员仅以出资额为限对法人的债务承担有限责任。

【注意】法人人格否认：如果营利法人的出资人滥用法人独立地位和出资人有限责任，逃避债务，严重损害法人债权人的利益的，应当对法人债务承担连带责任。（结合《公司法》掌握）

第二节　法人的类型

一、传统的学理分类

（一）公法人与私法人

1. 公法人是以社会公共利益为目的，由国家或者公共团体依公法所设立的行使或者分担国家权力、政府职能的法人，如机关法人、某些事业单位法人等。

2. 私法人是指以私人利益为目的，由私人依私法而设立的不拥有公共权力的法人，如公司等。

（二）社团法人与财团法人

社团法人和财团法人是对私法人的再分类。

1. 社团法人，是以社员为基础的人的集合体。如公司、各类协会、商会、学会。

2. 财团法人，是以财产为基础的财产的集合体。如各类基金会。

	社团法人	财团法人
成立基础	人的集合	财产的集合
有无意思机关	有（股东会或者股东大会）	无
是否营利	营利（公司）、非营利（法学会）	非营利（基金会、慈善组织）

续表

	社团法人	财团法人
剩余财产分配	按章程或社团大会的决议分配给社员	不得分配给工作人员；剩余财产按章程或决议用于公益目的；无法按章程或决议处理的，由主管机关主持转给宗旨相同或者相近的法人，并向社会公告

（三）营利法人、中间法人与公益法人

1. 营利法人：是以营利和分配利润给成员为目的的法人组织，如公司。
2. 中间法人：是既不是纯粹以营利为目的又不是纯粹以公益为目的的法人组织，如法学会。
3. 公益法人：是以公益为目的设立的法人组织，如基金会。

二、民法典关于法人的分类

学理上对于法人分类的标准不同，因此会出现某种法人被归类于不同范畴的情况。

如，公司既是社团法人，又是私法人，还是营利法人。

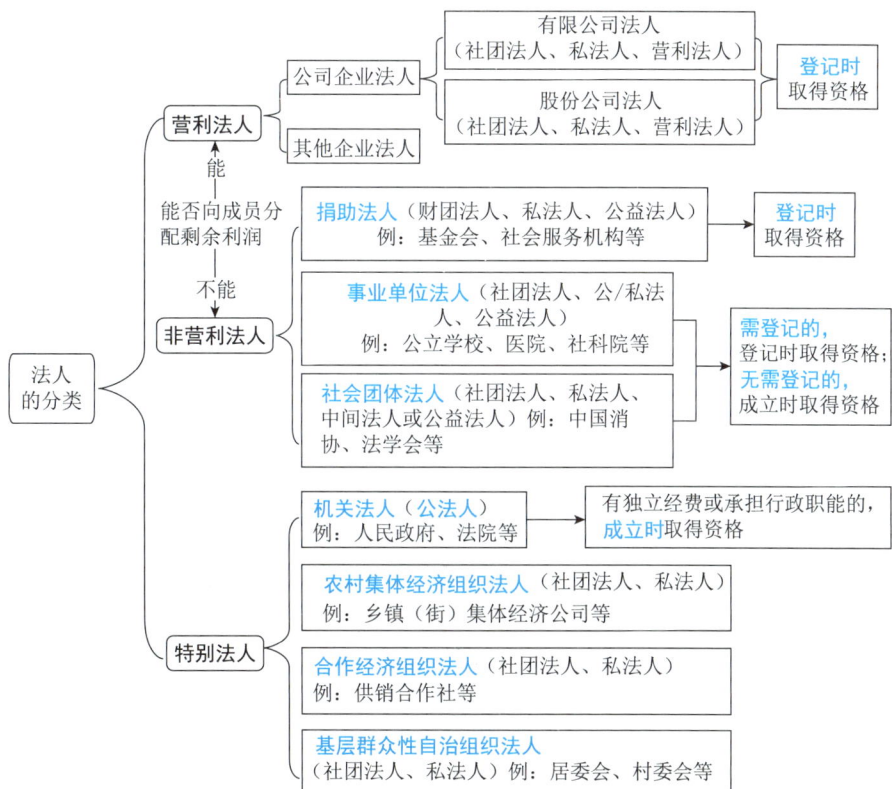

非营利法人：可以盈利，但不得分配利润，包括以下三类：
①捐助法人，具备法人条件，为公益目的以捐助财产设立。
②事业单位法人，由政府利用国有资产设立的，从事科教文卫等活动的社会服务的组织。
③社会团体法人，具备法人条件，基于会员共同意愿，为公益目的或会员共同利益等非营利目的设立的社会团体。

【示例】 宗某患尿毒症，其所在公司组织员工捐款 20 万元用于救治宗某。此 20 万元存放于专门设立的账户中。宗某经医治无效死亡，花了 15 万元医疗费。剩余的 5 万元应用于同类公益事业，既非归宗某继承人所有，也不应退还给捐款的员工。

【判断分析】

1. 关于法人，下列哪一表述是正确的？（2012-3-2，单选）

A. 社团法人均属营利法人【错误。社团法人中，既有营利法人（公司），也有非营利法人（法学会）。】

B. 基金会法人均属公益法人【正确】

C. 社团法人均属公益法人【错误。社团法人中，既有营利法人（公司），也有公益法人（法学会）。】

D. 民办非企业单位法人均属营利法人【错误。民办非企业单位法人既可以设立为营利法人，也可以设立为非营利法人。】

2. 根据我国法律规定，关于法人成立，下列哪一说法是正确的？（2018-2-14，单选）

A. 事业单位法人均从登记之日起具有法人资格【错误。事业单位法人并非一律从成立之日起取得法人资格，依法不需要办理法人登记的，从登记之日起即具备法人资格。】

B. 社会团体法人均从成立之日起具有法人资格【错误。社会团体法人并非一律从登记之日起取得法人资格，依法不需要办理法人登记的，从成立之日起即具备法人资格。】

C. 捐助法人均从登记之日起取得法人资格【正确】

D. 有独立经费的机关法人从登记之日起具有法人资格【错误。有独立经费的机关法人从成立之日起具有法人资格，无需登记。】

第三节　法人的设立、变更与终止

一、法人设立人的责任

设立人为设立法人之目的从事民事活动的法律后果：

1. 设立人以自己名义从事设立活动：

（1）法人成立：第三人有权选择请求法人或者设立人承担；

（2）法人未成立：法律后果由设立人承受，设立人为二人以上的，对外承担连带责任。

2. 设立人以设立中法人名义从事设立活动：

（1）法人成立：法律后果由法人承受；

（2）法人未成立：法律后果由设立人承受，设立人为二人以上的，对外承担连带责任。

【示例】 甲与乙拟设立 A 有限责任公司，甲以自己的名义与 B 公司签订办公室租赁合同，乙以筹办中公司的名义与 C 公司签订办公用品采购合同。（1）若 A 公司顺利成立，则 B 公司有权选择请求 A 公司或者甲支付租金；C 公司只能请求 A 公司支付价款。（2）若 A 公司未成立，则 B 公司只能请求甲支付租金，乙对此承担连带责任；C 公司只能请求乙支付价款，甲对此承担连带责任。

二、法人的合并与分立

1. 法人合并的，其权利和义务由合并后的法人享有和承担。

【示例】甲公司与乙公司合并为丙公司，则甲公司的债权人可以要求丙公司履行债务。

2. 法人分立的，其权利和义务由分立后的法人享有连带债权，承担连带债务，但是债权人和债务人另有约定的除外。

【注意】分立后的法人对债务分担的内部约定，未经债权人同意，对债权人不发生效力，只能作为分立的各个法人内部追偿的依据。

【示例】A公司拖欠某银行贷款1亿元。其后，A公司一分为二，成立B公司和C公司，并约定由B公司负责偿还1亿元的债务。B公司和C公司对银行的1亿元债务承担连带责任，不得以内部的债务承担约定对抗银行。C公司若向银行偿还了1亿元，则其可以向B公司全额追偿。

三、法人的终止

1. 清算结束并完成法人注销登记时，法人终止；依法不需要办理法人登记的，清算结束时，法人终止。

2. 清算期间法人存续，但是不得从事与清算无关的活动。

第四节　法定代表人

【重点法条】

《民法典》

第61条【法定代表人】依照法律或者法人章程的规定，代表法人从事民事活动的负责人，为法人的法定代表人。

法定代表人以法人名义从事的民事活动，其法律后果由法人承受。

法人章程或者法人权力机构对法定代表人代表权的限制，不得对抗善意相对人。

第65条【法人登记事项的对抗效力】法人的实际情况与登记的事项不一致的，不得对抗善意相对人。

1. 法定代表人，是指依照法律或者法人章程的规定，代表法人从事民事活动的负责人。

【注意】我国实行唯一法定代表人制度，即一个法人仅有一个法定代表人。公司董事长或执行董事通常为法定代表人。

2. 法定代表人以法人名义所实施的行为，属于代表行为。（法定代表人以个人名义所实施的行为，法律后果自然由其个人承受。）

3. 法定代表人在代表权限范围内实施代表行为，属于有权代表行为，其法律后果由法人承受。

4. 法定代表人超越代表权限实施代表行为，属于无权代表行为。

（1）如果相对人善意，即不知道也不应当知道法定代表人超越权限，则成立表见代表，此时产生有权代表的法律效果。

【注意】法人章程或者法人权力机构对法定代表人代表权的限制，不得对抗善意相对人；法人的实际情况与登记的事项不一致的，不得对抗善意第三人。

【示例1】甲公司章程规定，公司对外借款须经股东会决议。其后，甲公司法定代表人王某未经股东会决议，以甲公司名义向不知情的乙公司借款1000万元。王某超越内部权限限制，构成无权代表，但是善意的乙公司应受到保护，成立表见代表，借款合同对甲公司发生效力。

【**示例2**】甲公司法定代表人王某因工作重大失误被解除职务。在甲公司申请工商变更登记法定代表人期间，王某以甲公司名义向不知情的乙公司借款1000万元。王某已经被解除法定代表人职务，其行为构成无权代表，但是因为尚未办理工商变更登记，善意信赖工商登记的乙公司应当受到保护，借款合同对甲公司发生效力。

（2）如果相对人**恶意**，即知道或者应当知道法定代表人超越权限，则无权代表行为**效力待定**。法人追认，则产生有权代表的法律效果；法人未追认，则法律行为对法人不发生效力，由法定代表人自己承担责任。

5. 法定代表人实施侵权行为的责任承担

（1）法定代表人因执行职务造成他人损害的，由法人承担民事责任。

（2）法人承担民事责任后，依照法律或者法人章程的规定，可以向**有过错**的法定代表人追偿。

第五节　非法人组织

非法人组织，是指**没有法人资格**，但能够**以自己的名义**进行民事活动的组织，包括个人独资企业、合伙企业、不具有法人资格的专业服务机构（律师事务所、会计师事务所）等。

【**注意**】非法人组织**不具有独立责任能力**：非法人组织的财产不足以清偿债务的，其出资人或者设立人承担无限责任。法律另有规定的，依照其规定（如有限合伙企业中，有限合伙人以出资额为限承担责任）。

【判断分析】

下列关于非法人组织的表述，正确的是？

A. 非法人组织不具有法人资格，不能以自己的名义从事民事活动【错误。非法人组织不具有法人资格，但是能够以自己的名义从事民事活动。】

B. 非法人组织并不能包含所有的专业服务机构【正确。不具有法人资格的专业服务机构才是非法人组织。】

C. 非法人组织的出资人或者设立人对企业债务均承担无限责任【错误。非法人组织的有限合伙企业中，有限合伙人以出资额为限承担责任。】

D. 非法人组织独立承担民事责任【错误。非法人组织不具有法人资格，不能独立承担民事责任。】

第四章

民事法律行为

【重点】本章内容均十分重要，民事法律行为的有效、无效、效力待定和可撤销尤为重要。

民事法律行为，是民事主体通过意思表示设立、变更、终止民事法律关系的行为。民事法律行为以意思表示为核心要素，能够产生当事人预期的法律效果，是私法自治的工具。

第一节　意思表示

意思表示，是指行为人（表意人）将其欲发生一定私法上效果的意思，表示于外部的行为。

一、意思表示的构成

意思表示＝内心意思（行为意思+表示意思+法效意思）+表示行为

1. 内心意思：由行为意思、表示意思、法效意思构成。

（1）行为意思：指有意实施行为之意识，用以表明外在行动是受行为人意志控制的。睡梦中的动作、神经反射的举动以及被物理强制时的动作（被强按着在合同上签字）等，均缺乏行为意思。因精神强制而行为（如因遭胁迫而赠与他人财产），具有行为意思。

【示例】甲趁其女友乙熟睡，用乙的指纹解锁了乙的手机，然后翻开乙的眼皮，用人脸识别功能进入乙的支付宝、微信、网银等，将里面的钱悉数转账给自己。乙熟睡，毫无意识，缺乏行为意思。

（2）表示意思：认识到自己的表示具有私法上的意义。

【示例】甲误以为会议室门口桌子上的购书登记表系签到表，遂于其上签字。甲的行为具有行为意思，但是缺乏表示意思。

（3）法效意思：希望通过表示发生特定的私法上效果。

【示例】甲于情人节去买玫瑰花，问老板多少钱一朵，老板伸出1根手指，甲以为是1元一朵，于是说要买99朵。其实，老板的意思是10元一朵。甲存在行为意思、表示意思，但缺乏法效意思。

【注意】缺乏行为意思，则不成立意思表示；缺乏表示意思与法效意思，是否成立意思表示，取决于意思表示解释的结果。（结合意思表示解释部分理解）

2. 表示行为：是指将内心意思以一定的方式表达于外。

（1）明示：表意人直接将内心意思明确表达于外，可以是书面形式、口头形式、肢体动作（点头、摇头）。

（2）默示：表意人以行为间接表达其意思，他人可以通过其行为合理推知其意思。例如，住客在宾馆饮用标价20元的一瓶依云矿泉水，表明住客同意以20元购买该瓶依云矿泉水。

【注意】当事人既未明确表达其意思，也不能借其他事实推断其意思，即**沉默**。沉默原则上**不具有**法律意义，仅于**法律规定、当事人约定**或者当事人之间的**交易习惯**赋予沉默以特定法律意义时，才可以将沉默视为意思表示。

【总结】沉默可视为意思表示的法定情形

1. 视为接受

（1）试用买卖中试用期满，买受人**未表示**是否购买的，**视为购买**。

（2）出租人知道或应当知道承租人转租，但在 6 个月内**未提异议**的，**视为同意**转租。

（3）继承开始后，遗产处理前继承人**未表示**是否接受继承的，**视为接受继承**。

2. 视为拒绝

（1）限制行为能力人实施其不能独立实施的民事法律行为，法定代理人经相对人催告后在 30 日内**未作表示**的，**视为拒绝**追认。

（2）无权代理经相对人催告，被代理人**未作表示**的，**视为拒绝**追认。

（3）受遗赠人自知道受赠之日起 60 日内**未作表示**的，**视为放弃**受遗赠。

二、意思表示的类型

根据**是否需要受领**，意思表示分为有相对人的意思表示和无相对人的意思表示。

1. **有相对人**的意思表示：需要向他人作出的意思表示，又称为**需受领**的意思表示。例如，行使形成权的行为、代理权授予行为、被代理人对于无权代理行为的追认。

根据能否同步受领，进一步分为对话的意思表示和非对话的意思表示。

（1）**对话**的意思表示：表意人与相对人面对面交谈或者以电话等方式直接为意思表示。

（2）**非对话**的意思表示：表意人与相对人以信函、电报、传真、电子邮件、手机短信等表示其意思。

2. **无相对人**的意思表示：不需要向他人作出的意思表示，又称为**无需受领**的意思表示。例如，遗嘱、所有权的抛弃。

三、意思表示的发出与生效

类型		发出时点 （**表意人已完成意思表示生效所必需的一切行为**）	生效时点
有相对人的意思表示	对话意思表示	表意人必须向相对人**说出**意思表示，并且**可期待**相对人能够理解表示的内容。	1. 相对人**知道**其内容时生效。此处采**相对了解主义**，不要求实际知道意思表示的内容，依照通常情形相对人应当知道即可。2. 如有客观障碍，则实际了解意思时生效。如在法国旅行的甲用英语向不懂英语的法国人乙提出借用自行车的请求，乙的意思表示已发出未生效。
	非对话意思表示	意思表示**作成后向相对人送出**，并在通常情况下能够**期待**到达相对人，即为意思表示的发出。例：写好电子邮件后，如果将其保存在草稿箱，意味	1. **到达时**生效。 到达，是指意思表示已经进入相对人的支配范围，且依通常情形可期待相对人了解其内容。如营业时间将信件送至公司办公楼并被签收，意味着已经到达；而非营业时间将信件送至公司办公楼，即使被签收，也

续表

类型	发出时点 （表意人已完成意思表示生效**所必需**的一切行为）	生效时点
	着意思表示已经作成，但并未发出，如果点击发送则为发出。	不能算到达，因为不可合理期待相对人在此期间获悉内容。 2. 如果相对人以违背诚实信用原则的方式，**无正当理由拒绝接收时，视为已经到达**，如拒绝签收信件或切断自己的联络方式。 3. 数据电文形式的意思表示： （1）**指定**特定系统，**进入该系统时**生效； （2）**未指定**特定系统，相对人**知道或应知**进入其系统时生效； （3）当事人**另有约定，按其约定**。
	通过使者传达意思表示： 1. 意思表示的发出：已对使者完整表达意思表示并指示其告知相对人。 2. 意思表示的到达 （1）表意人的使者（表示使者）：使者**实际传达给相对人之时，方为到达**； （2）相对人的使者（受领使者）：表意人对受领使者为意思表示，能够**合理期待其将意思表示传达给相对人之时，即为到达**。	
无相对人的意思表示	意思表示**作成**即发出。 1. 口头形式：说出即发出。 2. 书面形式：**完成书面文件并签名**。	自意思表示**完成时**生效，如抛弃所有权。唯一的例外是遗嘱，遗嘱于遗嘱人死亡时生效。
注意	1. 表意人有无民事权利能力、民事行为能力、意思表示是否存在瑕疵，均以意思表示**发出时**作为判断时点。例：立遗嘱时为完全民事行为能力人，其后丧失行为能力不影响遗嘱的效力。 2. 意思表示发出是意思表示生效的**前提**。 3. 公告：**发布时**生效。	

四、意思表示的解释

确定意思表示的内容，需要经由意思表示的解释。

（一）原则：表示主义

1. 以一个**理性人对表意人外在表示的理解为准**确定意思表示的内容。

2. 适用于**有相对人**的意思表示，以保护相对人的合理信赖，保护交易安全。

【示例】甲于情人节去买玫瑰花，问老板多少钱一朵，老板伸出1根手指，甲以为是1元一朵，于是说要买99朵。其实，老板的意思是10元一朵。甲具有行为意思和表示意思，缺乏法效意思。但是任何一个人处于老板的位置，都会将甲的意思理解为甲愿意以每朵10元的价格购买99朵玫瑰花。故而，一旦老板表示同意，即在甲与老板之间成立单价为10元的99朵玫瑰花买卖合同。当然，因甲表意当时存在内心意思与外在表示不一致的情形，甲可以基于重大误解申请撤销合同。

（二）例外：意思主义

1. 以<u>表意人的内心真意</u>为准确定意思表示的内容。

2. 适用于<u>无相对人</u>的意思表示，或者相对人<u>知道或者应当</u>知道表意人内心真意的情况。

【说明】在意思表示没有相对人，或者相对人并无值得保护的合理信赖时，应当<u>回归</u>意思自治的基本立场。

【判断分析】

1. 甲欲出卖一批法考书籍，于是发短信给乙："我以1000元价格出售全套法考书籍给你，若不回复，视为同意"。收到短信的乙不予理会，乙的沉默视为同意购买的意思表示。【错误。沉默原则上不视为意思表示，只有在法律规定、当事人约定和有交易习惯的情况下，才能视作意思表示。】

2. 甲将喝完的可乐瓶扔在篮球架下扬长而去。甲的行为不构成抛弃的意思表示，因为缺乏相对人。【错误。抛弃的意思表示是无相对人的意思表示，不需要向他人作出。】

第二节　民事法律行为的分类

分类标准		民事法律行为
意思表示的数量及合意方式	单方	依一方当事人的意思表示即可成立的法律行为，如所有权的抛弃、代理权的授予、捐助行为、遗嘱、行使形成权的行为等。
	双方	由双方相对应的意思表示的一致而成立的法律行为，如合同、收养协议、遗赠扶养协议等。
	多方	两个以上当事人彼此的意思表示达成同向的完全一致才能成立的法律行为，如合伙协议、发起人协议等。
	决议	两个以上当事人的意思表示按照议事表决程序达成同向的多数/完全一致才能成立的法律行为，如股东会决议、董事会决议等。
成立是否需要特定形式	要式	以特定形式为成立要件的法律行为，如遗嘱（六种法定形式）、居住权合同（书面）。
	不要式	不以特定形式为成立要件的法律行为，如买卖合同等。
	【说明】基于私法自治，法律行为以不要式为原则，以要式为例外。	
	【注意】①欠缺要式的后果：法律行为不成立。②履行治愈形式瑕疵：法律、行政法规规定或者当事人约定合同应当采用书面形式订立，当事人未采用书面形式但是一方已经履行主要义务，对方接受时，该合同成立。	
成立是否需要交付物	诺成	只要行为人意思表示达成一致即成立（又称不要物行为）。大多数合同都是诺成行为，如买卖合同、租赁合同。
	实践	除意思表示一致外，还需要实际交付物，合同才能成立（又称要物行为）。主要有定金、自然人之间借款、借用、保管合同等。

分类标准	民事法律行为	
产生何种效力	负担	负担行为：发生债权债务效力的行为（=债权行为）。 例：甲与乙签订 A 房买卖合同，甲可以请求乙支付价款，乙可以请求甲交付房屋并配合办理过户登记。在过户登记手续完成之前，乙即便已经支付全部价款并占有使用房屋，乙也无法取得 A 房的所有权。所以买卖合同是负担行为。负担行为不以行为人具有处分权为必要。即便甲并非 A 房的所有权人，甲乙之间的买卖合同依然有效，只不过甲无法履行该买卖合同。
	处分	处分行为：发生既存权利变动效力的行为。其中，变动物权的为物权行为，变动债权的为准物权行为。例：在甲将其废旧的书桌扔掉的那一刹那，甲即丧失其对该书桌的所有权，所以所有权抛弃行为是处分行为。处分行为以行为人具有处分权为必要，无处分权将导致处分行为效力待定。因此，如果甲并非书桌的所有权人，其抛弃书桌所有权的行为效力待定。
		【注意】负担行为与处分行为被称为民法的任督二脉，极其重要。从法考来看，可对此重要而复杂的问题简化处理，牢记以下规则即可：①因出卖人未取得处分权致使标的物所有权不能转移的，买卖合同有效，买受人可以解除合同并请求出卖人承担违约责任。②当事人之间订立有关设立、变更、转让和消灭不动产物权的合同，除法律另有规定或者当事人另有约定外，自合同成立时生效；未办理物权登记的，不影响合同效力。

第三节　民事法律行为的成立与生效

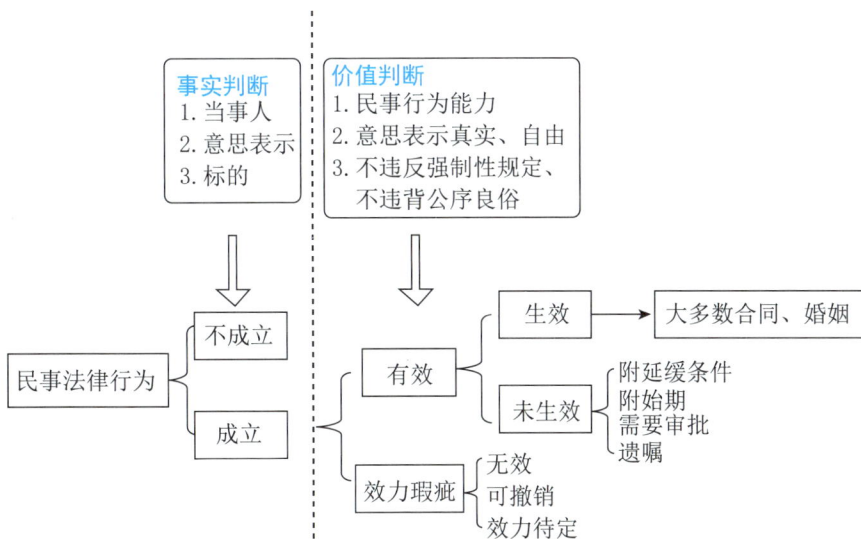

【民事法律行为成立、有效、生效关系图】

一、民事法律行为的成立

1. 一般成立要件 = 当事人 + 标的 + 意思表示

2. 特别成立要件

（1）要式行为：须满足法定或者约定的形式。

（2）实践行为：须实际交付物，如定金合同、保管合同、借用合同、自然人之间的借款合同。

二、民事法律行为的生效

（一）一般生效要件（= 有效要件）

1. 当事人具有相应的民事行为能力

2. 意思表示真实、自由

3. 内容合法妥当：不违反法律、行政法规的强制性规定，不违背公序良俗。

【注意】法律行为是否成立，是一个事实判断问题，而法律行为是否生效，是一个价值判断问题；基于私法自治，法律行为原则上成立即生效，除非法律另有规定或者当事人另有约定。

（二）特别生效要件

一些民事法律行为成立后"未生效"，需要具备特定的生效要件后才能"生效"。已成立尚未生效的民事法律行为，被称之为未生效民事法律行为。

1. 类型

（1）附生效条件和附始期的法律行为，条件成就或期限届至时生效。

（2）需批准生效的法律行为，自批准后生效，即批准是法定生效条件。如中外合资、合作经营企业的合同，向外国人转让专利的合同等。

（3）遗嘱行为，自遗嘱人死亡时生效。

2. 未生效民事法律行为的拘束力

（1）民事法律行为未生效，并非无效，而是已具备法律行为的有效要件，对双方具有一定的拘束力，任何一方不得擅自撤回、解除、变更。

（2）需批准生效的合同在批准之前未生效，但是合同中的报批义务（包括未履行报批义务的违约责任）条款独立生效；一方因另一方不履行报批义务，可以请求解除合同并请求其承担合同约定的相应违约责任。当然，在未生效前，一方不能请求对方履行主要合同义务。

第四节　无效的民事法律行为

【重点法条】

《民法典》

第 144 条【无民事行为能力人实施的民事法律行为的效力】无民事行为能力人实施的民事法律行为无效。

第 146 条【通谋虚伪表示】行为人与相对人以虚假的意思表示实施的民事法律行为无效。

以虚假的意思表示隐藏的民事法律行为的效力，依照有关法律规定处理。

第 153 条【违反强制性规定与违背公序良俗的民事法律行为的效力】违反法律、行政法规的强制性规定的民事法律行为无效。但是，该强制性规定不导致该民事法律行为无效的除外。

违背公序良俗的民事法律行为无效。

第 154 条【恶意串通】行为人与相对人恶意串通，损害他人合法权益的民事法律行为无效。

第 155 条【无效、被撤销的民事法律行为自始无效】无效的或者被撤销的民事法律行为自始没有法律约束力。

第 156 条【民事法律行为部分无效】民事法律行为部分无效，不影响其他部分效力的，其他部分仍然有效。

一、民事法律行为无效的含义

无效的民事法律行为，是指该行为欠缺有效要件，自始、当然、确定、绝对、全部无效，当事人所追求的法律效果无法实现。

1. 自始无效：民事法律行为无效，原则上溯及至行为实施之时，而非导致行为无效的因素被发现之时或法院确认法律行为无效之时。

2. 当然无效：民事法律行为无效，不必经过法院的无效宣告程序，任何人都可以主张；一方依无效法律行为向对方主张权利时，即使对方当事人未以行为无效进行抗辩，法院也应当依照职权直接认定行为无效，判决驳回诉讼请求。

【注意】正是因为民事法律行为无效是当然无效，合同效力属于人民法院依职权审查的范围，不受当事人诉讼请求限制。即使双方均认为合同有效，人民法院也可认定合同无效。

3. 确定无效：民事法律行为终局无效，不因任何事由转变为有效。

【注意】正是因为民事法律行为无效是确定无效，无民事行为能力人实施的民事法律行为无效，不因其法定代理人同意而有效。

4. 绝对无效：民事法律行为无效，对任何人而言均为无效。

5. 全部无效：只要存在无效事由，法律行为整体无效。即使无效事由仅存在于法律行为的一部分，也是如此。

【注意】部分无效作为例外：基于私法自治，法律应尽可能尊重当事人的意志，让法律行为按照当事人内心所追求的发生效力。故而，民事法律行为部分无效，不影响其他部分效力的，其他部分仍然有效。例如，①超过 20 年的租赁合同，仅超过部分无效；②超过 20% 的定金合同，仅超过部分不产生定金的效力；③合同无效的，不影响合同中有关解决争议方法的条款的效力；④甲把乙打成重伤后，甲乙约定：由甲赔偿乙 50 万元，乙不追究甲的刑事责任。不追究刑事责任的约定无效，但是赔偿 50 万元的约定有效。

【说明】民事法律行为无效的根本原因在于有损公益和善良风俗，故而法律对于此种法律行为给予最严厉的否定评价，直接规定行为无效，让当事人无法遂其心愿。

二、民事法律行为无效的事由

1. 违反法律、行政法规的效力性强制性规定。

（1）只有全国人大及其常委会制定的法律和国务院制定的行政法规才可以作为认定法律行为无效的依据，不得以规章和地方性法规为依据。

（2）只有违反法律和行政法规中的效力性强制性规定，才会导致法律行为无效。

（3）应当认定为效力性强制性规定的情形：

①强制性规定涉及**金融安全、市场秩序、国家宏观政策**等公序良俗的；

②交易**标的禁止买卖**的，如禁止人体器官、毒品、枪支等买卖；**违反特许经营**规定的，如场外配资合同；

③**交易方式严重违法**的，如违反招投标等竞争性缔约方式订立的合同；

④**交易场所违法**的，如在批准的交易场所之外进行期货交易。

【示例】 为购买心仪已久的 LV 挎包，公司职员甲将自己的一个肾卖给急需更换肾脏的尿毒症患者乙。因为《民法典》第 1007 条禁止买卖器官，并明确规定违反该条规定的买卖行为无效，所以甲与乙之间的器官买卖合同无效。

（4）与效力性强制性规定相对应的是**管理性强制性规定**，违反此种强制性规定，不会导致行为无效。

关于**经营范围、交易时间、交易数量**等行政管理性质的强制性规定，一般应当认定为管理性强制性规定。如法人超越经营范围订立的合同有效，除非违反了法律、行政法规的禁止、限制或特许规定。

【示例1】 甲公司经营范围是教育培训，某日和乙公司签订服装买卖合同，该合同有效。

【示例2】 失恋的甲于凌晨 3 点进入欢唱 KTV 纵情歌唱，于上午八点方离开。欢唱 KTV 的行为显然违反了《娱乐场所管理条例》第 28 条的规定（每日凌晨 2 时至上午 8 时，娱乐场所不得营业），但是不会导致其与甲之间的服务合同无效。

【说明】 如何识别效力性与管理性强制性规定，虽然在实务上具有重大意义，但是特别复杂。就法考而言，可以对此问题简化处理，记住明文规定法律行为无效和法律行为不会因某种因素而无效的相关条文即可。例如，《民法典》第 1007 条规定，买卖人体细胞、人体组织、人体器官、遗体的行为无效；第 706 条规定，当事人未依照法律、行政法规规定办理租赁合同登记备案手续的，不影响合同的效力。

2. 违反公序良俗

参见民法基本原则部分所说的公序良俗。

【说明】 法律、行政法规中的效力性强制性规定，系立法者为维护公共秩序而设，但立法者的理性是有限的，不可能预见一切反社会的行为而预设规则，故而法律以具有相当弹性的违反公序良俗无效规则进行**兜底**，司法实务亦常借助该规则认定合同无效。例如，规章并非认定法律行为无效的依据，但是如果规章的内容涉及金融安全、市场秩序、国家宏观政策等公序良俗的，可以认定该法律行为因违反公序良俗而无效。

3. 欠缺行为能力

无民事行为能力人实施的民事法律行为无效。即使其实施的是**纯获利益的行为也无效**。

4. 通谋虚伪表示

（1）构成要件

①当事人双方的意思表示虚伪，即当事人双方的表示行为与其内心真意不一致。

②当事人知道彼此的意思表示虚伪。

③当事人就虚伪表示达成合意。

（2）法律效果

①通谋虚伪表示无效，因为当事人双方均无意使之发生效力。

【注意】为了户口、拆迁等利益假结婚，只要双方符合法定结婚条件并办理了结婚登记手续，婚姻关系有效，不适用通谋虚伪表示无效规则。

②如果存在隐藏行为，隐藏行为的效力另行判断。例如，甲乙签订房屋买卖合同，约定价款800万元；为避税，双方另外签订一份房屋买卖合同，约定价款500万元。价款500万元的合同只是表面行为（俗称"阳合同"），系通谋虚伪表示，无效；价款800万元的合同作为隐藏行为（俗称"阴合同"），系双方的真实意思表示，并无其他无效事由，有效。

【注意】通谋虚伪表示不一定存在隐藏行为。例如，债务人为逃避债务，将其房屋虚假转让给自己的亲属，但依然由自己占有使用。此时仅存在一个房屋买卖合同，并无隐藏行为。

【补充】单方虚伪表示

1. 真意保留

真意保留，是指一方故意作出与其内心真意不符的意思表示。

（1）原则：有效。因为相对人通常无从得知表意人内心的真意为何，为保护相对人的合理信赖进而保护交易安全，应认定意思表示有效。

（2）例外：无效。相对人知道表意人为虚伪表示，意思表示无效。

【示例】为安慰生命垂危的未婚妻乙，甲假意赠与其一枚昂贵的结婚钻戒。若乙不知甲根本无意赠与，欣然接受，则甲乙之间的赠与合同成立并生效；若乙知道甲只是为了安慰自己，即便乙表示接受，甲乙之间的赠与合同也无效。

2. 戏谑行为（善意玩笑）

戏谑行为，是指表意人作出意思表示时并无诚意，并且可以合理期待相对人不至于对此产生误认。

（1）意思表示无效。

（2）若相对人竟信以为真，表意人有义务不迟延地向对方澄清误会，避免对方遭受信赖利益损失，否则应承担赔偿责任。

【示例1】甲向其闺蜜乙炫耀男友情人节赠送的钻石戒指，尚未脱单的乙艳美万分，甲随口说道："你喜欢的话，就送给你好了！"甲显然是在开玩笑，乙也不会产生误认，故而甲赠与的意思表示无效。

【示例2】甲酒后对乙说："如果你在大街上裸奔，我就送你一栋别墅！"甲的表示属于戏谑行为，应认定为无效。

5. 恶意串通

（1）构成要件

①法律行为客观上损害了他人的合法权益。

②当事人实施法律行为时存在损害他人合法权益的共同主观故意（通谋）。

（2）法律效果

恶意串通损害他人合法权益的行为，显然违反公序良俗，无效。

【示例】甲欠乙500万元，被乙起诉至法院。为规避后续可能发生的强制执行，经与好友丙商议，甲将房屋以市价出售给丙，并过户，丙将价款汇付给甲在美国读书的儿子丁。甲与丙之间的房屋买卖合同因恶意串通而无效。

【注意】 知情不等于恶意串通。民法上的"恶意"有两种含义：一是观念主义的恶意，即知道或者应当知道某种事实的存在，侧重于行为人对事实的认知；二是意思主义的恶意，指动机不良，侧重于行为人主观意志上的应受谴责性。只有意思主义的恶意构成恶意串通的"恶意"。

【示例】 甲欲将其珍藏的一副名画以 50 万元价格出售给乙，但尚未付款交画。丙闻讯后向甲表示愿以 80 万元价格购入。甲当即表示同意，并在收款后将名画交付给丙。丙虽对甲乙的买卖合同知情，但丙并未与甲恶意串通损害乙的权益，甲将名画出售给丙也符合价高者得的市场规律，因此甲丙的合同有效。

【比较】 关于恶意串通与通谋虚伪表示如何区分，存在争议。一般认为，恶意串通双方当事人的意思表示是真实的，只不过是为了损害他人的合法权益。例如，债务人为逃避债务，将不动产真实转让给自己的亲属。通谋虚伪表示，当事人双方的意思表示是虚假的，至于是否为了损害他人的合法权益，在所不问。例如，债务人为逃避债务，将不动产虚假转让给自己的亲属，但依然由自己占有使用。

【判断分析】

1. 有如之夫甲委托未婚女乙代孕，约定事成后甲补偿乙 50 万元，因双方自愿，故该约定有效。【错误。代孕因违背公序良俗而无效。】

2. 甲和乙之间订有买卖协议，约定由甲长期供应乙枪支销售，双方的协议有效。【错误。双方协议违反法律强制性规定，无效。】

3. 甲将一套别墅出卖给乙，已经交付，但尚未办理过户登记。此后，甲又与知情的丙串通，将该房屋低价出卖给了丙，并为丙办理了过户登记，甲与丙之间的合同无效。【正确。甲丙属于恶意串通损害他人合法权益，合同无效。】

第五节　可撤销的民事法律行为

【重点法条】

《民法典》

第 147 条【重大误解】基于重大误解实施的民事法律行为，行为人有权请求人民法院或者仲裁机构予以撤销。

第 148 条【欺诈】一方以欺诈手段，使对方在违背真实意思的情况下实施的民事法律行为，受欺诈方有权请求人民法院或者仲裁机构予以撤销。

第 149 条【第三人欺诈】第三人实施欺诈行为，使一方在违背真实意思的情况下实施的民事法律行为，对方知道或者应当知道该欺诈行为的，受欺诈方有权请求人民法院或者仲裁机构予以撤销。

第 150 条【胁迫】一方或者第三人以胁迫手段，使对方在违背真实意思的情况下实施的民事法律行为，受胁迫方有权请求人民法院或者仲裁机构予以撤销。

第 151 条【显失公平】一方利用对方处于危困状态、缺乏判断能力等情形，致使民事法律行为成立时显失公平的，受损害方有权请求人民法院或者仲裁机构予以撤销。

《总则编解释》

第 19 条【重大误解的认定】行为人对行为的性质、对方当事人或者标的物的品种、质量、规格、价格、数量等产生错误认识，按照通常理解如果不发生该错误认识行为人就不会作出相应意思表示的，人民法院可以认定为民法典第一百四十七条规定的重大误解。

行为人能够证明自己实施民事法律行为时存在重大误解，并请求撤销该民事法律行为的，人民法院依法予以支持；但是，根据交易习惯等认定行为人无权请求撤销的除外。

第 20 条【传达错误】行为人以其意思表示存在第三人转达错误为由请求撤销民事法律行为的，适用本解释第十九条的规定。

第 21 条【欺诈的认定】故意告知虚假情况，或者负有告知义务的人故意隐瞒真实情况，致使当事人基于错误认识作出意思表示的，人民法院可以认定为民法典第一百四十八条、第一百四十九条规定的欺诈。

第 22 条【胁迫的认定】以给自然人及其近亲属等的人身权利、财产权利以及其他合法权益造成损害或者以给法人、非法人组织的名誉、荣誉、财产权益等造成损害为要挟，迫使其基于恐惧心理作出意思表示的，人民法院可以认定为民法典第一百五十条规定的胁迫。

可撤销的民事法律行为，是指因意思表示不真实或者不自由而允许当事人撤销的民事法律行为。

【说明】民事法律行为可撤销的根本原因在于表意人的意思表示不真实或者不自由，又因仅涉及该表意人的私益，法律将该民事法律行为的命运交由该表意人来决定，即赋予其撤销权。

【注意】可撤销是未决的有效：可撤销法律行为在被撤销前有效；在被撤销后自始无效，法律后果与法律行为一样无效。

一、可撤销事由

（一）重大误解

重大误解，是指行为人在作出意思表示时对意思表示的内容发生了具有交易上重要性的认识错误，并且因该错误无意作出了不真实的意思表示，即表示出来的意思与其内心真意不一致。

1. 构成要件

（1）表意人的内心意思与外在表示不一致，且表意人不自知。

（2）内心意思与外在表示不一致的原因是表意人产生了具有交易上重要性的认识错误。

①认识错误必须同时具备主观上和客观上的重要性。

②主观上的重要性，是指表意人如果不发生该错误认识就不会作出该意思表示。

③客观上的重要性，是指一般理性人处于表意人的位置时，如果不发生该错误认识就不会作出该意思表示。

（3）表意人的认识错误存在于意思表示作出之时。

重大误解的成立，以行为人表意当时内心意思与外在表示不一致为前提。故而，交易之后认为物非所值，不成立重大误解。

2. 主要类型

（1）对行为性质的错误认识。例如：误把买卖当赠与；误把租赁当借用。

【示例】甲欲将小狗卖给其邻居乙，问："我家狗狗生了好几只小狗，给你一只要不要？"不明就里的乙以为是赠与，遂欣然接受。

（2）对**当事人**的错误认识：包括对当事人同一性和当事人性质的错误认识。

只有在法律行为注重当事人的同一性或者性质时，即当事人同一性或者性质具有主观和客观上的重要性时，对当事人的错误认识才构成重大误解。例如，委托合同、保证合同等法律行为注重对方当事人的身份或信用，如果存在误认，则可成立重大误解。

【示例1】当事人同一性错误：甲误以为债务人丙系乙，而为其债务提供保证。

【示例2】当事人性质错误：甲误以为乙系自己的私生子，遂以一套住房相赠。

（3）对**标的物**的错误认识，包括对标的物同一性和标的物性质的错误认识。

标的物的性质，是指标的物本身所具有的、影响标的物价值的事实上和法律上的属性和关系。例如，标的物的品种、质量、规格、价格、数量、产地、材质、真伪等。

【示例1】标的物同一性错误：误将A画当作B画予以出售。

【示例2】标的物性质错误：误将赝品当作真品购入；误以为赛马A曾赢得过比赛，故以重金买下。

（4）说错、写错、拿错。例如，欲以1000元出售电动自行车，误说成100元。

（5）表意人的使者错误传达意思表示时，表意人可以主张重大误解。例如，甲欲以1000元出售二手电动自行车给乙并请丙代为转告，结果丙在转达时误说成甲欲以100元出售。

3. 解释先行于撤销

因重大误解而实施的法律行为可以撤销，而是否成立重大误解是意思表示解释的结果。故而，在适用重大误解规则之前，必须**先进行意思表示的解释**，此即所谓的"**解释先行于撤销**"。

（1）意思表示解释的结果可能是，双方当事人**未达成合意**，此时合同根本**不成立**，不存在重大误解的问题。例如：甲与乙签订土豆供应合同。甲以为买卖的是山药，因为其老家将土豆称之为山药，而乙对此并不知情。因甲与乙并未达成买卖土豆的合意，所以土豆供应合同根本不成立。

（2）意思表示解释的结果可能是，双方当事人已经达成合意，只是合同文本出现了误载，此时**误载不害真意**，**不成立**重大误解。例如：甲与乙就A手表的买卖达成口头协议，甲在草拟的合同中将A手表误写成B手表。

4. 排除成立重大误解的情形

（1）**动机错误**。因为动机存在于当事人内心，外人无从得知。如果允许以动机错误为由主张成立重大误解，则交易安全荡然无存。例如，甲听说单位要分房，于是到建材市场购买了一批装饰材料，结果单位并没有分房。甲不得以重大误解为由撤销买卖合同。

（2）**典型的风险行为**。例如，在赌石活动中，买家以10万元购入，结果发现是价值亿元的翡翠，卖家不得主张成立重大误解，因为这是卖家应当自行承担的商业风险。

（3）**保证行为**。因对债务人的偿债能力判断错误而提供保证，保证人不得主张成立重大误解，因为保证旨在承担债务人不能偿债的风险。

（4）表意人发出**对己不利**的错误表示，但是**受领人知悉后愿意以表意人的真意为**内容订立合同。例如，甲欲以1000元出售某物于乙，却误说为100元，乙欣然同意。如果乙知悉实情后愿意出价1000元，则甲基于诚信原则不得主张成立重大误解。

（5）表意人**表示出来的意思较其内心真意对其更为有利**。甲欲以100元出售某物于乙，却误说为 1000 元，乙欣然同意。基于诚信原则，甲不得主张成立重大误解。

（6）对标的物价值本身的错误认识。因为这是当事人一方应当自行承担的商业风险。例如，甲误以为乙的二手车价值 60 万元，遂以 45 万元购入，其实该车市值仅 30 万元，不成立重大误解。若无特殊情况，商家标价错误，例如，误将价值 19999 元的商品标价为 1.9999 元，成立重大误解。

（7）对行为能力的错误认识。民事行为能力的制度功能在于保护无、限制民事行为能力人，未成年人保护恒优先于交易安全。故而，应根据实际行为能力来确定民事法律行为的效力。例如，17 岁的甲少年老成，看上去像 30 岁。乙误以为其系成年人，将二手摩托车出售给甲。乙不得主张成立重大误解，甲乙之间的买卖合同因甲属于限制行为能力人而效力待定。

【判断分析】

1. 甲误以为初中学历的乙是清华在读的学生，于是委托乙为其子补习高考。甲发现真相后可以撤销与乙之间的协议。【正确。对当事人性质的错误认识构成重大误解。】

2. 某商店工作人员在销售电脑时，错把甲型号的电脑当成另一种型号的电脑销售，对此可认定存在重大误解。【正确。对标的物同一性的错误认识构成重大误解。】

3. 郑某和夏某口头约定，郑某将汽车以 10 万元的价格出卖给夏某，但双方在签署书面合同时不慎将价款错写成 100 万元。郑某和夏某均未发现此处错误，在不知情的情况下签名，构成重大误解。【错误。误载不害真意。】

（二）欺诈

欺诈，是指一方当事人故意告知对方虚假情况，或者故意隐瞒真实情况，诱使对方当事人作出与其内心真意不符的意思表示。

1. 构成要件

（1）欺诈行为：包括积极欺诈和消极欺诈。前者指故意告知虚假情况；后者指故意隐瞒真实情况。

【注意】消极欺诈的成立以当事人负有告知义务为前提。例如，劳动者在应聘过程中隐瞒自己的婚姻状态，用人单位不得以劳动者欺诈为由撤销劳动合同，因为是否结婚属于劳动者隐私，且与劳动合同的签订无关，劳动者并无如实告知的义务。

（2）因果关系：相对人因欺诈而陷入错误+相对人因错误而作出与其内心真意不符的意思表示（双重因果关系）。

【示例】甲将其别墅出售给乙，但是未告诉乙别墅内曾经发生过恶性刑事案件。①若乙对此知情，则甲不构成欺诈，因为乙没有因欺诈而陷入认识错误。②若乙对此不知情，且乙对"凶宅"并不忌讳，则甲依然不构成欺诈，因为乙并没有因错误认识而作出与其内心真意不符的意思表示。

（3）欺诈具有不正当性。

（4）故意：实施欺诈行为的故意+使相对人因此陷入错误并基于错误作出意思表示的故意（双重故意）。

【比较】重大误解与欺诈的区别：当事人均存在错误认识，但是重大误解是自发形成的，欺诈是外力造成的；在欺诈成立的情形，表意人产生错误的原因在于欺诈行为，此时不成立重大误解。

【注意】民事行为能力的制度功能在于保护无、限制民事行为能力人，无、限制民事行为能力人保护恒优先于交易安全。故而，即使无、限制民事行为能力人采取欺诈手段，使相对人误以为其系完全行为能力人，进而与其签订合同，不应以欺诈为由认定民事法律行为可撤销，而应根据实际行为能力来确定民事法律行为的效力。

2. 第三人欺诈：第三人实施欺诈行为，相对方知道或者应当知道该欺诈行为的，受欺诈方有权请求法院或仲裁机构撤销。

【示例】蒋某在古董市场上以假充真。受骗的李某去找蒋某退货时发现自己的仇人杨某也在蒋某处购买玉石，便主动上前表明玉石是真品，蒋某未置可否，杨某信以为真，便购买了一块玉石。蒋某知道李某在骗杨某，故被骗的杨某有权请求法院或者仲裁机构撤销合同。

【注意】一方当事人的代理人、履行辅助人欺诈，直接视为该方当事人欺诈，与其是否知情无关。

【判断分析】

1. 张某从李某处购买一辆汽车，李某明知该车刹车有问题而没有告诉张某。10 天后，张某在驾驶该车时发生交通事故。李某的行为是否构成欺诈？**【构成。**故意隐瞒真相，构成消极的欺诈。**】**

2. 赵某有一幅祖传名画，市值百万，周某欲以低价购入。在周某的利诱之下，鉴定专家余某欺骗赵某说该画是赝品，价值不超过 10 万，赵某信以为真，将画以 10 万元卖给周某。赵某是否可以欺诈为由请求撤销合同？**【可以。**周某知道余某欺诈，赵某可以第三人欺诈为由请求撤销合同。**】**

（三）胁迫

胁迫，是指行为人以给另一方当事人或者第三人造成损害为要挟，使另一方当事人因陷入恐惧而违背内心真意作出意思表示的行为。

1. 构成要件

（1）胁迫行为：以造成损害相威胁。

①威胁损害的对象不限于受胁迫人本人和其近亲属，只要足以使受胁迫人因该人将受损害而陷入恐惧即可。

②胁迫人可以是当事人一方，也可以是第三人。在第三人胁迫的情形，无论当事人一方是否知道或者应当知道，另一方均可以主张撤销。

【注意】第三人欺诈，要求相对方知道或者应当知道欺诈行为，受欺诈方才可以撤销。第三人胁迫之所以与第三人欺诈区别对待，是因为胁迫对于自由意志的影响更大、违法程度也更高。

（2）因果关系：相对人因胁迫而陷入恐惧+相对人因恐惧而作出意思表示（双重因果关系）。

（3）胁迫行为具有不法性

①目的合法、手段不法。例如，甲开车撞伤了乙，乙威胁甲，若不赔偿医药费就绑架甲的儿子。

②目的不法、手段合法。例如，甲威胁乙，若乙不为甲运输毒品，便向公安机关举报乙的故意杀人罪。

③手段与目的均合法，但是手段与目的之间的关联不法。包括甲在内的数人均欲购买乙之房

屋，甲威胁乙，若乙不将房子卖给自己，便向公安机关举报乙的故意杀人罪。

（4）故意：实施胁迫行为的故意+使相对人因此陷入恐惧并基于恐惧作出意思表示的故意（**双重故意**）

【注意】**欺诈和胁迫竞合**的时候，认定为**胁迫**。例：甲威胁乙，若乙不借钱给自己，甲就将乙偷税的证据交给税务部门，乙只好借钱给甲。其实，甲并无乙偷税的证据。甲既欺诈了乙，又胁迫了乙，但是乙是出于恐惧作出了借钱的意思表示，而非因被骗陷入错误认识才借钱的。因此，甲的行为构成胁迫而非欺诈。

【判断分析】

1. 某电站站长的弟弟吴某拉来一车西瓜，要求电影院老板陈某买下，陈某拒绝。当晚电影院停电。次日，吴某告诉陈某只要买下西瓜就会来电。陈某只得买下全部西瓜。陈某可以主张撤销买卖合同。【**正确**。吴某以给陈某带来不能用电的经济损害为**要挟**，使得陈某陷入受损的**恐惧**作出了买西瓜的意思表示。】

2. 姜某发现弟弟小姜的老板夏某偷税漏税，以此为要挟，要求夏某将一套价值80万元的学区房以40万元价格出售给小姜，夏某无奈只得答应。小姜并不知情，夏某不可以胁迫为由撤销合同。【**错误**。姜某构成**第三人胁迫**，**无论合同当事人是否知情**，受胁迫方夏某都可以胁迫为由撤销合同。】

（四）显失公平

显失公平，指一方**利用**对方**处于危困状态、缺乏判断能力**等情形，致使法律行为**成立时**双方权利义务**严重失衡**，明显违反公平、等价有偿原则。

1. 客观要件：法律行为成立时当事人双方权利义务严重失衡。

【注意】**显失公平的判断时点**，是**法律行为成立时**。法律行为成立后发生的变化导致双方的权利义务严重失衡，不构成显失公平，有可能成立情势变更。

【示例】甲与乙签订股权转让合同，约定甲以1.5亿元将其持有的A公司股权转让给乙。合同履行完毕后，因A公司成功上市，甲转让给乙的股权市值高达10亿元。甲不得以显失公平为由主张撤销。

2. 主观要件：显失公平的原因，是因为一方**利用**对方**处于危困状态、缺乏判断能力**等情形。

【注意】不能单纯着眼于双方权利义务是否严重失衡，还必须**注意其原因**。例如，在赌石活动中，以500元购买的原石，即使切开后发现其为价值亿元的翡翠，也并不成立显失公平，因为此种结果是赌石活动中双方均应自行承担的风险，并非是买方利用卖方处于危困状态、缺乏判断能力等情形造成的。

【示例】甲在人迹罕至的野外被毒蛇咬伤，被乙无意中发现。甲央求乙送其至最近的医院治疗，乙表示同意，但是要求支付10万元的报酬，甲无奈之下只好同意。存在一方利用对方处于危困状态致使法律行为成立时双方权利义务严重失衡，故甲可以显失公平为由主张撤销合同。

【判断分析】

富二代甲将一辆价值1000万的豪车以10万的价格转卖给女友乙（乙自尊心强，赠送肯定不要）。由于权利义务极不对等，买卖合同显失公平。【**错误**。判定显失公平一定要注意**权利义务失**

衡的原因，乙**并未利用**甲处于危困状态、缺乏判断能力等情形，不构成显失公平。】

二、撤销权的行使

【重点法条】

《民法典》第 152 条【撤销权的消灭】有下列情形之一的，撤销权消灭：

（一）当事人自<u>知道或者应当知道</u>撤销事由之日起**一年内、重大误解**的当事人自知道或者应当知道撤销事由之日起<u>九十日内</u>没有行使撤销权；

（二）当事人受胁迫，**自胁迫行为终止之日起一年内**没有行使撤销权；

（三）当事人知道撤销事由后明确表示或者以自己的行为表明放弃撤销权。

当事人自民事法律行为**发生之日起五年内**没有行使撤销权的，撤销权消灭。

撤销事由	撤销权人	除斥期间	
重大误解	误解方	当事人自知道或者应当知道撤销事由之日起 **90 日**内	自民事法律行为**发生之日起** 5 年内
欺诈	受欺诈方	当事人自知道或者应当知道撤销事由之日起 **1 年**内	
胁迫	受胁迫方	**自胁迫行为终止之日起** 1 年内	
显失公平	受损害方	当事人自知道或者应当知道撤销事由之日起 **1 年**内	

【注意】 可撤销法律行为的撤销权在性质上属于**形成诉权**，只能通过**诉讼或仲裁**方式行使，不能以通知的方式行使。

【示例】 甲与乙于 2016 年 10 月 1 日签订合同。直到 2021 年 5 月 1 日，甲方知自己被乙欺诈。此时仍未超过自民事法律行为发生之日起计算的 5 年期间，可主张撤销权。如果甲要以欺诈为由申请撤销合同，则其应在 2021 年 10 月 1 日之前向法院提出。

【判断分析】

2018 年 3 月 1 日，张某以举报李某偷税漏税为由要挟李某将家中古董低价卖于自己，李某被迫同意。4 月 1 日，税务机关查获李某偷漏税行为。2019 年 3 月 20 日，李某要求张某返还古董，张某未理会，同年 4 月 20 日，李某诉至法院，主张撤销该买卖合同。李某的主张可以得到法院支持。**【错误**。①李某以受胁迫为由撤销合同，应当**自胁迫行为终止之日**（2018 年 4 月 1 日）**一年内**行使撤销权；②只能通过**诉讼或者仲裁**方式行使，李某（2019 年 3 月 20 日）要求张某返还古董，行使权利方式不当；③李某起诉时（2019 年 4 月 20 日）已经经过一年的除斥期间，撤销权**消灭**。】

第六节　效力待定的民事法律行为

【重点法条】

《民法典》

第 145 条【限制民事行为能力人实施的民事法律行为的效力】限制民事行为能力人实施的**纯**

获利益的民事法律行为或者与其年龄、智力、精神健康状况相适应的民事法律行为有效；实施的其他民事法律行为经法定代理人同意或者追认后有效。

相对人可以催告法定代理人自收到通知之日起三十日内予以追认。法定代理人未作表示的，视为拒绝追认。民事法律行为被追认前，善意相对人有撤销的权利。撤销应当以通知的方式作出。

第171条【无权代理】行为人没有代理权、超越代理权或者代理权终止后，仍然实施代理行为，未经被代理人追认的，对被代理人不发生效力。

相对人可以催告被代理人自收到通知之日起三十日内予以追认。被代理人未作表示的，视为拒绝追认。行为人实施的行为被追认前，善意相对人有撤销的权利。撤销应当以通知的方式作出。

行为人实施的行为未被追认的，善意相对人有权请求行为人履行债务或者就其受到的损害请求行为人赔偿。但是，赔偿的范围不得超过被代理人追认时相对人所能获得的利益。

相对人知道或者应当知道行为人无权代理的，相对人和行为人按照各自的过错承担责任。

民事法律行为效力待定，是指在未被追认之前，法律行为既非有效，也非无效，处于不确定状态；若被追认，法律行为确定生效；若被拒绝追认，法律行为确定无效。故而，效力待定是未决的无效。

【说明】民事法律行为效力待定的原因是当事人一方欠缺行为能力或代理权，又因仅涉及当事人的私益，故而法律将决定该民事法律行为命运的权利交给欠缺行为能力者的法定代理人或者被代理人，即赋予其追认权。

一、民事法律行为效力待定的事由

1. 限制民事行为能力人实施的依法不能独立实施的民事法律行为。例如，年仅 14 岁的甲花费 10 万元打赏主播。

【注意】限制行为能力人实施的依法可以独立实施的法律行为有效，该法律行为不因法定代理人反对而无效。

2. 狭义无权代理：行为人并无代理权，却以他人名义实施民事法律行为。例如，甲擅自以乙公司名义与丙公司签订食用油买卖合同。

二、法定代理人或者被代理人的追认权

1. 法定代理人或者被代理人有权对效力待定的法律行为进行追认。

【注意】在无权代理中，被代理人已经开始履行合同义务或者接受相对人履行的，视为对合同的追认。

2. 追认权的性质为形成权，以通知方式行使，追认的意思表示到达相对人时生效，无须相对人的同意即可发生法律效力。

3. 法定代理人的追认将使法律行为溯及至其成立之时生效；拒绝追认则使法律行为溯及至其成立之时无效。被代理人的追认将使法律行为对其发生效力；拒绝追认则使法律行为对其不发生效力。

三、相对人的催告权和善意相对人的撤销权

1. 相对人的催告权：相对人可以催告法定代理人或者被代理人自收到通知之日起 30 日内予

以追认。法定代理人或者被代理人**未作表示的，视为拒绝追认。**

2. 善意相对人的撤销权

（1）善意，是指相对人不知道也不应当知道行为人为限制行为能力人或者无权代理人。

（2）善意相对人可以在法定代理人或者被代理人**追认之前撤销法律行为**，而不用被动地等待。

【注意】追认前才可以撤销，**追认后不能再撤销。**

（3）撤销权性质上是**形成权，**以**通知**方式行使，不必以诉讼或者仲裁方式行使，有别于可撤销法律行为的撤销。

（4）一经撤销，法律行为自始无效，法定代理人或者被代理人不能再追认。

【示例】乙的儿子小乙（15 周岁）花 3 万元在海港城买了一块劳力士。由于小乙长得成熟，海港城不知小乙是限制民事行为能力人，海港城可以行使催告权或撤销权。海港城选择向乙催告后，乙在 30 日内未作表示，此时应视为乙对买卖合同拒绝追认。

第七节 附条件、附期限的民事法律行为

一、附条件的民事法律行为

附条件的法律行为，是指当事人约定以一定条件是否成就来决定法律行为的生效或者失效的法律行为。

【比较】附条件法律行为中的条件用于**控制法律行为效力**。在日常用语中，附义务法律行为中的义务常用"条件"进行表述，但是此条件并非附条件法律行为中的条件，因为此条件并非用于控制法律行为效力，而是令一方当事人负担一定义务。例如，父亲向儿子承诺："我送给你一辆车，条件是你每周回家一趟。"儿子表示接受，则在父子之间成立附义务赠与合同，赠与合同立即生效，父亲负有义务赠送一辆车给儿子，儿子负有义务每周回家一趟，此为附义务的法律行为。

1. 条件的适格

（1）须为**将来**的事实。以已经发生的事实作为生效条件的，视为未附条件；以已经发生的事实作为解除条件的，法律行为不生效。

（2）须为发生与否**不确定**的事实。

（3）须为**可能发生**的事实。以不可能发生的事实作为生效条件的，法律行为不发生效力；以不可能发生的事实作为解除条件的，视为未附条件。

（4）须为**约定**的事实。若所附条件为法律规定的条件，视为未附条件。故而，法律、行政法规规定合同需经批准生效的，并非附条件法律行为。

（5）须为**合法**的事实。所附条件不法的，法律行为无效。例如，甲与乙签订赠与合同，约定：若乙将丙的左腿打断，则甲赠与乙 50 万元。

2. 条件的类型

（1）**生效**条件（**停止**条件、**延缓**条件）：条件成就时法律行为生效。例如，甲与乙签订房屋租赁合同，约定：甲的儿子丙赴国外留学之日，租赁合同生效，甲立即将房屋交付乙使用。

（2）**解除**条件（**失效**条件）：条件成就时法律行为失效。例如，甲与乙签订房屋租赁合同，

约定：甲的儿子丙留学归国之日，租赁合同立即终止。

3. 不利于不诚信者的推定

（1）为自己的利益**不正当地阻止**条件成就的，**视为条件已经成就**。

（2）为自己的利益**不正当地促成**条件成就的，**视为条件不成就**。

【示例】甲对舍友乙说"如果你通过 2022 年法考，我就赠你一台苹果电脑"。后甲后悔，在法考当天的早上把门锁住，使得乙迟到，无法参加考试。甲阻止乙考试时，视为赠与合同的条件已成就，甲需要履行赠与合同的义务。

二、附期限的民事法律行为

附期限的法律行为，是指当事人约定以**将来确定发生的事实**来决定法律行为的生效或者失效的法律行为。

【注意】**身份行为不得附期限**。

1. 期限的适格

（1）须为**将来确定发生**的事实。例如，甲、乙约定，甲将房屋出租给乙，直至乙去世。乙去世是必然到来的事实，故该租赁合同为附期限的合同。

（2）须为**约定**的事实。

2. 期限的类型

（1）**始期**：期限届至，则法律行为生效。

【示例】甲与乙于 2020 年 1 月 1 日签订房屋租赁合同，约定合同自 2020 年 2 月 1 日生效。

（2）**终期**：期限届满，则法律行为失效。

【示例】甲与乙于 2020 年 1 月 1 日签订居住权合同，约定：甲将其 A 房无偿提供给乙居住，直至乙死亡为止。

【注意】形成权的行使不得附条件或期限。因为，形成权依单方意思表示即可导致法律关系变动，如果附条件或者期限，将导致法律关系处于不确定的状态，对相对人过于不利。例外允许的情形是，条件成就与否取决于相对人，或者期限明确。例：承租人经催告后在合理期限内依然不支付拖欠的租金，出租人有权解除合同，出租人可以在 7 月 15 日发送的解除通知中表示"若在 7 月 30 日之前不支付拖欠的租金，则合同自动解除"。

第八节 民事法律行为无效、被撤销、不发生效力的法律后果

【重点法条】

《民法典》

第 155 条 【无效、被撤销的民事法律行为自始无效】无效的或者被撤销的民事法律行为**自始**没有法律约束力。

第 157 条 【民事法律行为无效、被撤销及确定不发生效力的后果】民事法律行为无效、被撤销或者确定不发生效力后，行为人因该行为取得的财产，应当予以返还；不能返还或者没有必要返还的，应当折价补偿。有过错的一方应当赔偿对方由此所受到的损失；各方都有过错的，应当各自承担相应的责任。法律另有规定的，依照其规定。

民事法律行为不成立、无效、被撤销或者确定不发生效力后，无法产生当事人所追求的法律效果，双方当事人的利益状况应恢复至法律行为实施之前的状态。

1. 返还财产：行为人因民事法律行为取得的财产，应当予以返还。
2. 折价补偿：不能返还或者没有必要返还的，应当折价补偿。
3. 赔偿损失：有过错的一方应当赔偿对方由此所受到的损失；各方都有过错的，应当各自承担相应的责任。

【注意】此处的赔偿责任指的是缔约过失责任，不应超过履行合同以后可以获得的利益。

代 理

【重点】狭义无权代理、表见代理

一、代理的概念及与相关概念的区分

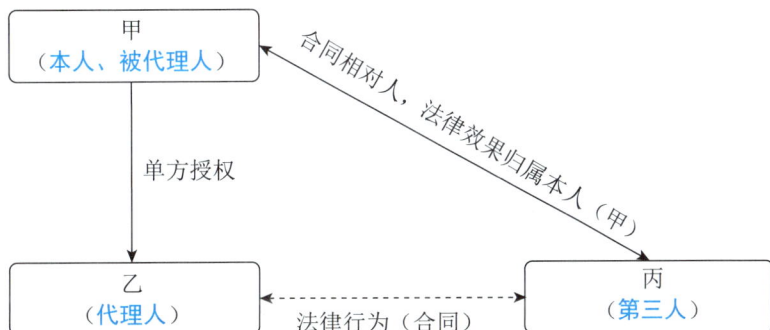

（一）代理的概念

代理，是指代理人在代理权限内以被代理人名义与第三人（相对人）实施民事法律行为，该民事法律行为的效果归属于被代理人的制度。

【说明】就法定代理而言，代理制度的功能在于弥补行为能力不足；就意定代理而言，代理制度的功能在于扩大私法自治空间。

（二）与相关概念的区分

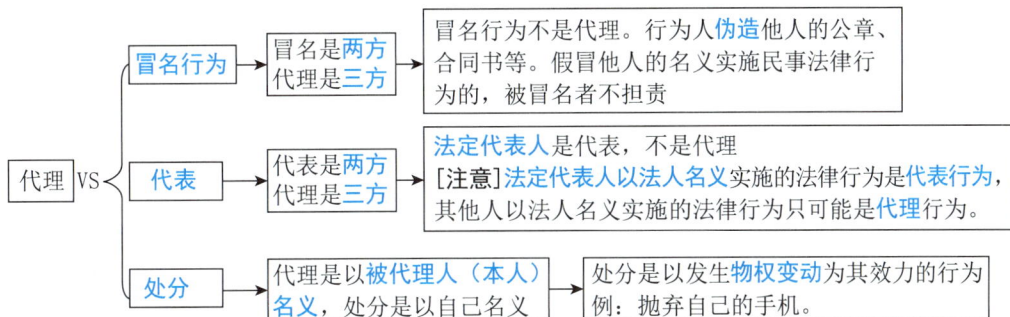

【判断分析】

1. 甲出国留学，将自己的金毛犬交给乙照顾，乙未经甲同意以自己名义将金毛犬出卖给丙，

此为无权代理。【错误。代理需以被代理人名义，乙是以自己名义将金毛犬出卖，构成无权处分。】

2. 甲经常给杂志社投稿，其弟弟乙冒用甲的姓名从杂志社领取甲的论文稿酬并据为己有，乙的行为构成无权代理。【错误。乙的行为是冒名行为，和杂志社形成双方结构，不论有权代理还是无权代理都属于三方结构。】

二、代理的构成要件

代理=行为的可代理性+代理人独立的意思表示+以被代理人名义+具有代理权

（一）行为的可代理性

1. 可以代理的行为限于民事法律行为。事实行为不存在代理的问题。如甲委托乙为其写一部玄幻小说，玄幻小说的写作为事实行为，不构成代理。

2. 并非任何民事法律行为均可代理。依照法律规定、依其性质或者当事人约定应由本人亲自实施的民事法律行为，不得代理。例如，具有人身性质的行为，如结婚，不得代理。

（二）代理人独立的意思表示

代理人必须独立发出或者受领意思表示。

【比较】代理人与使者的区别：代理人独立作出意思表示，在代理权限范围内有一定的自由决定空间，故而代理人至少须具有限制行为能力，且意思表示是否存在瑕疵，应就代理人进行判断。与之不同的是，使者不能独立作出意思表示，仅能传达他人的意思表示，故而使者不需要具有行为能力，意思表示是否存在瑕疵，应就本人进行判断。

（三）以被代理人名义（显名主义）

1. 原则：代理人必须以被代理人名义实施民事法律行为。因为代理行为的法律效果由被代理人承受，第三人需要知道自己是在与谁进行交易。

2. 例外：坚持显名主义是为了保护第三人，如果第三人不在乎交易相对人是谁，则代理人没有必要以被代理人的名义出现。此时存在两种可能性：

（1）代理人不必向第三人披露自己的代理人身份，例如甲受乙之委托去超市代购面包；

（2）代理人虽然向第三人披露了自己的代理人身份，但是未披露被代理人具体是谁，且第三人并不在乎被代理人是谁。

（四）行为人具有代理权

行为人在代理权限范围内实施法律行为。

三、代理的类型

（一）法定代理与委托代理（按代理权产生依据区分）

1. 法定代理：代理权基于法律规定产生。例如，无、限制民事行为能力人的监护人是其法定代理人；夫妻之间互为日常家事代理。

2. 委托代理（意定代理）：代理权基于授权行为产生。例如，甲授权乙与丙签订房屋租赁合同。

（1）代理权授予行为是单方法律行为，无须代理人同意。

（2）代理权是一种可以他人名义实施法律行为的资格/权利，代理人可以自由决定是否行使代理权。

（3）代理权授予行为与基础关系的关系

①被代理人之所以授予代理人以代理权，通常是因为二者之间<u>存在一定的基础关系</u>，例如委托合同关系、劳动合同关系等。

基础关系解决的是被代理人和代理人之间的问题；代理权授予行为解决的是代理人与第三人之间法律行为的效果<u>能否归属于被代理人的问题</u>。对于第三人来说，重要的是代理人有没有获得代理授权，至于被代理人和代理人之间的基础关系为何，并不重要。

②代理权授予行为的独立性：存在基础关系，并<u>不必然</u>存在代理权授予行为。须于基础关系之外另有被代理人的授权行为，方可发生代理权。

委托与代理的关系存在以下三种可能性：

a. 仅有委托而无代理，如乙受邻居甲委托照看其三岁孩子。

b. 仅有代理而无委托，如甲给其邻居乙出具一份授权书，让乙为其购买冰箱。

c. 委托和代理并存，如甲与其邻居乙签订委托合同，授权乙以甲的名义购买冰箱。

③代理权授予行为的<u>无因性</u>：<u>基础关系无效</u>，<u>不影响</u>代理权授予行为的效力。

【示例】甲与 15 岁的电子产品发烧友乙订立委托合同，委托其帮忙购买森海塞尔耳机一副，价格不超过 1 万元即可，并为此给乙出具了授权委托书。其后，乙以甲的名义向丙电子产品商店购得森海塞尔耳机一副，价款 8000 元。乙的父母表示反对。①因乙系限制民事行为能力人，签订委托合同并非其可以独立实施的法律行为，故而委托合同效力待定。因乙的父母拒绝追认，委托合同无效。②乙属于限制行为能力人，可以作为代理人，故而其以甲的名义与丙签订的买卖合同有效，不会因委托合同无效而无效。

（二）本代理与复代理（按代理人选任方式区分）

1. 本代理：代理人直接授予代理权或者直接依据法律规定产生。

2. 复代理：代理人将代理权转委托给他人而产生的代理。

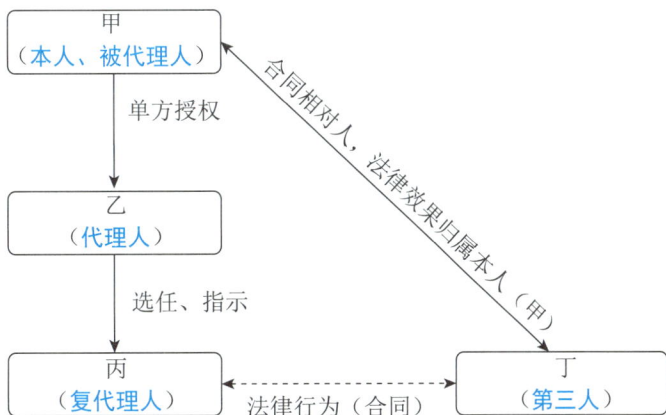

（1）代理人的复任权

法定代理人当然享有复任权；委托代理人<u>原则上无</u>复任权，下列情形例外：

①被代理人<u>事先同意或者事后追认</u>；

②在<u>紧急情况</u>下代理人为了<u>维护被代理人的利益</u>需要转委托第三人代理：由于急病、通讯联

络中断、疫情防控等特殊原因，委托代理人自己不能办理代理事项，又不能与被代理人及时取得联系，如不及时转委托第三人代理，会给被代理人的利益造成损失或者扩大损失。

（2）代理人有复任权的转委托代理

被代理人可以就代理事务直接指示转委托的第三人，代理人仅就第三人的选任以及对第三人的指示承担责任。

【注意】复代理人由代理人以自己名义选任，但是复代理人是被代理人的代理人，而非代理人的代理人，其代理权限不得超过代理人的代理权限。

（3）代理人无复任权的转委托代理

代理人应当对转委托的第三人的行为承担责任。

（4）转委托不明造成损害

因转委托不明给被代理人造成损害，代理人与复代理人双方都有过错的，承担连带责任。

（三）直接代理与间接代理（按是否以被代理人名义）

1. 直接代理：代理人以被代理人（本人）名义实施法律行为，合同约束被代理人和第三人，代理人不是合同当事人，不承担合同责任。

2. 间接代理：代理人以自己的名义实施法律行为，可以分为显名间接代理和隐名间接代理。

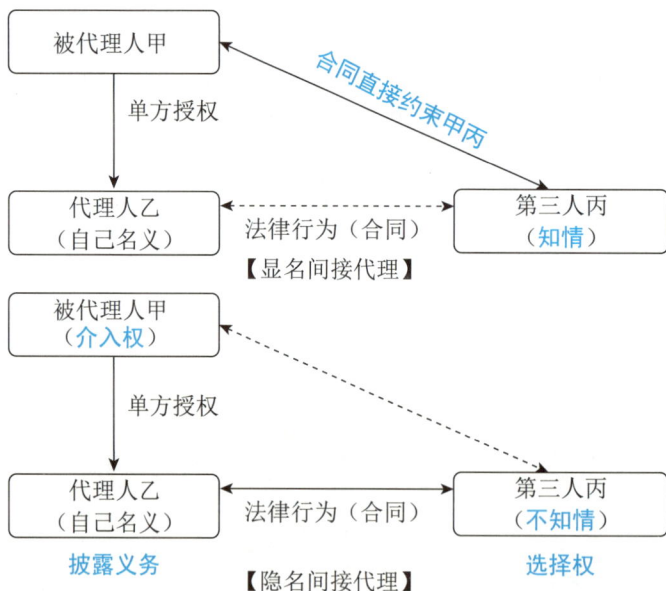

（1）显名间接代理

①虽然以代理人自己的名义，但是第三人知道合同相对方是被代理人。

②效果：合同直接约束被代理人和第三人，但是有确切证据证明合同只约束代理人和第三人的除外。

（2）隐名间接代理

①第三人不知道被代理人之存在，以为合同相对方就是代理人。

②效果：相当于没有代理关系，合同相对人是代理人和第三人，与被代理人无关。

a. 代理人因第三人原因对被代理人不履行义务

1）代理人的披露义务：代理人应当向被代理人披露第三人。

2）被代理人的介入权：被代理人可以行使代理人对第三人的权利（第三人与代理人订立合同时如果知道该被代理人就不会订立合同的除外）。第三人可以向被代理人主张其对代理人的抗辩。

b. 代理人因被代理人的原因对第三人不履行义务

1）代理人的披露义务：代理人应当向第三人披露被代理人。

2）第三人的选择权：第三人可以选择代理人或者被代理人作为相对人主张其权利。一经选定，不得变更。第三人选定被代理人作为其相对人的，被代理人可以向第三人主张其对代理人的抗辩以及代理人对第三人的抗辩。

【判断分析】

甲委托乙购买一套机械设备，但要求以乙的名义签订合同，乙同意，遂与丙签订了设备购买合同。后由于甲的原因，乙不能按时向丙支付设备款。在乙向丙说明了自己是受甲委托向丙购买机械设备后，丙可以选择要求甲或乙支付设备款。【正确。受托人乙以自己名义与第三人丙签订合同，因委托人甲的原因对丙不履行义务，在向丙披露甲之后，丙有选择权，可以请求甲或者乙支付设备款。】

四、代理权的滥用

自己代理	1. 含义：代理人以被代理人的名义与自己实施民事法律行为。
	2. 效力：原则无效，被代理人同意或者追认的除外。
	【说明】之所以禁止自己代理，是为了防止利益冲突，避免代理人损人利己。若并无利益冲突的可能，则自己代理例外有效。例如，父母赠与三岁女儿房产，父母作为女儿的法定代理人与自己签订赠与合同，合同有效。
双方代理	1. 含义：代理人同时代理当事人双方，即代理人以被代理人的名义与自己同时代理的其他人实施民事法律行为。
	2. 效力：原则无效，被代理的双方同意或者追认的除外。
	【说明】之所以禁止双方代理，是为了防止利益冲突，避免代理人顾此失彼。
恶意串通	代理人和相对人恶意串通，损害被代理人合法权益的，代理人和相对人应当承担连带责任。

五、狭义无权代理和表见代理

【重点法条】

《民法典》

第 171 条【无权代理】行为人没有代理权、超越代理权或者代理权终止后，仍然实施代理行为，未经被代理人追认的，对被代理人不发生效力。

相对人可以催告被代理人自收到通知之日起三十日内予以追认。被代理人未作表示的，视为拒绝追认。行为人实施的行为被追认前，善意相对人有撤销的权利。撤销应当以通知的方式作出。

行为人实施的行为未被追认的，善意相对人有权请求行为人履行债务或者就其受到的损害请求行为人赔偿。但是，赔偿的范围不得超过被代理人追认时相对人所能获得的利益。

相对人知道或者应当知道行为人无权代理的，相对人和行为人按照各自的过错承担责任。

第172条【表见代理】行为人没有代理权、超越代理权或者代理权终止后，仍然实施代理行为，相对人有理由相信行为人有代理权的，代理行为有效。

（一）狭义无权代理

1. 无权代理的含义

无权代理，是指具备代理的其他要件，唯独缺乏代理权，包括行为人没有代理权、超越代理权或代理权终止。

【注意】数人为同一代理事项的代理人的，原则上应当共同行使代理权。其中一人或者数人未与其他代理人协商，擅自行使代理权的，构成无权代理。

2. 无权代理的法律效果

无权代理人实施的法律行为效力待定（详见效力待定的民事法律行为部分）。

（1）被代理人追认：产生如同有权代理的效果，代理行为的法律效果由被代理人承受。

（2）被代理人拒绝追认：代理行为对被代理人不发生效力。

①善意相对人：相对人不知道也不应当知道行为人缺乏代理权的，则其有权请求行为人履行债务或者就其受到的损害请求行为人赔偿。

【注意】赔偿的范围不得超过被代理人追认时相对人所能获得的利益。因为，相对人的最佳利益状态应当就是行为人具有代理权的情形，相对人不能因行为人欠缺代理权获得额外的利益。

②恶意相对人：相对人知道或者应当知道行为人缺乏代理权的，则相对人和行为人按照各自的过错承担责任，即相对人可以请求行为人赔偿其损害，但是应当根据自己的过错程度减少损害赔偿额。

【注意1】无权代理人主张相对人恶意的，应当承担举证责任。

【注意2】如果代理人系限制民事行为能力人，基于保护限制民事行为能力人的考虑，即使被代理人拒绝追认，代理人也不对相对人承担责任。

（二）表见代理

1. 表见代理的含义

表见代理，指行为人缺乏代理权，仍以被代理人名义实施法律行为，相对人有理由相信行为人有代理权的，产生有权代理的法律效果。

【说明】之所以无权代理产生有权代理的效果，是基于保护善意相对人的合理信赖和保护交易安全的考虑。

2. 表见代理的构成要件

（1）行为人无代理权；

（2）存在行为人具有代理权的权利外观；例如，行为人持有被代理人出具的授权委托书、加盖公章的空白合同书等。

【注意】权利外观是否存在由相对人举证证明。

（3）相对人不知道行为人行为时没有代理权，且无过失；

【注意】由被代理人举证证明相对人知道或者因过失而不知道。

（4）权利外观的形成可归责于被代理人。

【总结1】权利外观的形成可归责于被代理人的典型情形：

1. 代理终止后，被代理人未及时收回介绍信、授权委托书、盖有合同专用章或者公章的空白合同书；

2. 被代理人向第三人表明其授予代理权给行为人，但事实上并未授权，或者事后撤回了授权；

3. 无代理权人以被代理人名义订立合同，被代理人知道而未作表示（容忍代理）；

4. 法人或非法人组织对其工作人员职权范围有限制，但第三人非因过失而不知道。

【总结2】权利外观的形成不可归责于被代理人的典型情形：

1. 行为人伪造他人的公章、合同书或者授权委托书等。

2. 被代理人的公章、合同书或者授权委托书等遗失、被盗，或者与行为人特定的职务关系终止，并且已经以合理方式公告或者通知，相对人应当知悉。

【说明】保护交易安全固然重要，但是也不能完全无视被代理人的利益。在权利外观的形成不可归责于被代理人时，仅仅因为相对人善意无过失就让被代理人承受法律行为的效果，自然缺乏正当性。

【示例】夏教授通过A保险公司营业部购买机动车第三者责任险，在出险理赔时才发现保单系营业部工作人员甲伪造的。甲伪造的保单在内容和形式上与真保单一模一样，并且加盖了伪造的保险公司业务专用章，普通人无从辨别。虽然保单和章均是伪造的，但是依然成立表见代理，因为交易是在A保险公司的营业部进行的，夏教授有理由相信保单是真实的，而A保险公司对此权利外观的形成显然具有可归责性。

3. 表见代理的法律效果

（1）产生有权代理的法律效果，被代理人承受代理行为的法律效果。

（2）被代理人因此遭受损失的，可以向无权代理人请求赔偿。

【判断分析】

1. 甲是某企业的销售人员，随身携带盖有该企业公章的空白合同书，便于对外签约。后甲因收取回扣被企业除名，但空白合同书未被该企业收回。甲以此合同书与他人签订购销协议，该购销协议产生的法律后果应当由企业承受。【正确。空白合同书使得相对人有理由相信其具有代理权，且该空白合同书在甲被除名后未被该企业收回，权利外观的形成可归责于企业。所以甲的行为构成表见代理，产生有权代理的法律效果。】

2. 甲是乙的邻居，小贩丙来推销保健品时，甲觉得乙需要，遂以乙的名义购买了1万元保健品，甲丙的买卖行为无效。【错误。甲没有代理权且无表见事由，构成狭义无权代理，该合同效力待定。】

第六章
诉讼时效

【重点】诉讼时效的适用范围、诉讼时效的中断、诉讼时效期间届满的法律效果

一、诉讼时效的概念与性质

（一）诉讼时效的概念

诉讼时效，是指权利人在法定期间内不行使权利，义务人可以拒绝履行义务的民事法律事实。

【示例】甲向乙借款 50 万元，双方约定还款期为 2018 年 1 月 1 日。到 2021 年 3 月 1 日，乙才想起来这笔借款，将甲告上法院。甲提出诉讼时效抗辩，主张三年诉讼时效经过，自己不用还钱了，法院会判决甲的抗辩成立，驳回乙的诉讼请求。

【说明】诉讼时效的功能在于督促权利人及时行使权利，躺在权利上睡觉者不值得保护。因为，随着时间推移，案情模糊，举证困难，不利于查明案件真相以及社会秩序的稳定。

（二）诉讼时效的性质

诉讼时效具有法定性，诉讼时效的期间、计算方法以及中止、中断的事由均由法律规定。关于诉讼时效的规定属于强制性规范，当事人不能另行约定。

【注意】当事人对诉讼时效利益的预先放弃无效。在诉讼时效期间届满后，义务人可以选择放弃诉讼时效利益，即不行使诉讼时效抗辩权。

二、诉讼时效的适用范围

诉讼时效适用于请求权，不适用于支配权、抗辩权和形成权。

债权请求权	原则上均适用诉讼时效。
	例外不适用诉讼时效的情形： 1. 支付赡养费、抚养费、扶养费请求权。 2. 存款本息请求权、债券本息请求权。 3. 基于投资关系产生的缴付出资请求权。 4. 业主大会请求业主缴付公共维修基金。
物权请求权	原则上不适用诉讼时效，例如： 1. 请求停止侵害、排除妨碍、消除危险； 2. 不动产物权和登记的动产物权返还原物请求权。
	唯一例外：未登记的动产返还原物请求权适用诉讼时效。

续表

占有保护请求权	不适用诉讼时效，适用 1 年除斥期间

【判断分析】

下列请求权不适用诉讼时效的是？

A. 身体受到伤害要求赔偿的请求权【错误。损害赔偿请求权属于债权请求权，且不属于不适用诉讼时效的例外情形，应适用诉讼时效。】

B. 无行为能力人对其法定代理人损害自己权益的请求权【错误。损害赔偿请求权属于债权请求权，且不属于不适用诉讼时效的例外情形，应适用诉讼时效。】

C. 未登记的动产物权的权利人请求返还财产【错误。未登记的动产返还原物请求权是唯一适用诉讼时效的物权请求权。】

D. 请求支付抚养费、赡养费或者扶养费【正确。属于不适用诉讼时效的例外情形。】

三、诉讼时效的期间和起算

（一）诉讼时效的期间

原则	3 年	普通诉讼时效为 3 年。 【注意】普通诉讼时效不能延长。
特殊	4 年	国际货物买卖和技术进出口合同。
	5 年	人寿保险的被保险人或者受益人向保险人请求给付保险金。
最长	20 年	自权利受到损害之日起超过 20 年的，法院不予保护； 有特殊情况的，法院可以根据权利人的申请决定延长。

（二）诉讼时效的起算

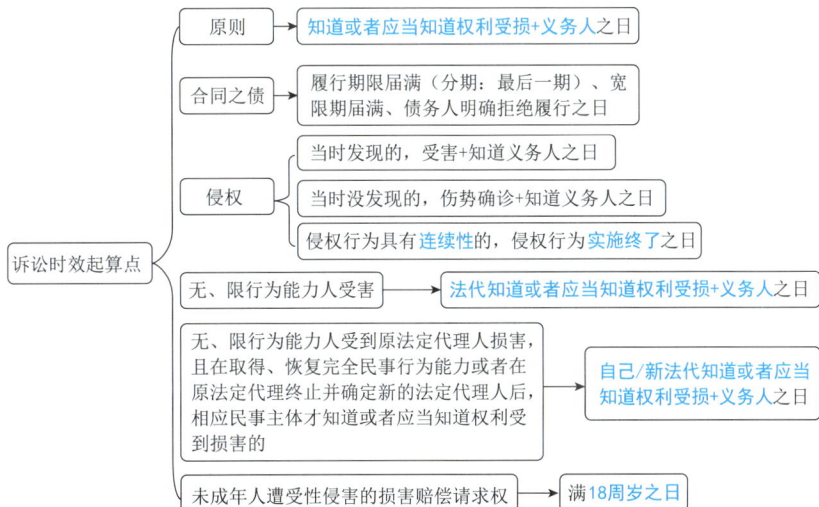

四、诉讼时效的中止和中断

【重点法条】

《民法典》

第194条【诉讼时效中止】在诉讼时效期间的最后六个月内，因下列障碍，不能行使请求权的，诉讼时效中止：

（一）不可抗力；

（二）无民事行为能力人或者限制民事行为能力人没有法定代理人，或者法定代理人死亡、丧失民事行为能力、丧失代理权；

（三）继承开始后未确定继承人或者遗产管理人；

（四）权利人被义务人或者其他人控制；

（五）其他导致权利人不能行使请求权的障碍。

自中止时效的原因消除之日起满六个月，诉讼时效期间届满。

第195条【诉讼时效中断】有下列情形之一的，诉讼时效中断，从中断、有关程序终结时起，诉讼时效期间重新计算：

（一）权利人向义务人提出履行请求；

（二）义务人同意履行义务；

（三）权利人提起诉讼或者申请仲裁；

（四）与提起诉讼或者申请仲裁具有同等效力的其他情形。

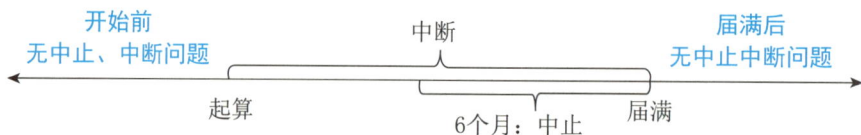

【诉讼时效中止、中断示意图】

（一）诉讼时效中止与中断的对比

	中止	中断
适用范围	仅适用于普通和特殊诉讼时效，不适用于最长诉讼时效。	
发生时间	诉讼时效期间的最后6个月内	诉讼时效期间内的任意时间
法定事由	1. 不可抗力； 2. 无、限行为能力人没有法定代理人，或者法定代理人死亡、丧失民事行为能力、丧失代理权； 3. 继承开始后未确定继承人或者遗产管理人； 4. 权利人被义务人或者其他人控制；	1. 权利人主张权利，具体包括： （1）提出请求——义务人知道或应当知道时就中断； （2）提起诉讼、仲裁——提交诉状或口头起诉之日就中断； （3）与提起诉讼、仲裁具有同等效力的行为（如向人民调解委员会等组织提出请求、向公检法报案或控告）——提出就中断。

续表

	中止	中断
	5. 其他导致权利人不能行使请求权的障碍。	2. 义务人同意履行义务，具体包括：义务人作出分期履行、部分履行、提供担保、请求延期履行、制定债务清偿计划等承诺或者行为的，自义务人同意履行之日起中断。
法律效果	停止计算诉讼时效期间；自中止事由消除之日起继续计算 6 个月的诉讼时效期间；剩余诉讼时效期间不足 6 个月的，也以 6 个月计算。	自中断事由消除之日起重新计算诉讼时效。

【注意】诉讼时效的中断和中止，均没有次数限制。

【示例】张某向银行贷款 10 万元用于生意周转，约定于 2018 年 1 月 1 日之前还款。其后，张某到期未偿还贷款。2019 年 4 月 1 日，银行请求张某还款 10 万元，张某仅还款 4 万元。2022 年 1 月 1 日，银行将张某诉至法院，请求其偿还剩余的 6 万元及利息。①张某对银行债务的诉讼时效期间为 3 年，即 2018 年 1 月 2 日–2021 年 1 月 1 日；②由于张某于 2019 年 4 月 1 日部分履行了债务，诉讼时效中断，重新起算，即 2019 年 4 月 2 日–2022 年 4 月 1 日；③银行于 2022 年 1 月 1 日起诉张某，尚未超过诉讼时效。

（二）诉讼时效中断的涉他效力

1. 针对同一债权，部分中断，全部中断：如甲欠乙 10 万元逾期不还，现甲同意还 5 万，则 10 万债权全部发生诉讼时效中断的效力。

2. 针对连带之债，一人中断，全部中断：如甲和乙对丙因产品侵权而需承担连带赔偿责任共计 20 万元，丙要求甲赔偿 10 万元。丙的行为导致甲和乙对丙负担的连带债务诉讼时效均中断。

3. 债权人提起代位权诉讼：对债权人的债权和债务人的债权均发生诉讼时效中断的效力。

4. 债权转让：诉讼时效从债权转让通知到达债务人之日起中断。

5. 债务承担：构成对原债务人债务承认的，从债务承担的意思表示到达债权人之日起中断。

【判断分析】

甲公司开发的系列楼盘由乙公司负责安装电梯设备。在完工并验收合格投入使用后，甲公司一直未支付工程款，乙公司也未催要。诉讼时效期间届满后，甲公司仍未付款，乙公司提起诉讼。因乙公司提起诉讼，诉讼时效中断【错误。诉讼时效中断必须发生在诉讼时效期间内，如诉讼时效期间已经届满，则无诉讼时效中断的可能。】

五、诉讼时效期间届满的法律效果

【重点法条】

《民法典》

第192条【诉讼时效期间届满的法律效果】诉讼时效期间届满的，义务人可以提出不履行义务的抗辩。

诉讼时效期间届满后，义务人同意履行的，不得以诉讼时效期间届满为由抗辩；义务人已经自愿履行的，不得请求返还。

第 193 条【禁止依职权适用诉讼时效】人民法院**不得主动**适用诉讼时效的规定。

（一）对权利人的效力

权利人**仍有权起诉**，法院不得以超过诉讼时效为由不予受理。

【注意】诉讼时效期间届满并**不会导致实体权利本身消灭**。

（二）对义务人的效力

1. 义务人获得**诉讼时效抗辩权**，即义务人可以诉讼时效已过为由拒绝履行。

【注意】诉讼时效抗辩权是**需当事人主张**的抗辩权。当事人未提出诉讼时效抗辩，人民法院不应对诉讼时效问题进行释明或主动适用诉讼时效的规定。如果义务人**没有行使**诉讼时效抗辩权，法院应当判决**支持**原告（权利人）的诉讼请求；如果义务人**行使诉讼时效抗辩权**，法院应当判决**驳回**原告（权利人）的**诉讼请求**。

2. 义务人**可以放弃诉讼时效抗辩权**。一旦放弃，不得反悔。

3. 义务人应当在**一审期间**提出诉讼时效抗辩。在一审中**未提出**的，在**二审中**不得再提出（基于**新的证据**能够证明已过诉讼时效的除外）；在**再审中**不得再提出。

【判断分析】

1. 下列关于诉讼时效期间届满法律后果的表述中，符合法律规定的是？

A. 当事人在诉讼时效期间届满后起诉的，人民法院不予受理【错误。诉讼时效期间届满并不会导致实体权利本身消灭。】

B. 诉讼时效期间届满，义务人自愿履行了义务后，可以以诉讼时效期间届满为由主张恢复原状【错误。义务人可以放弃诉讼时效抗辩权。一旦放弃，不得反悔。】

C. 诉讼时效期间届满后，当事人自愿履行义务的，不受诉讼时效限制【正确】

D. 诉讼时效期间届满后，权利人的实体权利消灭【错误。诉讼时效期间届满并不会导致实体权利本身消灭。】

2. 甲欠银行 20 万元，债务履行期届至，甲未还款。在诉讼时效期间届满之后银行将甲诉至法院，法院判决甲归还欠款，甲不服提起上诉。二审期间，甲基于一审证据向银行提起诉讼时效经过的抗辩，法院应当支持。【错误。乙应当在**一审期间**提出诉讼时效抗辩。在一审中未提出的，在二审中不得再提出，除非基于新的证据能够证明已过诉讼时效。】

六、除斥期间

除斥期间，是指法律规定的形成权存续期间。形成权人于除斥期间内未行使权利，则形成权**消灭**。

	诉讼时效	除斥期间
法院可否主动	法院**不得主动**释明，也**不得主动**适用	法院应当**依职权主动**审查适用

续表

	诉讼时效	除斥期间
适用范围	请求权（主要为债权请求权）	形成权（撤销权、解除权等）
法律效果	实体权利存在，义务人产生抗辩权	实体权利消灭
可否中止中断	除最长诉讼时效外，可以中止中断	不可以
起算点	除最长诉讼时效外，均为自知道或应当知道权利受到损害以及义务人之日起算	自知道或应当知道权利产生之日起算

【说明】形成权人依单方意志即可变动民事法律关系，属于私法上的权力，对相对人利益影响甚巨。若形成权人长时间不行使权利，将使相对人面临极大的不确定性，法律关系也将一直处于悬而不决的状态。故而，对于形成权的行使必须在时间上进行限制，且其效力应当强于诉讼时效。

【判断分析】

诉讼时效期间与除斥期间是民法上两项权利行使的限制期间，下列关于二者区别的说法中，正确的是？

A. 诉讼时效期间届满则实体权利消灭，除斥期间届满实体权利没有消灭【错误。诉讼时效期间届满，实体权利并不消灭，仅义务人取得时效抗辩权；除斥期间届满，则实体权利消灭。】

B. 诉讼时效期间为不变期间，除斥期间为可变期间【错误。诉讼时效期间可以中止、中断或者延长，为可变期间；除斥期间为不变期间。】

C. 诉讼时效期间适用于请求权，除斥期间适用于形成权【正确】

D. 除斥期间适用中止、中断、延长，诉讼时效期间并不适用【错误】

物权编

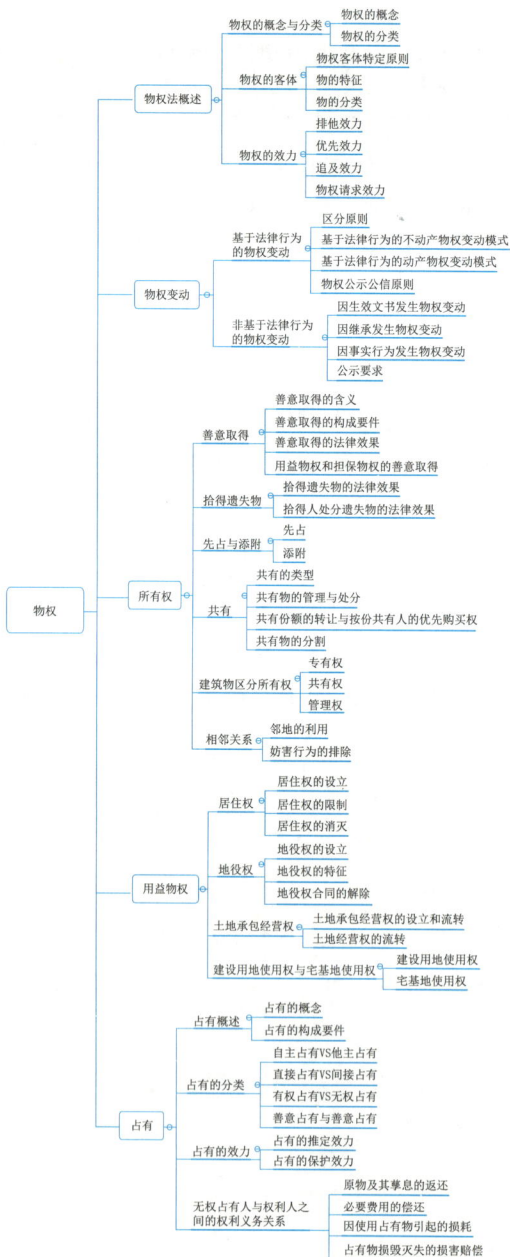

物权

物权法概述
　物权的概念与分类
　　物权的概念
　　物权的分类
　物权的客体
　　物权客体特定原则
　　物的特征
　　物的分类
　物权的效力
　　排他效力
　　优先效力
　　追及效力
　　物权请求效力

物权变动
　基于法律行为的物权变动
　　区分原则
　　基于法律行为的不动产物权变动模式
　　基于法律行为的动产物权变动模式
　　物权公示公信原则
　非基于法律行为的物权变动
　　因生效文书发生物权变动
　　因继承发生物权变动
　　因事实行为发生物权变动
　　公示要求

所有权
　善意取得
　　善意取得的含义
　　善意取得的构成要件
　　善意取得的法律效果
　　用益物权和担保物权的善意取得
　拾得遗失物
　　拾得遗失物的法律效果
　　拾得人处分遗失物的法律效果
　先占与添附
　　先占
　　添附
　共有
　　共有的类型
　　共有物的管理与处分
　　共有份额的转让与按份共有人的优先购买权
　　共有物的分割
　建筑物区分所有权
　　专有权
　　共有权
　　管理权
　相邻关系
　　邻地的利用
　　妨害行为的排除

用益物权
　居住权
　　居住权的设立
　　居住权的限制
　　居住权的消灭
　地役权
　　地役权的设立
　　地役权的特征
　　地役权合同的解除
　土地承包经营权
　　土地承包经营权的设立和流转
　　土地经营权的流转
　建设用地使用权与宅基地使用权
　　建设用地使用权
　　宅基地使用权

占有
　占有概述
　　占有的概念
　　占有的构成要件
　占有的分类
　　自主占有VS他主占有
　　直接占有VS间接占有
　　有权占有VS无权占有
　　善意占有与善意占有
　占有的效力
　　占有的推定效力
　　占有的保护效力
　无权占有人与权利人之间的权利义务关系
　　原物及其孳息的返还
　　必要费用的偿还
　　因使用占有物引起的损耗
　　占有物损毁灭失的损害赔偿

第一章

物权法概述

【重点】物权请求权

第一节　物权的概念与分类

一、物权的概念

物权，是指权利人依法对特定的物或权利享有的直接支配和排他的权利，包括所有权、用益物权和担保物权。物权法就是规范物权关系的法律规范的总称。

【说明】从表面上看，物权涉及的是人对物的权利，即人与物之关系，但是，本质上物权涉及的依然是人与人之间的关系。人的欲望无限，而社会资源有限，为了解决这一对矛盾，法律必须要确定特定物归属于谁所有。就此而言，物权法的基本功能是定分止争。

二、物权的分类

法定分类	所有权：对自己的不动产和动产依法享有占有、使用、收益和处分的权利。
	用益物权：对他人所有的不动产依法享有占有、使用、收益的权利。
	担保物权：对用于设定担保的物依法享有优先受偿的权利。
学理分类	自物权：对自己所有的财产享有的权利。例：所有权 他物权：对他人所有的财产享有的权利。例：用益物权和担保物权
	意定物权：依据当事人合意而设定的物权。例：抵押权 法定物权：依据法律规定而成立的物权。例：留置权

第二节　物权的客体

物权的客体原则上是物，例外为权利，例如权利质权。

一、物权客体特定原则

物权客体特定原则，又称一物一权原则，包括：

1. 作为物权客体的物必须是特定的、独立的物。

【示例】湖北武汉的甲与黑龙江五常的农户乙于 2021 年 10 月 1 日签订合同，约定：乙将其

2022 年收获的五常大米全部出售给甲，甲预付价款 20 万，余款于交付大米时一并付清。2022 年的大米尚未产出，不能说乙对其 2022 年生产的大米享有所有权，但是这并不影响乙将其出售给甲。所以，所有权要求客体必须是特定物，不能是将来物，而合同债权的标的物可以是尚未确定但可以确定的将来物。

2. 一物之上不允许有互不相容的两个以上物权（如所有权）同时存在。

二、物的特征

作为物权客体的物，是指存在于人体之外，能为人力所支配，并能满足人类社会生活需要的有体物和自然力。

有体性	有体物，是指占据一定空间而有形存在的物质实体。例：水、钢材等。光、电、热等自然力虽不是有体物，但是可以为人力所支配，且具有经济价值，也被视为物。
可支配性	必须能够为人力所能支配。例：日月星辰不是物。
具有经济价值	如果物不具有经济价值，人类就不会为了此物而起冲突，就不存在定分止争的必要，也就没有必要以物权来确定此物的归属问题。例：空气不是法律意义上的物。
独立性	不能是物的成分。例：房屋的房梁、房屋的墙砖不是物。
非人身性	人是目的，而非手段。人及其身体均非物。当然，与人体已经分离的器官、血液等可以作为物。例：固定在身体中的假肢不是物，从身体中分离出来的假肢是物。

三、物的分类

	区分标准	区分意义
动产 VS 不动产	动产：可移动且移动不影响价值 例：钢笔、飞机等 不动产：不可移动或移动严重影响价值 例：房屋、土地、滩涂等	1. 动产转让依交付而生效；不动产转让依登记而生效。 2. 设定他物权的类型不同，如质权只能设立于动产，而用益物权只能设立于不动产。 3. 涉及不动产的诉讼，实行地域专属管辖。
种类物 VS 特定物	种类物：可替代的物 例：格力电器生产的同一批次空调。 【注意】货币是种类物，且适用占有即所有的特殊规则。 特定物：不可替代物，包括独一无二之物和从种类物中特定出来的物。 例：鲁迅某书的手稿；商场专柜小姐包装好准备交给顾客的一瓶香奈儿香水。	物意外毁损灭失时的法律后果不同： 1. 种类物灭失后不构成履行不能，不能免除交付义务。 2. 特定物灭失后构成履行不能，免除交付义务，可能承担损害赔偿等违约责任。

续表

	区分标准	区分意义
主物 VS 从物	主物：占主导地位并可独立发挥功能的物。 从物：不构成主物的成分，且经常性地辅助主物发挥效用的物。 【注意】主物和从物必须归同一主体所有，否则无所谓主物和从物。 例：同一个人所有的电脑和鼠标是主物和从物的关系。	除非另有约定或法律另有规定，主物所有权转移，应认定从物所有权随同转移。
原物 VS 孳息	原物：产生孳息的物 孳息：由原物所生的收益，分为天然孳息（根据自然规律产生）和法定孳息（根据法律关系产生）。 例：马儿生的小马驹（天然），房屋的租金（法定），股息和分红不是孳息。 【注意】已经与原物相分离的收益才是孳息。例：樱桃树上的樱桃，未被摘下来之前并非孳息，摘下来之后才成为孳息。	天然孳息归属：约定→用益物权人→所有权人； 法定孳息归属：约定→交易习惯 【注意】在买卖合同中，标的物在交付之前产生的孳息，归出卖人所有；交付之后产生的孳息，归买受人所有。

【判断分析】

1. 下列各选项中，哪些属于民法上的孳息？（2005-3-52，多选）

A. 出租柜台所得租金【正确。出租柜台所得租金属于法定孳息。】

B. 果树上已成熟的果实【错误。果实与果树分离成为独立物才属于自然孳息，否则属于果树的一部分。】

C. 动物腹中的胎儿【错误。动物腹中的胎儿与动物本体分离之前，不属于孳息。】

D. 彩票中奖所得奖金【正确。彩票中奖所得奖金属于法定孳息。】

2. 甲向乙借用一头耕牛，在借用期间，该牛产下一头小牛，该头小牛应该属于乙所有。【正确。小牛属于天然孳息，没有约定应该由所有权人乙取得。】

第三节 物权的效力

一、排他效力

物权的排他效力，是指在同一物之上不能同时成立两个或者两个以上内容互不相容的物权。

1. 一物之上不能同时成立两个所有权，只能是"一物一所有权"。

2. 一物之上不能同时并存两个或者两个以上内容互不相容的他物权。例如，一块地上不能存在两个土地承包经营权或者建设用地使用权。

【注意】只要物权的内容相容，即可并存于一物之上。例如，所有权与他物权可以并存；用益物权与担保物权可以并存；数个担保物权可以并存。

二、优先效力

1. 物权相互之间的优先效力

在数个内容相容的物权并存于一物之上时：

（1）他物权在其权利范围内优先于所有权。例如，土地承包经营权人可以优先于土地所有人使用土地。

（2）数个担保物权并存于一物之上，原则上公示在先的物权优先于公示在后的物权。例如，同一不动产上先后设立的抵押权，以登记先后确定优先顺位。（结合担保制度担保并存部分理解）

2. 物权优先于债权

同一物，既是物权的标的，又是债权的标的物时，物权优先于债权。

（1）所有权优先于债权

【示例】甲将其手表先卖给乙，尚未交付，后又卖给丙，并交付。此时，丙已经成为手表的所有权人，而乙仅仅是甲的债权人。乙不得以其签订买卖合同在先为由主张优先取得手表的所有权。

（2）有担保债权优先于无担保债权

【示例】甲分别向乙、丙借款若干，并将自己的一块手表质押给乙。其后，甲无力还款，除了质押给乙的手表外，别无他物。如果乙、丙均欲拍卖、变卖甲的手表清偿债权，则乙优先，因为其对手表享有担保物权。

三、追及效力

物权的追及效力，是指物权一经成立，其标的物无论辗转于何人之手，物权人均可以追及物之所在，而直接支配其物。

1. 所有权的追及效力

（1）所有权人的占有被不法侵夺，所有权人可以请求无权占有人返还占有。

（2）失主可以请求拾得人返还遗失物。

【示例】甲的小狗丢失，被乙捡到。甲可以所有权人的身份请求乙返还小狗。

2. 用益物权的追及效力

【示例】A 土地的建设用地使用权人甲与 B 土地的建设用地使用权人乙签订地役权合同，约定甲不得在 A 土地上修建高度超过 100 米的建筑，并办理了地役权登记。其后，如果甲将建设用地使用权转让给丙，则乙对 A 土地的地役权不受影响。

3. 担保物权的追及效力

【示例】甲向乙借款，并以其 A 房向乙提供抵押担保，办理了抵押登记。抵押期间，甲将 A 房出售给丙，并办理了过户登记手续。若甲到期无法偿还借款，尽管丙已经成为 A 房的所有权人，但是乙依然可以对 A 房行使抵押权。

四、物权请求权效力

物权请求权，是指物权人于其物被侵害或者有被侵害之危险时，可以请求回复物权圆满状态或者防止侵害的权利。包括返还原物请求权、排除妨害请求权、消除危险请求权。

【注意】物权确认请求权：因物权的归属、内容发生争议的，利害关系人可以请求确认权利。该权利名为请求权，实质上并非请求权。

1. 返还原物请求权

无权占有不动产或者动产的，权利人可以请求返还原物。

（1）请求权人：物权人，且该物权须具有占有权能。例如，抵押不移转占有，故而抵押权人无返还原物请求权。

（2）被请求人是相对于物权人的现时的无权占有人。

【示例】甲的 A 手表被乙偷走，丙又从乙处偷走手表。丙为现时的无权占有人，故而甲可以所有权人的身份请求丙返还手表；但是，甲对乙并无返还手表的请求权，因为乙丧失了对手表的占有，不属于现时的无权占有人。当然，甲可以请求乙承担侵权损害赔偿责任。

2. 排除妨害、消除危险请求权

（1）请求权人：物权人（占有人也可以行使）；

（2）请求对象：妨害人+消除义务人；

（3）前提：妨害或者危险依然存在或有发生妨害的可能（排除妨害请求权 VS 消除危险请求权：前者妨害已经发生，后者妨害还未发生。）

【注意】妨害必须具有违法性，或者超越了正常的容忍限度。

【示例1】甲将其房屋出租给乙居住，乙经常和友人通宵达旦喧闹，邻居丙不堪其扰。丙可以请求乙在正常休息时间停止喧闹，丙也可以请求甲制止乙的行为。

【示例2】甲在装修时将承重墙拆掉了，此种行为有可能导致整栋楼房坍塌，楼下的住户乙可以请求甲消除危险，即重砌承重墙。

【判断分析】

1. 甲将自己的汽车质押给乙，后该车被丙盗走并被卖给了不知情的丁，乙有权向丁主张返还原物请求权。【正确。乙系质权人，具有占有权能，丁并未取得所有权，相对于乙而言，丁系现时的无权占有人。】

2. 甲以自有房屋向乙银行抵押借款，并于一周后办理了抵押登记。因甲欠钱不还，丙强行进入该房屋居住，导致乙银行于甲无力偿还到期借款时难以拍卖房屋。

A. 乙银行可以请求丙返还原物【错误。乙银行享有的抵押权不具有占有权能，故而不享有返还原物请求权。】

B. 甲可以请求丙返还原物【正确。甲作为所有权人，具有占有权能，可以对丙行使返还原物请求权。】

第二章
物权变动

【重点】本章内容均十分重要。

物权的变动，是指物权的发生、变更与消灭。

根据引起物权变动的**法律事实的不同**，可以将物权变动划分为以下两类：

1. **基于法律行为**的物权变动：如甲依据**买卖合同**将房屋过户登记到乙的名下，房屋的所有权在甲与乙之间发生了变动。

2. **非基于法律行为**的物权变动：如基于**继承**取得房屋的所有权。

第一节　基于法律行为的物权变动

一、区分原则

【重点法条】

《民法典》第215条【区分原则】当事人之间订立有关设立、变更、转让和消灭不动产物权的合同，除法律另有规定或者当事人另有约定外，自合同成立时生效；**未办理物权登记的，不影响合同效力**。

区分原则，是指物权变动与其原因行为相区分。物权变动的原因行为通常是合同，因而区分原则通常可以理解为合同效力与物权变动相区分。

1. 合同效力

（1）**按照合同效力规则**判断；

（2）**物权是否变动不影响合同效力**。例如，甲乙签订房屋买卖合同，房屋虽已交付使用，但是未办理房屋过户登记。房屋的所有权未发生变动，但是买卖合同依然有效，乙可以请求甲配合办理过户登记。

2. 物权效力

（1）物权是否变动，**按照物权变动规则进行**判断；

（2）依据债权形式主义，**合同效力会影响物权变动**。例如，甲乙签订房屋买卖合同，办理了房屋过户登记。如果买卖合同无效，乙将无法取得房屋的所有权。

二、基于法律行为的不动产物权变动模式

【重点法条】

《民法典》第209条【不动产物权的登记生效原则及其例外】不动产物权的设立、变更、转让和消灭，经依法登记，发生效力；未经登记，不发生效力，但是法律另有规定的除外。

依法属于国家所有的自然资源，所有权可以不登记。

（一）物权变动模式

1. 原则：登记生效主义

不动产物权变动＝合同有效＋有权处分＋登记

（1）不动产物权变动，经依法登记，发生物权效力；未经登记，不发生物权效力。

（2）未登记不影响合同的效力（基于区分原则）。

（3）合同有效，但未登记，仅产生债权效力，债权人可以请求债务人履行办理登记的合同义务。

（4）合同无效，即使已经登记，也无法发生物权变动。

（5）包括：不动产所有权、建设用地使用权、居住权、不动产抵押权。

【示例】 甲与乙签订二手房买卖合同，约定甲将其A房出售给乙。①未办理过户登记不影响买卖合同的效力。②若买卖合同有效，但是未办理过户登记，则A房的所有权不发生变动，甲依然为所有权人。乙可以请求甲配合办理过户登记手续。③若买卖合同有效，且办理了过户登记，则A房的所有权发生变动，乙成为所有权人。④若买卖合同无效，即便已经办理了过户登记，A房的所有权也不发生变动，甲依然为所有权人。甲可以请求乙配合办理过户登记至自己名下。

2. 例外一：登记对抗主义

合同有效＝不动产物权变动（登记对抗）

（1）合同生效时，不动产物权变动发生。

（2）登记并非不动产物权变动的生效要件：当事人可以申请登记，也可以不申请登记。

（3）登记是不动产物权变动的对抗要件：登记后，不动产物权变动可以对抗第三人；未经登记，则不得对抗善意第三人。

（4）包括：地役权；土地承包经营权的互换、转让；流转期限为5年以上的土地经营权；土地经营权融资担保。

【示例】 A土地的建设用地使用权人甲与B土地的建设用地使用权人乙签订地役权合同，约定甲不得在A土地上修建高度超过100米的建筑。自地役权合同生效时起，乙在A土地上取得地役权。若甲其后将建设用地使用权转让给丙：①办理了地役权登记，则乙的地役权可以对抗丙；②未办理地役权登记，则乙的地役权不可以对抗善意的丙。

3. 例外二：债权意思主义

唯一的例外：土地承包经营权自土地承包经营权合同生效时设立，登记既非物权变动的生效要件，也非物权变动的对抗要件，仅起行政确权作用。

（二）不动产登记

【重点法条】

《民法典》

第 220 条【更正登记与异议登记】权利人、利害关系人认为不动产登记簿记载的事项错误的，可以申请更正登记。不动产登记簿记载的权利人书面同意更正或者有证据证明登记确有错误的，登记机构应当予以更正。

不动产登记簿记载的权利人不同意更正的，利害关系人可以申请异议登记。登记机构予以异议登记，申请人自异议登记之日起十五日内不提起诉讼的，异议登记失效。异议登记不当，造成权利人损害的，权利人可以向申请人请求损害赔偿。

第 221 条【预告登记】当事人签订买卖房屋的协议或者签订其他不动产物权的协议，为保障将来实现物权，按照约定可以向登记机构申请预告登记。预告登记后，未经预告登记的权利人同意，处分该不动产的，不发生物权效力。

预告登记后，债权消灭或者自能够进行不动产登记之日起九十日内未申请登记的，预告登记失效。

1. 不动产登记簿的效力

（1）不动产物权以不动产登记簿的记载为准。

（2）不动产权属证书与不动产登记簿记载不一致的，除有证据证明不动产登记簿确有错误外，以不动产登记簿为准。

2. 预告登记

（1）适用情形：向开发商预购商品房、以预购商品房为银行设定抵押、房屋所有权转让、抵押等。常用在房屋预售买卖中，买卖双方签订预售合同，买方为了保障将来取得所有权，可以办理预告登记，限制卖方再次处分房屋。

（2）预告登记的效力：预告登记后，未经预告登记的权利人同意，处分该不动产的（转让不动产所有权等物权，或者设立建设用地使用权、居住权、地役权、抵押权等其他物权），不发生物权效力。当然，合同效力不因此而受影响（基于区分原则）。

【示例】甲的女儿将于 2021 年入读小学。为此，甲于 2018 年 1 月 1 日与 A 公司签订商品房预售合同，以 800 万元的价格购买 A 公司开发的金地阳光小区 4-2-603 号房（对口当地最好的小学），约定交房时间为 2021 年 6 月 1 日。①假设因房屋价格大幅上涨，A 公司于 2021 年 4 月 15 日将 4-2-603 号房以 1000 万元出售给乙，并为乙办理了产权证。此时乙取得房屋的所有权，甲无法再取得所有权，只能请求 A 公司承担违约责任，严重影响甲关于女儿上学的规划。②未避免出现这种不利情况，甲在签订商品房预售合同的同时可以申请预告登记。如果甲申请了预告登记且尚在有效期内，虽然 A 公司与乙的买卖合同有效，但是乙无法取得房屋的所有权。

（3）预告登记的失效

①预告登记后，债权消灭或者自能够进行不动产登记之日起 90 日内未申请登记的，预告登记失效。

②债权消灭包括：买卖不动产物权的协议被认定无效、被撤销，或者预告登记的权利人放弃债权。

3. 更正登记

权利人、利害关系人认为不动产登记簿记载的事项错误的，可以申请更正登记。

（1）有权申请更正登记的主体：权利人或者利害关系人。

（2）登记机构应当更正登记的两种情形：其一，不动产登记簿记载的权利人书面同意更正；其二，有证据证明登记确有错误。

【示例】甲乙共同出资购买A房，登记在甲的名下。乙可以向登记机构申请更正登记。若甲书面同意，则登记机构直接更正登记；若甲不同意，则乙必须向法院起诉，请求确认其系A房的共有人。法院作出确权判决后，即足以证明登记确有错误。乙可以持该判决向登记机构申请更正登记，登记机构必须更正登记。

4. 异议登记

（1）不动产登记簿记载的权利人不同意更正的，利害关系人可以申请异议登记。

【注意】申请人自异议登记之日起15日内不提起诉讼的，异议登记失效；异议登记失效，不影响当事人起诉请求确认物权归属，不影响人民法院对案件的实体审理。

（2）异议登记的效力：阻却善意取得。

【示例】甲乙共同出资购买A房，登记在甲的名下。其后，乙提出将其登记为A房的共有人，被甲拒绝，乙遂于2021年1月1日申请异议登记。1月5日，甲未经乙同意将A房以市价出售给不知情的丙，并办理了过户登记。1月10日，乙向法院起诉请求确认其系A房的共有人，法院于5月1日作出的生效判决支持其诉讼请求。①法院判决确认乙系共有人，所以甲未经乙同意将A房出售给丙，构成无权处分。②由于甲丙之间的房屋买卖发生于异议登记的有效期内，丙不能善意取得A房的所有权。

（3）异议登记不当，造成权利人损害的，权利人可以向申请人请求损害赔偿。

【判断分析】

刘某借用张某的名义购买房屋后，将房屋登记在张某名下。双方约定该房屋归刘某所有，房屋由刘某使用，产权证由刘某保存。后刘某、张某因房屋所有权归属发生争议。关于刘某的权利主张，下列哪些表述是正确的？（2014-3-55，多选）

A. 可申请登记机构直接更正登记【错误。更正登记需要名义权利人书面同意或者有证据证明登记确有错误。】

B. 可向登记机构申请异议登记【正确】

C. 可向法院请求确认其为所有权人【正确。因物权的归属、内容发生争议的，利害关系人可以请求确认权利，且不以异议登记为前提。】

D. 可依据法院确认其为所有权人的判决请求登记机关变更登记【正确】

三、基于法律行为的动产物权变动模式

【重点法条】

《民法典》

第224条【动产物权变动生效时间】动产物权的设立和转让，自交付时发生效力，但是法律另有规定的除外。

第 225 条【特殊动产物权变动采登记对抗主义】船舶、航空器和机动车等的物权的设立、变更、转让和消灭，未经登记，不得对抗善意第三人。

《物权编解释（一）》

第 6 条【特殊动产物权变动未登记可对抗转让人的债权人】转让人转让船舶、航空器和机动车等所有权，受让人已经支付合理价款并取得占有，虽未经登记，但转让人的债权人主张其为民法典第二百二十五条所称的"善意第三人"的，不予支持，法律另有规定的除外。

（一）物权变动模式

1. 原则：交付生效主义

动产物权变动 = 合同有效 + 有权处分 + 交付

（1）交付时，动产物权变动发生。

（2）包括：动产所有权、动产质权。

【示例】甲与乙于 1 月 1 日签订 A 古董手表买卖合同。乙于 1 月 10 日支付首付款 80 万元，甲于 1 月 15 日将手表交给乙，乙于 1 月 20 日支付尾款 20 万元。乙于何时取得手表的所有权？1 月 15 日完成交付之时。

【注意】特殊动产（船舶、航空器和机动车）所有权：登记对抗主义

（1）交付时，特殊动产物权变动发生。

（2）登记并非动产物权变动的生效要件：当事人可以申请登记，也可以不申请登记。

（3）登记是动产物权变动的对抗要件：登记后可以对抗第三人；未登记不得对抗善意第三人。

【注意】转让人转让船舶、航空器和机动车等所有权，受让人已经支付合理价款并取得占有，虽未经登记，也可以对抗转让人的债权人，即转让人的一般债权人并非不得对抗的善意第三人。

【示例 1】甲将其 A 车以市价出售于乙并交付，但是未办理过户登记。其后，甲向不知情的丙借款，并以依然登记在其名下的 A 车提供抵押，办理了抵押登记。因甲到期无法偿还借款，丙主张对 A 车行使抵押权，乙能否以自己已经取得 A 车的所有权为由对抗？不能。甲已经将车交付给乙，乙的确取得了 A 车的所有权，但是未经登记不得对抗善意第三人丙。甲将 A 车抵押给丙构成无权处分，不知情的丙善意取得抵押权。

【示例 2】甲将其 A 车以市价出售于乙并交付，但是未办理过户登记。其后，因甲拖欠货款，丙对依然登记在甲名下的 A 车申请强制执行。乙能否以自己已经取得 A 车的所有权为由对抗执行？能。甲已经将车交付给乙，乙取得了 A 车的所有权，虽然未办理过户登记，但是丙是甲的债权人，乙可以对抗丙。

2. 例外：债权意思主义：动产抵押

（1）合同生效时，动产抵押权设立。

（2）登记并非动产抵押权设立的生效要件，而是对抗要件。登记后可以对抗第三人；未登记不得对抗善意第三人。

（二）动产交付

【重点法条】

《民法典》

第 226 条【简易交付】动产物权设立和转让前，权利人已经占有该动产的，物权自民事法律行为生效时发生效力。

第 227 条【指示交付】动产物权设立和转让前，第三人占有该动产的，负有交付义务的人可以通过转让请求第三人返还原物的权利代替交付。

第 228 条【占有改定】动产物权转让时，当事人又约定由出让人继续占有该动产的，物权自该约定生效时发生效力。

交付，指基于合意转移占有，包括现实交付与观念交付。

【示例】甲答应将其 A 古董手表出售给乙，并约定三天后一手交钱一手交货。其后，甲反悔。某日，在乙的唆使之下，甲 10 岁的儿子丙将 A 手表拿出来交给乙。因乙取得 A 手表的占有并非基于甲的意思，所以丙将手表交给乙的行为不构成交付，乙无法取得手表的所有权。乙欲取得手表的所有权，只能向法院起诉请求甲履行买卖合同，即交付手表。

1. 现实交付

（1）现实交付，是指转让人将其对物的管领控制现实地移转给受让人。

（2）对物的现实管领控制是否移转，应根据一般交易观念确定。例如，出卖机动车的，交付机动车钥匙，可以认为已经完成交付。

2. 观念交付

（1）简易交付：在动产让与之前，受让人已经占有动产，此时现实交付并无必要，达成让与合意时视为完成交付。

【示例】1 月 1 日，甲将其 A 古董手表交给乙赏玩。1 月 5 日，乙提出购买 A 手表，甲欣然同意。乙于何时取得 A 手表的所有权？1 月 5 日双方达成买卖合意之时。

（2）指示交付：动产被第三人占有，让与人将其对第三人的返还请求权让与给受让人，以代替现实交付。让与返还请求权合意达成时视为完成交付。

【注意】在采取指示交付方式进行交付的情形，让与人和受让人存在两个合意：一个是动产让与合意，另外一个是关于让与人将其对第三人的返还请求权让与给受让人的合意。第二个合意达成的时间为交付时间。

【示例】大学生甲外出实习，于是将其电动自行车借给其学弟乙使用至 2021 年 8 月 31 日。8 月 1 日，丙提出购买甲的电动自行车，甲表示同意。8 月 2 日，在丙付款之时，甲告诉丙于 9 月 1 日去找乙取车，丙接受。9 月 1 日，乙将自行车交给丙。①甲丙之间于 8 月 1 日成立买卖合同。②8 月 2 日，甲丙达成甲将其对乙的返还请求权让与给丙的合意，此时视为完成交付，电动自行车的所有权即移转于丙。

（3）占有改定：动产交易中的让与人依据占有媒介关系继续直接占有动产，受让人仅取得间接占有，占有媒介关系成立时视为完成交付。租赁合同、借用合同、保管合同等通常为占有媒介关系。

【注意】在采取占有改定方式进行交付的情形，让与人和受让人存在两个合意：一个是动产让与合意，另外一个是关于成立占有媒介关系的合意。第二个合意达成的时间为交付时间。

【示例】2022 年 4 月 1 日，即将毕业的大学生甲与学弟乙约定，甲将其电动自行车出售给乙，三天内一手交钱一手交货。4 月 2 日，当乙付款提车时，甲提出租用电动自行车直至其毕业离校，乙表示同意。①甲乙之间于 4 月 1 日成立买卖合同。②4 月 2 日，甲乙就租赁达成合意之时，电动自行车的所有权即移转于乙。租赁合同即为占有媒介关系。

【判断分析】

1 月 1 日，甲与乙订立玉石买卖合同，约定 1 月 10 日乙到甲的住处付钱取玉石。1 月 8 日甲又向乙提出，再借用玉石把玩一个月，乙表示同意。1 月 15 日，乙将玉石转售给丙，并告知其于甲的借用期满后找甲取玉石，丙表示同意。

A. 1 月 10 日乙取得该玉石的所有权。【错误。动产物权的转让自交付时生效。甲乙于 1 月 1 日达成买卖合意，1 月 8 日甲与乙的借用约定意味着甲以占有改定方式完成交付，玉石自借用约定生效时归乙所有。】

B. 甲的借用期满时丙取得玉石所有权。【错误。1 月 15 日，乙与丙达成玉石买卖合同，并且将自己对甲的返还玉石请求权让与给丙，在让与请求权合意达成之时，乙以指示交付方式完成玉石的交付，丙在 1 月 15 日已经取得玉石的所有权。】

四、物权公示公信原则

1. 物权公示原则
物权公示原则，是指物权的设立和变动必须以一定的方式公开出来。

（1）不动产物权的公示方式是登记，动产的公示方式是占有。

（2）公示原则，其目的在于使人"知"。例：甲将手机出售给乙，只有甲将手机交付给乙即转移占有，乙才能取得手机的所有权；甲将房屋出售给乙，只有办理了过户登记，乙才能取得房屋的所有权。

2. 物权公信原则
物权公信原则，是指以占有或者登记方式所表现的物权，即使不存在或者与真实的权利状态有所差异，但对于信赖物权公示，并以此为基础进行交易的人而言，法律仍承认其具有与真实物权存在相同的法律效果。

（1）动产占有和不动产登记具有权利推定效力。谁占有动产，就推定谁是动产的所有权人；不动产登记在谁名下，就推定谁是不动产的所有权人。当然，这种推定可以为反证所推翻。

（2）公信原则，其目的在于使人"信"。例：甲将其从乙处借用的自行车出售给不知情的丙，并交付。虽然甲并非所有权人，但是丙依然可以善意取得自行车的所有权。

（3）只有物权公示内容与真实权利状态不一致，且涉及第三人的交易安全之时，公信原则才有适用余地。在名义权利人和实际权利人之间，要以真实的权利状态为准。

【说明】物权具有排他效力和优先效力，不仅牵涉直接当事人，也潜在地对所有民事主体发生影响，因此对于物权，法律必须规定一定的公示方式。而对依法公示的物权，他人可以信其真实存在。目的是降低交易成本，保护交易安全。

【示例】甲与乙于婚后购得 A 房，登记在甲一人名下。若甲未经乙同意擅自将该房出售给善意的丙，丙可以善意取得该房的所有权。之所以如此，是因为丙可以善意信赖不动产登记簿，既然登记在甲一人名下，不知情的人自然有合理理由相信甲就是 A 房的所有权人。

【讨论】借名买房

依据甲与乙之间的借名买房协议，甲以乙的名义出资购买 A 房并登记在乙的名下。

1. 借名买房协议的效力如何？

原则上有效(如果涉及经济适用房等社会保障房，一般认定协议无效；如果涉及规避限购政策，一般认为协议因违反公序良俗而无效。【最高院最新观点】)

2. 借名人能否请求确认房屋的所有权归属于自己？

观点一（物权说、法考观点）：不动产登记仅具有推定效力，可以为相反证据推翻，因甲乙之间存在借名买房协议，甲可以请求确认 A 房的所有权归属于自己。

观点二（债权说）：借名买房协议属于甲乙之间的合同行为，仅对约定的双方产生约束力，不具有物权效力，认定物权归属应坚持物权公示公信原则，以不动产登记为准，故而，甲只能请求乙配合办理过户登记手续。

3. 出名人擅自处分登记在自己名下的房屋，第三人能否取得所有权？

假设乙将 A 房出售给丙并办理了过户登记手续：

观点一（物权说、法考观点）：甲系房屋的实际所有人，乙属于无权处分，丙只有在符合善意取得构成要件时才可以取得所有权。

观点二（债权说）：不动产物权的归属应以登记为准，乙属于有权处分，丙无论是否善意，均可取得所有权。

4. 借名人能否以其系所有权人为由对抗出名人的债权人对房屋的强制执行？

假设乙的债权人丁对 A 房申请强制执行：

观点一（物权说、法考观点）：甲可以对抗执行，因为其是房屋的实际所有人，丁并非基于对不动产登记的信赖而与乙就 A 房进行交易，不能基于物权公示公信原则获得保护。

观点二（债权说）：甲不可以对抗执行，因为借名登记约定仅具有债权效力，不动产物权的归属应以登记为准，善意信赖不动产登记的丁应当得到保护。（丁虽然并非基于对不动产登记的信赖与乙就 A 房进行交易，但是丁之所以申请强制执行 A 房，是基于对不动产登记的信赖，否则丁就会对乙的其它财产申请强制执行。）

第二节 非基于法律行为的物权变动

一、因生效文书发生物权变动

因人民法院、仲裁机构的法律文书或者人民政府的征收决定等，导致物权变动的，自法律文书或者征收决定等生效时发生效力。

1. 法律文书或者征收决定等生效时，物权发生变动，不以办理变更登记或者交付为前提。

2. 具有此种效力的法律文书包括：

（1）在分割共有不动产或者动产等案件中作出并依法生效的改变原有物权关系的判决书、裁决书、调解书；

（2）人民法院在执行程序中作出的拍卖成交裁定书、变卖成交裁定书、以物抵债裁定书。

【注意】只有法院的形成判决（变更判决），即改变原有物权关系的判决，才具有直接变动物权的效力。例如，法院判决登记在甲名下的房屋归乙所有。法院的给付判决不能导致物权变动。例如，甲乙签订房屋买卖合同后，甲拒绝依约办理过户登记。乙起诉至法院，法院判令甲配合办理过户登记手续。

【示例】甲乙于婚后共同购得 A 房，登记在甲名下。离婚之时，法院判决 A 房归乙所有。即使离婚后未将 A 房过户登记到乙的名下，乙依然取得 A 房的所有权。如果甲将 A 房出售给丙，则构成无权处分。

二、因继承发生物权变动

因继承取得物权的，自继承开始时发生效力。

【示例】甲死亡后，其独生子乙继承其 A 房，则甲死亡即继承开始时，乙立即取得 A 房的所有权，并不以将 A 房过户登记到乙名下为前提。

三、因事实行为发生物权变动

因合法建造、拆除房屋等事实行为设立或者消灭物权的，自事实行为成就时发生效力。

四、公示要求

1. 非基于法律行为发生的物权变动，不需要交付或者登记，物权就可以发生变动。

（1）在交付或者登记之前，取得物权的权利人可以享受物权保护。

（2）在交付或者登记之前，权利人有可能因为第三人善意取得物权而丧失本来已经取得的物权。

【示例】甲乙于婚后共同购得 A 房，登记在甲名下。离婚之时，法院判决 A 房归乙所有，但是一直未办理过户登记。①乙依然取得 A 房的所有权，其所有权受法律保护。②如果甲将 A 房出售给丙，则构成无权处分，但是丙可以善意取得 A 房的所有权。此时，乙只能请求甲赔偿损害。

2. 非基于法律行为所取得的不动产物权之再变动：处分基于上述方式取得的不动产物权，依照法律规定需要办理登记的，未经登记，不发生物权效力。

【示例】甲死亡后，其独生子乙继承其 A 房，则甲死亡即继承开始时，乙立即取得 A 房的所有权，并不以将 A 房过户登记到乙名下为前提。其后，如果乙将 A 房出售给丙，丙要取得 A 房的所有权，必须要办理两次登记变更手续：第一次是，将 A 房从甲过户登记到乙的名下；第二次是，将 A 房从乙过户登记到丙的名下。

【判断分析】

甲、乙系夫妻，在婚姻关系存续期间购得 A 房，登记在甲名下。2022 年 3 月 1 日，法院判决甲和乙离婚，A 房归乙所有。其后双方未办理过户登记手续。4 月 1 日，乙向丙出示生效的判决书，将 A 房出售给丙，丙于次日入住。4 月 10 日，乙因意外去世，唯一继承人为丁。5 月 1 日，甲将 A 房出售给不知情的戊。5 月 10 日，甲配合戊办理了过户登记手续。下列哪些选项是正确的？

A. 5 月 10 日前，甲是 A 房所有权人【错误。因人民法院的法律文书导致不动产物权变动的，自法律文书生效时发生效力，且不以办理过户登记为前提，故而乙已经于 2022 年 3 月 1 日取得 A

房的所有权。】

B.3 月 1 日至 4 月 10 日，乙是 A 房所有权人【正确】

C.4 月 10 日至 5 月 10 日，丁是 A 房所有权人【正确。因继承取得物权的，自继承开始时发生效力。故而，乙的继承人丁于 4 月 10 日取得 A 房的所有权。】

D.5 月 10 日后，戊是 A 房所有权人【正确。甲出售给戊构成无权处分，但是戊善意取得 A 房的所有权。】

第三章

所有权

【重点】善意取得、拾得遗失物、按份共有人的优先购买权

所有权，是指对物全面支配的权利。

1. 所有权人对其所有的物享有占有、使用、收益和处分的权利。

2. 以取得所有权是否基于他人既存权利为前提作为标准，所有权的取得可以分为原始取得和继受取得：

（1）原始取得，是指非基于他人既存的权利而取得所有权。例如，先占、添附、善意取得。

（2）继受取得，是指基于他人既存的权利而取得所有权。例如，基于买卖、赠与等取得他人之物的所有权。

【注意】区分意义在于：原始取得的所有权不受物上负担的限制，这些负担因所有权的原始取得而消灭，而继受取得的所有权原则上必须继续承受物上的负担。（详见前文物权的追及效力以及下文善意取得法律效果部分）

第一节 善意取得

【重点法条】

《民法典》第311条【善意取得】无处分权人将不动产或者动产转让给受让人的，所有权人有权追回；除法律另有规定外，符合下列情形的，受让人取得该不动产或者动产的所有权：

（一）受让人受让该不动产或者动产时是善意；

（二）以合理的价格转让；

（三）转让的不动产或者动产依照法律规定应当登记的已经登记，不需要登记的已经交付给受让人。

受让人依据前款规定取得不动产或者动产的所有权的，原所有权人有权向无处分权人请求损害赔偿。

当事人善意取得其他物权的，参照适用前两款规定。

一、善意取得的含义

善意取得，是指无权处分人转让标的物给第三人时，善意的第三人可以取得标的物的所有权、原所有权人丧失所有权的制度。

【说明】所有权是一切财产权的基础，有恒产者方有恒心，故而所有权应受特别的尊重和充分的保护，任何人不得侵犯。假设，甲将其电脑借给乙使用。在借用期间，未经甲同意，乙谎称电脑是自己的，将之出售给不知情的丙并交付。①甲是电脑的所有权人，乙并无权利将电脑出售给丙，故乙的行为构成无权处分，效力待定。②除非甲对乙的行为进行追认或者乙事后取得电脑的所有权，否则该无权处分行为无法生效，丙自然无法取得电脑的所有权。③如果坚持这种观点，甲的所有权会得到充分的保护。然而，不能忽视的一点是，不知情的丙无从得知电脑系乙所有，他只能根据乙占有电脑的事实去认定乙是电脑的所有权人。如果丙的这种合理信赖得不到保护，意味着交易安全将无法得到保护。而这会直接导致，任何一个人在进行交易时必须对物的权属进行仔细调查，而这是全社会难以承受的交易成本。④故而，法律必须在甲的所有权保护与丙的交易安全之间找到一个平衡点。这个平衡点就由善意取得制度来确定。如果丙符合善意取得的条件，则丙可以取得电脑的所有权，而甲则丧失电脑的所有权，只能去请求乙承担责任；如果丙不符合善意取得的条件，则甲依然为电脑的所有权人，丙无法取得电脑的所有权，只能去请求乙承担责任。

二、善意取得的构成要件

善意取得=无权处分+受让人善意+以合理的价格受让+完成公示

1. 转让人无权处分

善意取得以转让人无权处分为前提。

（1）无权处分，是指对标的物无处分权之人以自己的名义所实施的处分行为。

（2）无权处分包括：

①处分他人之物。例如，乙谎称甲的电脑属于自己所有，并将之出售给不知情的丙；

②共有人处分共有物未经过法定多数人同意或者一致同意：按份共有人处分共有物，未经占份额2/3以上的按份共有人同意；共同共有人处分共有物，未经共有人一致同意。

（3）无权处分的客体包括动产和不动产。

①对于不动产而言，无权处分出现于登记名实不符的情形。

a. 不动产代持。例如，甲乙签订借名买房协议，甲出钱，房登记于乙的名下。

b. 共有不动产登记在部分共有人名下。例如，夫妻共有房产登记在夫或妻一人名下。

c. 不动产登记错误。例如，错将甲的A房登记于乙的名下。

②对于动产而言，仅限于占有委托物，即动产占有人是基于动产权利人的意思占有动产。例如，基于租赁、保管、借用等合同关系占有动产。

a. 占有脱离物不适用善意取得。所谓占有脱离物，是指非出于动产权利人的意思而丧失占有之物，包括盗赃物、遗失物、漂流物、埋藏物、隐藏物等。

【说明】占有脱离物不适用善意取得的核心理由在于：动产所有人依其意思允许转让人占有其物时，制造了一个可使第三人信赖转让人为所有人的状态，因为占有是动产所有权的表征，此时让所托非人的所有人承担可能丧失所有权的风险，有其正当性。此种正当性在占有脱离物的情形却并不存在，因此必须回到保护所有权的基本立场。

b. 禁止流通物不适用善意取得。例如毒品、国家所有的文物、枪支弹药等。

c. 货币适用"占有即所有的规则"，不存在无权处分的问题，故无善意取得的可能。

（4）转让合同必须有效：转让合同无效或者被撤销，则不成立善意取得。

【注意】无权处分本身并不影响转让合同的效力。

【示例】甲将其古董手表借给好友乙赏玩。在赏玩期间，乙声称该手表系其所有。后因遭不知情的丙胁迫，乙将手表出售给丙并交付。其后，乙以受胁迫为由起诉撤销了其与丙之间的手表买卖合同。因手表买卖合同被撤销，丙无法善意取得手表的所有权，甲可以请求其返还。

2. 受让人善意

（1）善意，是指受让人**不知道**转让人无权处分，**且无重大过失**。

（2）善意的判断时点：从**一开始到不动产登记/动产交付之时**始终为善意。

（3）善意推定：推定受让人善意，真实权利人主张受让人恶意的，应当承担举证责任。

（4）推定受让人恶意的情形：

①无权处分不动产：

a. 登记簿上存在有效的**异议登记**；

b. 预告登记有效期内，未经预告登记的权利人同意；

c. 登记簿上已经记载**司法机关或者行政机关依法裁定**、**决定查封**或者以其他形式限制不动产权利的有关事项；

d. 受让人**知道**登记簿上记载的权利主体错误；

e. 受让人知道他人已经依法享有不动产物权。

②无权处分动产：

交易的对象、场所或者时机、价格等不符合交易习惯。

3. 以合理的价格受让

约定合理价格即可，不需要已经全额支付。

【注意】通过**赠与、继承**等方式**无偿**取得财产的，**不适用善意取得**，因为此时并无保护无偿取得财产一方的必要，应当回到保护所有权的基本立场。

4. 已经完成权利变动公示

不动产已经办理过户登记，动产已经交付。

（1）采用**占有改定的交付方式，不成立善意取得**。例如，甲谎称替乙保管的 A 自行车属于自己所有，将之出售给不知情的丙，同时提出借用三个月，丙表示同意。①甲将乙的自行车出售给丙，构成无权处分。②交付方式采取的是**占有改定，丙无法善意取得**自行车的所有权。如果认为此时成立善意取得，就可能滋生道德风险：甲本来并没有将自行车出售给丙，但若他不想将自行车归还给乙，他就可以和丙串通起来，伪造通过占有改定出售自行车给丙的事实，损害乙的利益，而乙很难证明甲和丙之间系恶意串通。

（2）船舶、航空器和机动车等**特殊动产**的善意取得，**交付即可**，不以登记为条件。

三、善意取得的法律效果

善意取得成立，则产生如下法律效果：

1. **原所有权人丧失所有权**，善意受让人取得所有权。

2. 动产上的**原有负担消灭**，除非受让人在受让时知道或者应当知道动产上存在负担。

（1）动产上的原有负担一般是指抵押或者质押等担保负担。

（2）善意取得系原始取得，善意受让人若在受让时不知道也不应当知道动产上存在负担，则其自然不必承受动产上的原有负担。

【注意】此处存在两个层次的善意判断：第一个层次，需要判断的是受让人在受让时是否知道或者应当知道转让人无权处分。若受让人对此不知道且无重大过失，则在满足其他条件的情况下，受让人可以善意取得所有权。第二个层次，需要判断的是受让人在受让时是否知道或者应当知道动产上存在负担。如果知道，则受让人善意取得的是一个有负担的所有权；如果不知道，则受让人善意取得的是一个无负担的所有权。

【示例1】甲向乙借款，并以A宝石出质。乙将宝石交给丙保管，而丙谎称宝石是自己的，将之以市价出售给不知情的丁并交付。①丁善意取得A宝石的所有权，因为其不知道丙并非玉石的所有权人且无重大过失。②乙对A宝石的质权消灭，丁善意取得的是一个无质押负担的所有权，因为丁并不知道玉石已经被质押。

【示例2】甲向乙借款，并以A设备提供抵押，办理了登记。其后，甲将A设备出租给丙使用，而丙谎称A设备是自己的，将之以市价出售给不知情的丁并交付。①丁善意取得A设备的所有权，因为其不知道丙并非A设备的所有权人且无重大过失。②因A设备上存在抵押负担且已经登记，丁应当知道A设备已被抵押，故而丁只能取得一个有抵押负担的所有权。如果甲到期不偿还借款，乙可以主张对属于丁所有的A设备行使抵押权。

3. 原所有权人的救济

（1）可以基于所有权被侵害请求无权处分人赔偿损害。

（2）可以请求无权处分人返还不当得利。

（3）如果原所有权人与无权处分人之间存在借用、保管等合同关系，原所有权人还可以基于合同请求无权处分人承担违约损害赔偿责任。

对于以上救济，原所有权人可以任意选择其一行使。

【注意】如果善意取得不成立，受让人无法取得所有权，所有权人可以请求其返还原物，受让人仅能基于其与转让人之间有效的合同向转让人主张权利，即：因出卖人未取得处分权致使标的物所有权不能转移的，买受人可以解除合同并请求出卖人承担违约责任。

四、用益物权和担保物权的善意取得

1. 前文所述均以所有权善意取得为例说明，其实用益物权和担保物权（留置除外）均可善意取得。

【示例】甲乙共同出资购得A房，登记在甲的名下。未经乙同意：①若甲将A房出售给不知情的丙并办理了过户登记，则丙可以善意取得A房的所有权；②若甲与丁签订书面的居住权合同并办理登记，则丁善意取得居住权；③若甲向戊借款，并以A房提供抵押担保，且办理了抵押登记，则戊善意取得抵押权。

2. 与所有权善意取得的差异

（1）质权、抵押权的善意取得，不以"以合理价格受让"为构成要件，因为质押、抵押合同是单务、无偿合同；

（2）动产抵押权的善意取得不需要公示要件（登记/交付），因为动产抵押权的设立只需要合同生效，登记是对抗要件（动产质权的善意取得以交付为要件）。

【判断分析】

1. 张某和陈某结婚后用共同积蓄买了一套房，登记在张某名下，后两人感情不和分居，陈某准备与张某离婚析产。张某得知后，便用情妇曹某的合照伪造了结婚证，伙同曹某以夫妻名义将住房以市价卖给不知情的辛某，且已经完成过户登记。辛某已依法取得该房屋所有权。【正确。未经陈某同意，张某独自处分夫妻共同财产，构成无权处分，但房屋登记在张某名下，有理由认定辛某善意，且辛某以市价购买，办理了过户登记，符合不动产所有权善意取得的条件。】

2. 柳某将其一块名表借给谷某使用 3 个月。谷某声称手表为自己所有，借给翁某使用半个月。在借用期间，汤某看中手表，向翁某提出以 10 万元的市价购买该表，翁某告知汤某该表系谷某所有。在翁某的撮合下，谷某与汤某达成约定："谷某将该表以 10 万元的价格出卖给汤某；翁某借期届满时，由翁某直接将该表交付给汤某。"汤某能善意取得该手表的所有权。【正确。谷某属于无权处分，其作为间接占有人，仍然享有权利外观，有理由认定汤某不知手表另有其主，且谷某以指示交付的方式向汤某完成了交付，汤某善意取得手表的所有权。】

第二节　拾得遗失物

遗失物，是指非基于权利人的意志而暂时丧失占有的动产。

一、拾得遗失物的法律效果

1. 拾得人的义务

（1）返还义务：拾得人应向权利人返还遗失物及孳息。

（2）通知义务：拾得人应及时通知权利人领取或者送交有关部门。遗失物自发布招领公告之日起一年内无人认领的，归国家所有。

（3）保管义务：拾得人应妥善保管遗失物。因故意或者重大过失致使遗失物毁损、灭失的，应当承担民事责任。

2. 拾得人的权利

（1）必要费用偿还请求权

权利人领取遗失物时，应当向拾得人或者有关部门支付保管遗失物等支出的必要费用。

【注意】若权利人不支付必要费用，则拾得人可以对遗失物行使留置权。

（2）悬赏报酬请求权

拾得人原则上无权请求权利人支付报酬，权利人发布了悬赏广告的除外。

【注意】若权利人支付了必要费用，但是拒绝支付悬赏报酬，拾得人不得对遗失物行使留置权。

（3）侵占遗失物=丧失所有权利

拾得人侵占遗失物，拒不返还的，丧失必要费用偿还请求权和悬赏报酬请求权。

【示例】甲不慎丢失一部 iphone13 手机，被乙拾得。甲请求乙返还，乙索要 2000 元酬谢费，甲表示最多给 500 元。双方相持不下，甲无奈之下报警。乙见状怒不可遏，用力将手机摔在地上，手机彻底毁损。①乙拾得手机，负有返还义务。②手机被摔坏，乙无法返还，应承担损害赔偿责任。③甲并未悬赏，故而乙无权请求甲支付报酬。

二、拾得人处分遗失物的法律效果

1. 拾得人负有向失主返还遗失物的义务，故而拾得人将遗失物转让给第三人的，构成无权处分，且第三人无法善意取得遗失物的所有权。

2. 失主的救济

（1）向拾得人请求侵权损害赔偿或返还不当得利。

（2）自知道或者应当知道受让人之日起2年内向受让人请求返还原物。

【注意】受让人即使是通过拍卖或者向具有经营资格的经营者购得遗失物，失主也可以请求返还，只不过失主应当支付受让人所付的费用。失主向受让人支付所付费用后，有权向拾得人追偿。

【示例】甲捡到乙不慎丢失的名贵宠物狗一只。其后，甲将宠物狗以10000元出售给不知情的丙宠物店。丙宠物店又以12000元转售于不知情的丁。半年后，乙方知情。①宠物狗属于遗失物，甲将之出售属于无权处分，丙、丁均无法善意取得所有权。②乙可以请求甲赔偿损害或者返还不当得利，也可以选择请求丁返还宠物狗。③乙如果选择请求丁返还宠物狗，丁可以请求乙支付自己所付的12000元，因为宠物狗是丁通过具有经营资格的宠物店购买的。乙向丁支付12000元后，可以向甲追偿。

【注意】拾得漂流物、发现埋藏物或者隐藏物的，参照适用拾得遗失物的有关规定。

【判断分析】

1. 甲不慎丢失天然奇石一块。乙误以为系无主物，于是捡回家陈列于客厅。乙的朋友丙十分喜欢，乙遂以之相赠。后甲发现，向丙追索。丙可以取得奇石的所有权。【错误。奇石是甲暂时丧失占有的动产，属于遗失物，非无主物。遗失物的所有权人甲自知道或者应当知道受让人丙之日起两年内有权追回遗失物。】

2. 甲遗失手链一条，被乙拾得。为找回手链，甲张贴了悬赏500元的寻物告示。后告示被乙看到，乙向甲索要500元报酬，甲拒绝并要求乙返还项链，双方数次交涉无果。乙便日日将手链戴着，某日与朋友相约蹦极时，工作人员提醒乙将身上饰品取下，乙未置可否。手链在蹦极过程中掉落。对此，乙无需赔偿损失，也无权向甲索要500元报酬。【错误。拾得人乙对拾得的遗失物应当妥善保管，因故意或重大过失致使遗失物毁损灭失的，需承担赔偿责任。拾得人乙侵占遗失物，无权请求甲按照承诺支付500元报酬。】

第三节　先占与添附

一、先占

先占，是指以所有的意思，先于他人占有无主动产，从而取得其所有权的法律事实。

（一）构成要件

1. 须为无主的动产。

（1）遗失物、属于国家所有的文物和自然资源等并非无主的动产，不能成为先占的对象。

（2）无主的动产通常为原权利人抛弃所有权之物。若抛弃之人欠缺处分权或者行为能力，权利人并不丧失所有权，所抛弃之物自然不会成为无主物。

【示例1】小偷将偷来的钱包中的现金拿走后，将钱包扔掉，因小偷并非钱包的所有权人，其扔掉钱包的行为并不构成有效的所有权抛弃，该钱包并不会因此成为无主物，自然不能成为先占的对象。

【示例2】5 岁的孩子将自己佩戴的弥勒佛扔到垃圾桶，不产生抛弃所有权的效果，捡到的人不能通过先占取得所有权。

2. 须以所有的意思占有，即自主占有。行为人必须以据为己有的意思占有无主物。

【示例】甲逛超市看到地上掉落的钱包，花色与好友乙的一样，甲遂拿起钱包，准备第二天还给乙，其实这个钱包是丙丢掉不要的。甲对钱包的占有，没有所有的意思，因此不构成先占。

3. 不违反法律、行政法规的禁止性规定，如禁止流通物不适用先占。

（二）法律效果

先占人取得无主动产的所有权。

【注意】先占属于民事法律事实中的事实行为，因此先占不以行为人具有行为能力为必要。例如，6 岁幼童将他人扔掉的易拉罐捡回家，可以通过先占取得易拉罐的所有权。

二、添附

添附，是指属于不同人所有的物结合成为新物或者将他人之物加工为新物的法律事实，包括附合、混合和加工。

【说明】发生添附时，核心问题是确定添附物的所有权归属：有约定的，按照约定；没有约定或者约定不明确的，依照法律规定；法律没有规定的，按照充分发挥物的效用以及保护无过错当事人的原则确定。因一方当事人的过错或者确定物的归属造成另一方当事人损害的，应当给予赔偿或者补偿。

（一）附合

附合，是指属于不同人所有的物结合在一起形成无法分离或者不宜分离的新物。

【注意】附合的数个物自外观上虽然能够予以辨认，但是无法分离或者分离会损害附合物的价值。例如，将他人的瓷砖贴在自家的墙壁上。如果并非无法分离或者分离并不会损害物的价值，则不构成添附。例如，将他人的轮胎安装在自己的汽车上，轮胎可以拆卸下来且不会影响汽车或者轮胎的价值，故而不构成添附。

1. **动产与不动产附合**：动产所有权消灭，不动产所有权人取得添附物的所有权。例如，甲误将乙所有的砖瓦当作自己的，用于建筑房屋，应由甲取得房屋的所有权，对于乙丧失砖瓦所有权的损失，由甲进行补偿。

2. **动产与动产附合**

（1）原则：添附物由各动产所有人按照附合时动产的价值比例按份共有。

（2）例外：附合的各动产之间若存在明显的主次之分，则居于主导地位的动产的所有权人获得添附物的所有权。例如，甲将乙的车漆喷于自己的车上，应由甲取得已经喷漆车的所有权，乙对车漆的所有权消灭，因为甲的汽车相对于乙的车漆来说居于主导地位。

（二）混合

1. 混合，是指属于不同人所有的动产相互混合，以至于无法识别或者识别耗费过巨的法律事实。例如，甲的牛奶被倒入乙的咖啡里。

2. 物权归属准用动产与动产附合的规则。

（三）加工

1. 加工的含义

加工，是指在他人的动产上附加有价值的劳动，使之成为新物的法律事实。加工后形成的新物被称为加工物。例如，将他人的布料制作成衣服，将他人的玉石雕刻成玉坠。

2. 加工物的物权归属

（1）原则：加工物归原材料的所有人所有。

（2）例外：加工物归加工人所有。需要同时满足以下条件：

①加工人善意，即不知道加工的是他人之物。

②加工物的价值远超原材料的价值。

【示例】甲在清理其父亲遗物时发现了一块玉石，于是请乙将玉石雕刻成价值高昂的玉坠。其实，该玉石系甲父的朋友丙所有。①若甲不知道玉石非其父亲所有，则玉坠归甲所有，因为甲是善意加工人，且玉坠的价值远高于玉石。当然，甲应当对丙进行补偿。②若甲明知玉石非其父亲所有，则玉坠归丙所有，因为甲是恶意加工人。

【注意】加工属于民事法律事实中的事实行为。作为法律行为的承揽合同不适用加工的规则。例如，甲将布料送交乙制作成西服，西服的所有权归定作人甲。

【判断分析】

甲购买了价值1000元的名贵宣纸，邀请书法家乙来赏鉴。在未经甲同意的情况下，乙在宣纸上作书法一副，价值20000元。书法作品应当归乙所有。【错误。虽然书法作品的价值远高于宣纸，但是乙知宣纸为甲所有，属于恶意加工人，书法作品应当归甲所有。】

第四节　共有

共有，是指数人共同享有一物所有权的状态。

【注意】在共有的情形，所有权只有一个，只不过该所有权由数人共享。

一、共有的类型

1. 按份共有

（1）按份共有：指数人依各自份额共同享有一物所有权的共有形态。

【注意】按份是对所有权份额的按份，而不是对物本身的按份；按份共有人的权利及于共有物的全部而非部分。

（2）份额确定：有约从约→无约按出资额确定→不能确定的，视为等额享有。

【示例】甲、乙、丙各出资100万元，共同购买一套价值300万元的设备，则该设备由甲、乙、丙按份共有，且各占1/3的份额。

2. 共同共有

共同共有，是指数人不分份额地共同享有一物所有权的共有形态。

【示例】甲、乙、丙各出资100万元，共同购买一套价值300万元的设备，约定共同共有，则甲、乙、丙三人对设备不分份额地享有所有权。

3. 共有类型的确定

（1）有约从约→没有约定或约定不明的，视为按份共有，除非存在共同关系。

（2）共同关系包括：家庭关系、夫妻关系、遗产分割前继承人之间的关系、合伙关系。

【说明】之所以没有约定或者约定不明确时原则上视为按份共有，是因为按份共有人原则上可以随时请求分割共有物，共同共有人原则上不可以请求分割共有物，而单独所有较之于共有往往更有利于物尽其用。

二、共有物的管理与处分

（一）共有物的管理

1. 有约定，从约定；没有约定或者约定不明确的，各共有人都有管理的权利和义务。

【注意】管理包括对共有物实施保存行为。所谓保存行为，是指以保全共有物为目的的行为。例如，请人疏通共有房屋里堵塞的下水道。

2. 共有人对共有物的管理费用以及其他负担，有约定的，按照其约定；没有约定或者约定不明确的，按份共有人按照其份额负担，共同共有人共同负担。

（二）共有物的处分

处分共有物以及对共有物作重大修缮、变更性质或者用途的，应当经占份额 2/3 以上的按份共有人或者全体共同共有人同意。

1. 处分，包括事实上的处分和法律上的处分。事实上的处分，例如拆除共建的房屋。法律上的处分，例如转让共有物、以共有物设定担保等。

2. 重大修缮，是指对共有物进行重大维修或者重大改良的行为等。例如，对共有房屋进行重新装修。

3. 变更性质或者用途，例如出租共有房屋。

【总结】处分达到份额（共同共有全体一致/按份共有达到 2/3 以上份额）→有权处分→继受取得；处分未达到上述份额→无权处分→满足善意取得构成要件→善意取得。

（三）因共有物产生的债权债务

1. 对外：无论是按份共有还是共同共有，共有人均享有连带债权、承担连带债务。除非法律另有规定或者第三人知道共有人不具有连带债权债务关系。

2. 对内：除共有人另有约定外，按份共有人按照份额享有债权、承担债务，共同共有人共同享有债权、承担债务。偿还债务超过自己应当承担份额的按份共有人，有权向其他共有人追偿。

【示例】甲、乙二人各出资 50%购买一套房屋，登记为按份共有。其后，房屋安装的空调外机坠落，将路过的丙砸成重伤，丙为此支付医药费 20 万元。甲、乙应对丙的损害承担连带责任。如果甲向丙赔偿了 20 万元，则其可以向乙追偿 10 万元。

三、共有份额的转让与按份共有人的优先购买权

1. 共有份额的自由转让

按份共有人可以自由转让其份额，不需要经过其他共有人的同意，但是应当将转让条件及时通知其他共有人。

2. 按份共有人的优先购买权

（1）按份共有人享有优先购买权的条件

①按份共有人对外转让其份额。

【注意】排除按份共有人优先购买权的情形：①按份共有人之间转让共有份额。②共有份额的权利主体因继承、遗赠等原因发生变化。

②其他共有人愿意在同等条件下受让份额。

是否属于同等条件，应当综合共有份额的转让价格、价款支付方式及期限等因素确定。其他共有人提出减少转让价款、增加转让人负担等实质性变更要求的，不属于同等条件。

（2）优先购买权的行使期限

有约从约→无约：通知载明的期间>未载明或载明的期间少于 15 日的，为 15 日>未通知的，自知道同等条件之日起 15 日>以上均无法确定，为共有份额转移之日起 6 个月。

【注意】优先购买权的行使期间为除斥期间，未于该期间行使权利，则优先购买权消灭。

（3）优先购买权的竞合

①两个以上其他共有人主张行使优先购买权：协商确定各自购买比例→协商不成按转让时各自共有份额比例购买；

②按份共有人的优先购买权>房屋承租人的优先购买权。

（4）侵犯优先购买权的后果

其他共有人不得以其优先购买权受到侵害为由，请求撤销共有份额转让合同或者认定该合同无效，只能请求转让份额的共有人承担赔偿责任。

【示例】甲、乙、丙、丁按份共有一艘货船，份额分别为 10%、20%、30%、40%。甲欲将其共有份额转让，戊愿意以 50 万元的价格购买，价款一次付清。①甲向戊转让共有份额，不需要经过乙、丙、丁的同意，不过乙、丙、丁均享有优先购买权。②若甲向戊转让共有份额，未通知乙，导致乙未能行使优先购买权，乙可以请求甲赔偿损害，但是不得请求撤销甲与戊之间的转让合同或者确认该合同无效。③若乙、丙、丁均以同等条件主张行使优先购买权，且各不相让，则按照转让时各自的共有份额比例行使优先购买权。④若丙提出以 50 万元分期付款的方式购买甲的共有份额，因为不属于同等条件，其主张无法得到支持。⑤若甲将其共有份额转让给乙，丙、丁不享有优先购买权。

四、共有物的分割

（一）共有物分割请求权

1. 共有人约定不得分割：从其约定，但是共有人有重大理由需要分割的，可以请求分割。

2. 共有人没有约定不得分割或者约定不明确：按份共有人可以随时请求分割；共同共有人原则上不得请求分割，不过在共有的基础丧失或者有重大理由需要分割时可以请求分割。

（1）共有的基础丧失，是指夫妻离婚、合伙散伙等。

（2）是否具有重大理由需要分割，应依社会一般观念判断。

婚姻关系存续期间，有下列情形之一的，夫妻一方可以向人民法院请求分割共同财产：

①一方有隐藏、转移、变卖、毁损、挥霍夫妻共同财产或者伪造夫妻共同债务等严重损害夫妻共同财产利益的行为；

②一方负有法定扶养义务的人患重大疾病需要医治，另一方不同意支付相关医疗费用。

3. 因分割造成其他共有人损害的，应当给予赔偿。

【注意】共有物分割请求权属于形成权，不适用诉讼时效。

（二）共有物分割的方式

1. 共有人可以协商确定分割方式。

2. 共有人无法达成协议

（1）原则上实物分割：共有物可以分割且不会因分割减损价值的，应当对实物予以分割。

（2）例外对共有物进行变现并分割价款：难以分割或者因分割会减损价值的，应当对折价或者拍卖、变卖取得的价款予以分割。

3. 共有人分割所得的不动产或者动产有瑕疵的，其他共有人应当分担损失。

第五节　建筑物区分所有权

建筑物区分所有，是指数人区分一个建筑物而各有其一部分的情形。

建筑物区分所有权=业主对专有部分的专有权+业主对共有部分的共有权+业主因共有关系而产生的管理权。

一、专有权

1. 概念：业主对建筑物专有部分所享有的权利，本质是所有权。

2. 客体：房内空间、有产权的车库或车位、买卖合同明确归业主所有的绿地、露台等。

3. 特点

（1）取得专有权就取得了共有权以及管理权；

（2）专有部分的份额决定共有权的持有份额比例，决定管理权大小；

（3）业主转让专有部分，共有权和管理权一并转让。

4. 禁止住改商（将住宅改变为经营性用房）

（1）应当经过有利害关系的业主一致同意。有利害关系的业主=本栋建筑的业主+其他栋能证明受不利影响的业主。

（2）未经有利害关系的业主一致同意：有利害关系的业主可以请求排除妨害、消除危险、恢复原状或者赔偿损失。

【示例】张某系某小区2栋1402号房的业主。在未经有关部门审批及相邻业主同意的情况下，张某将房屋改造为五间独立套房，并以旅馆公寓形式进行对外经营。2栋的其他业主可以请求张某停止经营，恢复房屋的住宅用途。

二、共有权

1. 概念：共有权指业主对共有部分享有的占有、使用、收益的权利。

2. 客体：小区内，除了专有部分外都是共有权的客体。如维修基金、小区道路、公用楼梯、电梯、走廊、排水系统、物业服务用房等。

3. 车库/车位的归属判断

（1）占用业主共有的道路或者其他场地的车库/车位：业主共有

（2）规划用于停车的车库/车位：小区业主买了就专有；没买就由开发商所有（要在满足小

区业主使用的前提下，开发商才可以对外出售、附赠或出租）

4. 业主对共有部分的权利与义务

权利	1. 决定共有部分用途； 2. 获取共有部分收益：共有部分收入在扣除合理成本后归业主共有。例如，利用小区外墙、屋顶和电梯产生的广告收入。 3. 业主基于对住宅、经营性用房等专有部分特定使用功能的合理需要，无偿利用屋顶以及与其专有部分相应的外墙面等共有部分的，不应认定为侵权。但违反法律、法规、管理规约，损害他人合法权益的除外。
义务	1. 负担共有部分维护费用； 2. 不得以放弃权利为由不履行义务。 例：不得以不使用电梯为由拒付电梯修理费；不得以未入住为由拒交物业费。

三、管理权

1. 管理组织

（1）业主大会：由全体业主组成，是业主的意思形成机构。

（2）业主委员会：由业主大会选举的部分业主组成，是业主大会的执行机构。

2. 业主大会的表决规则

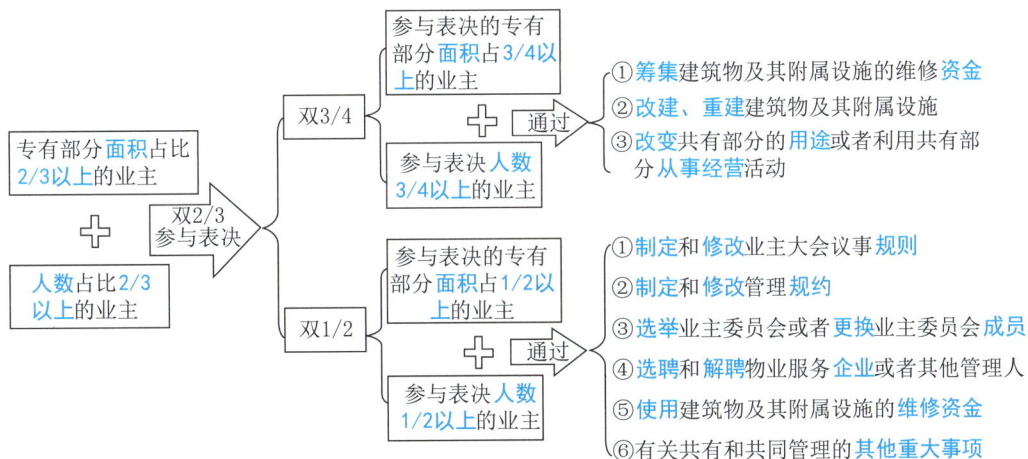

3. 业主大会与业主委员会决定的法律效力

（1）业主大会与业主委员会依法作出的决定，对全体业主具有法律约束力。

（2）业主大会或者业主委员会作出的决定侵害业主合法权益或者违反了法律规定的程序的，受侵害的业主可以请求人民法院予以撤销，该撤销权应当在知道或者应当知道业主大会或者业主委员会作出决定之日起1年内行使。

【注意】业主行为侵害其他不特定多数业主合法权益的，业主大会或者业主委员会可以自己的名义提起诉讼，其他业主无权提起诉讼。例如，一楼业主占用公共绿地修建阳光房，原则上仅业主大会或者业委会可以向法院提起诉讼，请求拆除阳光房，其他业主无权起诉。若侵害的是**特定业主**的合法权益，只有**该业主**有权提起诉讼。例如，甲在自家进户防盗门上方墙体安装监控摄像头，通过调整摄像头及其底座的转动角度，拍摄范围可覆盖其邻居乙的入户门及门前公共走道，并且甲可以通过手机查看拍摄影像。乙可以起诉请求甲拆除监控摄像头。

第六节　相邻关系

相邻关系，是指两个或两个以上相互毗邻的**不动产**权利人在使用不动产时，因相邻各方应当**给予便利**和**接受限制**而发生的权利义务关系。

一、邻地的利用

1. 用水排水。不动产权利人应当为相邻权利人用水、排水提供必要的便利。对自然流水的利用，应当在不动产的相邻权利人之间合理分配。对自然流水的排放，应当尊重自然流向。

2. 邻地通行。不动产权利人对相邻权利人因通行等必须利用其土地的，应当提供必要的便利。

【示例】甲要进入自己的承包地，必须要从乙的承包地通过，则乙应当允许甲通过其承包地。

3. 营造和管线铺设。不动产权利人因建造、修缮建筑物以及铺设电线、电缆、水管、暖气和燃气管线等必须利用相邻土地、建筑物的，该土地、建筑物的权利人应当提供必要的便利。

【说明】利用邻地，对一方来说是不动产权利的扩张，即允许其为了**满足基本需要**而于**必要限度内**无偿利用他人的不动产；对另一方来说是不动产权利的限制，即必须容忍对自己不动产的必要利用。

【注意】不动产权利人虽然可以于必要限度内无偿利用相邻不动产，但是应当尽量避免对相邻的不动产权利人造成损害。**造成损害的，应当承担补偿责任。**

二、妨害行为的排除

1. 建造建筑物，不得违反国家有关工程建设标准，不得妨碍相邻建筑物的通风、采光和日照。

2. 不动产权利人不得违反国家规定弃置固体废物，排放大气污染物、水污染物、土壤污染物、噪声、光辐射、电磁辐射等有害物质。

3. 不动产权利人挖掘土地、建造建筑物、铺设管线以及安装设备等，不得危及相邻不动产的安全。

【注意】对于妨害行为，相邻不动产权利人可以请求排除妨害。

【示例】甲安装空调时将室外机放置于正对着其邻居乙家窗外的地方，而且距离仅2米左右。空调室外机散发出的热气直接吹进了乙家，空调运行发出的噪音也严重影响乙家人的休息。乙可以请求甲将空调室外机移除。

第四章

用益物权

【重点】地役权、居住权、土地承包经营权

用益物权是指权利人对他人所有的不动产依法享有的占有、使用和收益的权利,包括居住权、地役权、土地承包经营权、建设用地使用权、宅基地使用权。

第一节　居住权

居住权,是指出于生活居住的需要,对他人所有的住宅进行占有、使用的用益物权。

【注意】居住权属于用益物权,而房屋承租人的租赁权属于债权。

1. 居住权的设立

居住权 = 书面居住权合同 + 登记(自登记时设立)

【说明】可以通过遗嘱设立居住权。

2. 居住权的限制

(1)原则上不得出租,当事人另有约定除外;

(2)原则上无偿,当事人另有约定除外;

(3)不得转让/继承。

3. 居住权的消灭

居住权期限届满/居住权人死亡,则居住权消灭。

【示例】甲女一直住在其寡居的姐姐乙家。因甲终身未婚,乙担心自己去世后甲无处可住。为此,自知将不久于人世的乙于2022年1月1日与甲订立书面的居住权合同,约定:乙在其所有的A房上为甲设立居住权,由甲终生居住。2月1日,办理了居住权登记。4月1日,乙无疾而终,其子丙继承了A房。5月1日,丙趁甲外出旅游,将甲的物品搬走。次日,丙将A房出租给不知情的丁,丁当日搬入A房居住。①甲于登记之日,即2022年2月1日,取得对A房的居住权。②丙虽然通过继承取得A房的所有权,但是甲的居住权可以对抗其所有权,丙必须容忍甲终生居住于A房。③甲的居住权也可以对抗丁的租赁权,甲可以请求丁腾退A房。

第二节　地役权

地役权,是以他人不动产供自己的不动产便利之用的用益物权。他人的不动产为供役地,自己的不动产为需役地。

【示例】甲公司的A地块与乙公司的B地块相隔不到500米。甲公司欲在A地块上投资建设大型购物中心。为确保收益，甲公司与乙公司约定：乙公司在未来 50 年内不得在 B 地块上自行或者允许他人投资建设大型购物中心，甲公司每年支付给乙公司 50 万元的补偿费。通过该约定，甲公司取得对 B 地块的地役权，A 地块为需役地，B 地块为供役地。

【比较】因相邻关系享有要求对方给予便利和接受限制的权利是法定的且无偿，用于满足最基本的生产生活需要；而地役权是约定的且通常有偿，设立地役权是为了更好地利用不动产。

【示例】甲的房屋被乙的承包地包围。①若甲无路可走，则甲可以基于相邻关系从乙的承包地通行，无需征得乙的同意，且无需支付任何费用。②若甲有路可走，只不过从乙的承包地上通过距离更短。甲为了通行便利遂与乙约定：甲在乙的土地上修建一条路，补偿乙 1 万元，通过该约定甲取得了地役权。

一、地役权的设立

1. 地役权 = 书面地役权合同（合同生效时设立）；未经登记，不得对抗善意第三人。

【注意】地役权未登记，不影响需役地的受让人基于地役权的从属性取得地役权，但是供役地的善意受让人不受地役权的限制。

【示例】相邻地块的建设用地使用权人甲与乙签订地役权合同，约定乙不得建造高于 100 米的建筑：

（1）若甲将建设用地使用权转让给丙，基于地役权的从属性，无论地役权是否登记，丙均可以取得地役权。

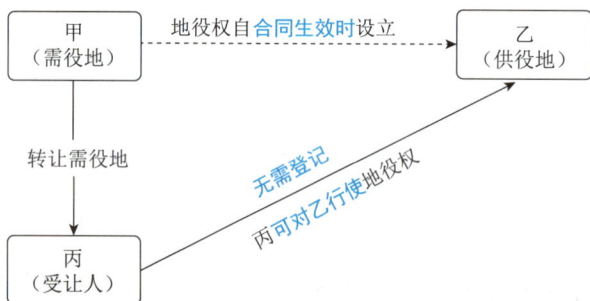

（2）若乙将建设用地使用权转让给丙：①地役权已经登记：甲的地役权可以对抗丙，丙受地役权的限制；②地役权未登记：甲的地役权不能对抗善意的丙，丙不受地役权的限制，即丙可以建造高于 100 米的建筑。

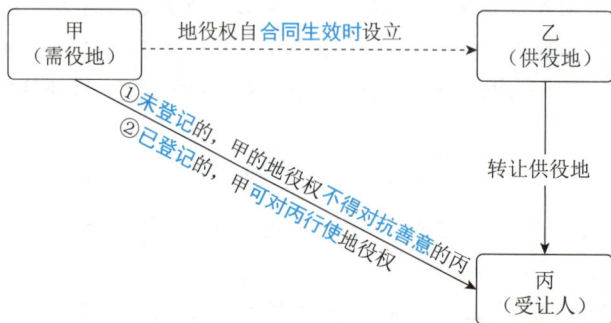

2. 土地上已经设立土地承包经营权、建设用地使用权、宅基地使用权等用益物权的，<u>未经用益物权人同意，</u>土地所有权人不得设立地役权。

【注意】地役权的<u>法定承受</u>：土地所有权人享有地役权或者负担地役权的，设立土地承包经营权、宅基地使用权等用益物权时，该用益物权人继续享有或者负担已经设立的地役权。

二、地役权的特征

1. 地役权的<u>从属性</u>

【说明】地役权的功能在于为需役地的便利而利用供役地，故地役权具有从属性，即<u>从属于需役地</u>的所有权、用益物权。

（1）地役权<u>期限不得超过</u>土地承包经营权、建设用地使用权等用益物权的剩余期限。

（2）地役权<u>不得单独转让</u>。需役地上的土地承包经营权、建设用地使用权转让的，地役权一并转让。

（3）地役权<u>不得单独抵押</u>。需役地上的土地经营权、建设用地使用权被抵押的，在实现抵押权时，地役权一并转让。

2. 地役权的<u>不可分性</u>

（1）地役权及于需役地的全部

需役地以及需役地上的土地承包经营权、建设用地使用权等<u>部分转让</u>时，转让部分涉及地役权的，受让人<u>同时</u>享有地役权，无论地役权是否登记。

（2）地役权及于供役地的全部

供役地以及供役地上的土地承包经营权、建设用地使用权等<u>部分转让</u>时，转让部分涉及地役权的，地役权对受让人是否具有法律约束力，<u>取决于地役权是否登记</u>：已经登记，则对受让人产生约束力；未登记，则对受让人并无约束力。

【示例】相邻地块的建设用地使用权人甲与乙签订地役权合同，约定乙不得建造高于100米的建筑，并办理登记。①若甲经批准将建设用地使用权分割转让给丙和丁，丙和丁均取得地役权。②若乙经批准将建设用地使用权分割转让给戊和己，戊和己均受地役权的限制。

三、地役权合同的解除

地役权人存在下列情形，<u>供役地权利人</u>有权解除合同：

1. <u>滥用</u>地役权；
2. 付款期限届满后在合理期限内经<u>两次催告</u>未支付费用。

【判断分析】

杨某承包了甲村的一片池塘用以饲养小龙虾，期限为2年。王某承包了杨某相邻的田地用以种植樱桃，期限为3年。1年后，由于王某承包的土地位于内部，灌溉不便，于是双方签订合同，杨某同意王某在自己的池塘取水灌溉樱桃树，王某每年向杨某支付8千元，期限为2年，并办理了登记。后杨某将池塘转包给何某。

A. 王某的地役权自登记时设立【<u>错误</u>。地役权自地役权<u>合同生效时设立</u>。】

B. 杨某和王某约定的地役权期限违反法律规定【<u>正确</u>。设立地役权时杨某的承包期限仅剩

一年，故约定的地役权期限超过土地承包经营权的剩余期限，不符合法律规定。】

C. 王某可以单独将地役权抵押给他人【错误。地役权具有从属性，王某不可以单独将地役权抵押给他人。】

D. 何某不受地役权的约束【错误。该地役权已登记，可以对抗何某，因此杨某将池塘转让后，地役权对受让人何某仍具有约束力。】

第三节　土地承包经营权

土地承包经营权，是指权利人对其承包经营的耕地、林地、草地等农业用地享有占有、使用和收益的权利。

一、土地承包经营权的设立和流转

1. 土地承包经营权的设立

土地承包经营权=书面土地承包经营权合同（自合同生效时设立）

（1）登记既非土地承包经营权的设立要件，也非对抗要件，未经登记也可以对抗善意第三人。

（2）发包方将农村土地发包给本集体经济组织以外的单位或者个人承包，应当事先经本集体经济组织成员的村民会议2/3以上成员或者2/3以上村民代表的同意，并报乡镇人民政府批准。

2. 土地承包经营权的互换、转让

土地承包经营权互换、转让的，未经登记，不得对抗善意第三人（登记对抗主义）。

（1）土地承包经营权的互换：承包方之间为方便耕种或者各自需要，可以对属于同一集体经济组织的土地之土地承包经营权进行互换，并向发包方备案。未向发包方备案不影响土地承包经营权互换的效力。

（2）土地承包经营权的转让：经发包方同意，承包方可以将全部或者部分的土地承包经营权转让给本集体经济组织的其他农户，由该农户同发包方确立新的承包关系，原承包方与发包方在该土地上的承包关系即行终止。未经发包方同意，转让合同无效。

【示例】甲将其A地的土地承包经营权与同村的乙于B地的土地承包经营权互换，未办理登记。其后，经村民委员会同意，甲将A地的土地承包经营权转让给同村不知情的丙，并办理了登记。因土地承包经营权互换未办理登记，乙不得以此对抗善意的丙，丙可以取得A地的土地承包经营权，乙只能请求甲承担违约责任。

二、土地经营权的流转

1. 土地承包经营权人可以自主决定依法采取出租、入股或者其他方式向他人流转土地经营权，并向发包方备案。在同等条件下，本集体经济组织成员享有优先权。

2. 土地经营权流转，当事人双方应当签订书面流转合同。

【注意】未向发包方备案，不影响土地经营权流转合同的效力。

3. 流转期限为5年以上的土地经营权，自流转合同生效时设立。未经登记，不得对抗善意第三人。

【示例】土地承包经营权人甲将土地经营权转让给乙农业投资发展公司，为期10年，未办理

登记。其后，甲又将土地经营权转让给不知情的丙农业投资发展公司，并办理了登记。乙公司不得以自己已经取得土地经营权为由对抗善意的丙公司，即丙公司可以主张自己享有土地经营权，乙公司只能请求甲承担违约责任。

4. 土地经营权融资担保

（1）可以用土地经营权向金融机构融资担保的两类主体：①承包方：向发包方备案即可。②土地经营权受让方：经承包方书面同意并向发包方备案。

（2）担保物权自融资担保合同生效时设立。未经登记，不得对抗善意第三人。

第四节　建设用地使用权与宅基地使用权

一、建设用地使用权

建设用地使用权，是指权利人依法使用国家所有的土地建造建筑物、构筑物及其附属设施的权利。

1. 设立建设用地使用权，可以采取出让或者行政划拨等方式。

2. 通过招标、拍卖、协议等出让方式设立建设用地使用权的，当事人应当采用书面形式订立建设用地使用权出让合同。

3. 建设用地使用权自登记时设立。

4. 建设用地使用权转让、互换、出资或者赠与的，应当向登记机构申请变更登记。

5. 房地一体原则

（1）房随地走：建设用地使用权转让、互换、出资或者赠与的，附着于该土地上的建筑物、构筑物及其附属设施一并处分。

（2）地随房走：建筑物、构筑物及其附属设施转让、互换、出资或者赠与的，该建筑物、构筑物及其附属设施占用范围内的建设用地使用权一并处分。

二、宅基地使用权

宅基地使用权，是指权利人依法使用集体所有的土地建造住宅及其附属设施的权利。

1. 宅基地使用权的主体：只能是农村村民。城镇居民不得购置宅基地。

2. 一户一宅：农村村民一户只能拥有一处宅基地。农村村民出卖、出租、赠与住宅后，再申请宅基地的，不予批准。

第五章
占　有

【重点】占有的分类、占有返还请求权

第一节　占有概述

一、占有的概念

占有，是指人对物的**事实上的管领与控制**。对物进行管领和控制之人，被称为占有人，被管领和控制之物，被称为占有物。

二、占有的构成要件

1. 客观要件：须对物存在事实上的管领与控制力。

（1）**空间上**，物应处在**人的力量控制范围内**。

例1：甲对其随身携带的书包成立占有。

例2：甲对其借来的汽车成立占有。

例3：临时离开自习室的甲对放在课桌上的书本成立占有。

（2）**时间上**，人对物的支配应当**持续一定的时间**。

例1：甲去买衣服，试穿衣服不是占有，买了衣服回家才形成对衣服的占有。

例2：火车站暂时帮别人看管行李箱，对行李箱不成立占有。

例3：甲去餐厅吃饭，对使用的餐具不成立占有。

2. 主观要件：须具有占有的意思。

【比较】占有辅助人，是指基于特定的关系，受他人指示，并为他人对物进行事实上的管领与控制。**占有辅助人不是占有人**，不享有或者负担基于占有而产生的权利义务。例如，甲雇佣乙操作某台机器，乙为占有辅助人，甲为占有人。若机器被丙擅自拉走，乙无权请求丙返还占有，而甲对丙享有占有返还请求权。

第二节　占有的分类

一、自主占有 VS 他主占有（是否以自己所有的意思占有）

1. 自主占有：以**据为己有的意思**而占有。

例：甲砸坏共享单车的锁，并骑回家为自己所用。

2. 他主占有：不以据为己有的意思而占有。

例：甲每晚偷豪车去酒吧炫耀，清晨又加满油停回原位。甲对豪车的占有为他主占有。

【注意】遗失物：拾得人如果**想还**，是他主占有；**不想还**是自主占有。

二、直接占有 VS 间接占有（是否直接占有物）

1. 直接占有：占有人**直接**对物进行事实上的管领和控制。

2. 间接占有：占有人虽对标的物无直接管领力，但基于一定法律关系（**占有媒介关系**）对直接占有人享有**返还请求权**，形成对于标的物的间接管领力。间接占有人为他主占有。

【示例】若甲将其房屋出租给乙并交付使用，则乙对房屋的占有为直接占有，甲通过租赁合同这个占有媒介关系取得对房屋的间接占有，因为在租赁期限届满之时，甲可以请求乙返还房屋；若甲将其房屋出售给乙并交付使用、办理变更登记，则甲不仅丧失了对房屋的直接占有，也丧失了对房屋的间接占有，因为乙已经取得房屋的所有权，甲再也无权请求乙返还房屋。

【注意】通说认为，只有存在租赁合同、保管合同、借用合同、质押合同等**约定占有媒介关系**，才有区分直接占有与间接占有的必要。例如，甲将乙的手机偷走，乙虽然有权请求甲返还手机，但是不能说甲是直接占有、乙是间接占有，因为甲乙之间并无约定占有媒介关系，甲是自主占有。

三、有权占有 VS 无权占有（是否**有合法权利来源**）

1. 有权占有：是指有**本权的占有**。占有的本权可能是物权，也可能是债权。例如，所有权人对其所有物的占有是基于物权的占有；承租人对租赁物的占有是基于债权的占有。

2. 无权占有：是指**欠缺本权的占有**。例如，遗失物拾得人对遗失物的占有，小偷对赃物的占有，均属于无权占有。

【注意】**基于债权的有权占有具有相对性**，对于合同相对人是有权占有，对于其他人可能是无权占有；**基于物权的有权占有，具有绝对性**，对于其他所有人都是有权占有。例如，甲将其房屋先卖给了乙，并交付给乙占有使用，其后又卖给丙并办理了过户登记。相对于甲，乙的占有是基于债权的有权占有，但是由于丙已经取得了所有权，乙的占有相对于丙来说是无权占有。

四、善意占有与恶意占有（是否知道无权占有）

无权占有可以进一步区分为善意占有与恶意占有。

1. 善意占有：无权占有人不知其无占有的本权。例如，刘某的电脑和室友孙某的电脑很像，且都放在刘某的桌子上，刘某误将孙某的笔记本电脑当成自己的带走，刘某属于善意的无权占有。

2. 恶意占有：无权占有人知道其无占有的本权。例如，甲明知骑走的是乙的自行车还将其骑走，则甲属于恶意的无权占有。

【注意】**善意占有有可能转化为恶意占有**。例如，甲乙的自行车相像，难以辨识。甲误将乙的自行车当作自己的骑走，其后乙告诉甲骑错车，甲不以为意，继续使用乙的自行车。在乙告诉甲骑错车之前，甲属于善意的无权占有，在此之后，甲属于恶意的无权占有。

第三节　占有的效力

一、占有的推定效力

1. 占有的权利推定效力：占有人于占有物上行使某一权利，则推定其享有此权利。例如，甲手中有一台笔记本电脑。①若甲声称自己系电脑的所有权人，则可以推定其系所有权人。若甲的债权人乙申请对电脑强制执行，而丙提出电脑系自己所有，则丙必须提供证据证明自己的主张。②若甲声称自己系电脑的承租人，则可以推定其系承租人。

【说明】推定的合理性在于，占有为权利存在之外观，物之占有人通常来说亦对占有此物享有权利。唯有如此，方可更好地保护动产和促进动产交易，因为权利推定使得占有人不必就其对占有物享有权利进行举证，与占有人进行交易的第三人也不必去调查动产的权属。

【注意】有权无权搞不定，推定为有权占有；能够确定是无权占有，善意恶意搞不定，推定为善意占有。

2. 例外：不动产须依登记确定其物权归属，不适用占有的权利推定。

二、占有的保护效力

占有虽然仅为一种事实，并非权利，但是为了维护物的秩序与社会平和，有必要对占有予以保护，而不论占有是无权占有抑或有权占有。例如，小偷对其所盗窃之物的占有也受到法律的保护，任何人不得非法侵夺。

1. 占有返还请求权

占有物被侵占的，占有人有权请求返还占有。

（1）前提：占有被侵夺，即非基于占有人的意思而排除其对物的管领与控制。例如，手机被盗窃、抢夺或者抢劫、非法霸占。

【注意】基于合同关系占有他人之物、拾得遗失物，并非侵夺他人对物的占有，故而不适用占有返还请求权的规则。例如，承租人在租赁期间占有租赁物属于有权占有，因为其系基于租赁合同占有租赁物；承租人于租赁期限届满后拒不返还租赁物的，构成无权占有。此时，出租人要么基于所有权人的身份主张原物返还请求权，要么基于租赁合同要求返还租赁物，而不得主张占有返还请求权。

（2）请求权人：占有被侵夺的占有人，既包括有权占有人，也包括无权占有人；既包括直接占有人，也包括间接占有人。

【示例1】请求权人系无权占有人：甲偷来的汽车又被乙偷走，甲作为汽车的无权占有人，其占有依然是受法律保护的，即甲可以向乙主张占有返还请求权。

【示例2】请求权人系间接占有人：甲将自己的汽车借给乙，乙开出去被丙偷走。甲是间接占有人，乙是直接占有人，丙既侵夺了乙的直接占有，也侵夺了甲的间接占有，因此甲、乙都可以向丙主张占有返还请求权。

（3）被请求人：现时的无权占有人，包括：

①侵夺占有人：须于被请求返还占有之时依然为占有人，直接占有、间接占有均可；若侵夺人的占有已经消灭，则对侵夺人不再享有占有返还请求权。

②自侵夺占有人处取得占有之第三人：须属于概括承继人或者恶意的特定承继人。

a. 概括承继人，是指通过继承、法人合并等方式取得占有之人；

b. 特定承继人，是指基于侵夺占有人之意思而取得占有之人。至于恶意，是指特定承继人对占有被侵夺知情。

【示例】甲的手表被乙偷走。①若乙将手表借给知情的丙使用，则甲既可以请求间接占有人乙返还占有，也可以请求恶意的特定承继人丙（直接占有人）返还占有。②若乙将手表出售给不知情的丙并交付，则甲不得请求乙返还占有，因为乙已经丧失占有；甲也不得请求善意的特定承继人丙返还占有，只能以所有权人的身份请求丙返还手表。③若乙死亡后手表由丙继承，则无论丙是否知道手表系乙所偷，甲均可请求丙返还占有。

（4）除斥期间：自侵占发生之日起 1 年内。

【注意】在占有被侵夺时，物权人可以选择行使返还原物请求权或者占有返还请求权。前者不受诉讼时效的限制（未登记动产除外），后者受 1 年除斥期间的限制。由此可见，法律对物权的保护要强于对占有的保护。

	占有返还请求权	返还原物请求权
概念	是指占有人在其占有物被他人侵夺以后，可依法请求侵占人返还占有物的权利。	是指权利人对无权占有或侵夺其物的人，可依法请求无权占有人返还占有物的权利。
保护的对象	占有	物权
行使的前提	占有被侵夺	无权占有
请求权基础	基于占有	基于物权
时间限制	侵占行为发生之日起一年的除斥期间	原则上不适用诉讼时效，仅未经登记的动产才适用

2. 占有妨害排除请求权与占有妨害防止请求权

对妨害占有的行为，占有人有权请求排除妨害或者消除危险。（参照物权请求权中的排除妨害请求权、消除危险请求权。）

第四节　无权占有人与权利人之间的权利义务关系

一、原物及其孳息的返还

1. 无权占有人应返还占有物及其孳息。

2. 无权占有人系恶意占有抑或善意占有，在所不问。

二、必要费用的偿还

1. 善意占有人：有权请求权利人支付因维护占有物支出的必要费用。

（1）必要费用，是指为保存或者管理占有物而必须支出的费用。例如，饲养费、保管费、修理费等。

（2）与之相对的是有益费用，即为利用或改良占有物而支出且增加占有物价值的费用。例如，宠物狗的美容费用。通说认为，有益费用按照不当得利规则处理。

2. 恶意占有人：无权请求权利人支付必要费用。

三、因使用占有物引起的损耗

1. 善意占有人：无须赔偿。

2. 恶意占有人：承担无过错赔偿责任。

四、占有物毁损灭失的损害赔偿

1. 善意占有人：仅在其所取得的保险金、赔偿金或者补偿金等范围之内负返还之责。

2. 恶意占有人：应返还所取得的保险金、赔偿金或者补偿金等；若权利人的损害并未因此而得到足够弥补的，恶意占有人还应当承担赔偿责任。

	善意占有	恶意占有
是否返还原物及孳息	√	√
是否可以请求必要费用	√	×
是否承担损耗以及毁损灭失的损害赔偿责任	×（限于保险金、赔偿金或者补偿金的范围之内）	√（无过错责任）

【示例】甲与其舍友乙的自行车属于同一品牌同一型号，难以辨识，且均停放于宿舍阳台未上锁。1月1日，丙找甲借自行车，甲让丙自取。丙错认乙车为甲车，遂把乙车骑走。1月2日，丙修理乙车刹车付费50元。1月3日，丙将车租给丁使用一天，收租金10元。1月6日，甲告知丙骑错车，丙不予理睬。1月7日，丙花费30元更换坏掉的车灯。1月8日，乙车被倒塌的墙体砸毁。①丙对乙车的占有为无权占有，1月6日之前，为善意占有，1月6日之后转化为恶意占有。②1月2日支付的修理费为必要费用，此时丙为善意占有，故而丙可以请求乙支付该修理费。③1月3日的10元租金为孳息，虽然丙此时为善意占有，乙也可以请求丙返还。④1月7日支付的车灯费用为必要费用，但是此时丙为恶意占有，其无权请求乙支付该费用。⑤乙车被砸毁之时，丙为恶意占有，故而丙应赔偿乙因此所遭受的损害。

【判断分析】

1. 甲、乙就乙手中的一枚宝石戒指的归属发生争议。甲称该戒指是其在2015年10月1日外出旅游时让乙保管，属甲所有，现要求乙返还。乙称该戒指为自己所有，拒绝返还。甲无法证明对该戒指拥有所有权，但能够证明在2015年10月1日前一直合法占有该戒指，乙则拒绝提供自2015年10月1日后从甲处合法取得戒指的任何证据。对此，下列哪一说法是正确的？（2016-3-9，单选）

A. 应推定乙对戒指享有合法权利，因为占有具有权利公示性【错误。乙作为戒指的占有人推定其享有合法权利，但是甲提出反证，乙拒绝提出自己在10月1日后占有戒指的合法证据，该推定被甲推翻。】

B. 应当认定甲对戒指享有合法权利，因其证明了自己的先前占有【正确。甲举证 10 月 1 日前合法占有该戒指，故推定其享有合法权利。】

C. 应当由甲、乙证明自己拥有所有权，否则判决归国家所有【错误】

D. 应当认定为甲、乙共同共有【错误】

2. 张某拾得王某的一只小羊拒不归还，李某将小羊从张某羊圈中抱走交给王某。下列哪一表述是正确的？（2014-3-9，单选）

A. 张某拾得小羊后因占有而取得所有权【错误。小羊是遗失物，并非无主物，拾得人无法通过占有取得所有权。】

B. 张某有权要求王某返还占有【错误。占有返还请求权行使的对象必须是无权占有人，王某享有所有权，是有权占有。】

C. 张某有权要求李某返还占有【错误。占有返还请求权行使的对象必须是现时的无权占有人，李某已经把小羊交还王某，丧失占有。】

D. 李某侵犯了张某的占有【正确。李某将小羊抱走，是侵夺占有的行为，不论是无权占有还是有权占有。】

KEEP AWAKE

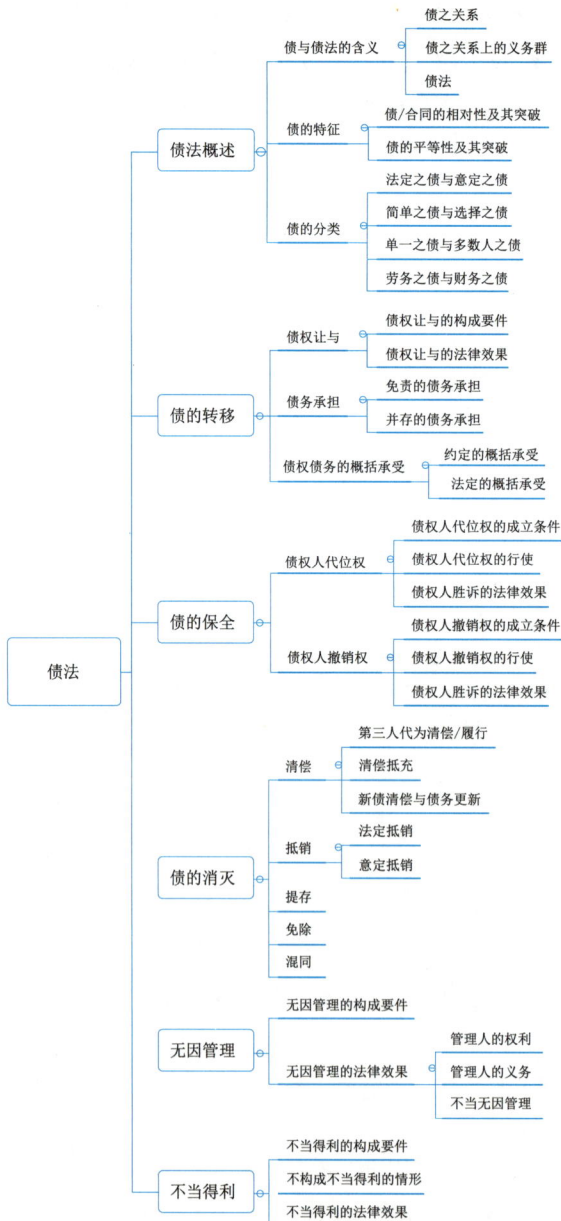

债法
- 债法概述
  - 债与债法的含义
    - 债之关系
    - 债之关系上的义务群
    - 债法
  - 债的特征
    - 债/合同的相对性及其突破
    - 债的平等性及其突破
  - 债的分类
    - 法定之债与意定之债
    - 简单之债与选择之债
    - 单一之债与多数人之债
    - 劳务之债与财务之债
- 债的转移
  - 债权让与
    - 债权让与的构成要件
    - 债权让与的法律效果
  - 债务承担
    - 免责的债务承担
    - 并存的债务承担
  - 债权债务的概括承受
    - 约定的概括承受
    - 法定的概括承受
- 债的保全
  - 债权人代位权
    - 债权人代位权的成立条件
    - 债权人代位权的行使
    - 债权人胜诉的法律效果
  - 债权人撤销权
    - 债权人撤销权的成立条件
    - 债权人撤销权的行使
    - 债权人胜诉的法律效果
- 债的消灭
  - 清偿
    - 第三人代为清偿/履行
    - 清偿抵充
    - 新债清偿与债务更新
  - 抵销
    - 法定抵销
    - 意定抵销
  - 提存
  - 免除
  - 混同
- 无因管理
  - 无因管理的构成要件
  - 无因管理的法律效果
    - 管理人的权利
    - 管理人的义务
    - 不当无因管理
- 不当得利
  - 不当得利的构成要件
  - 不构成不当得利的情形
  - 不当得利的法律效果

第一章

债法概述

【重点】债的相对性、选择之债、连带债务

第一节　债与债法的含义

【引例】小李从 4S 店购买了一辆售价 12 万元的汽车。因按键失误，小李通过微信支付了 21 万元。在一次开车上班途中，因担心上班迟到，小李超速驾驶，结果撞伤了行人老王。惊慌失措的小李驾车逃逸，路过的小刘见状连忙将老王送到医院救治，并垫付了 5 万元医药费。请问，各当事人之间产生何种法律关系？

在引例中，小李从 4S 店购买了汽车，我们将小李与 4S 店之间的关系称为合同关系。在这个关系中，小李可以请求 4S 店交付汽车并转移汽车的所有权，4S 店可以请求小李支付 12 万元的价款。由于价款为 12 万元，4S 店显然不应当得到小李不小心多支付的 9 万元，我们将小李与 4S 店之间的关系称为不当得利关系，小李有权请求 4S 店返还 9 万元。小李撞伤老王，二者之间成立侵权损害赔偿关系，老王可以请求小李赔偿损害。小刘并没有义务将老王送到医院救治，也没有义务垫付医药费，我们将小刘和老王之间的关系称为无因管理关系，小刘可以请求老王返还其垫付的医药费。

上述合同关系、不当得利关系、侵权损害赔偿关系、无因管理关系最大的共同点在于，一个人可以请求另外一个人支付一定数额的金钱。理论上将这种一个人可以请求另外一个人为一定行为或者不为一定行为的关系称之为债，而合同、无因管理、不当得利和侵权便是四种典型的债的发生原因。

一、债之关系

1. 债是特定人之间的一种法律关系。在这种关系中，享有权利的一方叫债权人，负担义务的一方叫债务人，权利和义务则被分别称为债权和债务。

2. 基于债之关系，债权人可以请求债务人为一定行为或者不为一定行为。这种行为在理论上被称之为给付，即为一定目的而需实施的特定行为。在债之关系中，债权人不得直接支配债务人的行为或者财产，只能请求债务人履行，这是债权与物权的重大区别。

二、债之关系上的义务群

根据内容和目的的不同，债务可以被大致区分为给付义务、附随义务、不真正义务，这些义务形成债之关系上的义务群。

1. 给付义务

（1）债务人负担的基本义务为给付义务。给付义务旨在变动债权人现有的利益状况。给付通常表现为一方给予另一方一定利益的行为，但给付不以具有财产价值为限。

（2）给付义务可以分为原给付义务和次给付义务。

①原给付义务是债之关系原有的义务，其履行旨在实现债之关系的本来目标。原给付义务包括主给付义务和从给付义务。

②次给付义务，是违反原给付义务而产生的义务，通常是损害赔偿义务。

（3）原给付义务可以分为主给付义务与从给付义务。

①主给付义务关系到债之关系的目的，是债之关系固有、必备的，能够决定债之关系类型的义务。例如，买卖合同中的主给付义务是买方支付价款与卖方交付标的物并移转其所有权的义务，二者结合才决定了该合同关系为买卖合同。

②从给付义务则是辅助主给付义务，确保或促进给付利益实现的义务，例如买卖合同中的包装、运送、使用方法说明、安装等义务。

2. 附随义务

（1）附随义务，是指在债之关系的发展过程中，基于诚实信用原则而产生的义务，包括通知、协助、保密义务等。

（2）附随义务，是与给付无关的义务，旨在保护当事人的固有利益，即不以有效债之关系为前提的人身、财产利益。

（3）通常认为，附随义务和从给付义务的核心区别在于：附随义务一般不能独立诉请履行，而从给付义务可以独立诉请履行。

3. 不真正义务

不真正义务，是指不得诉请强制履行，被违反也不产生债务不履行责任，仅义务人自己蒙受不利后果的义务。最为典型的不真正义务是减损义务，即在债务人发生义务违反后，债权人必须采取积极措施防止损失扩大，否则债权人不得就扩大的损失请求赔偿。

三、债法

债法是调整债之关系的法律规范的总称。理论上一般将债法区分为两个部分，即债法总则和债法分则。债法总则涉及各种原因所生之债的共同规则，债法分则则涉及不同债因的特殊规则。我国民法典并没有设置独立的债法总则，合同编总则实质上发挥着债法总则的作用。

第二节　债的特征

一、债/合同的相对性及其突破

【重点法条】

《民法典》

第 465 条第 2 款【合同的相对性】依法成立的合同，仅对当事人具有法律约束力，但是法律另有规定的除外。

第 522 条【利益第三人合同】当事人约定由债务人向第三人履行债务，债务人未向第三人履行债务或者履行债务不符合约定的，应当向债权人承担违约责任。

法律规定或者当事人约定第三人可以直接请求债务人向其履行债务，第三人未在合理期限内明确拒绝，债务人未向第三人履行债务或者履行债务不符合约定的，第三人可以请求债务人承担违约责任；债务人对债权人的抗辩，可以向第三人主张。

第 523 条【由第三人履行的合同】当事人约定由第三人向债权人履行债务，第三人不履行债务或者履行债务不符合约定的，债务人应当向债权人承担违约责任。

第 593 条【第三人原因造成违约的责任承担】当事人一方因第三人的原因造成违约的，应当依法向对方承担违约责任。当事人一方和第三人之间的纠纷，依照法律规定或者按照约定处理。

（一）原则：债/合同具有相对性

债的相对性，是指债是特定当事人之间的关系，仅对当事人双方具有法律约束力，债权债务由当事人双方享有和承担，而不能及于第三人。主要体现为：

1. 不真正利益第三人合同

（1）当事人约定由债务人向第三人履行债务。

（2）债务人未向第三人履行债务或者履行债务不符合约定的，应当向债权人而非第三人承担违约责任。

【说明】之所以称为不真正利益第三人合同，是因为合同虽然给予了第三人利益，但并没有赋予第三人直接请求债务人履行的权利。

2. 由第三人履行的合同

（1）当事人约定由第三人向债权人履行债务。

（2）第三人不履行债务或者履行债务不符合约定的，由债务人而非第三人向债权人承担违约责任。

【注意】由第三人履行的合同，是为第三人设定义务。基于私法自治，第三人当然可以拒绝。

3. 合同一方因第三人原因而违约（违约责任的相对性）

（1）合同当事人一方因第三人的原因造成违约的，应当依法向对方承担违约责任。

（2）当事人一方和第三人之间的纠纷，依照法律规定或者按照约定处理。

【示例】甲向乙订购一批旗袍。乙将准备好的旗袍放置于仓库，丙误以为该批旗袍是自己向乙订购的那批，遂取走并使用，导致乙无法按期向甲交货。即使因为第三人丙的原因导致乙对甲违约，也应由乙（甲乙间的合同相对方）向甲承担违约责任。

【总结】

1. 转租合同中，次承租人造成租赁物损失的，只有承租人有权主张其承担违约责任。出租人只能主张次承租人承担侵权责任或者向承租人主张违约责任。

2. 转租合同中，出租人无权要求次承租人支付租金。

3. 承揽合同中，承揽人将主要或者辅助工作交由第三人完成的，承揽人应对第三人完成的工作成果向定作人负责。

（二）债/合同的相对性的突破

除了后文将出现的债权人代位权、债权人撤销权和租赁合同中的买卖不破租赁等规则外，突破债的相对性的重要规则还包括：真正利益第三人合同。

1. 真正利益第三人合同，是指法律规定或者当事人约定第三人可以直接请求债务人向其履行债务的合同。

【注意】基于私法自治，第三人可以拒绝。只要第三人未在合理期限内明确拒绝，视为第三人接受。

2. 债务人未向第三人履行债务或者履行债务不符合约定的，第三人可以请求债务人承担违约责任；债务人对债权人的抗辩，可以向第三人主张。

【说明】不真正利益第三人合同与真正利益第三人合同的根本区别在于：是否赋予第三人对债务人直接的履行请求权。

【示例1】甲在A花店订购了1束玫瑰花，并与A花店约定由花店直接交给其女友乙。后A花店因花成本上涨而违约，拒不交货。甲与A花店没有约定乙有履行请求权，成立不真正利益第三人合同，乙不能请求A花店交付玫瑰花，也无权请求A花店承担违约责任，只有甲可以请求A花店交付玫瑰花或者承担违约责任。

【示例2】甲在A花店订购了1束玫瑰花，并与A花店约定由花店直接交给其女友乙，且乙可以直接请求花店履行。乙得知后欣然同意。后A花店因花成本上涨而违约，拒不交货。甲与A花店约定了乙有履行请求权，成立真正利益第三人合同，甲和乙都可以请求A花店交付玫瑰花，或者请求花店承担违约责任。

【判断分析】

甲公司在2005年至2007年间连续与乙公司签订了三份煤炭买卖合同，并按照合同的约定分别向乙公司的六个子公司发运了货物，但乙公司及其六个子公司迄今未支付货款。甲公司只能要求乙公司付款，无权要求乙公司的六个子公司付款。【正确。甲公司与乙公司之间的合同约定向乙公司的子公司发货，但是并未约定乙公司的子公司对甲公司享有直接履行请求权，故而属于不真正利益第三人合同，甲公司无权要求乙公司的六个子公司支付货款。】

二、债的平等性及其突破

债的平等性，是指对同一债务人成立的多项债权，不论其成立先后、内容如何，都具有相同的法律效力，彼此间不存在优先性。例如：甲先向乙借款100万元，其后又向丙借款100万元。如果在乙和丙的借款到期后，甲仅有100万元，则甲可以自由决定将100万元支付给乙或丙，而乙或丙均不得主张优先受偿100万元。

突破债的平等性的例外情形主要包括：

1. 普通动产多重买卖

有处分权的同一出卖人就同一标的物与不同买受人分别订立多个买卖合同。在买卖合同均有效的情况下，买受人均要求实际履行合同的，应当按照下列顺序确定：

先受领交付的>先支付价款的>先成立合同的

【注意】数个买卖合同不会单纯因一物数卖而无效。后手买受人即使知道一物数卖，也不构成恶意串通。

2. 特殊动产多重买卖

在特殊动产买卖合同均有效的情况下，买受人均要求实际履行合同的，应当按照下列顺序确定：

先受领交付的>先办理所有权转移登记的>先成立合同的

3. 一房数租

在合同均有效的情况下，承租人均主张履行合同的，按照下列顺序确定履行合同的承租人：已经合法占有租赁房屋的>已经办理登记备案手续的>先成立合同的。

【判断分析】

甲为出售一台挖掘机分别与乙、丙、丁、戊签订买卖合同，具体情形如下：2016年3月1日，甲胁迫乙订立合同，约定货到付款；4月1日，甲与丙签订合同，丙支付20%的货款；5月1日，甲与丁签订合同，丁支付全部货款；6月1日，甲与戊签订合同，甲将挖掘机交付给戊。上述买受人均要求实际履行合同，其履行顺序为戊、丙、丁、乙。【正确。挖掘机属于普通动产，多重买卖的履行顺序为：先行受领交付的>先行支付价款的>先成立合同的。甲与戊于6月1日签订合同并且完成交付，所以戊为第一顺位。4月1日丙支付了20%的货款，5月1日丁完成支付全部货款，先行支付是决定因素，支付的数额并非决定因素，故丙可优先丁要求实际履行。3月1日甲、乙签订合同，但乙并未支付货款，所以乙最后。】

第三节　债的分类

一、法定之债与意定之债（发生根据不同）

1. 法定之债：依据法律规定而发生的债，无需意思表示和行为能力。如侵权之债、无因管理之债、不当得利之债、缔约过失责任等。

2. 意定之债：依据当事人意思发生的债，需要意思表示和行为能力。如合同之债、单方允诺之债。

二、简单之债与选择之债（标的有无选择性）

简单之债		债的标的仅有一个，无选择可能性的债。（标的物可能有多个）
选择之债	含义	债的标的有数个，债务人只需履行其中一个，有选择可能性的债。
	选择权人	原则上为债务人，除非法律另有规定、当事人另有约定或另有交易习惯。
	选择权的转移	享有选择权的当事人在约定的期限内或履行期限届满未作选择，经催告后在合理期限内仍未选择的，选择权转移至对方。
	选择权的行使	1. 当事人行使选择权应当及时通知对方，通知到达对方时，标的确定。标的确定后不得变更，但经对方同意的除外。
		2. 享有选择权的当事人不得选择不能履行的标的，但是不能履行是由对方造成的除外。

【示例 1】 甲与乙订立买卖合同，约定甲以 30 万元的价格将两部相机出卖给乙。甲乙之间的合同之债的标的只有一个，即交付相机，属于简单之债。

【示例 2】 甲与乙订立买卖合同，约定甲以 30 万元的价格将相机或油画出卖给乙。①甲可以选择交付相机或油画，属于选择之债。②如果甲到期没选，经乙催告后还不选，则选择权转移给乙。③如果甲选择了相机，就不能再换成油画，因为甲的选择让选择之债转变成了简单之债。④如果约定乙可以选择相机或油画，且在乙选择之前相机因不可归责于甲的原因毁损灭失，则乙不得选择相机，只能选择油画。⑤如果约定乙可以选择相机或油画，且在乙选择之前相机因可归责于甲的原因毁损灭失，则乙依然可以选择相机。此时甲履行不能，乙可以请求甲承担违约责任。

三、单一之债与多数人之债（主体人数不同）

（一）单一之债

债务人和债权人均为一人的债。

（二）多数人之债

指债权人或债务人任何一方为二人以上的债。

【示例】 甲、乙、丙合伙开办法考培训机构，现欲租房：①甲、乙、丙以培训机构的名义与丁签订租赁合同，此为单一之债。②甲、乙、丙作为承租人与丁签订租赁合同，此为多数人之债。

多数人之债又分为按份之债和连带之债。

1. 按份之债

指债之关系的多数人一方，每人按照自己的份额对外享有债权、负担债务的债。

（1）债权人一方为二人以上的，被称之为按份债权；债务人一方为二人以上的，被称之为按份债务。

（2）按份债务中，债权人只能请求债务人按照其份额履行债务；债务人内部不存在追偿问题。

【示例】 甲车与乙车行驶在道路上，恰巧同时撞伤行人丙，法院判决赔付 10 万元费用，甲、乙各承担 70% 和 30%。此为按份责任，丙只能请求甲和乙分别承担 7 万元和 3 万元。

2. 连带之债

指债之关系的多数人一方，每人均可以对外主张全部债权，或均需对外负担全部债务。债权人一方为二人以上的，被称之为连带债权；债务人一方为二人以上的，被称之为连带债务。在考试和实务中，连带债务更为重要。

【示例】 甲货车挂靠在乙公司，乙公司收取管理费。后来甲货车撞了行人丙，法院判决赔付 10 万元费用，甲乙承担连带责任。丙可以自由选择请求甲或乙承担 10 万，也可以请求甲和乙一起承担 10 万。甲乙再按内部份额分担损失。

连带债务的效力如下：

（1）外部效力

①每一个债务人均有履行全部债务的义务。

【注意】 因连带债务人的责任较重，连带债务必须由法律规定或者当事人约定。

②连带债务人之间关于份额的内部约定，不能对抗债权人。

（2）内部效力

①各债务人按照份额分担。连带债务人的内部分担份额，有约定从约定，难以确定的视为份额相同。

②实际承担债务超过自己份额的连带债务人，有权就超出部分在其他连带债务人未履行的份额范围内向其追偿，并相应地享有债权人的权利，但是不得损害债权人的利益。

a. 其他连带债务人对债权人的抗辩，可以向该债务人主张。

b. 被追偿的连带债务人不能履行其应分担份额的，其他连带债务人应当在相应范围内按比例分担。

③绝对效力事项：对连带债务人中的一人发生效力的事项，对其他连带债务人也发生效力。

a. 履行、抵销或者提存。

b. 免除：部分连带债务人的债务被债权人免除的，在该连带债务人应当承担的份额范围内，其他债务人对债权人的债务消灭。

【注意】对于其他债务人应当承担的份额，被免除债务的连带债务人依然对债权人承担连带责任，只不过在内部可以全额追偿。

c. 混同：部分连带债务人的债务与债权人的债权同归于一人的，在扣除该债务人应当承担的份额后，债权人对其他债务人的债权继续存在。

d. 债权人受领迟延。

e. 诉讼时效中断。

【示例】甲货车挂靠在乙公司，乙公司收取管理费。甲乙内部约定，若发生事故，则甲承担债务的30%，乙承担70%。后来甲货车撞了行人丙，法院判决赔付10万元费用，甲乙承担连带责任。某日丙表示免除甲的债务。①甲乙内部的份额约定对丙没有约束力，甲乙对丙承担连带责任。②免除属于绝对效力事项，乙对丙的债务在甲应当承担的3万元范围内消灭，故而乙对丙的债务为7万元。③甲的3万债务虽然被免除，但是依然要对丙的7万元债务承担连带责任。

四、劳务之债与财物之债（标的性质）

（一）劳务之债

劳务之债，是指债务人须提供一定劳务的债。如表演合同、授课合同等。劳务之债一般不得由第三人代为履行，也不得强制履行。

【示例】著名法考老师甲与乙公司签订授课合同。某日，甲临时有事，向乙公司表示欲安排丙代其上课。首先，甲不能让丙代其上课，除非乙公司同意。其次，若乙公司不同意，乙公司也不得强制甲授课，只能请求甲承担违约责任。

（二）财物之债

财务之债，是指债务人须给付一定财产的债。如买卖合同、租赁合同等。财物之债可以由第三人代为履行，也可以强制履行。

根据标的物是否特定，将财物之债进一步分为特定物之债和种类物之债。

1. 特定物之债：给付的标的物为特定物的债。

2. 种类物之债：给付的标的物为种类物的债。

3. 区分意义：特定物之债存在履行不能问题，债务履行前标的物毁损灭失的，债权人不得请求实际履行；种类物之债一般不发生履行不能问题，债务履行前标的物毁损灭失的，债权人可以请求实际履行。

【示例】①甲与乙公司签订合同，约定甲将其小说手稿出卖给乙公司。手稿为独一无二的物，若在交付之前因意外而毁损，则甲陷入履行不能，乙公司无权请求甲交付手稿。②甲书店向乙售卖一本公开出版的小说，双方约定三日后付款取货。公开出版的小说为种类物，若书店库存的小说在交付前因意外而全部毁损，乙依然可以请求书店交付小说，因为书店可以再向出版社进货。

4. 种类物之债转化为特定物之债的认定

（1）赴偿之债：给付行为地、给付结果地均在债权人处（送货上门）

债务人将标的物送至债权人所在地、提供给债权人，使债权人处于随时可受领状态，即完成特定化。

（2）往取之债：给付行为地、给付结果地均在债务人处（上门提货）

债务人将标的物从种类物中分离并通知债权人领取，即完成特定化。

（3）送付之债：给付行为地在债务人处，结果地在债权人处（代办托运）

债务人将标的物交付给承运人以运交债权人，即完成特定化。

【判断分析】

甲对乙说：如果你在三年内考上公务员，我愿将自己的一套住房或者一辆宝马轿车相赠。乙同意。两年后，乙考取某国家机关职位。关于甲与乙的约定，下列哪一说法是正确的？（2009-3-9）

A. 属于种类之债【错误。甲的一套住房或者一辆宝马轿车均为独一无二的特定物。】

B. 属于选择之债【正确。甲可以在赠与房屋或者赠与汽车这两种给付中任选其一履行。】

C. 属于连带之债【错误。债权人与债务人均为一人，属于单一之债。】

D. 属于劳务之债【错误。甲乙之间赠与合同的标的是交付一定财产的行为，为财物之债。】

债的移转

【重点】本章均十分重要。

债的移转，指债权债务主体的变更。包含以下三种类型：

1. 债权让与，即债权人的变更；

2. 债务承担，即债务人的变更；

3. 债权债务的概括承受，即债权债务一起转移给第三人。

第一节　债权让与

【重点法条】

《民法典》

第545条第2款【禁止债权转让约定】当事人约定非金钱债权不得转让的，不得对抗善意第三人。当事人约定金钱债权不得转让的，不得对抗第三人。

第546条【债权转让的通知】债权人转让债权，未通知债务人的，该转让对债务人不发生效力。

债权转让的通知不得撤销，但是经受让人同意的除外。

第548条【债务人的抗辩】债务人接到债权转让通知后，债务人对让与人的抗辩，可以向受让人主张。

第549条【债务人的抵销权】有下列情形之一的，债务人可以向受让人主张抵销：

（一）债务人接到债权转让通知时，债务人对让与人享有债权，且债务人的债权先于转让的债权到期或者同时到期；

（二）债务人的债权与转让的债权是基于同一合同产生。

债权让与，是指在不改变债的同一性的前提下，债权人与第三人达成合意，将其债权转让给第三人。让与债权的一方（债权人）称为让与人，受让债权的一方（第三人）为受让人。

一、债权让与的构成要件

1. 债权合法有效。

2. 债权人（让与人）与受让人签订有效的债权让与合同。

3. 债权具有可让与性。

下列三类债权不能转让：

（1）依照法律规定不得转让。如赡养费请求权、抚养费请求权。

（2）根据**债权性质**不得转让。

①基于**人身信赖关系**产生的债权（如合伙、委托等合同所生的债权）；

②专为**特定人利益**设定的债权（如人身损害赔偿金）；

③**不作为**债权（如竞业禁止协议）；

④**从债权不得单独转让**（如保证债权）。

（3）按照**当事人约定**不得转让。

①当事人约定**非金钱**债权不得转让的，不得对抗**善意第三人**。

②当事人约定**金钱**债权不得转让的，不得对抗**第三人**。

【示例】甲以 50 万元购入乙的汽车，双方明确约定禁止任何一方向第三人转让债权。①若甲将其对乙享有的**交付汽车的债权**转让给善意的丙，因该债权性质系**非金钱债权**，禁止转让的约定不得对抗善意的丙，债权让与有效，故丙可以要求乙交付汽车。②若乙将其对甲享有的请求**支付 50 万元价款的债权**转让给丁，因该债权性质系**金钱债权**，禁止转让的约定不得对抗第三人，因此无论丁是善意还是恶意，债权让与均有效，只要通知了甲，丁就可以请求甲支付 50 万元价款。

二、债权让与的法律效果

（一）内部效力

债权由债权人转移于受让人，受让人取代债权人的地位，成为**新的债权人**。

（二）外部效力

债权让与是否对债务人发生效力，取决于是否通知了债务人。

1. **已通知**债务人

（1）债权让与**对债务人发生效力**：自通知之日起，债务人只能向**受让人**履行债务，且未经受让人同意，**不得撤销**债权让与通知。

（2）通知到达债务人之日起，**诉讼时效中断**。

（3）因债权转让增加的履行费用，由**让与人**负担。

（4）债务人对让与人的抗辩，可以向受让人主张。

（5）债务人可以向受让人主张抵销的两种情形：

①债务人接到债权转让通知时，债务人对让与人享有债权，**且债务人的债权先于**转让的债权到期或者**同时**到期。

【示例】甲欠乙 100 万元，于 2021 年 1 月 2 日到期。乙欠甲 80 万元，于 2020 年 12 月 15 日到期。2020 年 9 月 20 日，乙将其对甲的 100 万元债权转让给丙，并通知甲。由于甲对乙的债权（2020 年 12 月 15 日到期）先于乙对甲的债权（2021 年 1 月 2 日到期）到期，甲可以对丙主张抵销。

②债务人的债权与转让的债权**基于同一合同产生**。

【示例】甲与乙订立加工承揽合同，约定：甲负责为乙加工一批高级红木家具，乙向甲支付加工费 20 万。后甲使用普通木材为乙加工，致使乙损失 10 万元。若甲将其对乙的加工费请求权转让给丙，因为乙对甲的违约损害赔偿请求权与甲转让丙的加工费请求权系基于同一合同产生，乙可以向丙主张抵销 10 万元。

2. **未通知**债务人

（1）债权让与对债务人**不发生效力**，即：债务人对原债权人的履行属于**有效清偿**，受让人无权要求其再次履行，只能请求原债权人返还<u>不当得利</u>。

（2）未通知债务人并不影响债权让与本身的效力，仅仅是债权让与<u>对债务人不发生效力</u>。

【判断分析】

甲将其对乙享有的 100 万元债权让与给丙，对此乙并不知情，后丙请求乙履行债务。

A. 因甲将 100 万债权转让给丙所增加的履行费用，应该由乙承担。【<u>错误</u>。因债权转让增加的履行费用，应当由让与人甲承担。】

B. 甲将 100 万债权转让给丙时，100 万债权的诉讼时效中断。【<u>错误</u>。甲转让 100 万债权时并未通知债务人乙，不发生诉讼时效中断的效力。】

C. 若乙之前已经向甲清偿了 100 万元，属于无效清偿。【<u>错误</u>。在债权转让未通知债务人之前，债务人对原债权人的履行属于有效清偿，受让人无权请求其再次清偿。】

第二节　债务承担

【重点法条】

《民法典》

第 551 条【债务承担】债务人将债务的全部或者部分转移给第三人的，应当<u>经债权人同意</u>。债务人或者第三人可以<u>催告</u>债权人在合理期限内予以同意，债权人<u>未作表示的，视为不同意</u>。

第 552 条【债务加入】第三人与债务人约定加入债务<u>并通知债权人</u>，或者第三人向<u>债权人表示</u>愿意加入债务，债权人<u>未</u>在合理期限内<u>明确拒绝</u>的，债权人可以请求第三人在其愿意承担的债务范围内和债务人承担<u>连带债务</u>。

第 553 条【新债务人的权利和义务】债务人转移债务的，新债务人<u>可以主张</u>原债务人对债权人的<u>抗辩</u>；原债务人对债权人享有债权的，新债务人<u>不得</u>向债权人<u>主张抵销</u>。

第 554 条【从债务的转移】债务人转移债务的，新债务人应当承担与主债务有关的从债务，但是该从债务<u>专属</u>于原债务人自身的<u>除外</u>。

债务承担，是指在<u>不改变债的同一性</u>的前提下，债务人与第三人达成合意，将其债务移转于第三人承担。移转债务的一方被称为<u>原债务人</u>，承担债务的一方被称之为<u>新债务人</u>。根据承担方式不同，可以分为<u>免责的债务承担</u>（即原债务人免责）和<u>并存的债务承担</u>（即原债务人与新债务人承担连带债务）。

一、免责的债务承担

（一）构成要件

1. 债务合法有效。

2. 债务具有可转移性。

3. 债务人与第三人签订有效的、免责的债务承担合同。

4. 债权人<u>同意</u>。

债务人或者第三人可以<u>催告</u>债权人在合理期限内予以同意，债权人<u>未作表示的</u>，视为<u>不同意</u>。

（二）法律效果

1. 原债务人退出，第三人成为新债务人。

2. 从债务原则上随之转移。

3. 新债务人可以主张原债务人对债权人的抗辩。

4. 原债务人对债权人享有债权的，新债务人不得向债权人主张抵销。

5. 从债务承担的意思表示到达债权人之日起，诉讼时效中断。

二、并存的债务承担（债务加入）

（一）构成要件

1. 债务合法有效。

2. 债务具有可转移性。

3. 债务人与第三人签订有效的并存的债务承担（债务加入）合同。

三种方式：

①第三人与债务人约定，并通知债权人；

②第三人向债权人表示加入债务；

③三方达成合意。

在①和②的情形，不需要债权人同意，债权人未在合理期限内明确拒绝即可。

（二）法律效果

债务人并不退出，第三人与债务人对债权人承担连带债务。

【判断分析】

在甲困难时，乙曾经借给甲10万元。后甲为表示感激便将自己价值20万元的汽车折价8万元出卖给乙。乙与丙约定，由丙向甲支付8万元的购车款，甲表示同意。后丙以乙曾经借款10万元给甲为由主张抵销。丙的主张有效。【错误。在免责的债务承担中，原债务人对债权人享有债权的，新债务人不得向债权人主张抵销。】

第三节　债权债务的概括承受

一、约定的概括承受

债的一方当事人和第三人约定，将其债权债务一并转移给第三人，由第三人概括地承受权利义务。

（一）构成要件

1. 须有合法有效的债，且一般为双务合同之债。

2. 合同当事人一方与第三人达成有效的概括承受协议。

3. 经合同对方当事人同意。

（1）就债务承担而言，适用免责的债务承担的规定，需经债权人同意；

（2）就债权转让而言，适用债权让与的规定，需通知债务人。

（二）法律效果

1. 让与人退出原合同关系，第三人（受让人）一并取得让与人所享有的合同权利及合同义务。

2. 从权利、从义务随同移转，但专属于让与人自身的除外。

【示例】甲公司与乙公司签订设备买卖合同，约定甲公司以 500 万元的价格将一套设备出售给乙公司。其后，乙公司改变经营方向，不再需要该设备。为此，乙公司与丙公司签订合同，约定乙公司将其在设备买卖合同中的权利义务转让给丙公司。若甲公司同意，则丙公司取代乙公司的地位，成为设备买卖合同当事人，承受设备买卖合同项下乙公司的全部权利与义务。若甲公司不同意，则丙公司无法承受乙公司的合同权利与义务。

二、法定的概括承受

基于法律规定，债权债务关系中一方当事人的债权、债务由第三人享有、承担。主要包括下列情形：

1. 法人的合并与分立。合并、分立后的法人，应依法承受原法人的债权、债务。
2. 买卖不破租赁。房屋先租后卖的，买受人依法承受原房屋租赁合同。
3. 继承。继承人继承被继承人的债权、以继承的遗产为限清偿被继承人的债务。

第三章
债的保全

【重点】本章均十分重要。

债的保全，是指为防止债务人的责任财产不当减少而影响债权实现，允许债权人代债务人之位向第三人行使债务人的权利，或者请求法院撤销债务人与第三人的法律行为的法律制度。包括债权人代位权和债权人撤销权。

【说明】债务人以自己的全部财产＝责任财产保障债权的实现。故而，债务人责任财产的多少，直接关系到债权人的债权能否实现。为此，法律在债务人的行为影响债权实现时突破债的相对性，赋予债权人保全的权利，以维持债务人的责任财产，确保其债权实现。

第一节　债权人代位权

【重点法条】

《民法典》

第 535 条【债权人代位权】因债务人怠于行使其债权或者与该债权有关的从权利，影响债权人的到期债权实现的，债权人可以向人民法院请求以自己的名义代位行使债务人对相对人的权利，但是该权利专属于债务人自身的除外。

代位权的行使范围以债权人的到期债权为限。债权人行使代位权的必要费用，由债务人负担。

相对人对债务人的抗辩，可以向债权人主张。

第 536 条【代位权的期前行使】债权人的债权到期前，债务人的债权或者与该债权有关的从权利存在诉讼时效期间即将届满或者未及时申报破产债权等情形，影响债权人的债权实现的，债权人可以代位向债务人的相对人请求其向债务人履行、向破产管理人申报或者作出其他必要的行为。

第 537 条【代位权行使的法律效果】人民法院认定代位权成立的，由债务人的相对人向债权人履行义务，债权人接受履行后，债权人与债务人、债务人与相对人之间相应的权利义务终止。债务人对相对人的债权或者与该债权有关的从权利被采取保全、执行措施，或者债务人破产的，依照相关法律的规定处理。

债权人代位权，是债务人怠于向其自己的债务人即次债务人主张债权，影响其债权人的债权实现时，债权人直接向次债务人主张债务人的债权的权利。

【说明】基于债的相对性，债权人只能请求债务人向其履行债务，以实现自己的债权。但是，在债务人怠于行使其对第三人即次债务人的债权，且影响债权人的债权实现时，应当突破债的相对性，允许债权人向次债务人主张权利。

一、债权人代位权的成立条件

1. 债权人对债务人、债务人对次债务人的债权均合法、有效且到期。

2. 债务人怠于行使其对次债务人的债权或者相关的从权利。

（1）只有未以起诉或者仲裁方式行使权利才是怠于行使。

（2）可以代位行使从权利（主要指担保权）。

3. 债务人怠于行使权利的行为影响债权人债权的实现：导致债务人的其他财产不足以清偿对债权人的债务。

4. 债权具有可代位性。

专属于债务人自身的债权不得代位：

①基于抚养关系、扶养关系、继承关系产生的给付请求权；

②基于劳动关系产生的劳动报酬、退休金、养老金、抚恤金、安置费等债权；

③人寿保险金给付请求权、人身伤害赔偿请求权。

【示例】甲向乙借款，到期无法偿还。乙无意中得知甲曾借款给丙且诉讼时效即将届满，然而甲却未起诉丙。因甲怠于行使对丙的债权影响乙的债权实现，乙可以代甲之位主张甲对丙的债权。

二、债权人代位权的行使（代位权之诉）

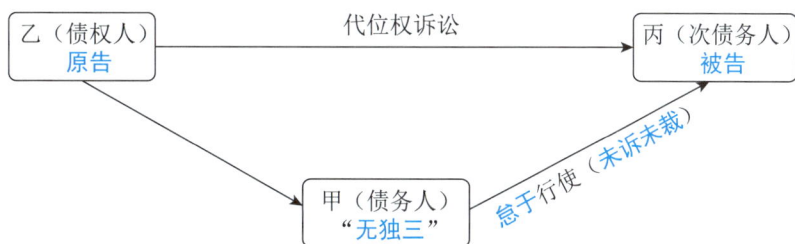

1. 必须以诉讼方式行使。

（1）管辖法院：被告住所地法院。

（2）诉讼当事人：①原告：债权人；②被告：次债务人；③可以追加债务人为无独立请求权的第三人。

2. 代位权行使范围的双重限制：以债权人对债务人的债权为限，且以债务人对次债务人的债权为限，就低不就高。

3. 次债务人可以援引的抗辩：

①债务人对债权人的抗辩；

②次债务人对债务人的抗辩；

③次债务人对债权人的抗辩（如管辖异议）。

【注意】提起代位权诉讼，会导致债权人的债权和债务人的债权的诉讼时效均中断。

三、债权人胜诉的法律效果

1. 次债务人直接向债权人履行债务。债权人接受履行后，债权人与债务人、债务人与次债务人之间的债务在相应的范围内消灭。

2. 诉讼费用由次债务人负担（谁败诉谁负担），从实现的债权中优先支付；必要费用，如律师费、差旅费等，由债务人负担。

【注意】债权人代位权的期前行使：不要求债权人对债务人的债权已经到期

1. 可以期前行使债权人代位权的情形：

（1）债务人对次债务人的债权或者与该债权有关的从权利的诉讼时效期间即将届满；

（2）次债务人破产而债务人未及时申报债权。

2. 不要求以诉讼方式行使。

3. 次债务人向债务人履行债务，而非向债权人履行债务。

【说明】债权人期前行使代位权其实是为了保存债务人对次债务人的债权。

【示例】乙是债权人，甲是债务人，丙是次债务人。乙对甲的债权尚未到期，而甲对丙的债权诉讼时效期间即将届满。若影响乙的债权实现，乙就可以行使代位权，请求丙向甲履行。

【判断分析】

甲公司对乙公司享有5万元债权，乙公司对丙公司享有10万元债权。如甲公司对丙公司提起代位权诉讼，则针对甲公司，丙公司的下列哪些主张具有法律依据？（2012-3-59，多选）

A. 有权主张乙公司对甲公司的抗辩【正确。次债务人有权主张债务人乙公司对债权人甲公司的抗辩】

B. 有权主张丙公司对乙公司的抗辩【正确。次债务人有权主张对债务人乙公司的抗辩】

C. 有权主张代位权行使中对甲公司的抗辩【正确。次债务人有权主张代位权行使中对甲公司的抗辩】

D. 有权主张甲公司只能对其中5万元行使代位权【正确。代位权的行使范围以债权人的到期债权为限】

第二节　债权人撤销权

【重点法条】

《民法典》

第538条【对无偿处分行为的撤销权】债务人以放弃其债权、放弃债权担保、无偿转让财产等方式无偿处分财产权益，或者恶意延长其到期债权的履行期限，影响债权人的债权实现的，债权人可以请求人民法院撤销债务人的行为。

第539条【对有偿处分行为的撤销权】债务人以明显不合理的低价转让财产、以明显不合理的高价受让他人财产或者为他人的债务提供担保，影响债权人的债权实现，债务人的相对人知道或者应当知道该情形的，债权人可以请求人民法院撤销债务人的行为。

第540条【债权人撤销权的行使范围】撤销权的行使范围以债权人的债权为限。债权人行使撤销权的必要费用，由债务人负担。

第 541 条【债权人撤销权的行使期间】撤销权自债权人知道或者应当知道撤销事由之日起一年内行使。自债务人的行为发生之日起五年内没有行使撤销权的，该撤销权消灭。

第 542 条【撤销权行使的法律效果】债务人影响债权人的债权实现的行为被撤销的，自始没有法律约束力。

债权人撤销权，是指债务人不当减少其责任财产，影响债权人的债权实现时，债权人撤销债务人不当减少责任财产行为的权利。

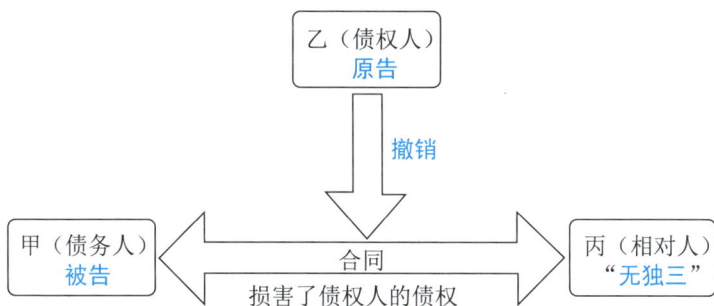

一、债权人撤销权的成立条件

1. 债权人对债务人的债权合法、有效（无须到期）。

2. 债权人对债务人的债权成立后，债务人实施不当减少其责任财产的行为。

（1）无偿处分行为：放弃债权、放弃债权担保、无偿转让财产、恶意延长到期债权的履行期限。

（2）以明显不合理低价转让财产、以明显不合理高价受让他人财产或者为他人的债务提供担保。（额外要求：债务人的相对人知道或者应当知道债务人的行为影响债权实现）

3. 债务人的行为影响债权的实现：导致债务人的其他财产不足以清偿对债权人的债务。

【注意】债务人的行为限于财产行为，身份行为即使导致其责任财产减少，债权人也不得主张撤销，例如结婚、收养；赋予债权人撤销权是为了维持债务人的责任财产，因而在债务人的行为并没有导致其责任财产减少，只是导致其责任财产没有增加的情形，债权人不得主张撤销，例如放弃继承（通说）。

二、债权人撤销权的行使（撤销权之诉）

1. 必须以诉讼方式行使。

（1）管辖法院：被告住所地法院。

（2）诉讼当事人：①原告：债权人；②被告：债务人；③可以追加债务人的相对人为无独立请求权的第三人。

2. 行使范围：以债权人对债务人的债权为限。

3. 除斥期间：自债权人知道或应当知道撤销事由之日起 1 年内行使；最晚自债务人的行为发生之日起 5 年内必须行使。

三、债权人胜诉的法律效果

1. 债务人的行为自始没有法律约束力。
2. 债权人可以请求受益人或受让人将所获利益返还债务人（入库规则）。
3. 诉讼费用、必要费用由债务人负担，债务人的相对人有过错的，适当分担。

【总结】债权人代位权与债权人撤销权对比

	债权人代位权	债权人撤销权
发生原因	债务人"怠于"行使 （未诉未裁）	债务人"不当"减少责任财产
行使时间	两个债权均到期	无需到期
当事人	（1）原告：债权人 （2）被告：次债务人 （3）无独三：债务人	（1）原告：债权人 （2）被告：债务人 （3）无独三：相对人
诉讼费	次债务人负担	债务人负担； 相对人有错的适当分担
必要费用	债务人负担	
管辖	被告住所地法院	

【判断分析】

1. 甲欠乙 1 万元到期未还。2020 年 4 月，甲得知乙准备起诉索款，便将自己价值 3 万元的全部财物以 1 万元卖给了知悉其欠乙款未还的丙，乙请求撤销甲丙之间买卖合同的权利不受诉讼时效的限制。【正确。债权人撤销权为形成权，不受诉讼时效的限制。】

2. 甲欠乙 1 万元到期未还。2020 年 4 月，甲得知乙准备起诉索款，便将自己价值 3 万元的全部财物以 1 万元卖给了知悉其欠乙款未还的丙，约定付款期限为 2021 年底。乙于 2020 年 5 月 1 日得知这一情况，其最迟应于 2021 年 5 月 1 日向法院提起诉讼。【正确。撤销权自债权人乙知道或者应当知道撤销事由之日起一年内行使。】

3. 甲欠乙 1 万元到期未还。2020 年 4 月，甲得知乙准备起诉索款，便将自己价值 3 万元的全部财物以 1 万元卖给了知悉其欠乙款未还的丙，约定付款期限为 2021 年底。后乙得知这一情况，向法院提起撤销权诉讼并胜诉，则诉讼费用应由次债务人丙全部承担。【错误。债权人乙行使撤销权的诉讼费用及必要费用，由债务人甲负担，有过错的丙适当分担。】

第四章

债的消灭

【重点】第三人代为清偿、法定抵销

债的消灭，是指债权债务关系因一定的法律事实而终止。导致债消灭的原因包括清偿、抵销、提存、免除和混同。

第一节　清偿

清偿，是指债务人向债权人全面而适当地履行债务，使债务消灭的行为。

一、第三人代为清偿/履行

基于债的相对性，原则上只能由债务人向债权人清偿，第三人无权代债务人向债权人清偿。满足以下条件，例外允许第三人代为清偿。

（一）构成要件

1. 债的性质允许第三人代为清偿。

2. 债权人与债务人无相反约定。

3. 第三人有为债务人清偿的意思，且债权人未拒绝第三人代为清偿。

【注意】第三人对履行债务具有合法利益的，债权人无权拒绝。

【示例】甲将房屋出租给乙，经甲同意，乙将房屋转租给丙。如果乙不按时支付租金，丙可以代乙将租金支付给甲，且甲不可以拒绝。因为，丙对乙是否按时支付租金具有合法利益：如果乙不按时支付租金，经甲催告后在合理期限内仍不支付，甲可以解除租赁合同，丙就必须另觅住处。

（二）法律效果

1. 债权人和债务人之间：债权债务关系因第三人清偿而消灭。

2. 第三人和债务人之间：第三人可以向债务人追偿。（第三人基于赠与意思代为清偿的除外）。

3. 第三人与债权人：债权人接受第三人履行后，其对债务人的债权转让给第三人（法定债权让与），但是债务人和第三人另有约定的除外。

4. 第三人履行有瑕疵的，由债务人承担违约责任（基于合同相对性）；但债务人对第三人履行不知情的除外。

【总结】第三人向债权人提供的承诺文件，如何定性？

1. 具有提供担保的意思表示→保证。

2. 具有成为债务人的意思：

（1）原债务人不退出，第三人与原债务人一起对债权人承担连带债务→并存的债务承担（债务加入）

【注意】①保证与债务加入难以识别→推定为保证。②既非保证，也非债务加入→独立的合同义务：债权人可以请求第三人履行约定的义务或者承担相应的民事责任。

（2）原债务人退出，第三人成为新债务人→免责的债务承担

3. 第三人只是代债务人清偿债务，并无成为债务人的意思，也无提供担保的意思→第三人代为清偿/履行。

【注意】免责的债务承担与第三人代为履行难以识别→推定为第三人代为履行。

二、清偿抵充

（一）数笔债务：先还的是哪一笔债务？

甲欠乙数笔种类相同的债务，且甲的履行不足以清偿全部债务。此时，需要判断：甲的履行清偿的是数笔债务中的哪一笔？

约定>债务人指定>已到期债务>缺乏担保/担保最少的债务>负担较重的债务>债务到期顺序>债务比例

【示例】甲向朋友乙借钱，第一次借款 8 万元，约定 2022 年 3 月 20 日到期，年利率为 12%，有担保；第二次借款 10 万元，约定 2022 年 6 月 1 日到期，年利率为 10%，无担保。第三次借款 6 万，约定 2022 年 4 月 10 日到期，无利率，无担保。2022 年 4 月 25 日，甲向乙还款 15 万元，未作任何表示，问该三笔债务的受偿顺序是？【当事人无约定且未指定清偿顺序，先履行已到期的债务：第一、三笔借款均已到期，而第一笔借款有担保，第三笔借款无担保，故而先履行第三笔借款，再履行第一笔借款，最后偿还未到期的第二笔借款。】

（二）一笔债务：先还的是哪一部分？

甲欠乙一笔债务，该笔债务由主债务（本金）、利息和实现债权产生的费用三部分组成。甲只履行了一部分，不足以清偿全部债务，那么甲所清偿的是本金、利息、还是费用？

约定>费用>利息>本金

三、新债清偿与债务更新

（一）新债清偿

债务人和债权人约定以新债作为旧债的清偿，新债清偿时，新债与旧债同时消灭。

1. 新债未清偿时，新债与旧债并存。债权人原则上应当先请求履行新债。

2. 债务人不履行新债的，债权人既可以根据新债主张继续履行等违约责任，也可以请求恢复旧债的履行。

（二）债务更新

债务人和债权人约定成立新债，并同时消灭旧债。

（1）新债成立后旧债即归于消灭，债权人只能请求债务人履行新债。

（2）由于认定为新债清偿对债权人更为有利，所以在当事人未明确约定新债成立则旧债消灭时，应认定为新债清偿。

【判断分析】

王某向丁某借款 100 万元，后无力清偿，遂提出以自己所有的一幅古画抵债，双方约定第二

天交付。对此，下列哪些说法是正确的？（2016-3-56，多选）

A. 双方约定以古画抵债，等同于签订了另一份买卖合同，原借款合同失效，王某只能以交付古画履行债务【错误。当事人未约定新债成立时旧债消灭，构成新债清偿，新债（交付并转移古画所有权）与旧债（还款）并存。新债履行完毕，新旧债才一并消灭。】

B. 双方交付古画的行为属于履行借款合同义务【正确。】

C. 王某有权在交付古画前反悔，提出继续以现金偿付借款本息方式履行债务【正确。成立新债清偿时，债权人原则上应先请求履行新债，但亦可以选择履行旧债。】

D. 古画交付后，如果被鉴定为赝品，则王某应承担瑕疵担保责任【正确。】

第二节　抵销

抵销，是指双方当事人互负债务时，互负的债务相互充抵而归于消灭。主张抵销一方享有的债权叫"主动债权"，另一方的债权叫"被动债权"。抵销包括法定抵销和意定抵销。

一、法定抵销

（一）成立要件

1. 双方互负债务。

2. 双方债务的标的物种类、品质相同。

3. 主动债权已到期（被动债权无需到期）。

4. 双方的债务并非不得抵销的债务。不得抵销的债务，包括以下三类：

（1）依照性质不得抵销的债务：如给付养老金、退休金、劳动报酬；

（2）法律规定不得抵销；

（3）当事人约定不得抵销。

【示例】甲与乙约定，由甲向乙供应价值100万元的手机，货到付款，甲每迟延供货一天需支付2000元的违约金。现甲已完成供货，迟延供货50天。因此，乙应付100万元货款，甲应付10万元的违约金，债权均已到期。乙可以向甲主张抵销，仅支付90万元。

（二）抵销权的行使

满足以上条件，抵销权成立。但是，抵销权人如果不行使抵销权，双方的债务不会当然消灭。

1. 抵销权的性质：形成权，抵销权的行使不得附条件或者期限。

2. 行使方式

（1）通知（口头、书面均可），无需对方同意。若对方有异议，应在约定的异议期间内提出并向法院起诉；没有约定异议期间的，为接到抵销通知之日起3个月内。

（2）在诉讼中提出抗辩或者提起反诉。

3. 抵销权行使的法律效果

（1）抵销通知到达对方时生效，双方的债权在"同等数额内"消灭。

行使抵销权一方的债权不足以抵销全部债务，且双方对抵销顺序没有特别约定的，按照实现债权的费用→利息→主债务的顺序抵销。

（2）抵销一经生效，其效力溯及至抵销条件成就（抵销适状）之时。

①自抵销适状时起，因抵销而消灭的债务无需再支付利息。抵销适状后支付的利息构成不当

得利，可以请求返还。

②自抵销适状时起，因抵销而消灭的债务不再发生迟延履行责任。抵销适状后支付的迟延利息或者违约金构成不当得利，可以请求返还。

③只要在时效届满之前已经成立抵销适状，已过诉讼时效的债权依然可以作为主动债权主张抵销（最高院）。

【示例】甲乙双方在买卖合同中约定，若乙迟延付款，则按日千分之五支付违约金。如果乙自5月2日起对于8万元的价款债务履行迟延，而自5月10日起，乙对甲享有的一笔10万元的金钱债权履行期届至，则自5月10日起，乙可以主张行使抵销权。①如果乙5月10日主张抵销，则从该日起，乙不必再对8万元价款支付迟延违约金（5月2日至5月9日的依然需要支付）。②如果乙8月1日主张抵销，由于抵销适状成立于5月10日，基于抵销的溯及力，自5月10日起，乙依然不必再对8万元价款支付迟延违约金（5月2日至5月9日的依然需要支付）；如果乙已经支付了5月10日以后的迟延违约金，可以请求甲返还不当得利。

二、意定抵销

当事人互负债务，标的物种类、品质不相同的，经双方协商一致，也可以抵销。

【判断分析】

下列情况中，允许行使法定抵销权的是？

A. 甲欠乙钱迟迟不还，乙因故打伤甲，乙有权以自己的债权抵销甲的损害赔偿请求权。【错误。因故意实施侵权行为而产生的损害赔偿请求权，不得作为主动债权抵销，以防止诱发侵权行为。】

B. 未到期债权的权利人向到期债权的权利人主张抵销。【错误。未到期债权的权利人向到期债权的权利人主张抵销，无异于让对方放弃期限利益，故而不应允许。】

C. 到期债权的权利人可以向未到期债权的权利人主张抵销。【正确。到期债权的权利人向未到期债权的权利人主张抵销，属于放弃自己的期限利益，基于私法自治，应当允许。】

D. 张某系甲公司员工，因为家人治病曾向公司借款9万元，现已到期。甲公司每月须支付张某工资7500元。甲公司有权以张某未来一年的工资抵销张某的9万元借款。【错误。劳动报酬债权基于劳务之债产生，一般认为依其性质不得抵销。】

第三节　提存

概念	因债权人原因而导致债务人难以履行债务，债务人可将履行债务的标的物交给提存部门以实现债的消灭。
提存事由	1. 债权人无正当理由拒绝受领；
	2. 债权人下落不明；
	3. 债权人死亡未确定继承人、遗产管理人，或丧失民事行为能力未确定监护人；
	4. 法律规定的其他情形。

续表

提存的 成立	债务人将标的物或者将标的物依法拍卖、变卖所得价款交付提存部门时，提存成立。 【说明】原则上提存标的物，标的物不适于提存或提存费用过高的，提存拍卖或变卖标的物所得的价款。
提存的 法律效果	1. 自提存日起，视为债务人在提存范围内已经履行了债务。提存后，债务人负有通知义务。
	2. 提存期间，标的物毁损、灭失的风险由债权人承担，标的物的孳息归债权人所有，提存费用由债权人负担。
	3. 提存期间，提存部门负妥善保管义务，因保管不善致保管物毁损的要向债权人赔偿。
	4. 债权人可以随时领取提存物。 （1）债权人对债务人负到期债务的，在债权人未履行债务或者提供担保之前，提存部门根据债务人的要求应当拒绝其领取提存物。 （2）债权人领取提存物的权利，自提存之日起5年内不行使而消灭，提存物扣除提存费用后归国家所有。但是，债权人未履行对债务人的到期债务，或者债权人向提存部门书面表示放弃领取 提存物权利的，债务人负担提存费用后有权取回提存物。

第四节　免除

免除，是指债权人放弃自己的债权，免除债务人债务的行为。免除全部债务的，债务全部消灭，免除部分债务的，债务部分消灭。

1. 免除是一种单方法律行为，只需债权人单方作出免除的意思表示即可，无需债务人同意。但是，债务人在合理期限内，有权拒绝免除，即债务人要继续履行债务。

2. 免除是有相对人的单方法律行为，债权人必须向债务人或其代理人作出免除债务的意思表示，否则不发生免除的效果。如甲欠乙钱，乙却对丙说："我免除了甲的债务"，不能发生免除效果，甲仍需继续向乙还钱。

【注意】债权人免除债务不得损害第三人的利益。例如，甲将自己对乙享有的债权出质给丙，如果甲免除乙的债务，将损害质权人丙的利益，因此甲不得免除乙的债务。

第五节　混同

混同，是指债权和债务同归于一人，致使债的关系消灭的事实。

1. 发生混同的主要原因为自然人继承、法人合并等。

2. 例外：混同损害第三人利益的，债权债务不消灭。

【示例1】A公司与B公司合并为C公司，则A公司欠B公司的债务因混同而消灭。

【示例2】小李因创业向父亲大李借款100万，后大李将这笔借款债权为自己的债权人顾某设立权利质权。大李后因车祸死亡，小李继承大李的全部财产。此时，100万借款债权不因混同而消灭，否则会导致顾某的权利质权消灭，损害顾某的利益。

第五章

无因管理

【重点】无因管理的构成要件与法律效果。

无因管理，是指没有法定或约定义务，为避免他人利益受损，而自愿管理他人事务的行为。管理他人事务者为管理人，事务被他人管理者为受益人（本人）。

【说明】无因管理制度旨在调和"禁止干预他人事务"与"奖励互助行为"两项原则。

一、无因管理的构成要件

无因管理＝管理他人事务＋为他人利益＋符合受益人的真实意思＋无法定/约定义务

1. 管理他人事务：客观上实施了管理他人事务的行为。

（1）管理行为（内容）既可以是事实行为（如帮忙收被子、救火），也可以是法律行为（如把落水的人送去医院并垫付医药费）。但无因管理本身是事实行为，不要求管理人具有行为能力。

【示例】10 岁的甲见邻居家中失火，遂去救火，构成无因管理。

（2）管理所为的法律行为既可以自己名义，也可以本人名义。以本人名义构成无权代理的，不影响无因管理的成立。

【示例】甲急需用钱，欲出卖自己的一套房屋，后因车祸入院。乙为了甲的利益，以甲的名义与丙签订房屋买卖合同。此时，乙的行为既构成无权代理又构成无因管理。后甲出院发现丙系自己的仇人，不想将房屋出卖给丙，甲可基于无权代理拒绝追认该买卖合同。

（3）他人的事务必须为合法事务。

（4）受益人必须为特定的人。对受益人发生误认，不影响就实际受益人成立无因管理。

【示例】甲误以为家门口迷路的小狗为出差的邻居乙所有，加以收留，事后发现小狗为丙所有，甲和丙之间构成无因管理之债。

2. 为他人利益：主观上有为了他人利益的心态。

（1）管理人知道管理的系他人事务，且意在将管理所得利益归于他人。

【注意】为他人利益，兼为自己利益，仍可在为他人利益范围内成立无因管理。

【示例】甲外出，台风将至。邻居乙担心甲年久失修的房子被风刮倒，祸及自家，遂雇人修缮了甲的房子，成立无因管理。

（2）不成立无因管理的情形

①误信管理：误将他人事务作为自己事务管理。管理人主观上纯粹为了自己的利益，故不构成无因管理。

【示例】甲与乙婚后育有一子丙，5 年后甲得知丙是乙和丁所生，甲不构成无因管理。

②不法管理：明知系他人事务，为自己利益进行管理。

【示例】 甲家的羊误入乙家羊圈，乙明知该羊是甲的，仍进行饲养并打算出卖。乙属于不法管理。

3. **符合本人的真实意思**：管理事务要**有利于本人**，且**不违反本人**明示或可推知的**意思**。

违反本人意思仍可成立无因管理的情形：

①**为本人履行法定扶养义务**。例：甲遗弃患病的儿子丙，乙送丙治疗并抚养。

②为本人尽**公益上**的义务。例：为他人缴纳税款、修缮他人具有危险性的建筑物。

③阻止本人**违背公序良俗**的行为。例：甲遗弃自己的孩子，把他扔进冰冷的湖里，乙跳入湖中把孩子救出，并将其送往医院。

4. **无法定/约定义务**：若出于法定/约定义务管理他人事务，不构成无因管理。

【注意1】 管理人有无义务，应**客观**认定，不以管理人主观判断为准。如果本来没有为他人管理的义务，而误以为有此义务，不影响无因管理的成立；相反，如果有义务而误以为没有，仍不构成无因管理。

【注意2】 无因管理"**只看行为不看结果**"。管理人只要尽到了适当管理的义务即可，目的是否达成，不影响无因管理的成立。

【示例】 甲出门旅游，家中的狗生病无人照看，邻居乙见狗可怜将狗送往宠物医院治疗，经治疗后狗还是死亡，此时乙仍构成无因管理。

【判断分析】

下列行为中，哪些构成无因管理？（2008-3-55，多选）

A. 甲错把他人的牛当成自家的而饲养【**错误**。甲缺乏为他人管理的意思，构成误信管理。】

B. 乙见邻居家中失火恐殃及自己家，遂用自备的灭火器救火【**正确**。乙在为他人利益的同时兼为自己利益，构成无因管理。】

C. 丙（15岁）租车将在体育课上昏倒的同学送往医院救治【**正确**。无因管理事务承担本身是**事实行为**，不要求管理人具有**行为能力**。】

D. 丁见门前马路下水道井盖被盗致路人跌伤，遂自购一井盖铺上【**正确**。水道井盖归市政公司管理，丁的行为可视为为市政公司的利益进行管理，构成无因管理。】

二、无因管理的法律效果

满足上述构成要件，即在管理人与受益人之间成立无因管理之债，阻却侵权和不当得利的成立。

（一）管理人的权利

1. **必要费用偿还请求权**：管理人可以请求受益人偿还因管理事务而支出的必要费用（包括所负担的必要债务）。

【示例】 张某在其小区看见一只受伤的小狗，寻其主未果，便将小狗带回家中包扎、喂养，花费500元。张某的行为成立无因管理，其可向小狗的主人请求支付500元，因为包扎、喂养费属于必要费用。

2. **损失补偿请求权**：管理人因管理事务受到损失的，可以请求受益人给予适当补偿。

【示例】 甲落水，乙下水施救，导致自己的手表和手机进水损坏。乙可以请求甲补偿手表和手机的损失。

【注意】必要费用偿还请求权和损失补偿请求权的诉讼时效期间，从无因管理行为结束并且管理人知道或者应当知道本人之日起计算。

3. 管理人没有报酬请求权。例：管理人不得请求支付劳务费。

（二）管理人的义务

1. 适当管理义务

管理人应尽到善良管理人的注意义务，采取有利于受益人的方法实施管理行为。

2. 继续管理义务

中断管理对受益人不利的，无正当理由不得中断。

【注意】违反适当管理和继续管理义务，给受益人造成损失的，管理人应负赔偿责任；但紧急情况下，管理人非故意或重大过失的，不负赔偿责任。

【示例】甲在旅游中见一失恋女子欲跳崖自杀，甲赶忙救助，在拉扯过程中，女子的钱包不慎遗落，甲对此不负赔偿责任。

3. 通知义务

（1）能够通知受益人的，应当及时通知受益人。

（2）管理的事务不需要紧急处理的，应当等待受益人的指示。

（3）管理人管理事务经受益人事后追认的，从管理事务开始时起，适用委托合同的有关规定，但是管理人另有意思表示的除外。

4. 报告义务与移交义务

（1）管理结束后，管理人应当向受益人报告管理事务的情况。

（2）管理人管理事务取得的财产，应当及时转交给受益人。

（三）不当无因管理

符合无因管理的其他要件，只是管理事务不利于本人/违反本人意思，则成立不当无因管理。

【示例】乙系甲的远方亲戚，甲久病在床，乙前来探望甲，见甲后院杂草丛生，便自行找来锄头，将杂草锄尽，不料，该草系甲用以治病的名贵药草。此时，乙构成不当无因管理，应对甲承担赔偿责任。

在不当无因管理情形，管理人和受益人之间是否成立无因管理之债，取决于受益人是否主张享有管理利益。

1. 受益人主张享有管理利益

（1）管理人和受益人之间成立无因管理之债。

（2）受益人在其获得的利益范围内承担与无因管理中受益人一样的义务，即偿还管理人因管理事务支出的必要费用、适当补偿管理人因管理事务受到的损失。

2. 受益人不主张享有管理利益

（1）管理人和受益人之间不成立无因管理之债。

（2）管理人可能可以请求受益人返还不当得利，而受益人则可能可以请求管理人承担侵权责任（诉讼时效期间从其知道或者应当知道管理人及损害事实之日起计算）。

【注意】法考试题问是否构成无因管理，仅指满足无因管理所有构成要件的正当无因管理，不包括不当无因管理。

【判断分析】

张三系陕西果农，因去西安看病治疗，家中果园无人照看。时值秋天，邻居李四见张三果园中的苹果已经成熟，有的甚至已经熟透烂掉。李四遂雇上同村王五采摘并运到集市代为售卖，因天黑散摊，李四便以低于市场的价格进行抛售。最终苹果共计卖出 8000 元，李四认为其中应当支付给王五 500 元、运费 300 元、自己的报酬 800 元。下列选项正确的是？

A. 李四的行为构成无因管理【正确】

B. 苹果卖出的 8000 元构成不当得利【错误。李四并没有将出售苹果所得价款收归己有的意思。】

C. 李四以低于市场的价格抛售构成不当管理，应承担赔偿责任【错误。李四系因天黑散摊以低于市场的价格进行抛售，不能认定为不当管理。】

D. 李四应当给张三 6400 元【错误。无因管理不存在报酬请求权问题，李四的 800 元报酬没有正当依据，所以应该还给张三（8000-500-300）=7200 元。】

第六章
不当得利

【重点】不当得利的构成要件（包括排除不当得利的情形）与法律效果

不当得利，是指无法律上的原因而受利益，致他人受损害者，应付返还义务。受有利益者为得利人；受损害者为受害人。

【说明】不当得利制度主要着眼于矫正缺乏法律原因的财产变动，去除得利人无法律原因所受的利益。

一、不当得利的构成要件

不当得利＝一方取得利益+一方受到损失+因果关系+无法律原因

【示例】甲的鸡飞入乙家的院子，乙误认为是自己的鸡而吃掉。

1. 一方取得利益：限于财产利益，包括财产积极增加与财产消极增加（如本应划扣的费用没有划扣、本应承担的债务而未承担或减少）；

2. 一方受到损失：包括财产积极减少与财产消极减少（如免费获赠的物品未获得、擅自出租他人房屋使他人无法获利）；

3. 获益与受损之间有因果关系：受损人的损失是由于获益人的获益所造成的；

4. 取得利益无法律原因：获益人的获益没有合法的理由。

二、不构成不当得利的情形

1. 为履行道德义务进行的给付。例：侄子对叔伯的抚养、对媒人支付报酬、对救命恩人支付感谢费等，不构成不当得利。

2. 债务到期之前的清偿。例：甲对乙的债务2022年10月到期，甲于2022年1月向乙归还，乙不构成不当得利。

3. 已过诉讼时效债务的自愿清偿。例：甲知道诉讼时效已过，仍向债权人乙清偿债务，乙不构成不当得利。

4. 明知无给付义务而进行的债务清偿。例：甲欠乙300元，但一直无钱偿还。丙是甲的好友，得知此事后偷偷塞到乙抽屉里300元，乙不构成不当得利。

5. 因不法原因而给付。例：受贿款、嫖资。不法原因仅存在于受领一方时除外，如索贿。

6. 强迫得利。指受损人的行为虽然使他人受有利益，但违反了他人的意思，不符合其经济计划。例：甲雇人耕田，雇工误耕了乙已弃置多年的田地，属于强迫得利，乙不构成不当得利。

7. 反射利益。指有人获益但无人受损的情形。例：小区房屋因附近新建重点小学分校而价格暴涨。

【判断分析】

下列情形中，产生不当得利之债的是？

A. 甲通过支付宝充值手机话费，输错了一个数字，给乙充了 100 元话费【正确。乙获有利益，甲受有损失，二者之间有因果关系，且甲取得利益没有法律依据。】

B. 甲乙之间债务的诉讼时效届满后，甲收到乙自愿清偿的借款【错误。该行为属于已过诉讼时效债务的自愿清偿，不构成不当得利。】

C. 乙为升职，向甲提供性服务，甲欣然接受【错误。不当得利仅调整财产利益关系，性服务属于非财产性利益，甲不构成不当得利。】

D. 某小学搬迁至甲所在的小区，甲的房屋房价大涨【错误。甲取得的是反射利益。】

三、不当得利的法律效果

1. 在当事人之间成立不当得利之债，受害人可以请求得利人返还不当得利。
（1）原物存在：返还原物及孳息（包括法定孳息和天然孳息）；
（2）原物不存在：折价返还。
①原物毁损有代位物，返还代位物。例：补偿金、保险金、赔偿金。
②性质无法返还的应当折价。例：被吃掉的牛、被喝完的牛奶、被用完的化妆品等。

【注意】由于不当得利制度旨在去除不当得利，而非赔偿损害，故而：得利少于损失时，以得利为准返还；得利大于损失时，以损失为准返还。例：甲委托乙替其保管古董手表（市值 200 万元）。其后，急需现金的乙瞒着甲将手表以 250 万元出售给不知情的丙。丙善意取得手表的所有权。①基于不当得利，甲只能请求乙返还 200 万元。②基于侵权，甲只能请求乙赔偿 200 万元。③基于合同，甲只能请求乙承担 200 万元的损害赔偿责任。④如果类推适用不当无因管理规则，甲主张享受管理利益，则甲可以请求乙返还 250 万元，同时乙可以请求甲在受益（50 万元）的范围内偿还乙因此支付的必要费用。

2. 善意得利人：以现存利益为限负返还义务。若现存利益不存在，不用返还。

3. 恶意的不当得利人：返还义务不以现存利益为限，对不足部分承担损害赔偿责任。

【注意】得利人先善意后恶意：在善意阶段，按照善意不当得利人返还；在恶意阶段，按照恶意不当得利人返还。

4. 无偿受益的第三人：得利人已经将取得的利益无偿转让给第三人的，受害人可以请求第三人在相应范围内承担返还义务。

【示例】甲价值 2000 元的手机不慎遗忘在乙家。因甲与乙的手机相同，乙误以为甲的手机是自己的手机。刚好乙决定换手机，乙便将该手机以 100 元的价格卖给小区楼下拾破烂的丙。甲得知后要求乙返还 2000 元。乙是善意的不当得利人，仅对"受返还请求之时"尚存之"现存利益"负有返还义务，故仅需返还现存利益 100 元。

【注意】不当得利返还请求权的诉讼时效：从受害人知道或者应当知道不当得利事实及得利人之日起计算。

【判断分析】

王大的宠物狗泰迪走失，被李二牵回家照顾。泰迪三个月后生下 4 只小狗，李二将 4 只小狗卖掉，获利 5000 元。后李二搬家，因新房东不许养宠物，李二遂将泰迪送给朋友小美。下列选项正确的是？

A. 若李二知道泰迪属于他人所有，李二要承担返还泰迪与 5000 元的义务。【正确。乙作为恶意得利人，其返还范围以得利时的利益为限。当然，因为泰迪已经送给小美，李二只能折价返还。王大也可以请求无偿受益的小美返还泰迪。】

B. 若李二以为泰迪是一只流浪狗，李二仍要承担返还狗与 5000 元的义务。【错误。乙作为善意得利人，其返还范围以现存利益为限，李二已将狗送给小美，对狗不负返还义务，故仅需返还卖小狗所得的 5000 元。当然，王大可以请求无偿受益的小美返还狗。】

C. 若李二一开始不知道泰迪属于他人所有，在大狗生下小狗之后得知王大为泰迪的主人，李二要承担返还狗与 5000 元的义务。【正确。李二将狗送给小美时已经转化为恶意得利人，李二应当折价返还。】

KEEP AWAKE

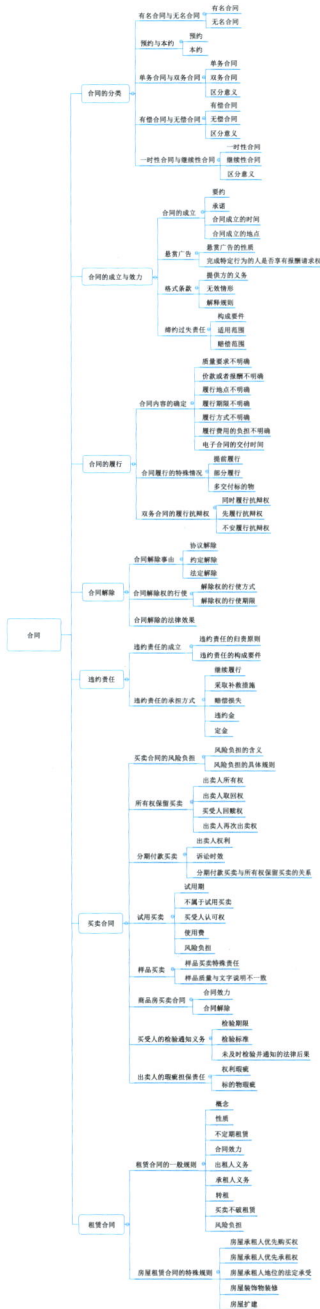

第一章

合同的分类

【重点】 预约、继续性合同

合同，是民事主体之间设立、变更、终止民事法律关系的协议，属于民事法律行为中的**双方法律行为**。

婚姻、收养、监护等有关身份关系的协议，适用有关该身份关系的法律规定；没有规定的，可以根据其性质参照适用合同编的规定。

【重点法条】

《**民法典**》第 495 条【预约效力与违约救济】当事人约定在将来一定期限内**订立合同**的认购书、订购书、预订书等，构成**预约合同**。

当事人一方**不履行**预约合同约定的**订立合同义务**的，对方可以请求其承担**预约合同的违约责任**。

法律是否赋予名称并规定内容	
有名合同	由**法律规定**其内容，并**赋予一定名称**的合同，合同编第二分编规定了 19 种有名合同，如买卖合同、租赁合同等。
无名合同	1. 法律**未规定**其内容，也未赋予一定名称的合同，如教育培训合同、借用合同等。 2. 无名合同**适用**合同编通则的规定，并可以**参照适用**合同编或者其他法律最相类似合同的规定。
两个合同是否有手段、目的关系	
预约	1. 约定**将来订立**一定合同的合同，如认购书、订购书、预订书等。 2. 不履行预约合同的，对方可以请求承担**预约合同的违约责任**，但**不能请求实际履行而强制订立本约**。
本约	因履行预约而订立的合同。
双方是否互负对待给付义务	
单务合同	仅**一方负担债务**的合同，如赠与合同、保证合同、借用合同等。
双务合同	双方**互负对待给付义务**的合同，即一方当事人之所以负给付义务，在于取得对方当事人的对待给付。如买卖合同、租赁合同等。

续表

区分意义：同时履行抗辩权、先履行抗辩权、不安抗辩权仅发生于双务合同中。	
当事人取得利益是否需支付相应对价	
有偿合同	一方享有合同利益须支付对价的合同，如买卖合同、租赁合同等。
无偿合同	一方享有合同利益无须支付对价的合同，如赠与合同、保证合同等。
区分意义：注意义务程度不同。无偿合同中一般只对故意、重大过失造成的损害担责；有偿合同中对一般过失也要担责。	
注意：双务合同都是有偿合同，有偿合同并不都是双务合同；单务合同并非都是无偿合同。例如，自然人之间的借款合同为单务合同，如果约定有利息，为有偿的单务合同。	
时间对合同总给付量的影响	
一时性合同	通过一次给付即可使合同目的得以实现的合同。即使分期履行，只要总给付是自始确定的，时间因素对于给付量并无影响，也属于一时性合同。
继续性合同	合同内容并非一次给付可完结，须经持续的给付才能实现合同目的的合同。其特征在于，总给付的内容取决于时间的长短。例如租赁合同、合伙合同、委托合同等。
区分意义： 1. 一时性合同中的债权债务，可让与性较强；继续性合同往往基于一定的信赖，可让与性较弱。例如，除非当事人另有约定，保管人不得将保管物转交第三人保管。 2. 一时性合同解除的限制较多；继续性合同往往基于一定的信赖，信赖基础丧失或者难以期待当事人继续维持合同关系时，法律通常允许解除合同。例如，委托合同双方享有任意解除权。 3. 一时性合同解除具有溯及力，继续性合同解除不具有溯及力，仅向将来发生效力。	

第二章

合同的成立与效力

【重点】要约与要约邀请、格式条款、缔约过失责任

第一节　合同的成立

一、要约

要约，是希望与他人订立合同的意思表示。

（一）要约的构成要件

1. 向希望与之订立合同的受要约人作出。

【注意】受要约人可以特定，也可以不特定，如自动售货机所有人的要约针对不特定的人。

2. 内容具体且确定：受要约人只要表示接受即可成立合同，所以要约的内容必须包含合同的必备内容。

【示例1】甲对乙说："愿购买你方设备。"内容不具体确定，不是要约。

【示例2】甲对乙说："愿以100万购买你方10台A型设备。"内容具体确定，且有受拘束的意思，构成要约。

3. 具有订立合同的目的并表明一经承诺即受拘束的意思。

【示例】甲对乙说："我正在考虑到底要不要以100万购买你方10台A型设备。"甲表明在考虑，并没有受拘束的意思，不构成要约。

（二）要约邀请

要约邀请，是希望他人向自己发出要约的表示。

1. 常见的要约邀请形式，如拍卖公告、招标公告、招股说明书、寄送的价目表、商业广告和宣传等。（商业广告和宣传的内容符合要约条件的，构成要约。）

2. 商品房的销售广告和宣传资料原则上属于要约邀请，但若同时符合下列3个条件，则为要约：

（1）房屋设施：销售广告和宣传资料说明和允诺的对象是商品房开发规划范围内的房屋及相关设施。

（2）具体确定：说明和允诺具体确定。

（3）重大影响：说明和允诺对商品房买卖合同的订立和房屋价格的确定有重大影响。

【注意】该说明和允诺即使未载入商品房买卖合同，亦应当为合同内容，当事人违反的，应当承担违约责任。

【示例】甲开发商大力宣传自己的楼盘为市重点A中学的"学区房"，乙为了小孩读书遂购房。甲的宣传符合"房屋设施、具体确定、重大影响"3个条件，构成要约。若购房后发现小区并非 A 中学学区房，乙可以请求甲承担违约责任。

【总结】要约和要约邀请

	要约	要约邀请
含义	希望和他人订立合同的意思表示	希望他人向自己发出要约的表示
内容是否具体确定	具体确定	不具体
是否有受拘束的意思	有	没有
合同成立步骤	要约→承诺	要约邀请→要约→承诺
是否是合同内容	是合同内容（违反则承担违约责任）	原则上不是合同内容，除非满足特定条件（如构成要约的商业广告）

【判断分析】

1. 甲公司就一项目工程发布招标公告，乙公司寄送了投标书，后乙公司中标。甲公司发布招标公告的行为属于要约。【错误。招标公告属于要约邀请。】

2. 甲公司通过电视发布广告，称其有 100 辆某型号汽车，每辆价格 15 万元，广告有效期 10 天。乙公司于该则广告发布后第 5 天自带汇票去甲公司买车，但此时车已全部售完，无货可供。乙公司有权请求甲公司承担违约责任。【正确。广告中汽车的数量、价格信息均明确具体，且"有效期 10 天"表明甲公司有受拘束的意思，构成要约。甲公司应当承担违约责任。】

(三) 要约的撤回、撤销与失效
【说明】要约属于意思表示，适用总则编意思表示规则。

1. 要约的撤回
(1) 尚未生效的要约可以撤回。撤回要约目的在于阻止要约生效。
(2) 撤回要约通知应当在要约到达受要约人之前或者同时到达。
【示例】甲公司欲采购一批设备，5 月 1 日向乙公司邮寄了一份采购要约，5 月 2 日计划发生变化，甲公司欲反悔，当日向乙公司邮寄了一份撤回文件。撤回文件需在采购要约到达乙公司之前或与其同时到达才能发生撤回效力。

2. 要约的撤销
(1) 已经生效的要约可以撤销。撤销要约目的在于使要约失去效力。
(2) 撤销要约的通知应当在受要约人作出承诺之前到达受要约人。
(3) 不得撤销的情形
①要约人已确定承诺期限或者以其他形式明示要约不可撤销；
【示例】甲公司采购要约于 5 月 5 日到达乙公司，并由乙公司工作人员签收。5 月 6 日，甲公司从他处购得设备，欲撤销其要约。若乙公司于 5 月 10 日作出同意的承诺，则甲公司撤销的意思表示要在 10 日乙公司作出承诺之前到达乙公司才能发生撤销的效力。
【示例 1】甲向乙发出要约："愿以 100 万购买 10 台 A 型设备，5 天内回复有效，过期作废。"

甲的要约属于有承诺期限的，不得撤销。

【示例2】甲向乙发出要约："愿以100万购买10台A型设备，永不反悔，望回为盼。"甲的要约"永不反悔"属于明示不可撤销的情形。

【示例3】甲向乙发出要约："愿以100万购买10台A型设备，请尽快生产该设备！"乙看甲如此急切，迅速开始采购零部件投入生产，此时甲的要约不得撤销。

②受要约人有理由认为要约是不可撤销的，并已经为履行合同做了合理准备工作。

【总结】要约不得撤销，往往是因为受要约人对要约人不会撤销要约产生了合理信赖。

3. 要约的失效

（1）要约依法被撤销。

（2）要约被拒绝。

（3）承诺期限届满，受要约人未作出承诺。

（4）受要约人对要约的内容作出实质性变更。

【判断分析】

7月1日，甲给乙发短信："愿以4000元把我的旧手机卖给你，一周内回复有效。"

1. 若7月4日甲反悔，可以撤销该要约。【错误。有承诺期限的要约不得撤销。】

2. 若第二天乙回复："价钱太贵，3000元我要了。"该回复到达甲时，甲的要约失效。【正确。乙的回复对要约的内容作出了实质性变更。】

二、承诺

（一）承诺的构成要件

1. 承诺只能由受要约人作出。

【示例】甲向乙发出要约："愿以100万购买你方10台A型设备。"同样生产该设备的丙得知后找到甲说："我愿意卖给你！"丙的回复不构成承诺。

2. 原则上，承诺必须向要约人作出承诺的通知；除非根据交易习惯或者要约表明可以通过行为作出承诺。

3. 承诺的内容应当与要约的内容一致。

（1）如果承诺对要约的内容作出实质性变更（标的、数量、质量、价款或者报酬、履行期限、履行地点和方式、违约责任和解决争议方法等），构成新要约。

【示例】甲向乙发出要约："愿以100万购买你方10台A型设备"，乙回复："你出120万我就卖。"乙的回复改变了合同价款，是实质性变更，构成新要约。

（2）如果承诺对要约作出非实质性变更，承诺有效，除非要约人及时表示反对或要约明确表明承诺不得对要约的内容作出任何变更。

4. 承诺必须在承诺期限内到达要约人。

（1）期限的确定

①起算点：承诺期限自要约到达受要约人时开始计算。

②要约确定承诺期限的，依照该期限。

③要约未确定承诺期限的：

a. 以对话方式作出的要约，相对人应"即时"承诺。

b. 以非对话方式作出的要约，承诺应当在合理期限内到达。

（2）承诺迟延

	承诺的迟发	承诺的迟到
含义	受要约人超过承诺期限才发出承诺	受要约人在承诺期限内发出承诺，按照通常情形能够及时到达要约人，但因其他原因致使承诺逾期到达要约人
效力	不构成承诺，是一个新要约。除非要约人及时通知承诺有效	承诺有效。除非要约人及时通知受要约人不接受该承诺

【示例1】甲于7月1日向乙发出要约："愿以100万购买10台A型设备，5天内回复有效，过期作废。"该要约于7月3日到达乙。7月15日，乙作出承诺，甲收到后未置可否。①乙超过承诺期限才发出承诺，不构成承诺，而是一个新的要约。②若甲收到承诺后，及时通知乙"太好了，马上给你打钱!"，则承诺有效。

【示例2】甲于7月1日向乙发出要约："愿以100万购买10台A型设备，5天内回复有效，过期作废。"该要约于7月3日到达乙。7月5日，乙发出承诺信件，不料由于大雨导致快递受影响，本该3天送达的信件20天才送到，甲收信后未置可否。①乙在承诺期限内作出承诺，由于其他原因导致承诺逾期送达，该承诺有效。②若甲收信后及时通知乙拒绝了该承诺，则该承诺无效。

5. 承诺必须表明受要约人决定与要约人订立合同，具有受拘束的意思。

（二）承诺的撤回

【说明】承诺属于意思表示，适用总则编意思表示规则。

1. 撤回承诺的目的在于阻止承诺生效。

2. 时间点：承诺作出后到达前。

3. 撤回通知应先于承诺到达或同时到达要约人。

4. 效果：承诺确定不生效，合同不成立。

【注意】承诺不能撤销，因为承诺一旦到达，合同即成立。

【判断分析】

甲小区业主大会通过媒体发布招标公告选聘物业服务公司，乙公司寄送了投标书。经评标，乙公司中标，甲向其发出中标通知书。下列哪一选项是正确的？（2007-1-25，单选）

A. 甲发布招标公告的行为属于要约【错误。甲发布招标公告是要约邀请。】

B. 乙寄出投标书的行为属于承诺【错误。乙寄出投标书是要约。】

C. 甲向乙发出中标通知书时合同即成立【错误。甲向乙发出中标通知书为承诺，但是合同自双方按照招标公告和投标书订立书面合同时成立。】

D. 甲向乙发出中标通知书的行为属于承诺【正确。】

三、合同成立的时间

1. 原则：承诺生效时，合同成立。

2. 特殊情形

（1）合同书：当事人采用合同书形式订立合同的，自当事人均签名、盖章或者按指印时合同成立。（在签名、盖章或者按指印之前，当事人一方已经履行主要义务，对方接受时，该合同成立）

（2）确认书：当事人采用信件、数据电文等形式订立合同，要求签订确认书的，签订确认书时，合同成立。

（3）互联网：当事人一方通过互联网等信息网络发布的商品或者服务信息符合要约条件的，对方选择该商品或者服务并提交订单成功时，合同成立，但是当事人另有约定的除外。（电子商务经营者不得以格式条款等方式约定消费者支付价款后合同不成立；格式条款等含有该内容的，其内容无效。）

四、合同成立的地点

1. 原则：承诺生效的地点为合同成立的地点。

采用数据电文形式订立合同的，收件人的主营业地为合同成立的地点；没有主营业地的，其住所地为合同成立的地点。当事人另有约定除外。

2. 特殊情形

如果约定签订地和实际签字地不一致，以约定的地点作为合同成立地。采用合同书形式订立合同的，最后签名、盖章或者按指印的地点为合同成立的地点。

【判断分析】

张某和李某采用书面形式签订一份买卖合同，双方在甲地谈妥合同的主要条款，张某先于乙地在合同上签字，后李某于丙地在合同上摁了手印，合同在丁地履行。该合同签订地为甲地【错误。双方当事人并没有约定合同签订地，采用合同书形式订立合同的，最后签名、盖章或者按指印的地点为合同成立的地点。由于张某签字在前而李某摁手印在后，故丙地为合同签订地。】

第二节　悬赏广告

悬赏广告，是指悬赏人以公开方式声明对完成特定行为的人给付报酬的行为。

1. 悬赏广告的性质

关于悬赏广告的性质，存在单方允诺说与要约说。

（1）单方允诺说认为，悬赏广告是广告人的单方意思表示，广告发出即生效。

（2）要约说认为，广告是要约，相对人完成指定行为构成承诺。

【注意】客观题建议按要约说作答，主观题任选一种观点作答，建议答要约。

2. 完成特定行为的人享有报酬请求权，与其是否有行为能力、是否知道悬赏广告的存在并无关系。

第三节 格式条款

格式条款：当事人为了**重复使用而预先拟定+订立合同时未与对方协商的条款**。

提供方的义务	提示义务	1. 采取**合理方式**（如书面形式可通过显眼的字体颜色、加大或加粗字体标出，或者添加"请注意"字样等） 2. 提示免除或者减轻其责任等**与对方有重大利害关系**的条款（如限定最高赔偿额标准减轻其责任）
	说明义务	**按对方要求**说明格式条款
	违反后果	对方可主张该条款**不成为合同内容**【区分下面无效的第3种情形，此处是指**合理**的免责、减责。如果是不合理的，直接无效。区分合理和不合理主要看有没有导致双方权利义务严重失衡。】
无效情形		1. 免除造成对方**人身损害**的赔偿责任；（如饭店在店里张贴告示：小心地滑，摔倒概不负责，无效） 2. 免除因**故意或重大过失**造成对方**财产**损失的赔偿责任； 3. **不合理地**免除或减轻其责任、加重对方责任、限制对方主要权利；（如合同履行的一切后果均由对方负责；高额的惩罚性赔偿；设置复杂的违约索赔程序） 4. 排除对方主要权利。（如不得起诉） 【注意】格式条款适用总则编**民事法律行为无效规则**。
解释规则		**非格式条款优先>按通常理解**解释>作**不利于提供方**的解释

【判断分析】

刘某提前两周以600元订购了海鸥航空公司全价1000元的六折机票，后因临时改变行程，刘某于航班起飞前一小时前往售票处办理退票手续，海鸥航空公司规定起飞前两小时内退票按机票价格收取30%手续费。下列哪一选项是正确的？（2008-3-7，单选）

A. 退票手续费的规定是无效格式条款【错误。退票手续费的规定是格式条款，但该规定不存在无效情形，因为飞机起飞前两小时内如果办理退票，可能会导致该机票在两小时内无法再次售出，故收取手续费**符合公平原则**，格式条款**有效**。】

B. 刘某应当支付300元的退票手续费【错误。手续费的收取基准"机票价格"可以按机票票面1000元解释，也可以按照机票折后价600元解释，因此应当作出**不利于格式条款提供方**航空公司的解释，机票价格为600元，故手续费是180元。】

C. 刘某应当支付180元的退票手续费【正确】

D. 航空公司只能收取退票的成本费而不能收取手续费【错误】

第四节 缔约过失责任

缔约过失责任，是指在订立合同过程中，一方因违反诚信原则使对方遭受损失应承担的责任。

一、构成要件

1. 行为发生在订立合同过程中（缔约中）；

2. 一方因过错违反基于诚信原则的告知、照顾、保密等先合同义务；

3. 另一方因此受到损失。

二、适用范围

1. 适用阶段：合同不成立、合同成立但未生效、合同无效、合同被撤销、合同未被追认等。

【注意】合同有效承担的是违约责任。

2. 适用情形

（1）假借订立合同，恶意进行磋商；

（2）故意隐瞒与订立合同有关的重要事实或提供虚假情况；

（3）泄露或不正当使用对方商业秘密或其他应当保密的信息。

三、赔偿范围

责任形式是赔偿损失，限于信赖利益损害，包括所受损害与所失利益。

1. 所受损害：包括为订立合同而支出的各种必要费用。

2. 所失利益：主要指丧失与第三人订立合同的机会所遭受的损失。

【比较】信赖利益 vs 履行利益 vs 固有利益

1. 信赖利益：缔约人信赖合同成立或者生效而蒙受的损失。

2. 履行利益：合同正常履行后一方当事人可以获得的利益。

3. 固有利益：履行利益或者信赖利益之外，当事人的财产利益和人格利益。

【注意】当事人所承担的缔约过失责任原则上不应超过合同履行利益。

【判断分析】

甲企业与乙企业就彩电购销协议进行洽谈，其间乙采取了保密措施的市场开发计划被甲得知。甲遂推迟与乙签约，开始有针对性地吸引乙的潜在客户，导致乙的市场份额锐减。下列说法中哪些是正确的？（2002-3-58，多选）

A. 甲的行为属于正常的商业竞争行为【错误】

B. 甲的行为违反了先合同义务【正确。甲不正当地使用乙的商业秘密。】

C. 甲的行为侵犯了乙的商业秘密【正确】

D. 甲应承担缔约过失责任【正确】

第三章
合同的履行

【重点】双务合同的履行抗辩权

第一节　合同内容的确定

合同内容应当由当事人约定。然而，人的理性是有限的，当事人在订立合同时不可能面面俱到。如果在合同履行过程中出现了当事人没有约定或者约定不明的问题，直接认定合同不成立或者无效显然有违私法自治。故而，法律规定合同漏洞填补规则，以弥补当事人意思之不完备。

【注意】如果合同缺乏当事人、标的和数量等必备条款，将直接导致合同不成立。

合同漏洞填补按下列顺序进行：协议补充>合同相关条款、交易习惯>如下规则：	
质量要求不明确	强制性国家标准>推荐性国家标准>行业标准>通常标准或者符合合同目的的特定标准
价款或者报酬不明确	政府定价或者政府指导价>订立合同时履行地的市场价格
	1. 合同约定的交付期限内政府价格调整时，按照交付时的价格计价。 2. 逾期交付标的物，遇价格上涨时，按照原价格执行；价格下降时，按照新价格执行。 3. 逾期提取标的物或者逾期付款的，遇价格上涨时，按照新价格执行；价格下降时，按照原价格执行。 【总结：谁违约对谁不利】
履行地点不明确	1. 给付货币的，在接受货币一方所在地履行； 2. 交付不动产的，在不动产所在地履行； 3. 其他标的，在履行义务一方所在地履行。
履行期限不明确	债务人可以随时履行，债权人也可以随时请求履行，但是应当给对方必要的准备时间。
履行方式不明确	有利于实现合同目的的方式。
履行费用的负担不明确	由履行义务一方负担；因债权人原因增加的履行费用，由债权人负担。

续表

电子合同的交付时间	1. 标的物为交付商品并采用快递物流方式交付：收货人签收时； 例：火锅爱好者甲 1 月 19 日在天猫商城购买了 100 包桥头火锅底料，卖家 1 月 20 使用顺丰快递发货，1 月 22 日顺丰快递派件，因超过派送时间，快递小哥乙 1 月 22 日将快递代为签收，1 月 23 日才由甲本人签收。标的物的交付时间为 1 月 23 日甲本人签收时。
	2. 标的物为提供服务：实际提供服务时>生成的电子凭证或者实物凭证载明的时间；
	3. 标的物用在线传输方式交付：进入对方指定的特定系统+能够检索识别时。

【判断分析】

位于 A 市的甲公司与位于 B 市的乙公司在 C 市签订了一份大豆买卖合同，由乙公司向甲公司出售一批大豆，并约定双方在 D 市进行交付。但合同未约定大豆的价格，且未达成补充协议，则在无政府指导价时大豆的价格应按照 C 市市场价格确定。【错误。甲乙未达成补充协议，且双方约定在 D 市交付，履行地为 D 市，故应按照订立合同时 D 市市场价格履行。】

第二节　合同履行的特殊情况

情形	处理方式
提前履行 **部分履行**	1. 债权人可以拒绝债务人提前/部分履行债务，但是提前/部分履行不损害债权人利益的，不得拒绝。 2. 债务人提前/部分履行债务给债权人增加的费用，由债务人负担。 【注意】提前履行不存在违约责任的问题；部分履行则可以主张违约责任。 【示例1】甲印刷厂约定 2 月 28 日向乙法考培训公司交付民法讲义 1 万本，因印刷进度加快，甲厂 2 月 18 日就完成印刷并交付 1 万本讲义，甲提前履行完毕，乙不可主张违约责任。 【示例2】甲印刷厂约定 2 月 28 日向乙法考培训公司交付民法讲义 1 万本，甲厂 2 月 28 日将完成印刷的 9500 本讲义先交付，乙为此需多付运费，甲部分履行，损害了乙的利益，乙可以主张违约责任。
多交付标的物	1. 债权人有权接收多交部分，并按照约定的价格支付价款。 2. 债权人有权拒绝接收多交付的部分，但应及时通知出卖人。可代管多交付部分，保管合理费用由债务人承担。

第三节　双务合同的履行抗辩权

【重点法条】

《民法典》

第 525 条【同时履行抗辩权】当事人互负债务，没有先后履行顺序的，应当同时履行。一方在对方履行之前有权拒绝其履行请求。一方在对方履行债务不符合约定时，有权拒绝其相应的履行请求。

第 526 条【先履行抗辩权】当事人互负债务，有先后履行顺序，应当先履行债务一方未履行的，后履行一方有权拒绝其履行请求。先履行一方履行债务不符合约定的，后履行一方有权拒绝其相应的履行请求。

第 527 条【不安抗辩权】应当先履行债务的当事人，有确切证据证明对方有下列情形之一的，可以中止履行：

（一）经营状况严重恶化；

（二）转移财产、抽逃资金，以逃避债务；

（三）丧失商业信誉；

（四）有丧失或者可能丧失履行债务能力的其他情形。

当事人没有确切证据中止履行的，应当承担违约责任。

第 528 条【不安抗辩权的行使】当事人依据前条规定中止履行的，应当及时通知对方。对方提供适当担保的，应当恢复履行。中止履行后，对方在合理期限内未恢复履行能力且未提供适当担保的，视为以自己的行为表明不履行主要债务，中止履行的一方可以解除合同并可以请求对方承担违约责任。

一、同时履行抗辩权

同时履行抗辩权：没有先后履行顺序，当事人应同时履行。一方没有履行，对方可拒绝其履行请求。

1. 构成要件

（1）当事人基于同一双务合同互负对待给付义务；

①原则：一方的主给付义务与对方的主给付义务构成对待给付义务；

②例外：一方的从给付义务与对方的主给付义务不构成对待给付义务，除非从给付义务的履行与合同目的实现有密切关系。

【示例】甲在乙商场订购了 1 台 49999 元的黑米电视机，先支付了 8000 元定金，双方约定商场交付电视机时甲付尾款。黑米公司总部将电视机发给乙商场时忘记将说明书一并发出，甲试图以此为由拒绝支付尾款。乙交付电视机和甲支付价款都属主给付义务，构成对待给付义务；乙交付说明书和甲支付价款不构成对待给付义务。

（2）双方债务没有先后履行顺序；

（3）双方债务履行期限均已届至；

（4）请求履行的一方未履行自己的债务或者履行不适当。

2. 行使效力

（1）**主张**同时履行抗辩权后，有权拒绝履行**相应**部分。

【示例】乙向农户甲订购 100 颗土鸡蛋，总价 200 元，约定一手交钱一手交蛋。后甲到期只交付了 50 颗土鸡蛋。甲表示半个月后再交付剩下的 50 颗蛋，同时请求乙支付全部价款 200 元。此时，甲可主张同时履行抗辩权，仅支付（已交付的）50 颗土鸡蛋相应的 100 元价款。

（2）只能**暂时**拒绝履行，而不能永久消灭对方请求权；**不构成违约**，是合法行使权利。

【注意 1】若合同一方起诉请求履行，另外一方享有并主张同时履行抗辩权，则法院应当作出**同时履行判决**。

【注意 2】双务合同无效、被撤销、不生效力时，标的物返还与价款返还互为对待给付，双方应当同时返还。任何一方在未返还之前请求对方返还的，对方均可主张同时履行抗辩权。

二、先履行抗辩权（顺序履行抗辩权）

先履行抗辩权：有先后履行顺序，先履行一方没有履行，后履行一方可拒绝其履行请求。

1. 构成要件

（1）当事人基于**同一双务合同互负对待给付义务**；

（2）双方债务**有先后履行顺序**；

（3）双方债务履行期限**均已届至**；

（4）先履行一方**未履行**自己的义务或者履行不适当。

2. 行使效力

（1）后履行一方可以**主张**先履行抗辩权，拒绝履行相应部分。

（2）只能暂时拒绝履行，而不能永久消灭对方请求权；不构成违约，是合法行使权利。

三、不安履行抗辩权

不安履行抗辩权：有先后履行顺序，先履行一方有证据证明后履行一方存在丧失或可能丧失履行债务能力的情形，有权中止履行。

1. 构成要件

（1）当事人基于**同一双务合同互负对待给付义务**；

（2）双方债务**有先后履行顺序**；

（3）应当先履行一方**有确切证据**证明对方存在**丧失或可能丧失履行债务能力**的情形，包括：①经营状况**严重恶化**；②转移财产、抽逃资金，以**逃避债务**；③**丧失商誉**；④其他。

2. 行使效力

第一步：先履行一方中止履行并及时**通知**对方，中止履行**不构成违约**；

第二步：对方在合理期限内**恢复履行能力**或**提供担保**，不安抗辩权消灭，先履行一方应当恢复履行。

对方在合理期限内**未恢复履行能力**且**未**提供担保：**视为**以自己的行为表明不履行主要债务，构成**预期违约**，中止方可以解除合同，并可以请求对方承担违约责任。

【注意】三大抗辩权的分析步骤：

有没有先后顺序？
- 没有→**同时履行**抗辩权
- 有→判断谁提出的抗辩权
  - **先**履行方：**不安**抗辩权
  - **后**履行方：**先履行**抗辩权

【判断分析】

1. 皮特咖啡店将 8 台咖啡机转让给瑞星咖啡店，约定瑞星咖啡店在收货后 10 日内付款。交货前一天，皮特咖啡店发现瑞星咖啡店因涉嫌违规操作已被工商部门处罚，现经营状况严重恶化，皮特咖啡店有权中止履行合同。【正确。皮特咖啡店为先履行债务一方，在履行债务时，发现瑞星咖啡店经营状况严重恶化，有权行使不安抗辩权中止履行，并及时通知瑞星咖啡店。】

2. 甲于 2 月 3 日向乙借用一台彩电，乙于 2 月 6 日向甲借用了一部手机。到期后，甲未向乙归还彩电，乙因此也拒绝向甲归还手机，乙的行为是行使不安抗辩权。【错误。甲乙之间借用彩电的合同与乙甲之间借用手机的合同属于两个合同关系，返还彩电与返还手机并不构成对待给付义务，不成立不安抗辩权。】

第四章

合同解除

【重点】本章内容均十分重要

合同解除，是指合同成立后履行完毕前，经双方当事人协议或具备约定、法定解除事由时，解除权人行使解除权消灭合同效力的行为。

第一节　合同解除事由

【重点法条】

《民法典》

第 562 条【约定解除】当事人协商一致，可以解除合同。

当事人可以约定一方解除合同的事由。解除合同的事由发生时，解除权人可以解除合同。

第 563 条【法定解除】有下列情形之一的，当事人可以解除合同：

（一）因不可抗力致使不能实现合同目的；

（二）在履行期限届满前，当事人一方明确表示或者以自己的行为表明不履行主要债务；

（三）当事人一方迟延履行主要债务，经催告后在合理期限内仍未履行；

（四）当事人一方迟延履行债务或者有其他违约行为致使不能实现合同目的；

（五）法律规定的其他情形。

以持续履行的债务为内容的不定期合同，当事人可以随时解除合同，但是应当在合理期限之前通知对方。

第 580 条【非金钱债务的继续履行】当事人一方不履行非金钱债务或者履行非金钱债务不符合约定的，对方可以请求履行，但是有下列情形之一的除外：

（一）法律上或者事实上不能履行；

（二）债务的标的不适于强制履行或者履行费用过高；

（三）债权人在合理期限内未请求履行。

有前款规定的除外情形之一，致使不能实现合同目的的，人民法院或者仲裁机构可以根据当事人的请求终止合同权利义务关系，但是不影响违约责任的承担。

一、协议解除

双方协商一致后可以解除合同。

二、约定解除

合同事先约定解除事由，待解除事由发生时，解除权人有权解除合同。

1. 对约定解除事由的限制：如果违约程度**显著轻微**、**不影响**合同目的的实现，不能解除合同。

【示例】甲与乙订立汽车买卖合同，约定：乙应于 10 月 10 日 24：00 之前支付 50 万元购车款，否则甲有权解除合同。若乙于 10 月 11 日零点 5 分支付 50 万元购车款，则甲不能解除合同，因为乙的违约程度显著轻微，不影响甲的合同目的的实现。

2. 区别于附解除条件的合同：附解除条件合同的条件成就时，合同**自动**解除；合同约定解除事由发生，合同不会自动解除，需要解除权人**行使解除权**才会导致合同解除。

【示例 1】甲与乙订立汽车买卖合同，约定：乙应于 10 月 10 日之前支付 50 万元购车款，否则汽车买卖合同**自动解除**（附解除条件的合同）。若乙于 10 月 10 日并未支付 50 万元购车款，则汽车买卖合同自动解除。

【示例 2】甲与乙订立汽车买卖合同，约定：乙应于 10 月 10 日之前支付 50 万元购车款，否则甲**有权解除**汽车买卖合同（约定解除）。若乙于 10 月 10 日并未支付 50 万元购车款，则甲可以**通知**乙解除合同。

三、法定解除

出现**法定解除事由**，当事人可以依法解除合同。

（一）一般法定解除事由——根本违约，适用于所有合同

1. 因**不可抗力**致使**合同目的不能实现**（双方都有解除权）。

不可抗力：**不能预见、不能避免、不能克服**的客观情况。例如地震、海啸、泥石流等。

【示例】甲与乙旅行社签订旅游合同，后因疫情防控，导致甲无法出行，合同目的不能实现，甲乙均享有解除权。

2. **预期违约**（仅守约方有解除权）：履行期限届满前，一方明确表示不履行或者以自己的行为表明不履行**主要债务**（合同一方的**主给付义务**）。

【示例】2019 年 11 月 1 日，甲百货商场与乙电器公司订立空调买卖合同，约定：乙电器公司于 2020 年 5 月 30 日之前交付 500 台空调给甲百货商场。2020 年 3 月，因气象部门预测当年夏天将持续高温，乙电器公司的空调被商家订购一空。2020 年 3 月 30 日，乙电器公司向甲百货公司发信函称：因供货能力有限，无法履约。履行期届满前，乙电器公司明确表示自己不履行合同的主要债务。甲百货商场可以乙电器公司预期违约为由主张解除合同。

3. **迟延履行**（仅守约方有解除权）

（1）迟延履行主要债务后**经催告**仍不履行；

【示例】甲向乙订购一批月饼，约定 8 月 1 日交货，乙 8 月 10 日仍未交货。乙构成迟延履行，此时乙经催告后仍然不交货的，甲可以解除合同。

（2）迟延履行导致**合同目的不能实现**（不需要先催告，因为催告已无意义）。

【示例】甲向乙订购一批月饼，约定 8 月 1 日交货，乙 9 月 1 日仍未交货。乙构成迟延履行，因月饼未交付导致合同目的不能实现（中秋节都过了），此时甲可以直接解除合同。

4. **其他根本违约**（仅守约方有解除权）：其他违约行为导致合同目的不能实现。

【注意】通常，只有违反主给付义务才构成根本违约，但是违反**从给付义务**致使**合同目的不能实现**，也构成根本违约。

【示例】甲与乙订立汽车买卖合同，钱货两清。此后，因乙迟迟未提供相关单证资料给甲，致使甲无法办理车辆所有权登记。乙未交付有关单证资料属于对从给付义务的违反，该行为致使

买卖合同的目的不能实现，甲享有法定解除权。

【注意】部分解除：合同约定出卖人分批交付标的物，出卖人不交付其中一批标的物或者交付不符合约定，仅致使该批标的物不能实现合同目的的，买受人可以就该批标的物解除。当然，若致使之后其他各批标的物的交付不能实现合同目的的，买受人可以就该批以及之后其他各批标的物解除。

【判断分析】

1. 甲与乙签订房屋买卖合同，约定：交付的房屋须安装燃气管道。乙按照约定交付了房屋，并办理了房屋登记。甲入住后发现，房屋未按照合同约定安装燃气管道，甲可以此为由解除合同。【错误。交付的房屋未安装燃气管道，乙构成违约，但是这并不会导致买卖商品房这一合同目的无法实现，违约程度轻微，故甲无权以此为由解除合同。】

2. 甲向乙蛋糕店预订一个寿桃生日蛋糕，特别说明是用来为自己的父亲庆祝七十岁大寿。由于缺少水蜜桃这一原材料，且一时难以购得，乙蛋糕店遂用猕猴桃代替向甲交付蛋糕。甲可以乙根本违约为由解除合同。【正确。交付寿桃生日蛋糕系合同的主给付义务，乙蛋糕店以猕猴桃代替水蜜桃，使得甲无法实现给父亲送上寿桃的合同目的，守约方甲有权解除合同。】

（二）特别法定解除事由——任意解除权

任意解除权：不需要理由，随时可以解除。

双方享有任意解除权	特定方享有任意解除权
1. 委托合同 2. 不定期继续性合同 ①不定期租赁合同 ②不定期物业服务合同 ③不定期保管合同 ④不定期合伙合同 ⑤不定期肖像使用合同	1. 承揽合同的定作人 2. 货运合同的托运人 3. 定期保管合同的寄存人 4. 定期物业服务合同的业主

【说明】之所以赋予任意解除权，是因为该类合同往往基于一定的信赖，如果信赖基础丧失或者难以期待当事人继续维持合同关系，自然应当允许摆脱合同的束缚。

（三）特别法定解除事由——违约方解除权（司法解除）

通常仅守约方享有合同解除权，但满足以下条件时，违约方也享有请求人民法院或者仲裁机构解除合同的权利。

1. 守约方的继续履行请求权被排除

（1）法律上或者事实上不能履行（如出卖禁止流通物、已经卖给别人、标的物灭失等）；

（2）债务不适于强制履行或履行费用过高（如人身性质、成本太高失去经济合理性等）；

（3）债权人在合理期限内未请求履行。

2. 致使合同目的不能实现

【注意1】最高院认为，违约方行使解除权还需同时符合下列3个条件：①违约方不存在恶意违约；②违约方继续履行对其显失公平；③守约方拒绝解除合同有违诚实信用原则。（法考采取综合观点，在考虑违约方是否有解除权时，需综合考虑前两者。)

【注意2】违约方解除权必须通过人民法院或者仲裁机构行使；违约方虽然可以请求解除合同，但是不影响其承担违约责任。

【示例】2017年，乙经纪公司与尚未成年的甲（父母代理）签署一份艺人合同，合同期限11年。2018年9月，甲返回原籍就读高中。2018年10月，甲委托律师向乙公司发函解除合同。乙公司不允，甲遂起诉请求判令解除合同。甲虽然是违约方，但是继续履行该份长期合同无法保障甲的受教育权，且人身性的债务不适于强制履行，此时合同陷入僵局，应当判决允许甲解除合同，因违约所造成的损失仍需承担。

【说明】如果不允许违约方行使解除权，会出现这种局面：守约方可以解除合同，但是拒绝解除；违约方不能解除但也无法履行，合同就会陷入僵局。此时只有允许违约方解除合同，才能打破合同僵局。

（四）特别法定解除事由——情势变更

【重点法条】

《民法典》第533条【情势变更】合同成立后，合同的基础条件发生了当事人在订立合同时无法预见的、不属于商业风险的重大变化，继续履行合同对于当事人一方明显不公平的，受不利影响的当事人可以与对方重新协商；在合理期限内协商不成的，当事人可以请求人民法院或者仲裁机构变更或者解除合同。

人民法院或者仲裁机构应当结合案件的实际情况，根据公平原则变更或者解除合同。

情势变更：合同成立后合同的基础条件发生了当事人在订立合同时无法预见的重大变化，继续履行合同对一方当事人明显不公平，受不利影响的当事人可以请求人民法院或者仲裁机构变更或者解除合同。

1. 构成要件

（1）须合同的基础条件发生了不属于商业风险的重大变化；（如国家政策、金融危机、严重通胀等）商业风险属于当事人在一定范围内应预见且能够合理预见的风险（如价格小幅上涨下跌等）。

（2）变化须发生在合同成立后履行完毕前；

（3）变化的发生须不可归责于任何一方当事人；

（4）变化是当事人于缔约时所无法预见的；

（5）继续履行合同将显失公平。

2. 法律效果

（1）受不利影响的一方可与对方重新协商；

（2）合理期限内协商不成，可以请求法院或仲裁机构变更或解除合同；

①如果是由于新冠疫情的影响直接致使合同不能履行的，按照不可抗力处理，免除责任。

②如果尚未达到完全履行不能的程度，只是按原合同履行对一方当事人的权益有重大影响的，按照情势变更处理。

③可以履行但履行困难的一般都按变更合同处理，变更价款、履行期限、履行方式等；实在不能实现合同目的的，才会判决解除，且不承担违约责任。

【判断分析】

1. 甲乙签订房屋买卖合同，在房屋交付过程中由于房价暴涨，导致甲只需花费100万即可购得市价200万元的房屋，乙不能主张适用情势变更。【正确。房屋价格的大幅度上涨属于当事人可以预见的正常的商业风险，不应当适用情势变更。】

2. 甲为了去海南文昌航天火箭发射台观看火箭发射，遂与乙旅馆约定：甲承租乙旅馆A屋一周，总租金3500元。后火箭发射推迟，甲遂向乙旅馆提出适用情势变更解除合同。【正确。火箭发射推迟是无法预见的、不属于商业风险的重大变化，致使继续履行合同会对甲显失公平，甲可以适用情势变更解除合同。】

第二节　合同解除权的行使

【重点法条】

《民法典》

第564条【解除权行使期限】法律规定或者当事人约定解除权行使期限，期限届满当事人不行使的，该权利消灭。

法律没有规定或者当事人没有约定解除权行使期限，自解除权人知道或者应当知道解除事由之日起一年内不行使，或者经对方催告后在合理期限内不行使的，该权利消灭。

第565条【合同解除权的行使规则】当事人一方依法主张解除合同的，应当通知对方。合同自通知到达对方时解除；通知载明债务人在一定期限内不履行债务则合同自动解除，债务人在该期限内未履行债务的，合同自通知载明的期限届满时解除。对方对解除合同有异议的，任何一方当事人均可以请求人民法院或者仲裁机构确认解除行为的效力。

当事人一方未通知对方，直接以提起诉讼或者申请仲裁的方式依法主张解除合同，人民法院或者仲裁机构确认该主张的，合同自起诉状副本或者仲裁申请书副本送达对方时解除。

约定或者法定解除事由发生，仅仅意味着当事人享有合同解除权，合同不会自动解除。只有当事人依法行使了解除权，合同才能解除。

一、解除权的行使方式

1. 通知解除

（1）合同自通知到达对方时解除；

（2）通知载明债务人一定期限内不履行则合同自动解除，债务人在该期限内未履行债务的，合同自通知载明的期限届满时解除；

（3）解除异议

对方有异议的，任何一方当事人均可请求法院或者仲裁机构确认解除行为的效力。

【注意】不享有解除权的一方通知解除合同，即使另一方未及时提出异议，也不发生解除的效果。

2. 起诉/仲裁解除

当事人也可以不通知对方解除，选择直接提起诉讼或者申请仲裁。法院或者仲裁机构确认解除的，起诉状或仲裁申请书副本送达对方时合同解除。

【注意】违约方解除权、情势变更引发的解除权只能通过诉讼或者仲裁方式行使。

二、解除权的行使期限

1. 解除权是形成权，适用除斥期间。除斥期间届满，则解除权消灭。

2. 除斥期间：法律规定/当事人约定>解除权人知道或应知解除事由之日起 1 年内/经对方催告后的合理期限内。

第三节　合同解除的法律效果

【重点法条】

《民法典》

第 566 条【合同解除的法律后果】合同解除后，尚未履行的，终止履行；已经履行的，根据履行情况和合同性质，当事人可以请求恢复原状或者采取其他补救措施，并有权请求赔偿损失。

合同因违约解除的，解除权人可以请求违约方承担违约责任，但是当事人另有约定的除外。

主合同解除后，担保人对债务人应当承担的民事责任仍应当承担担保责任，但是担保合同另有约定的除外。

第 567 条【结算、清理条款效力的独立性】合同的权利义务关系终止，不影响合同中结算和清理条款的效力。

1. 尚未履行：终止履行。

2. 已经履行：根据履行情况和合同性质，当事人可以请求恢复原状或者采取其他补救措施，并有权请求赔偿损失。

（1）继续性合同的解除：不具有溯及力，已经履行的部分应当按照原合同约定结算。

（2）非继续性合同的解除：原则上具有溯及力，溯及自合同成立时终止。

3. 合同因违约解除的，解除不影响违约责任的承担。合同中的违约金、约定损害赔偿的计算方法、定金条款属于结算、清理条款，不因合同的解除而丧失效力。

4. 主合同解除后，担保人对债务人应当承担的民事责任仍应当承担担保责任。

5. 合同解除，不影响合同中结算和清理条款、解决争议方法条款（如管辖协议）的效力。

【判断分析】

甲将 A 房屋出租给乙，约定：租期 8 年，自 2012 年 1 月 1 日至 2019 年 12 月 31 日止，租金每月 5000 元，按季支付，若乙欠付 6 个月以上的租金，甲无需催告即可解除合同。后乙欠付了 2015 年一整年的租金。甲便向乙通知解除合同，解除具有溯及力，乙已经支付给甲的 3 年租金应当返还给乙。【错误。甲与乙签订的租赁合同属于继续性合同，继续性合同的解除不具有溯及力，已经履行的部分按照合同约定结算，甲无需退还租金。】

第五章
违约责任

【重点】本章内容均十分重要。

第一节　违约责任的成立

【重点法条】

《民法典》

第 577 条【违约责任】当事人一方不履行合同义务或者履行合同义务不符合约定的，应当承担继续履行、采取补救措施或者赔偿损失等违约责任。

第 578 条【预期违约】当事人一方明确表示或者以自己的行为表明不履行合同义务的，对方可以在履行期限届满前请求其承担违约责任。

违约责任：违反合同义务的法律后果。

一、违约责任的归责原则

1. 原则：严格责任原则

只要存在违约行为，不论违约方有无过错，非违约方均可请求违约方承担违约责任。

2. 例外：过错责任

（1）赠与合同：赠与人故意或重大过失致使标的物毁损灭失的；赠与人故意不告知瑕疵或保证无瑕疵造成受赠人损失。

（2）租赁合同：承租人保管不善造成租赁物毁损灭失。

（3）承揽合同：承揽人保管不善致材料毁损灭失。

（4）委托合同：有偿委托的受托人有过错；无偿委托中受托人有故意或重大过失。

（5）客运合同：承运人对旅客自带物品毁损灭失有过错。

（6）多式联运合同：托运人托运货物时有过错造成多式联运经营人损失。

（7）保管合同：保管期内，因保管人保管不善造成保管物毁损、灭失的，保管人应当承担赔偿责任。但是，无偿保管人证明自己没有故意或者重大过失的，不承担赔偿责任。

（8）仓储合同：保管不善致仓储物毁损、灭失。

二、违约责任的构成要件

除了归责原则可能有所不同外，所有的违约责任均需要满足三个要件：

违约责任＝合同成立并生效+存在违约行为+不存在法定或约定免责事由。

1. 合同成立并生效。合同未成立、被撤销、无效等承担的是缔约过失责任。

2. 存在违约行为：包括预期违约和实际违约。

（1）预期违约

①明示预期违约：在履行期届满前，债务人无正当理由，明确表示将不履行合同主要义务。

②默示预期违约：在履行期届满前，债权人有证据证明，债务人的行为表明其将不履行合同主要义务。

【注意】预期违约：无须等待履行期届满，守约方就享有法定解除权，且可向对方主张违约责任。

（2）实际违约

实际违约：合同履行期限届满后，当事人不履行（拒绝履行）或不适当履行（部分履行、迟延履行、瑕疵履行、加害给付等）合同义务。

【注意】加害给付，是指履行不符合合同的约定或者法律的规定，并且导致对方遭受履行利益以外的人身、财产损害的情形。例如，甲通过某宝向乙购买面膜，在使用过程中，因面膜质量问题导致甲的脸部皮肤大范围溃烂。此时，甲可以请求乙承担违约责任或者侵权责任。

3. 不存在法定或约定免责事由

（1）法定免责事由：不可抗力

①根据不可抗力的影响，部分或全部免除责任。迟延履行后发生不可抗力，不免责。

②因不可抗力无法履行，应及时通知对方，并应在合理期限内提供证明。

【示例】农户甲与乙公司约定，出售活鸡一万只，后由于鸡棚失火，甲饲养的大部分鸡毁于一旦，无法交付。失火属于意外事件，而非不可抗力，甲不能免责。

（2）约定免责事由：不违反法律、行政法规的强制性规定，即有效。

①造成对方人身损害的免责条款无效。

②因故意或者重大过失造成对方财产损失的免责条款无效。

【判断分析】

1. 甲向乙购买一只布偶猫作为宠物，约定3月1日交货。2月15日，乙通知甲不会交付猫咪的血统证明，构成预期违约。【错误。预期违约要求违约方表明不履行的是主要义务，宠物猫买卖合同的主要义务不包括交付血统证明。】

2. 甲家里有一祖传青花瓷瓶，收藏家乙闻讯后，出高价购买，二人在2022年1月11日订立合同约定，三个月后一手交钱一手交货。不料，2月1日乙突然接到甲的电话，声称其将不履行合同，后乙查明甲在1月31日已将花瓶出售给另一个商人丙并交付。乙在2月1日即可以追究甲的违约责任。【正确。甲构成预期违约，乙可以主张两项权利：立即解除合同和追究违约责任，且追究违约责任无需等到履行期届满。】

第二节　违约责任的承担方式

违约责任承担方式包括继续履行、采取补救措施、赔偿损失、支付违约金、定金。

一、继续履行

【重点法条】

《民法典》第580条【非金钱债务的违约责任】当事人一方不履行非金钱债务或者履行非金钱债务不符合约定的，对方可以请求履行，但是有下列情形之一的除外：

（一）法律上或者事实上不能履行；

（二）债务的标的不适于强制履行或者履行费用过高；

（三）债权人在合理期限内未请求履行。

有前款规定的除外情形之一，致使不能实现合同目的的，人民法院或者仲裁机构可以根据当事人的请求终止合同权利义务关系，但是不影响违约责任的承担。

大陆法系奉行实际履行原则，只要能够继续履行的，守约方均可请求违约方继续履行，违约方不得以赔偿损失等方式排除守约方的继续履行请求权，除非守约方接受。

1. 金钱债务：不存在履行不能，守约方可以请求继续履行。

2. 非金钱债务：守约方原则上可以请求继续履行。但存在下列3种情况时，则不能请求继续履行：

（1）法律上或者事实上不能履行（如特定物已经被出售于他人或者毁损灭失）；

（2）债务的标的不适于强制履行（如劳务之债）或者履行费用过高；

（3）债权人在合理期限内未请求履行。

【注意】

1. 合同不能继续履行，不影响其他违约责任（如损害赔偿等）的承担。

2. 根据债务的性质不适宜强制履行的，债权人可以请求第三人代替履行。该费用由债务人负担。例：乙与甲培训机构约定，乙在寒假为甲培训机构录课。后乙因身体不适无法上课，甲只能请丙代课。甲可以请求乙承担自己向丙支付的课时费。

二、采取补救措施

采取补救措施，具体包括：请求对方修理、重作、更换、退货、减少价款或者报酬等。在采取补救措施后，对方还有其他损失的，应当赔偿损失。

三、赔偿损失

【重点法条】

《民法典》

第584条【可预见规则】当事人一方不履行合同义务或者履行合同义务不符合约定，造成对方损失的，损失赔偿额应当相当于因违约所造成的损失，包括合同履行后可以获得的利益；但是，不得超过违约一方订立合同时预见到或者应当预见到的因违约可能造成的损失。

第591条【减损规则】当事人一方违约后，对方应当采取适当措施防止损失的扩大；没有采取适当措施致使损失扩大的，不得就扩大的损失请求赔偿。

当事人因防止损失扩大而支出的合理费用，由违约方承担。

第592条【过失相抵规则】当事人都违反合同的，应当各自承担相应的责任。

当事人一方违约造成对方损失，对方对损失的发生有过错的，可以减少相应的损失赔偿额。

1. 构成要件

赔偿损失，除了前述违约责任的构成要件外，还额外需要2个要件：有损失+违约行为与损失之间有因果关系。

2. 补偿性损害赔偿

（1）赔偿范围：完全赔偿原则（损失多少赔多少）

包括因违约所造成的直接损失（已造成的损失）+可得利益（合同履行后可获得的利益）。直接损失指现有财产的直接减少，如标的物灭失等；可得利益，如生产利润、经营利润、转售利润等。

（2）限制

①可预见规则：赔偿范围不得超过违约方+订立合同时预见到或应当预见到的因违约可能造成的损失。

【示例1】甲公司向乙公司订购一批防疫口罩，准备出口到欧洲，在订购合同中明确约定：防疫口罩将销往欧洲，应当符合欧盟标准。其后，因乙公司交付的口罩不符合欧盟标准，乙公司的欧洲客户向其索赔500万元。对于这500万元，乙公司在订立合同时虽然不能预见其具体的金额，但是应当可以预见到如果口罩不符合欧盟标准，甲公司将向其客户承担违约责任，因此甲公司可以请求乙公司赔偿该500万元的损失。

【示例2】甲公司与乙公司已经就标的额为1000万元的设备采购达成一致意见，约定由甲公司的法定代表人张三前往乙公司签订正式合同。在搭乘出租车前往机场时，张三告知出租车司机李四航班时间，要求务必准时送到，李四满口答应没问题。结果，出租车半路抛锚，张三错过前往乙公司的唯一一趟航班，导致未能成功签约。李四无须赔偿甲公司未能签约所造成的损失，因为李四在签约当时根本无法预见违约会造成此种损失。

②减损规则：一方违约后，对方没有采取适当措施致使损失扩大的，不得就扩大的损失请求赔偿；因防止损失扩大而支出的合理费用，由违约方负担。

【示例】2021年9月1日，甲公司与乙签订商铺租赁合同，约定租期为2022年一年，每月租金6000元。其后，因乙未按照约定于2022年1月1日交接商铺，商铺空置一年。乙虽然存在违约行为，但是甲公司应当积极寻找其他租户，避免自己的损失扩大。因甲公司怠于采取适当措施致使损失扩大，对于扩大部分的损失，甲公司无权请求乙赔偿。

③损益相抵：一方违约造成对方损失的同时，也给对方带来了利益，则在计算损害赔偿的数额时应扣除得益数额。（违约方的违约行为必须是守约方获益的原因）

【示例】甲公司与乙公司签订运输合同，约定乙公司将甲公司购买的设备（价值8万元）从上海运送至甲公司所在地，运费5000元，货到无损付款。运输途中，因乙公司保管不善，设备毁损，残值3万元。甲公司受领了毁损的设备。乙公司违约，应赔偿甲公司8万元，但是因为乙公司的违约行为，甲公司获得了价值3万元的设备，同时减少了5000元的运费支出，所以甲公司可以请求乙公司赔偿的数额为：8万-3万-5000元=45000元。

④过失相抵：一方违约造成对方损失，对方对损失的发生也有过错，可以减少相应的损失赔偿额。

【示例】甲公司与丙公司签订运输合同，约定由丙公司将甲出售的防疫口罩运到欧洲。由于丙公司的疏忽，价值 100 万的口罩失火焚毁。事后查明，甲公司本应为产品包上防火布而没有包，对于这 100 万的损失，甲公司也有过错。根据过失相抵规则，甲在请求乙公司赔偿损失之时应根据其自己的过错减少相应的数额。

3. 惩罚性损害赔偿：在补偿损害赔偿范围外，根据法律规定，承担另外的损害赔偿责任。

（1）限于法律明文规定的特定情形。

（2）常考的惩罚性赔偿情形：

①经营者欺诈时，消费者可主张价款 3 倍的惩罚性赔偿（不足 500 元，为 500 元）。

【注意】《消费者权益保护法》保护的消费者范围为"为生活消费需要购买、使用商品或者接受服务"，针对的是消费品，房屋不属于消费品，家用汽车则属于消费品。

②经营者明知存在缺陷，仍然向消费者提供，造成消费者或者其他受害人死亡或健康严重损害的，有权要求所受损失 2 倍以下的惩罚性赔偿。

③生产或经营明知是不符合食品安全标准的食品，消费者可向生产者或经营者要求支付价款 10 倍或者损失 3 倍的赔偿金（不足 1000 元的，为 1000 元）。

4. 精神损害赔偿

违约行为损害对方人格权并造成严重精神损害，受损害方选择违约救济的，不影响其请求精神损害赔偿。

【判断分析】

甲超市经常向郊区农民采购 2 年以上的老母鸡。采购价为每只 100 元，市场零售价 250 元，老母鸡常年供不应求。某日，甲超市与农民乙签订每季度供应 20 只老母鸡的合同。乙对零售价和批发价无异议。第二季度，乙仅向超市供应了 10 只老母鸡，超市支付乙 1000 元。对尚未交付的 10 只鸡，超市可就下列哪一利益向乙主张损害赔偿？（2019-2-143，单选）

A. 生产利润 1500 元【错误。违约损害赔偿的范围是直接损失+可得利益损失，本题中没有直接损失，可得利益损失为 10 只鸡转卖可得的利润（而非生产利润），即（250-100）* 10 = 1500。由于乙对鸡的零售价和批发价无异议，对于甲的转售利润损失，乙是可以预见到的】

B. 采购价格 1000 元【错误】

C. 转售利润 1500 元【正确】

D. 零售价格 2500 元【错误】

四、违约金

【重点法条】

《民法典》第 585 条【违约金】当事人可以约定一方违约时应当根据违约情况向对方支付一定数额的违约金，也可以约定因违约产生的损失赔偿额的计算方法。

约定的违约金低于造成的损失的，人民法院或者仲裁机构可以根据当事人的请求予以增加；约定的违约金过分高于造成的损失的，人民法院或者仲裁机构可以根据当事人的请求予以适当减少。

当事人就迟延履行约定违约金的，违约方支付违约金后，还应当履行债务。

违约金：当事人约定，一方违约时应向对方支付一定数额的金钱。

1. 违约金以约定为前提，但不以有实际损失为前提。没有实际损失，只要约定了违约金，一方违约，对方也可请求支付违约金。

2. 违约金不能与补偿性损害赔偿并用；但违约金能与合同解除、继续履行等并用。

3. 违约金的调整：

（1）约定的违约金低于实际损失的，法院或仲裁机构可以根据当事人的请求予以增加，但不得超过实际损失；

【注意】违约金调增要一步到位，调增之后，当事人不得再请求赔偿损失。

（2）约定的违约金过分高于（即超过损失的30%）实际损失，可以请求法院或者仲裁机构予以适当减少；高于但不过分高于的，不做调整。

【注意】法官不得依职权主动调整违约金。

【判断分析】

甲公司与乙公司签订买卖合同，总价款100万元，同时约定如果乙公司迟延交付一天，应支付总价款1%的违约金。后因乙公司迟延交付10天，甲公司损失20万元。乙公司已经按约向甲公司支付了10万元违约金，对此，下列表述正确的是？（2019-2-150，单选）

A. 甲公司有权请求乙公司再支付10万元违约金【正确。约定的违约金10万低于实际损失20万，可请求增加，但总共不得超过实际损失20万】

B. 甲公司有权请求乙公司再支付20万元损害赔偿金【错误。违约金不能与补偿性损害赔偿并用】

C. 甲公司有权请求乙公司再支付10万元违约金或者20万元损害赔偿金【错误】

D. 乙公司可不再支付任何费用【错误】

五、定金

【重点法条】

《民法典》

第586条【定金】当事人可以约定一方向对方给付定金作为债权的担保。定金合同自实际交付定金时成立。

定金的数额由当事人约定；但是，不得超过主合同标的额的百分之二十，超过部分不产生定金的效力。实际交付的定金数额多于或者少于约定数额的，视为变更约定的定金数额。

第587条【定金罚则】债务人履行债务的，定金应当抵作价款或者收回。给付定金的一方不履行债务或者履行债务不符合约定，致使不能实现合同目的的，无权请求返还定金；收受定金的一方不履行债务或者履行债务不符合约定，致使不能实现合同目的的，应当双倍返还定金。

第588条【定金与违约金、损害赔偿】当事人既约定违约金，又约定定金的，一方违约时，对方可以选择适用违约金或者定金条款。

定金不足以弥补一方违约造成的损失的，对方可以请求赔偿超过定金数额的损失。

定金：当事人约定的由一方在履行前预先向对方给付一定数量的货币或者其他代替物，以保证债权实现的方式。

1. 定金认定：须使用"**定金**"字样，或明确适用**定金罚则**。当事人交付留置金、担保金、保证金、订约金、押金或订金等，但**没有约定定金性质的，不能**主张定金权利。

2. 定金合同的性质：**实践合同**，自**实际交付**定金时成立。当事人订立定金合同后，不履行交付定金的约定，不承担违约责任，因为合同还没成立。

3. 定金数额认定：

（1）定金的数额由当事人**约定**，但不得超过主合同标的额的 **20%**。**超过的部分不产生定金的效力**。

（2）实际交付的定金数额多于或者少于约定数额的，视为**变更**约定的定金数额，以**实际数额**适用定金罚则。

4. 定金罚则

一方不履行债务或者履行债务不符合约定导致**合同目的不能实现的**（即根本违约的程度），给付定金的一方**无权请求返还**定金，收受定金的一方应当**双倍返还定金**。

【示例】甲向乙购买口罩 10000 箱，总价值 100 万元，甲交付**定金**的最高限额是总价款的 20%，即 20 万元。后甲根本违约，则甲无权要求 20 万元定金的返还。如果乙根本违约，则乙需要返还给甲 40 万元定金（甲的 20 万+乙的 20 万）。【定金罚则对于给付定金一方和收受定金一方是一样的效果，并没有额外惩罚收受定金的一方。】

【注意】违约方必须因违约行为**承担违约责任**的，才适用定金罚则；如果违约方因不可抗力而**免责**，则**不适用**定金罚则。

【总结】违约责任承担方式的并用

当事人可获赔偿额=**补偿性质（定金/违约金/补偿性损害赔偿）+惩罚性质（惩罚性损害赔偿）**

1. **继续履行**一般可以和任何其他违约责任承担方式并用。

2. **惩罚性赔偿**可以和任何其他违约责任承担方式并用。（惩罚性赔偿就是为了加大打击力度，避免发生这些现象）

3. 三金的适用：

①**违约金**与**定金**不能并用；

②**违约金**与**损害赔偿金**不能并用；

③**定金**与**损害赔偿金**可以并用：定金**不足以弥补损失**的，对方可请求**赔偿**超过定金数额的损失，但数额**不得超过违约造成的总损失**。

【判断分析】

2013 年 2 月 1 日乙公司向甲公司订购巴西世界杯纪念短袖 T 恤 1 万件，双方约定：乙公司合同签订一周内向甲公司交付 5 万元定金，任何一方违约，应向对方支付 6 万元违约金，随后，乙公司按约交付了定金。后乙公司违约。关于甲乙合同中的定金和违约金，下列说法正确的是？

A. 甲公司可以没收定金，并要求乙公司支付违约金【错误。定金和违约金**不得并用**，当事人同时约定的情况下，可以**选择**适用】

B. 若甲公司实际损失为 9 万元，甲公司可以没收定金，并要求乙公司赔偿 4 万元损失【**正确**。定金不足以弥补损失的，可请求赔偿，但数额不得超过损失】

C. 若甲公司实际损失为 9 万元，甲公司不得请求法院增加违约金的金额【错误。违约金低于实际损失的，可以调整，但不得超过实际损失】

合同编典型合同

KEEP AWAKE

第一章
买卖合同

【重点】买卖合同的风险负担、所有权保留买卖、分期付款买卖

买卖合同，是出卖人转移标的物的所有权于买受人，买受人支付价款的合同。

1. 性质：有名、诺成、不要式、双务、有偿合同。

2. 买卖合同是有偿合同的典型，故而：法律对其他有偿合同有规定的，依照其规定；没有规定的，参照适用买卖合同的有关规定。

第一节　买卖合同的风险负担

【重点法条】

《民法典》

第603条【交付的地点】出卖人应当按照约定的地点交付标的物。

当事人没有约定交付地点或者约定不明确，依据本法第五百一十条的规定仍不能确定的，适用下列规定：

（一）标的物需要运输的，出卖人应当将标的物交付给第一承运人以运交给买受人；

（二）标的物不需要运输，出卖人和买受人订立合同时知道标的物在某一地点的，出卖人应当在该地点交付标的物；不知道标的物在某一地点的，应当在出卖人订立合同时的营业地交付标的物。

第604条【标的物毁损、灭失的风险负担】标的物毁损、灭失的风险，在标的物交付之前由出卖人承担，交付之后由买受人承担，但是法律另有规定或者当事人另有约定的除外。

第605条【迟延交付标的物的风险负担】因买受人的原因致使标的物未按照约定的期限交付的，买受人应当自违反约定时起承担标的物毁损、灭失的风险。

第606条【在途标的物的风险承担】出卖人出卖交由承运人运输的在途标的物，除当事人另有约定外，毁损、灭失的风险自合同成立时起由买受人承担。

第607条【标的物交付给第一承运人后的风险负担】出卖人按照约定将标的物运送至买受人指定地点并交付给承运人后，标的物毁损、灭失的风险由买受人承担。

当事人没有约定交付地点或者约定不明确，依据本法第六百零三条第二款第一项的规定标的物需要运输的，出卖人将标的物交付给第一承运人后，标的物毁损、灭失的风险由买受人承担。

第 608 条【买受人不收取标的物的风险负担】出卖人按照约定或者依据本法第六百零三条第二款第二项的规定将标的物置于交付地点，买受人违反约定没有收取的，标的物毁损、灭失的风险自违反约定时起由买受人承担。

第 610 条【出卖人根本违约的风险负担】因标的物不符合质量要求，致使不能实现合同目的的，买受人可以拒绝接受标的物或者解除合同。买受人拒绝接受标的物或者解除合同的，标的物毁损、灭失的风险由出卖人承担。

第 611 条【风险负担不影响违约责任】标的物毁损、灭失的风险由买受人承担的，不影响因出卖人履行义务不符合约定，买受人请求其承担违约责任的权利。

《买卖合同解释》

第 9 条【标的物运送至指定地点后的风险负担】出卖人根据合同约定将标的物运送至买受人指定地点并交付给承运人后，标的物毁损、灭失的风险由买受人负担，但当事人另有约定的除外。

第 10 条【在途货物买卖中出卖人负担风险】出卖人出卖交由承运人运输的在途标的物，在合同成立时知道或者应当知道标的物已经毁损、灭失却未告知买受人，买受人主张出卖人负担标的物毁损、灭失的风险的，人民法院应予支持。

第 11 条【尚未特定化的标的物风险负担】当事人对风险负担没有约定，标的物为种类物，出卖人未以装运单据、加盖标记、通知买受人等可识别的方式清楚地将标的物特定于买卖合同，买受人主张不负担标的物毁损、灭失的风险的，人民法院应予支持。

一、风险负担的含义

买卖合同的风险负担，是指买卖合同生效后，标的物因不可归责于任何一方当事人的事由毁损灭失时，价金风险由谁承担的问题。风险若由买方承担，标的物虽已毁损灭失，买方仍需付款（已付的不能要回来）；风险若由卖方负担，买方不用付款（已付的可以要回来）。

讨论风险负担问题，必须满足以下几个前提条件：

1. 标的物的毁损灭失不可归责于任何一方当事人。

如果可归责于一方当事人，则属于违约责任或者侵权责任承担的问题。

2. 标的物已经完成特定化。

特定物才存在风险负担的问题，种类物不存在此问题。种类物特定化的方式是，出卖人以装运单据、加盖标记、通知买受人等可识别的方式清楚地将标的物特定于买卖合同。

【示例】湖北武汉的甲与黑龙江五常的农户乙签订大米购销合同，约定甲向乙购买 500 斤五常大米。当乙从仓库中取出 500 斤大米、用袋子装好并在袋子上标注好甲的名字时，种类物五常大米即完成特定化。

3. 标的物毁损灭失发生于合同生效之后消灭之前。

如果合同不成立、无效或被撤销，买受人并无支付价金的义务，不存在风险负担问题。

二、风险负担的具体规则

有约定，从约定；没有约定按照下列规则：

原则	交付主义：交付之前由出卖人承担，交付之后由买受人承担。
	1. 货交第一承运人风险转移：标的物需要运输（出卖人代办托运+承运人系独立主体）+未约定交付地点。
	2. 在指定地点货交承运人风险转移：标的物需要运输+约定了交付地点。
	3. 出卖人依法提存标的物后，风险由买受人承担。
例外	1. 已交付，风险不转移：出卖人根本违约，且买受人拒绝接受标的物或者解除合同。
	2. 尚未交付，风险已经转移：
	（1）在途货物买卖：自合同成立时起风险转移。（例外：出卖人在合同成立时知道或者应当知道标的物已经毁损灭失却未告知买受人，风险不转移。）
	（2）买受人受领迟延或者提货迟延：自买受人违反约定之日起风险转移。 例如：2月1日，甲依照约定的时间将一个茶壶送至乙住处，不料乙外出未归。次日，茶壶因地震彻底毁损。乙2月1日迟延受领，自此日起应负担茶壶毁损灭失的风险。
注意	1. 风险转移与所有权是否转移无关。 例如：在房屋买卖合同中，房屋已经交付但是并未办理过户登记，此时房屋所有权并未转移，但是房屋毁损、灭失的风险已经转移给买受人。
	2. 违反从给付义务（未交付有关标的物的单证和资料等），不影响风险转移。
	3. 风险转移，并不影响买受人请求出卖人承担违约责任。 例如：甲公司出售给乙公司的设备存在质量瑕疵，但尚未达到导致合同目的不能实现的程度。自交付之日起，由乙公司负担设备毁损灭失的风险，但是乙公司依然可以请求甲公司承担违约责任。
	4. 其他合同风险负担总结： （1）试用买卖：试用期内的风险由出卖人承担。 （2）租赁合同：租赁期内的风险由出租人承担。 （3）融资租赁合同：租赁期内的风险由承租人承担。

【判断分析】

1. 位于A地的甲公司与位于B地的乙公司订立货物买卖合同，由于路途遥远，需要甲代办托运，甲将该批货物交由丙公司承运，丙公司在运输过程中又将该批货物交由丁公司海路运输，在丁公司承运过程中，由于发生海啸导致该批货物毁损，风险自交由丁公司承运时由乙公司承担。【错误。风险自货交第一承运人丙公司时便转移给买受人乙公司承担。】

2. 甲乙约定卖方甲负责将所卖货物运送至买方乙指定的仓库。甲如约交货，乙验收收货，但甲未将产品合格证和原产地证明文件交给乙。乙已经支付80%的货款。交货当晚，因山洪暴发，乙仓库内的货物全部毁损。下列哪些表述是正确的？（2013-3-61，多选）

A. 乙应当支付剩余 20% 的货款【正确。货物已经交付，故而风险应由乙负担。甲虽然未交付产品合格证和原产地证明文件，但是违反的是从给付义务，不影响风险转移。】

B. 甲未交付产品合格证与原产地证明，构成违约，但货物损失由乙承担【正确】

C. 乙有权要求解除合同，并要求甲返还已支付的 80% 货款【错误】

D. 甲有权要求乙支付剩余的 20% 货款，但应补交已经毁损的货物【错误】

第二节　所有权保留买卖

【重点法条】

《民法典》

第 641 条【所有权保留】当事人可以在买卖合同中约定买受人未履行支付价款或者其他义务的，标的物的所有权属于出卖人。

出卖人对标的物保留的所有权，未经登记，不得对抗善意第三人。

第 642 条【出卖人取回权】当事人约定出卖人保留合同标的物的所有权，在标的物所有权转移前，买受人有下列情形之一，造成出卖人损害的，除当事人另有约定外，出卖人有权取回标的物：

（一）未按照约定支付价款，经催告后在合理期限内仍未支付；

（二）未按照约定完成特定条件；

（三）将标的物出卖、出质或者作出其他不当处分。

出卖人可以与买受人协商取回标的物；协商不成的，可以参照适用担保物权的实现程序。

第 643 条【买受人回赎权】出卖人依据前条第一款的规定取回标的物后，买受人在双方约定或者出卖人指定的合理回赎期限内，消除出卖人取回标的物的事由的，可以请求回赎标的物。

买受人在回赎期限内没有回赎标的物，出卖人可以以合理价格将标的物出卖给第三人，出卖所得价款扣除买受人未支付的价款以及必要费用后仍有剩余的，应当返还买受人；不足部分由买受人清偿。

《担保解释》 第 64 条【所有权保留买卖的担保功能】在所有权保留买卖中，出卖人依法有权取回标的物，但是与买受人协商不成，当事人请求参照民事诉讼法 "实现担保物权案件" 的有关规定，拍卖、变卖标的物的，人民法院应予准许。

出卖人请求取回标的物，符合民法典第六百四十二条规定的，人民法院应予支持；买受人以抗辩或者反诉的方式主张拍卖、变卖标的物，并在扣除买受人未支付的价款以及必要费用后返还剩余款项的，人民法院应当一并处理。

概念	所有权保留买卖，是指当事人在买卖合同中约定买受人未履行支付价款或者其他义务之前，标的物的所有权属于出卖人。
适用范围	只适用于动产。

出卖人所有权		1. 出卖人保留的所有权具有担保功能。 【注意】出卖人保留标的物的所有权，旨在以此担保买受人支付价款。基于功能主义担保观，只要在功能上具有担保作用的交易均应被纳入担保的范畴。立法者将出卖人保留的所有权在相当程度上理解为担保物权，因此所有权保留买卖需要适用担保物权尤其是动产抵押的相关规则。（参见担保部分）
		2. 出卖人保留的所有权，未经登记不得对抗善意第三人。
		3. 所有权保留期间买受人处分标的物： （1）若所有权保留已登记：第三人无法取得标的物的所有权； （2）若所有权保留未登记：善意第三人可以取得标的物的所有权。 例如：甲与乙订立设备买卖合同，约定在乙付清价款之前，甲保留设备的所有权。乙在付清价款之前将设备卖给丙。①若所有权保留已经登记，则可以对抗第三人，即使丙善意，丙也不能取得设备的所有权。②若所有权保留未登记，则不得对抗善意第三人，善意的丙可以取得设备的所有权。
出卖人取回权	取回事由	在所有权转移给买受人之前，买受人有下列情形之一，造成出卖人损害的，出卖人可以取回标的物： 1. 未按约定支付价款，经催告后在合理期限内仍未支付（买受人已经支付75%以上价款的除外）； 2. 未按约定完成特定条件； 3. 将标的物出卖、出质或者作出其他不当处分（第三人已经善意取得的除外）。
	取回权的行使	1. 协商取回→协商不成，参照适用担保物权的实现程序（拍卖、变卖所得价款扣除买受人未支付的价款及必要费用后仍有剩余的，应当返还买受人=清算义务）。
		2. 出卖人起诉请求取回标的物，买受人以抗辩或者反诉的方式主张拍卖、变卖标的物，并在扣除买受人未支付的价款以及必要费用后返还剩余款项的，人民法院应当一并处理。
买受人回赎权	适用情形	出卖人取回标的物后，买受人在回赎期内消除取回事由（如付清价款、履行约定义务）的，享有回赎权。
	回赎期	由买卖双方约定或者出卖人指定。
	效力	买受人行使回赎权之后，出卖人的取回权消灭，出卖人应将标的物返还给买受人。
出卖人再次出卖权	适用情形	买受人在回赎期限内没有回赎标的物，出卖人可以将标的物以合理价格出卖给第三人。
	规则	1. 标的物的价格需合理，不得明显低于市场价格； 2. 出卖所得价款扣除买受人未支付的价款及必要费用后仍有剩余的，应当返还买受人； 3. 不足部分由买受人清偿。

【示例】甲公司与乙公司签订买卖合同，约定：甲公司向乙公司购买注塑机一台，价款30万元，合同签订时支付首付款10万元，尾款于设备交付之日起一个月内付清；价款付清之前，注塑机的所有权属于乙公司。在收到首付款后，乙公司交付了注塑机。甲公司到期未支付尾款，乙公司催告无果。①由于甲公司未按约定支付价款，经催告后在合理期限内仍未支付，乙公司可以

行使**取回权**。②乙公司取回注塑机，并告知甲公司在七天之内支付剩余价款，否则其将**另售他人**。该七天即为乙公司指定的**回赎期**。③甲公司并未在回赎期内支付剩余价款，乙公司遂将注塑机以市价 26 万元出售给丙。在扣除甲公司未付价款 20 万、支付的必要费用 3 万元后，剩余的 3 万元应当返还给甲公司。

【判断分析】

甲学校向乙企业购买一批教学设备，双方约定：甲分期支付价款，最后一期价款支付前，所购教学设备的所有权归乙企业享有，并办理了所有权保留登记。在未付清全部价款之前，甲学校将该批教学设备出卖给了不知情的丙学校。请判断下列说法的正误：

A. 由于甲学校擅自出卖所购的教学设备，乙企业有权取回【**正确**。所有权保留买卖中的买受人将标的物出卖、出质或者作出其他不当处分的，出卖人有权取回。】

B. 丙学校可以取得教学设备的所有权。【**错误**。出卖人保留的所有权，经过登记，可以对抗善意第三人。】

C. 乙企业取回教学设备后，可以马上出卖给第三人。【**错误**。买受人在回赎期间内没有回赎标的物，出卖人才有权再次出卖标的物。】

第三节　分期付款买卖

概念	买受人将应付的总价款在一定期间内**至少分 3 次**向出卖人支付的合同。
出卖人权利	买受人**未支付到期价款**的金额达到全部价款的 **1/5**，经催告后在合理期限内仍未支付到期价款的，出卖人可以**择一行使**下列权利： 选择一：请求买受人**支付剩余的全部价款**（加速到期）。 【注意】"1/5"为法定**最低**比例，系强制性规范。当事人约定低于该比例损害买受人利益的，约定**无效**。 选择二：**解除合同**，可以请求买受人**支付标的物的使用费**。当事人对标的物的使用费没有约定的，法院可以参照当地**同类标的物**的**租金**标准确定。
诉讼时效	从最后一期届满时起算。
分期付款买卖与 所有权保留 买卖的关系	所有权保留买卖和分期付款买卖并存的时候，分别适用各自的规则。 【示例】甲乙订立电脑买卖合同，约定：甲将一台价值 20000 元的电脑出卖给乙，共分 10 期支付，每期 2000 元，在乙付清全部价款前，甲保留该电脑的所有权。乙在按时支付完 8 期后便不再支付价款。此时，因乙支付的价款已达 75%以上，甲不能行使取回权；但是，由于剩余两期未支付的价款达到全部价款的 1/5，乙经催告后在合理期限仍未支付的，甲可以请求乙支付剩余全部价款或者解除合同。 【技巧】看题目问什么，如果问取回权，就想到所有权保留的 75%；如果问一次性支付全部价款/解除合同，就想到分期付款买卖的 1/5。

【判断分析】

甲将一套房屋以 200 万元出卖给乙，双方约定：价款分 10 期支付，每期 20 万元，在乙付清全部价款前甲保留房屋的所有权。甲依约交付房屋。乙支付第 4 期价款后，甲为乙办理了房屋的过户登记。此后，乙拒不支付到期的第 5 期和第 6 期房款。请判断以下说法的正误：

A. 乙并未取得该房屋的所有权【错误。保留所有权买卖仅适用于动产，甲乙关于保留房屋所有权的约定无效；房屋已经过户登记，乙取得了房屋的所有权。】

B. 甲有权请求乙一次性支付剩余的全部价款。【正确。乙欠付价款达到全部价款的五分之一，甲有权要求乙一次性支付剩余全部价款。】

C. 甲有权解除合同，要求乙返还房屋。【正确。乙欠付价款达到全部价款的五分之一，甲有权解除合同，请求乙返还房屋。】

第四节　试用买卖

概念	试用买卖，是指合同双方约定，买受人试验或检验标的物，若买受人在试用期内认可该买卖，则买卖合同自认可时生效的特殊买卖。 【注意】试用买卖合同已成立但尚未生效，买受人认可时才生效。	
试用期	约定>协议补充>按合同相关条款或交易习惯确定>由出卖人确定	
不属于试用买卖	1. 约定标的物经过试用或者检验符合一定要求时，买受人应当购买标的物； 2. 约定第三人经试验对标的物认可时，买受人应当购买标的物； 3. 约定买受人在一定期限内可以调换标的物； 4. 约定买受人在一定期限内可以退还标的物。	
买受人的认可权	性质	形成权。无需出卖人同意，只要买受人认可，买卖合同生效；买受人可以同意购买也可以拒绝购买。
	方式	1. 明示； 2. 推定：买受人已经支付部分价款或实施了出卖、出租、设定担保物权等非试用行为的，视为同意购买；出卖人请求返还而买受人拒不交还的，推定为购买； 3. 沉默：试用期限届满，买受人对是否购买标的物未作表示的，视为购买。
	拒绝认可效力	合同不生效，而非无效。
使用费	有约从约→无约免费试用。	
风险负担	标的物在试用期内毁损、灭失的风险由出卖人承担。	

【判断分析】

1. 乙商场宣称自家空调每晚仅需一度电。若甲与乙商场订立空调买卖合同约定：若使用该空调每晚仅耗费一度电，则甲应当购买该空调。该买卖合同属于试用买卖合同。【错误。约定标的物经过试用后符合一定要求时，买受人应当购买标的物的，不属于试用买卖合同。】

2. 甲与乙订立房屋买卖合同约定：甲将 A 房屋出卖给乙，价款 100 万元，乙试用一个月后支付全部价款。乙在试用 A 房屋 15 天后将房屋出租给丙，此时推定乙同意购买该房屋。【正确。乙实施出租这一非试用行为，推定其同意购买该房屋。】

3. 甲与乙商场订立洗衣机买卖合同约定：乙商场将一台洗衣机以5000元的价格出卖给甲，试用期20天。试用期内，雷电击中甲的房屋导致房屋毁损，屋内洗衣机报废，甲应当承担相应赔偿责任。【错误。标的物在试用期间毁损、灭失的风险应当由出卖人承担。】

第五节　样品买卖

样品	含义	出卖人与买受人按照约定封存的样品及关于样品的质量说明，是出卖人交付标的物的质量标准。
	作用	若出卖人交付的标的物不符合封存的样品质量标准，出卖人构成瑕疵给付，应承担违约责任。
样品买卖特殊责任		买受人不知道样品有隐蔽瑕疵的，即使交付的标的物与样品相同，仍属于违约行为；即必须交付符合同种物通常质量标准的标的物，才不构成违约。
样品质量与文字说明不一致		1. 样品无变化，人民法院应以样品为准； 2. 样品有变化或无法查明，人民法院应当以文字说明为准。

第六节　商品房买卖合同

概念		商品房买卖合同，是指房地产开发企业将未建成或者已竣工的房屋向买受人销售，买受人支付价款的合同。
合同效力		出卖人未取得预售许可证明→无效；起诉前取得→有效。
合同解除	迟延履行	买受人迟延支付购房款/出卖人迟延交房+催告后在三个月内仍未履行，对方可以解除合同（另有约定的除外）。 行权期间：对方催告的，要在三个月内行使解除权；没有催告的，自知或应知解除事由起一年内行使。
	质量问题	1. 因房屋主体结构质量不合格不能交付使用，或者交付使用后主体结构质量经核验不合格。
		2. 因房屋质量问题严重影响正常居住使用。 【注意】必须达到严重影响居住。如果只是存在质量问题，出卖人应当承担修复责任。
		3. 因出卖人在交房前将房屋出卖给他人并办理过户登记，导致无法交付。
	无法登记	因出卖人原因，导致买受人在约定或法定的办理不动产登记的期限届满后超过一年无法办理不动产登记，买受人可以解除。
	未能订立担保贷款合同导致商品房买卖合同无法履行	1. 因当事人一方原因：对方当事人可以请求解除合同、赔偿损失。
		2. 因不可归责于双方当事人的事由：双方当事人都可以请求解除合同，出卖人应当将收受的购房款本金及利息或者定金返还买受人（即不用赔偿损失）。例如：签订商品房买卖合同后，由于国家出台新的购房政策对首付款的比例进行调整，使得买受人能够申请到的贷款与合同中拟贷款金额存在较大差距，对买受人的履约能力造成重大影响，双方均可解除合同。

【判断分析】

1. 甲房产公司隐瞒没有取得预售许可证的事实，与不知情的乙就 A 房屋订立商品房预售合同。后甲公司向乙交付了 A 房屋，但乙一直未按约支付购房款。后甲公司诉请乙按约支付购房款。若甲公司直到起诉时仍未取得预售许可证，乙有权以甲公司未取得预售许可证为由主张 A 房屋预售合同无效。【正确。起诉时仍未取得预售许可证，商品房预售合同无效。】

2. 甲房产公司与乙签订商品房买卖合同，约定 2022 年 2 月 1 日交房。若甲到期未交房，乙可以催告甲公司在 3 个月内交付房屋，逾期不履行的，乙可以解除合同。【正确。出卖人甲迟延交付房屋的，经催告后在三个月的合理期限内仍未履行，乙可以解除合同。】

第七节　买受人的检验通知义务

买受人应当在检验期限内将标的物瑕疵通知出卖人，否则视为标的物符合约定。

检验期限	有约定	1. 从约定。 2. 约定的检验期限过短：①视为仅是对外观瑕疵提出异议的期限；②短于法律、行政法规规定的期限的，以规定期限为准。
	无约定	1. 发现或者应当发现标的物瑕疵的合理期限内； 2. 最长期限：自收到标的物之日起 2 年内；有质保期的，适用质保期。
	例外	出卖人知道或应当知道标的物不符合约定的，买受人不受上述检验期限的限制。
检验标准		买受人指示出卖人向第三人交付，出卖人和买受人的检验标准与买受人和第三人检验标准不一致的，以出卖人和买受人的检验标准为准。（基于合同相对性原理）
未及时检验并通知的法律后果		1. 买受人应当在检验期限内将标的物瑕疵通知出卖人，否则视为标的物符合约定。
		2. 买受人在合理期限内提出异议，出卖人不得以买受人已经支付价款、确认欠款数额、使用标的物等为由，主张买受人放弃异议。
		3. 买受人未及时通知的，出卖人自愿承担了违约责任后不得反悔。

第八节　出卖人的瑕疵担保责任

出卖人应保证标的物及其权利无瑕疵。	
权利瑕疵	1. 原则：出卖人应保证第三人对标的物不享有任何权利，买受人有确切证据证明第三人对标的物享有权利的，可中止付款，除非出卖人提供担保。
	2. 例外：买受人订合同时知或应知第三人对标的物享有权利的，出卖人不承担责任。
	【注意】出卖人未取得处分权致使标的物所有权不能转移的，买受人可以解除合同并请求出卖人承担违约责任。

续表

标的物瑕疵	原则：出卖人应当按约定的质量要求交付标的物，提供质量说明的应符合说明。不符合质量要求的，出卖人承担违约责任。
	例外： 1. 约定减轻或免除出卖人瑕疵担保责任的。但因出卖人故意或重大过失不告知买受人标的物瑕疵的，不能减轻或免除。 2. 买受人缔约时知或应知标的物存在质量瑕疵的。但买受人在缔约时不知道该瑕疵会导致标的物的基本效用显著降低的，出卖人仍担责。

第二章
赠与合同

【重点】赠与人的任意撤销权

【重点法条】

《民法典》

第658条【赠与合同的任意撤销与限制】赠与人在赠与财产的权利转移之前可以撤销赠与。

经过公证的赠与合同或者依法不得撤销的具有救灾、扶贫、助残等公益、道德义务性质的赠与合同，不适用前款规定。

第660条【受赠人的交付请求权和赠与人责任】经过公证的赠与合同或者依法不得撤销的具有救灾、扶贫、助残等公益、道德义务性质的赠与合同，赠与人不交付赠与财产的，受赠人可以请求交付。

依据前款规定应当交付的赠与财产因赠与人故意或者重大过失致使毁损、灭失的，赠与人应当承担赔偿责任。

第663条【赠与的法定撤销】受赠人有下列情形之一的，赠与人可以撤销赠与：

（一）严重侵害赠与人或者赠与人近亲属的合法权益；

（二）对赠与人有扶养义务而不履行；

（三）不履行赠与合同约定的义务。

赠与人的撤销权，自知道或者应当知道撤销事由之日起一年内行使。

第664条【赠与人的继承人或法定代理人的撤销权】因受赠人的违法行为致使赠与人死亡或者丧失民事行为能力的，赠与人的继承人或者法定代理人可以撤销赠与。

赠与人的继承人或者法定代理人的撤销权，自知道或者应当知道撤销事由之日起六个月内行使。

概念		赠与合同是赠与人将自己的财产无偿给予受赠人，受赠人表示接受赠与的合同。
性质		单务、无偿、诺成、不要式合同。 **【注意】**赠与合同属于双方民事法律行为：赠与人无偿赠与+受赠人同意接受赠与=合同成立；而遗赠属于单方民事法律行为。
赠与人的任意撤销权	适用范围	赠与财产的权利尚未转移给受赠人的情形
	排除情形	1. 经过公证的赠与合同
		2. 具有救灾、扶贫、助残等公益、道德义务性质的赠与合同
	撤销的后果	赠与合同自始无效，可以不再履行赠与义务

续表

赠与人的法定撤销权	适用范围	适用于**一切赠与合同**，且不以赠与财产的权利尚未转移为前提。
	法定情形	1. 受赠人**严重侵害**赠与人或者赠与人近亲属的合法权益
		2. 受赠人对赠与人**有扶养义务而不履行**
		3. 受赠人**不履行赠与合同约定的义务**
	除斥期间	1. 赠与人：**自知道或者应当知道**撤销事由之日起**1年内**行使
		2. 赠与人的**继承人或者法定代理人**：自知道或者应当知道撤销事由之日起**6个月内**行使（因受赠人的违法行为致使赠与人死亡或者丧失民事行为能力的，赠与人的继承人或者法定代理人可以撤销赠与）。
	撤销的后果	赠与合同**自始无效**，财产权利尚未转移给受赠人的，可以不再履行赠与义务；财产权利**已经转移的，可以请求返还。**
赠与人的穷困抗辩权	适用范围	赠与财产的权利**尚未转移**的情形
	法定情形	赠与人的经济状况显著恶化，**严重影响**其生产经营或者家庭生活。
	行使抗辩权的效果	可以不再履行赠与义务；已履行的**不得**反悔请求返还。
赠与人的瑕疵担保责任	原则	赠与人对赠与财产不承担瑕疵担保责任。
	例外	1. 赠与人**故意不告知**瑕疵或者**保证无瑕疵**。
		2. 附义务的赠与，赠与人在**附义务的限度内**承担与出卖人相同的责任。
注意		赠与财产因赠与人故意或者重大过失致使毁损、灭失的，赠与人应当承担赔偿责任。

【判断分析】

1. 甲曾表示将赠与乙 5000 元，且已实际交付乙 2000 元，后乙在与甲之子丙的一次纠纷中，将丙殴成重伤。下列说法哪些是正确的？（2003-03-43，多选）

A. 甲可以撤销对乙的赠与【**正确**。乙**严重侵害甲近亲属丙合法权益**，甲可以撤销赠与。】

B. 丙可以要求撤销其父对乙的赠与【**错误**。赠与人**甲并未**因为受赠人乙的行为而**死亡或丧失民事行为能力**，故丙不能行使撤销权。】

C. 丙应在被殴伤 6 个月内行使撤销权【**错误**。丙无撤销权。】

D. 甲有权要求乙返还已赠与的 2000 元【**正确**。撤销权人撤销赠与的，可以向受赠人要求返还赠与的财产。】

2. 赵某将一匹易受惊吓的马赠给李某，但故意未告知此马的习性。李某在用该马拉货的过程中，雷雨大作，马受惊狂奔，将行人王某撞伤，赵某应承担瑕疵担保责任。【**正确**】

借款合同

【重点】 自然人之间借款合同的特性、民间借贷合同的无效事由、民间借贷利率限制

【重点法条】

《民法典》

第 670 条【利息的预先扣除】借款的利息不得预先在本金中扣除。利息预先在本金中扣除的，应当按照实际借款数额返还借款并计算利息。

第 679 条【自然人间借款合同的生效时间】自然人之间的借款合同，自贷款人提供借款时成立。

第 680 条【利率】禁止高利放贷，借款的利率不得违反国家有关规定。

借款合同对支付利息没有约定的，视为没有利息。

借款合同对支付利息约定不明确，当事人不能达成补充协议的，按照当地或者当事人的交易方式、交易习惯、市场利率等因素确定利息；自然人之间借款的，视为没有利息。

《民间借贷规定》

第 13 条【民间借贷合同的无效】具有下列情形之一的，人民法院应当认定民间借贷合同无效：

（一）套取金融机构贷款转贷的；

（二）以向其他营利法人借贷、向本单位职工集资，或者以向公众非法吸收存款等方式取得的资金转贷的；

（三）未依法取得放贷资格的出借人，以营利为目的向社会不特定对象提供借款的；

（四）出借人事先知道或者应当知道借款人借款用于违法犯罪活动仍然提供借款的；

（五）违反法律、行政法规强制性规定的；

（六）违背公序良俗的。

第 29 条【逾期利率和违约金的适用规则】出借人与借款人既约定了逾期利率，又约定了违约金或者其他费用，出借人可以选择主张逾期利息、违约金或者其他费用，也可以一并主张，但是总计超过合同成立时一年期贷款市场报价利率四倍的部分，人民法院不予支持。

借款合同一般规则	
概念	借款合同是借款人向贷款人借款，到期还本付息的合同。

性质	诺成、要式、单务合同 1. 自然人之间的借款合同为实践合同，自贷款人提供借款时成立。 2. 自然人之间借款，可以约定不采用书面形式。
借款用途	借款人未按照约定的借款用途使用借款的，贷款人可以停止发放借款、提前收回借款或者解除合同。
借款期限	约定>协议补充>按合同相关条款或交易习惯确定>借款人可以随时返还，贷款人可以催告借款人在合理期限内返还
利息	1. 没有约定的：视为没有利息。
	2. 约定不明确：按照当地或者当事人的交易方式、交易习惯、市场利率等因素确定利息。若为自然人之间借款的，视为没有利息。
	3. 砍头息：利息预先在本金中扣除的，应当按照实际借款数额返还借款并计算利息。例如：杨某因资金周转需要，向黄某借 10 万元，借期 3 个月，月息 2%，借条出具后，黄某在扣除 6000 元利息后给杨某银行转账 94000 元，则以 94000 元作为本金并计息。
	4. 提前返还借款：除当事人另有约定外，应当按照实际借款的期间计算利息。
	5. 支付利息期限：约定>协议补充>按合同相关条款或交易习惯确定>①借款期间不满 1 年：返还借款时一并支付；②借款期间 1 年以上：每届满一年时支付，剩余期间不满 1 年的，应当在返还借款时一并支付。

民间借贷合同的特殊规则

适用范围	1. 自然人之间的借款合同 2. 自然人与法人、非法人组织之间的借贷合同（金融机构除外）。 3. 法人、非法人组织之间的借贷合同（金融机构除外）。 【注意】金融机构作为出借方的贷款合同，不属于民间借贷合同。
无效事由	1. 套取金融机构贷款转贷的；
	2. 以向其他营利法人借贷、向本单位职工集资，或者以向公众非法吸收存款等方式取得的资金转贷的； 【注意】有效：法人之间、非法人组织之间以及它们相互之间为生产、经营需要订立的民间借贷合同；法人或者非法人组织在本单位内部通过借款形式向职工筹集资金，用于本单位生产、经营。
	3. 未依法取得放贷资格的出借人，以营利为目的向社会不特定对象提供借款的；
	4. 出借人事先知道或者应当知道借款人借款用于违法犯罪活动仍然提供借款的；
	5. 违反法律、行政法规强制性规定的；
	6. 违背公序良俗的。
	【注意】借款人或者出借人的借贷行为涉嫌犯罪，或者已经生效的裁判认定构成犯罪，民间借贷合同并不当然无效。如果没有法定无效事由，则有效。

利息管制	不得超过合同成立时一年期贷款市场报价利率（LPR）4倍；允许计算复利（前期借款的本息作为后期借款的本金），但是最后总额也不得超过一年期贷款市场报价利率（LPR）4倍。
逾期利率	1. 有约定从约定，不得超过合同成立时一年期贷款市场报价利率（LPR）4倍。
	2. 未约定借期内利率+未约定逾期利率：参照当时LPR标准计算的利息承担逾期还款违约责任。
	3. 约定了借款内利率+未约定逾期利率：自逾期还款之日起按照借期内利率支付资金占用期间利息。
	4. 约定了逾期利率+约定了违约金或者其他费用：出借人可以选择主张逾期利息、违约金或者其他费用；也可以一并主张，但是总计不得超过合同成立时LPR的4倍。

【判断分析】

甲向乙提出借款100万元用于生产经营，乙答应出借，让甲签订了一份合伙协议。协议约定："甲经营的损失与乙无关；第一年甲收益分配给乙10万元；第二年甲收益分配给乙10万元；第三年甲还本带收益110万元。"对此，下列表述正确的是？（2020-2-91，不定项）

A. 该协议属合伙合同【错误】

B. 该协议属借款合同【正确。甲乙签订的协议名为合伙协议，但合同约定的内容为乙将100万元本金提供给甲占有、使用、收益三年，甲每年按照10%的年利率支付利息，符合借款合同的特征，应当认定为借款合同。】

C. 该协议有效【正确。不存在借款合同的无效事由，该协议应属有效。】

D. 该协议无效【错误】

第四章
租赁合同

【重点】买卖不破租赁、转租、房屋承租人的优先购买权和优先承租权。

第一节　租赁合同的一般规则

【重点法条】

《民法典》

第 716 条【转租】承租人经出租人同意，可以将租赁物转租给第三人。承租人转租的，承租人与出租人之间的租赁合同继续有效；第三人造成租赁物损失的，承租人应当赔偿损失。

承租人未经出租人同意转租的，出租人可以解除合同。

【次承租人代为支付租金和违约金情形】承租人拖欠租金的，次承租人可以代承租人支付其欠付的租金和违约金，但是转租合同对出租人不具有法律约束力的除外。

【租赁物收益归属】在租赁期限内因占有、使用租赁物获得的收益，归承租人所有，但是当事人另有约定的除外。

第 725 条【买卖不破租赁】租赁物在承租人按照租赁合同占有期限内发生所有权变动的，不影响租赁合同的效力。

概念	租赁合同，是出租人将租赁物交付承租人使用、收益，承租人支付租金的合同。
性质	双务、有名、有偿、诺成、不要式（租赁期限6个月以上为要式）、继续性合同。
不定期租赁	1. 没有约定租赁期限或者约定不明，无法确定租赁期限，视为不定期租赁。
	2. 租赁期限6个月以上，未采用书面形式，且无法确定租赁期限的，视为不定期租赁。
	3. 租赁期限届满，承租人继续使用租赁物，出租人没有提出异议，视为不定期租赁。
	4. 双方均有任意解除权，但是应当在合理期限之前通知对方。
合同效力	1. 违法建筑物（未取得规划许可证建设的房屋/未经批准建设的临时建筑）租赁合同无效，但一审辩论终结前取得许可或经批准的有效。
	2. 租赁期限最长20年。超过的，超过部分无效；租赁期限届满，可以续订，但续订也不得超过20年；租赁期限超过临时建筑的使用期限，超过部分无效。
	3. 无效时，参照合同约定的租金支付房屋占有使用费。
	【注意】未办理租赁合同登记备案手续，不影响合同效力。

出租人义务	适租义务	出租人按约交付租赁物，保持租赁物符合约定的用途。
	维修义务	原则：出租人。 出租人不履行维修义务，承租人可自行维修，维修费用由出租人负担。
		例外：承租人过错致使租赁物需要维修。
	瑕疵担保	1. 因第三人主张权利，致使承租人不能对租赁物使用、收益的，承租人可以请求减少或不付租金。
		2. 租赁物危及承租人的安全或者健康的，即使承租人订立合同时明知质量不合格，仍然可以随时解除合同。
承租人义务	正当使用	承租人未按照约定的方法或租赁物性质使用租赁物，致使租赁物受到损失的，出租人可以解除合同并请求赔偿损失。
	支付租金	承租人无正当理由未支付或迟延支付租金的，出租人可以请求承租人在合理期限内支付；承租人逾期不支付的，出租人可以解除合同。
	保管义务	承租人应当妥善保管租赁物，因保管不善造成租赁物毁损、灭失的，应当承担赔偿责任。
	返还义务	租赁期间届满，承租人应当返还租赁物。
转租	合法转租（经出租人同意）	1. 承租人与次承租人之间存在租赁合同关系（转租合同）；承租人与出租人之间租赁合同继续有效。
		2. 出租人和次承租人之间没有租赁关系，出租人无权请求次承租人支付租金；承租人对次承租人的行为负责，次承租人造成租赁物损失，出租人只能找承租人承担违约责任（可以找次承租人承担侵权责任）。
		3. 超期转租的，超过部分的约定对出租人不具有法律约束力。
		4. 承租人拖欠租金的，次承租人可以代承租人支付其欠付的租金和违约金（第三人代为清偿）。 【注意】限于合法转租，否则出租人有权拒绝。
	非法转租（未经出租人同意）	1. 转租合同有效。承租人向次承租人收取的租金，对出租人而言并非不当得利，因为承租人在租赁期限内对租赁物享有收益权能。
		2. 出租人可以解除合同。次承租人相对于出租人是无权占有人，出租人解除租赁合同后，对次承租人享有返还原物请求权。
		3. 出租人知道或者应当知道转租，但是 6 个月内未提出异议的，视为同意。

续表

买卖不破租赁	1. 租赁物在承租人按照租赁合同占有期限内发生所有权变动的，不影响租赁合同的效力。例：甲将房屋出租给乙，在乙占有使用房屋期间，甲将房屋出售给丙，则丙取代甲的地位成为出租人，甲与乙的租赁合同将变成丙与乙的租赁合同，且租赁合同内容维持不变。
	2. 租赁物的所有权发生变动，包括买卖、互易、赠与、投资、继承、遗赠、企业合并、实现抵押权等。
	【注意】买卖破租赁：①先抵后租，且抵押权已经登记；②先查封后租。
风险负担	租赁物毁损灭失的，由出租人负担风险。

【判断分析】

甲与乙签订房屋租赁合同，租期 2 年。乙未经同意转租给第三人李某，租期 3 年。后甲发现住在房屋里的人不是乙，然而未置可否。一年后甲向法院提起诉讼，下列说法正确的是？（2019-2-101，多选）

A. 转租合同超过的期限对甲不具有法律约束力【正确。超期转租的，超过部分的约定对出租人不具有法律约束力】

B. 甲可以解除合同【错误。出租人知道或者应当知道转租，但是 6 个月内未提出异议的，视为同意。】

C. 转租合同无效【错误。无权处分不影响买卖合同的效力。举重以明轻，非法转租不影响转租合同的效力。】

第二节　房屋租赁合同的特殊规则

【重点法条】

《民法典》

第 726 条【房屋承租人的优先购买权】出租人出卖租赁房屋的，应当在出卖之前的合理期限内通知承租人，承租人享有以同等条件优先购买的权利；但是，房屋按份共有人行使优先购买权或者出租人将房屋出卖给近亲属的除外。

出租人履行通知义务后，承租人在十五日内未明确表示购买的，视为承租人放弃优先购买权。

第 728 条【侵害承租人优先购买权的赔偿责任】出租人未通知承租人或者有其他妨害承租人行使优先购买权情形的，承租人可以请求出租人承担赔偿责任。但是，出租人与第三人订立的房屋买卖合同的效力不受影响。

第 734 条【续租及承租人的优先承租权】租赁期限届满，承租人继续使用租赁物，出租人没有提出异议的，原租赁合同继续有效，但是租赁期限为不定期。

租赁期限届满，房屋承租人享有以同等条件优先承租的权利。

房屋承租人优先购买权	概念	房屋租赁合同租期内，房屋所有权转移，承租人享有以同等条件优先购买房屋的权利。			
	前提	出租人出卖房屋，或者出租人与抵押权人协议折价、变卖租赁房屋偿还债务。 【注意】出租人将房屋出卖给近亲属，房屋承租人无优先购买权；房屋按份共有人优先购买权>房屋承租人的优先购买权。			
	通知	出租人应于出卖前的合理期限内或拍卖5日前通知承租人。			
	除斥期间	承租人收到出卖通知或知道出卖事实之日起15日，未明确表示购买，视为放弃。			
	侵害后果	出租人未通知承租人或有其他妨害优先购买权情形的，承租人可以请求出租人承担赔偿责任；出租人与第三人订立的买卖合同效力不受影响。			
房屋承租人优先承租权	租赁期限届满，出租人继续出租房的，承租人享有以同等条件优先承租的权利。				
房屋承租人地位的法定承受	承租人在房屋租赁期限内死亡，生前共同居住的人或者共同经营人可以按照原租赁合同租赁该房屋。例：甲乙是合伙伙伴，共同居住在甲承租的房屋中经营生意，租赁期限还剩1年时，甲死亡，乙基于法定承受承租人的地位，可以继续居住在该房屋中直至租赁期限届满。				
房屋装饰装修	未经同意	承租人负担装饰装修费用			
		出租人可以请求恢复原状或者赔偿损失			
	经同意	未附合	承租人取回；造成房屋毁损的，承租人恢复原状		
			承租人无费用补偿请求权		
		附合	租期届满	承租人无权请求补偿	
			合同无效	出租人同意利用	折价归出租人所有
				出租人不同意利用	按导致合同无效的过错分担残值损失
			合同解除	不可归责于双方	公平原则分担
				出租人原因	出租人承担
				承租人原因	承租人承担
				双方原因	按过错分担
	【总结】1.原则上承租人自行负责（自担费用、自行取回、恢复原状或赔偿损失）；2.只有在出租人同意装饰装修+形成附合+合同无效/被解除的情况下，出租人才可能根据自己的过错承担或者分担费用、损失。				

续表

房屋扩建	未经同意	承租人负担扩建费用	
		出租人可以请求恢复原状或者赔偿损失	
	经同意	办理合法手续	出租人负担扩建费用
		未办理合法手续	按过错分担扩建费用

【判断分析】

1. 甲将其 A 房屋出租给乙，约定租期 2 年。甲向乙交付 A 房屋满 1 年的时候，为担保对丙 6 个月后到期的借款债务，未经乙同意，甲将 A 房屋抵押给丙，办理了抵押登记。甲到期未偿还对丙的借款债务，丙行使抵押权，申请法院拍卖 A 房屋。对此，下列表述正确的是？（2021-2-67，多选）

A. 甲将 A 房屋抵押给丙无须经过乙的同意【正确。甲是房屋所有权人，抵押房屋无需经过承租人乙的同意。】

B. 若乙参与拍卖，乙享有以同等条件优先受让的权利【正确。承租人乙有优先购买权，享有以同等条件优先受让的权利。】

C. 若乙不参与拍卖，乙有权主张 A 房屋租赁合同对拍得人继续有效【正确。基于买卖不破租赁，若房屋被拍卖，乙仍有权主张在先的 A 房屋租赁合同对拍得人继续有效。】

D. A 房屋租赁合同租期届满时，乙享有以同等条件优先承租的权利【正确。租赁期限届满，房屋承租人享有以同等条件优先承租的权利。】

2. 甲将其临街房屋和院子出租给乙作为汽车修理场所。经甲同意，乙先后两次自费扩建多间房屋作为烤漆车间。乙在又一次扩建报批过程中发现，甲出租的全部房屋均未经过城市规划部门批准，属于违章建筑。下列哪些选项是正确的？（2015-03-59，多选）

A. 租赁合同无效【正确。违章建筑租赁合同无效。】

B. 因甲、乙对于扩建房屋都有过错，应分担扩建房屋的费用【正确。】

C. 因甲未告知乙租赁物为违章建筑，乙可解除租赁合同【错误。合同解除以合同有效为前提，既然租赁合同因违章建筑而无效，自然不存在解除的问题。】

D. 乙可继续履行合同【错误。既然租赁合同因违章建筑而无效，自然不能继续履行。】

3. 张三将自己的一间商业街门面房租给李四，经张三同意，李四对房屋重新进行了装饰装修，形成了附合。后合同因出租人张三违约解除，李四可请求张三赔偿剩余租赁期内装饰装修残值损失。【正确。】

融资租赁合同

【重点】融资租赁合同关系的认定、租赁物的所有权、承租人的支付租金义务

【重点法条】

《民法典》

第 737 条【虚构融资租赁物】当事人以虚构租赁物方式订立的融资租赁合同无效。

第 745 条【未经登记不得对抗】出租人对租赁物享有的所有权，未经登记，不得对抗善意第三人。

第 752 条【承租人支付租金义务】承租人应当按照约定支付租金。承租人经催告后在合理期限内仍不支付租金的，出租人可以请求支付全部租金；也可以解除合同，收回租赁物。

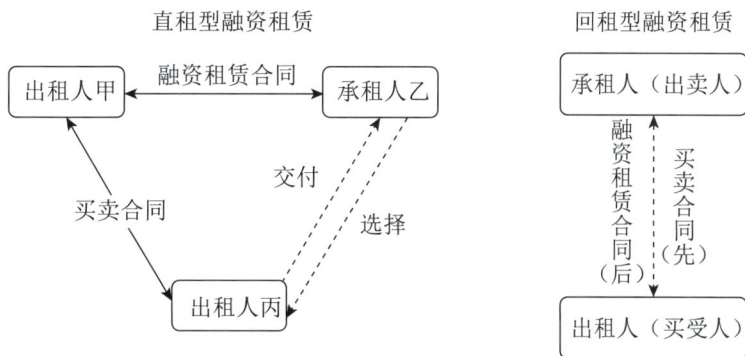

直租型融资租赁

```
出租人甲  ——融资租赁合同——  承租人乙
   \                           ⋮ ⋮
    \                   交付   ⋮ ⋮
  买卖合同                     ⋮ ⋮  选择
      \                       ⋮ ⋮
       \                      ⋮ ⋮
        出租人丙 ←- - - - - - - ┘
```

回租型融资租赁

```
承租人（出卖人）
   ⋮          ⋮
 融资        买卖
 租赁        合同
 合同       （先）
（后）        ⋮
   ⋮          ⋮
出租人（买受人）
```

概念	融资租赁合同是出租人根据承租人对出卖人、租赁物的选择，向出卖人购买租赁物，提供给承租人使用，承租人支付租金的合同。 【注意】出租人资格限制：只能是经批准设立的融资租赁公司。	
性质	双务、有名、有偿、诺成、要式（书面形式）、继续性合同	
类型	直租	承租人和出卖人不相同。例：丙将自己生产的大型机器卖给甲，再由甲出租给乙使用。乙向甲每年支付租金。
	售后回租	承租人和出卖人系同一人：承租人将其自有物出卖给出租人，再通过融资租赁合同将租赁物从出租人处租回。例：乙将自己生产的大型机器卖给甲，再由甲出租给乙使用。乙向甲每年支付租金。

续表

效力	1. 依照法律、行政法规的规定，对于租赁物的经营使用应当取得行政许可的，出租人未取得行政许可不影响融资租赁合同的效力（因为使用人是承租人）。
	2. 名为融资租赁实为借贷：虚构租赁物、低值高买、售后回租情形下出卖人不转移标的物所有权等，构成通谋虚伪表示，融资租赁合同无效。隐藏行为借款合同是否有效，应另行判断。例：乙卖给甲的大型生产设备，市价5亿元，再由甲出租回乙使用，乙每年向甲支付租金5亿，租期二十年，共计100亿元。考虑到租赁物的价值和租金的比例，就会发现甲乙名义上是融资租赁，实质上是甲想向乙借款。此时融资租赁合同应认定为双方虚假行为，借款合同为隐藏行为，其效力应另行判断。 【注意】融资租赁具有融资与融物的双重属性，通过融物实现融资的目的，如果没有融物仅有融资，那就是纯粹的借款，而非融资租赁。
租赁物所有权	1. 租赁期间：租赁物的所有权归出租人，但是出租人保留的所有权未经登记，不得对抗善意第三人。 【注意】与保留所有权买卖一样，出租人保留对租赁物的所有权是为了担保承租人支付租金，民法典立法者将其视为担保物权，故而融资租赁也要适用担保物权尤其是动产抵押的相关规则（参见担保部分）。
	2. 合同无效：有约从约；没有约定或约定不明确的，租赁物应当返还出租人。但是，因承租人原因致使合同无效，出租人不请求返还或返还后会显著降低租赁物效用的，租赁物的所有权归承租人，由承租人给予出租人合理补偿。 【示例】甲与乙签订融资租赁合同，租赁一台大型机器，没有约定租赁物的归属。机器已经安装在乙的工厂内，后因乙的原因融资租赁合同无效。此时如果把机器再拆下会导致机器寿命减损，出租人决定不要回租赁物，而可以请求承租人给予合理补偿。
	3. 租期届满：有约从约→无法确定的，归出租人所有。 【注意】当事人约定租赁期间届满，承租人仅需向出租人支付象征性价款的，视为约定的租金义务履行完毕后租赁物的所有权归承租人。
出租人义务（与租赁合同比较）	1. 出租人不承担租赁物瑕疵担保责任：出卖人交付给承租人的租赁物不符合约定的，出租人不承担责任。承租人只能向出卖人索赔，出租人负有协助义务。 例外：承租人依赖出租人的技能确定租赁物或者出租人干预选择租赁物、出租人擅自变更承租人已选定的租赁物。【租赁合同中出租人承担】
	2. 出租人不负担租赁物的维修义务。【租赁合同中出租人承担】
	3. 出租人不承担租赁物在承租人占有期间致人损害的赔偿责任。【租赁合同中出租人可能承担】
	4. 出租人不负担租赁物毁损灭失的风险：承租人占有租赁物期间，租赁物毁损、灭失的，出租人有权请求承租人继续支付租金。【租赁合同中承租人可请求减少或不支付】
承租人权利	1. 出卖人应当按照约定，向承租人交付标的物，承租人享有与受领标的物有关的买受人的权利，如请求交付标的物、索赔的权利。
	2. 出卖人交付标的物严重不符合约定，或者催告后在合理期限内仍未交付：承租人可以拒绝受领。
	3. 索赔权：（1）租赁物有质量瑕疵，承租人有权向出卖人索赔；（2）出租人未及时协助/明知瑕疵不告知承租人，导致承租人对出卖人索赔失败的，出租人要承担相应责任；（3）出租人怠于行使只能自己对出卖人行使的索赔权造成承租人损失的，承担赔偿责任。

续表

承租人支付租金义务		1. 承租人应当按约向出租人支付租金。 【注意】租赁物有瑕疵或毁损灭失，承租人依然需要支付租金，除非出租人应负瑕疵担保责任。因为租金不是承租人使用租赁物的对价，而是承租人向出卖人买入租赁物的成本和出租人利润的分期偿还。租赁物交付给承租人后，出租人的义务已经全部履行完毕。故而，即使租赁物毁损灭失，承租人依然要支付租金。
		2. 承租人经催告后在合理期限内仍不支付租金，出租人可以择一主张下列权利。 （1）起诉请求支付全部剩余租金（加速到期） 出租人可以就拍卖、变卖租赁物所得的价款优先受偿；可以请求参照民事诉讼法"实现担保物权案件"的有关规定。（因为出租人对租赁物的所有权具有担保功能） 【注意】若承租人未履行判决，出租人可以再次起诉请求解除合同、收回租赁物。 （2）起诉请求解除合同，收回租赁物 承租人可以抗辩或者反诉的方式主张返还租赁物价值超过欠付租金以及其他费用的部分应返还承租人。（因为出租人对租赁物的所有权具有担保功能，应当履行清算义务） 例：甲根据乙的要求购买市价10亿元的大型机器设备并出租给乙，租期十年，每年租金2亿元，共20亿元。现第六年租金到期，经甲催告后乙在合理期间内仍未支付。①甲可以要求乙一次性支付已经到期的第六年租金和尚未到期的第七年至第十年的租金。如果乙无法支付租金，甲可以请求法院将机器拍卖变卖，就所得价款优先偿还乙对甲的租金债务。②甲也可以选择解除合同，收回机器，其价值超过欠付租金以及其他费用的部分，应当返还给乙。
合同解除	双方解除权	1. 出租人与出卖人订立的买卖合同解除、被确认无效或者被撤销，且未能重新订立买卖合同。
		2. 租赁物因不可归责于当事人的原因毁损、灭失，且不能修复或者确定替代物。
		3. 因出卖人的原因致使融资租赁合同的目的不能实现。
	出租人单方解除权	1. 承租人未经出租人同意，将租赁物转让、抵押、质押、投资入股或者以其他方式处分。
		2. 承租人未按照合同约定的期限和数额支付租金，符合合同约定的解除条件，经出租人催告后在合理期限内仍不支付。
		3. 合同对于欠付租金解除合同的情形没有明确约定，但承租人欠付租金达到2期以上，或者数额达到全部租金15%以上，经出租人催告后在合理期限内仍不支付。
		4. 承租人违反合同约定，致使合同目的不能实现的其他情形。
	承租人单方解除权	因出租人的原因致使承租人无法占有、使用租赁物。

【判断分析】

乙融资租赁公司根据甲公司的选择，以 100 万元的价格向生产厂商丙公司购买了一台大型医疗设备出租给甲公司使用，租期 2 年，每月租金 5 万元，租期届满后该设备归乙公司所有。后丙公司依据乙公司的指示直接将设备交付给甲公司。关于本案，下列哪一说法是正确的？（2018-2-7，单选）

A. 如租期内医疗设备存在瑕疵，乙公司应减少租金【错误。承租人可以对出卖人行使索赔权，但是不影响其履行支付租金的义务，除非承租人依赖出租人的技能或者出租人干预选择租赁物。】

B. 如租期内医疗设备存在瑕疵，乙公司应承担维修义务【错误。承租人甲公司应承担租赁物的维修义务。】

C. 租期内医疗设备毁损、灭失的风险应由乙公司承担【错误。租期内租赁物毁损、灭失的风险由承租人甲公司承担。】

D. 租期内医疗设备毁损、灭失的风险应由甲公司承担【正确。理由同 C 选项。】

第六章
保理合同

【重点】虚构应收账款、有追索权保理、无追索权保理

【重点法条】

《民法典》

第766条【有追索权保理】当事人约定有追索权保理的，保理人可以向应收账款债权人主张返还保理融资款本息或者回购应收账款债权，也可以向应收账款债务人主张应收账款债权。保理人向应收账款债务人主张应收账款债权，在扣除保理融资款本息和相关费用后有剩余的，剩余部分应当返还给应收账款债权人。

第767条【无追索权保理】当事人约定无追索权保理的，保理人应当向应收账款债务人主张应收账款债权，保理人取得超过保理融资款本息和相关费用的部分，无需向应收账款债权人返还。

第768条【多重保理】应收账款债权人就同一应收账款订立多个保理合同，致使多个保理人主张权利的，已经登记的先于未登记的取得应收账款；均已经登记的，按照登记时间的先后顺序取得应收账款；均未登记的，由最先到达应收账款债务人的转让通知中载明的保理人取得应收账款；既未登记也未通知的，按照保理融资款或者服务报酬的比例取得应收账款。

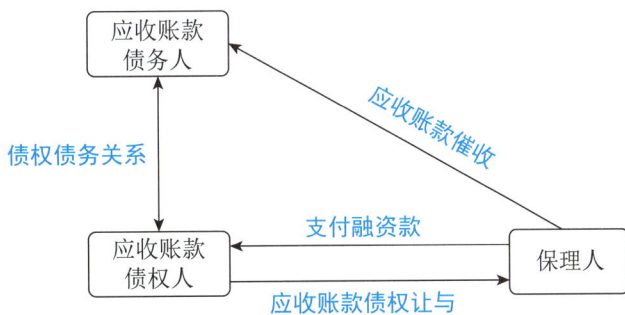

应收账款
债务人

债权债务关系

应收账款催收

应收账款
债权人

支付融资款

保理人

应收账款债权让与

保理三方关系图

概念	保理合同是应收账款债权人将现有的或者将有的应收账款转让给保理人，保理人提供资金融通、应收账款管理或者催收、应收账款债务人付款担保等服务的合同。 【注意】保理人的资格限制：经过批准才可以从事保理业务。
性质	双务、有名、有偿、诺成、要式（书面）。

续表

通知	保理人向应收账款债务人发出应收账款转让通知的，应当**表明保理人身份并附有必要凭证。**
基础交易合同	1. **虚构**基础交易合同：应收账款债权人与债务人**虚构**应收账款作为转让标的，与保理人订立保理合同的，应收账款**债务人不得**以应收账款不存在为由**对抗**保理人，但是保理人**明知**虚构的除外。
	2. **擅自变更**基础交易合同：应收账款债务人接到应收账款转让**通知后**，应收账款债权人与债务人无正当理由协商变更或者终止基础交易合同，对保理人产生不利影响的，对保理人**不发生效力**。如甲公司对乙公司有应收账款债权 100 万，甲公司与丙银行签订保理合同。后甲公司与乙公司协商只收 50 万即可，损害保理人利益，不对保理人生效。

类型	有追索权保理	1. 保理人可以向**债权人**主张**返还保理融资款本息**或者**回购应收账款债权**。【债权未卖断】债权人履行后可以请求债务人向其履行应收账款债务。
		2. 保理人可以向**债务人**主张**应收账款债权**，在扣除保理融资款本息和相关费用后有剩余的，**剩余部分应当返还给债权人。**【注意】有追索权保理相当于**债权让与担保**，即债权人将债权让与给保理人，以担保保理融资款本息。民法典立法者将有追索权保理作为担保对待。所以保理人负有清算义务。
		3. 保理人单独起诉应收账款债务人或者债务人，法院应予受理；保理人一并起诉二者，法院可以受理。
	无追索权保理	1. 保理人**只能向债务人**主张**应收账款债权**。【债权卖断】
		2. 保理人取得超过保理融资款本息和相关费用的部分，**无需**向债权人返还（风险与收益一致）。
		**【示例】**甲公司对乙公司享有 500 万应收账款债权，甲公司与丙银行签订保理合同，以该笔应收账款债权换取 450 万融资款。假设融资款本息和丙银行保理的必要费用合计 470 万。①若甲公司与丙银行签订的是**有**追索权的保理合同，丙银行既可以**向乙公司**索要应收账款 500 万；也可以**向甲公司**要求直接偿还 470 万，或者以 470 万元回购应收账款债权（变相偿还甲公司对丙银行的融资款本息）。如果甲公司偿还 470 万（无论以哪种名义），甲公司与丙银行之间银货两讫；如果丙银行是从乙公司处顺利要回 500 万应收账款，多余的 30 万还**需要返还**给甲公司。②若甲公司与丙银行签订的是无追索权的保理合同，丙银行**只能**向乙公司索要应收账款，一旦乙公司还不上，丙银行**不能**找甲公司还钱或回购应收账款。如果丙银行从乙公司处顺利要回 500 万应收账款，多余的 30 万丙银行**无需还**给甲公司，而是作为自己的风险报酬。

多重保理的优先顺位	**登记**（先登记>后登记）>未登记已**通知**（先通知>后通知：转让通知**到达**债务人的先后）>未登记未通知（按**比例**受偿）
	同一应收账款同时存在保理、应收账款质押和债权转让，参照适用上述规则。
	例：甲对乙有应收账款 500 万。5 月 1 日，甲与丙银行**签订保理合同且通知**到达乙；2 日，甲将债权**质押**给丁银行并**登记**；3 日，甲将债权**转让**给戊且通知了乙；4 日，甲将债权**转让给戊但未通知**乙；5 日，甲与辛银行**签订保理合同并办理登记**。受偿顺序为：**丁银行（5.2 办理登记）>辛银行（5.5 办理登记）>丙银行（5.1 通知）>戊（5.3 通知）>戊（无登记也无通知）。**

说明	保理的核心要素是**债权让与**，合同编分则对保理合同未做规定的，可以参照适用合同编总则中债权转让的相关规定。

第七章
建设工程施工合同

【重点】建设工程价款优先受偿权、建设工程施工合同的无效事由、实际施工人

【重点法条】

《民法典》第 807 条【工程价款的支付】发包人未按照约定支付价款的，承包人可以催告发包人在合理期限内支付价款。发包人逾期不支付的，除根据建设工程的性质不宜折价、拍卖外，承包人可以与发包人协议将该工程折价，也可以请求人民法院将该工程依法拍卖。建设工程的价款就该工程折价或者拍卖的价款优先受偿。

《建设工程施工合同解释（一）》

第 36 条【优先受偿权的顺位】承包人根据民法典第八百零七条规定享有的建设工程价款优先受偿权优于抵押权和其他债权。

第 37 条【工程价款优先受偿】装饰装修工程具备折价或者拍卖条件，装饰装修工程的承包人请求工程价款就该装饰装修工程折价或者拍卖的价款优先受偿的，人民法院应予支持。

第 38 条【承包人优先受偿权】建设工程质量合格，承包人请求其承建工程的价款就工程折价或者拍卖的价款优先受偿的，人民法院应予支持。

第 39 条【未竣工，但质量合格的部分可以优先受偿】未竣工的建设工程质量合格，承包人请求其承建工程的价款就其承建工程部分折价或者拍卖的价款优先受偿的，人民法院应予支持。

第 40 条【优先受偿权的范围】承包人建设工程价款优先受偿的范围依照国务院有关行政主管部门关于建设工程价款范围的规定确定。

承包人就逾期支付建设工程价款的利息、违约金、损害赔偿金等主张优先受偿的，人民法院不予支持。

第 41 条【优先受偿权行使期限】承包人应当在合理期限内行使建设工程价款优先受偿权，但最长不得超过十八个月，自发包人应当给付建设工程价款之日起算。

第 42 条【放弃或限制建设工程价款优先受偿权】发包人与承包人约定放弃或者限制建设工程价款优先受偿权，损害建筑工人利益，发包人根据该约定主张承包人不享有建设工程价款优先受偿权的，人民法院不予支持。

建设工程施工合同基本原理	
概念	建设工程施工合同是承包人进行工程建设，发包人支付价款的合同。
性质	双务、有名、有偿、诺成、要式合同。

续表

建设工程施工合同基本原理		
转包 **（全部转）**	转包是指承包人将工程全部转给第三人。转包合同一律无效。	
分包合同 **（部分转）**	合法分包 （合同 有效）	承包人经发包人同意，可以将自己承包的部分工作交由第三人完成。
	违法分包 （合同 无效）	1. 未经发包人同意分包。 2. 全部工程支解后以分包名义转包。 3. 分包人不具有相应资质。 4. 将工程主体结构分包。 5. 分包人将工程再分包。 【注意】无效的是分包合同，发包人与承包人之间的承包合同不受影响。
连带责任	转包、合法分包、违法分包：第三人就其完成的工作成果质量问题与承包人向发包人承担连带责任。	
	借用资质：出借方和借用方就工程质量问题对发包人承担连带责任。	
解除权	发包人 解除权	承包人将建设工程转包、违法分包的，发包人可以解除其与承包人之间的承包合同。
	承包人 解除权	发包人提供的主要建筑材料、建筑构配件和设备不符合强制性标准或者不履行协助义务，致使承包人无法施工，且在催告的合理期限内仍未履行相应义务的，承包人可以解除合同。
建设工程施工合同无效的情形和处理方式		
合同无效 **的情形**	1. 承包人未取得或超越相应资质等级（在建设工程竣工前取得相应资质等级的除外）。 2. 没有资质的实际施工人借用有资质的建筑施工企业名义。 3. 建设工程必须进行招标而未招标或中标无效。 4. 转包和违法分包。 5. 发包人未取得建设工程规划许可证等规划审批手续（发包人起诉前取得相应手续的除外；发包人能够办理审批手续而未办理，不得以未办理审批手续为由请求确认合同无效）。	
处理方式	1. 建设工程施工合同无效，但是建设工程经过验收合格的，可以参照合同关于工程价款的约定折价补偿实际施工人。 【注意】建设工程合同无效，承包人被称之为实际施工人。 参照合同的确定：实际履行的合同>最后签订的合同。	
	2. 建设工程施工合同无效，且建设工程经过验收不合格的，先进行修复： （1）修复后验收合格，实际施工人享有工程价款请求权，但要承担修复费用； （2）修复后仍验收不合格，实际施工人不享有工程价款请求权。	

续表

建设工程施工合同基本原理	
	3. 实际施工人可以仅以**转包人或者违法分包人**为被告起诉，法院应当受理。
	4. 实际施工人也可以直接起诉**发包人**（突破合同相对性）。 实际施工人以发包人为被告主张权利的，人民法院**应当追加转包人或者违法分包人为本案第三人**，在查明发包人欠付转包人或者违法分包人建设工程价款的数额后，判决发包人在**欠付建设工程价款范围内**对实际施工人承担责任。
	5. 转包人或者违法分包人怠于向发包人行使到期债权或者与该债权有关的从权利，影响其到期债权实现，实际施工人可以向发包人提起**代位权**诉讼。
	6. 因建设工程质量发生争议的，**发包人**可以以总承包人、分包人和实际施工人为**共同被告**提起诉讼。（突破合同相对性）

建设工程施工合同的垫资问题	
垫资和工程欠款问题	1. 当事人对垫资**没有**约定的，按照**工程欠款**处理；对垫资**利息没有约定**的，视为**无利息**； 2. 当事人对**欠付工程价款利息**计付标准有约定的，按约定处理；没有约定的，按同期同类贷款利率或者同期贷款市场报价利率计算。

以招投标方式订立的建设工程合同	
原则	1. 当事人就同一建设工程另行订立的建设工程施工合同与经过备案的中标合同实质性内容不一致的，应当以**备案的中标合同**作为根据。 2. 招标人和中标人在中标合同之外另行约定明显高于市场价格购买承建房产、无偿建设住房配套设施、让利、向建设单位捐赠财物等另行签订合同，**变相降低工程价款**的，该合同**无效**。
例外	非必须招投标的建设工程进行招标后，另行订立实质性内容不一致的合同，是因为发包人与承包人因客观情况发生了**在招标投标时难以预见的变化**的，以**后订立**的合同为准。 【说明】依法必须招标的，主要是大型基础设施、公用事业等关系社会公共利益、公众安全的项目；全部或者部分使用国有资金投资或者国家融资的项目；使用国际组织或者外国政府贷款、援助资金的项目。

承包人工程价款优先受偿权	
主体	1. 与发包人订立建设工程施工合同的**承包人**（不包括实际施工人）。
	2. 装饰装修工程的**承包人**（仅就装饰装修工程享有优先权）。
前提	1. 发包人与承包人之间存在**有效**的建设工程施工合同或装饰装修施工**合同**。
	2. 发包人未按约定支付价款+承包人**催告**发包人在**合理期限**内支付价款，发包人仍不支付。
	3. 建设工程在性质上**适宜折价**或请求人民法院**拍卖**。
	4. 建设工程经**验收质量合格**，是否竣工，在所不问。

续表

建设工程施工合同基本原理	
范围	工程价款。①包括：应当支付的工作人员报酬、材料款等实际支出的费用和利润。②不包括：工程价款的逾期利息、违约金、损害赔偿金等。
期限	1. 合理期限内行使：最长不得超过**18个月**，自发包人**应当给付建设工程价款之日**起算。
	2. 应当给付工程价款之日的确定：约定>工程交付之日>竣工结算文件提交之日>当事人起诉之日。
方式	1. 承包人可与发包人协议将工程折价归承包人所有； 2. 承包人也可申请法院拍卖建设工程，以折价、拍卖价款优先清偿到期工程价款。
法定	发包人与承包人约定**放弃或限制**建设工程价款优先受偿权，**损害**建筑工人利益的，**无效**。
顺位	1. **商品房消费者物权期待权**>承包人优先权>**一般不动产买受人物权期待权**>抵押权>普通债权。
	2. **商品房消费者**物权期待权的构成要件： （1）法院查封前已订立**有效合同**； （2）**用于居住且名下无其他居住房屋**，既包括涉案房屋同一设区的市或者县级市范围内消费者名下没有用于居住的房屋，还包括名下虽已有1套房屋但购买的房屋在面积上仍属于满足基本居住需要的情形； （3）**已付价款超过约定总额的50%**（已支付的价款接近50%，且已按约将剩余价款支付的也符合要求）。
	3. **一般不动产买受人**物权期待权的构成要件： （1）法院查封前已订立**有效合同**； （2）法院查封前已**合法占有**； （3）已**支付全部价款**/按约支付部分价款且将剩余价款按法院要求交付执行； （4）**非因买受人自身原因未办理过户登记**，如①买受人有作出办理登记的积极行为，如请求出卖人登记等；②买受人有未办理登记的合理客观理由。

【判断分析】

1. 甲大学与乙公司签订建设工程施工合同，由乙为甲承建新教学楼。经甲同意，乙将主体结构的施工分包给丙公司。后整个教学楼工程验收合格，甲向乙支付了部分工程款，乙未向丙支付工程款。下列哪些表述是错误的？（2006-3-62，多选）

A. 乙、丙之间分包合同有效【错误。乙公司把主体结构的施工分包给丙公司，是违法分包，分包合同无效。】

B. 甲可以撤销与乙之间的建设工程施工合同【错误。违法分包的，发包人可以解除合同，而非撤销。】

C. 丙可以乙为被告诉请支付工程款【正确。实际施工人丙可以仅以违法分包人乙为被告

起诉。】

D. 丙可以甲为被告诉请支付工程款，但法院应当追加乙为第二人【正确。实际施工人丙以发包人甲为被告主张权利的，法院应当追加违法分包人乙为本案第三人。】

2. 甲公司将一工程发包给乙建筑公司，经甲公司同意，乙公司将部分非主体工程分包给丙建筑公司，丙公司又将其中一部分分包给丁建筑公司。后丁公司因工作失误致使工程不合格，甲公司欲索赔。对此，下列哪些说法是正确的？（2010-3-59，多选）

A. 上述工程承包合同均无效【错误。甲乙间工程承包合同有效。乙公司经甲公司同意将部分非主体工程分包，乙丙间分包合同有效，但丙丁间的再分包合同无效。】

B. 丙公司在向乙公司赔偿损失后，有权向丁公司追偿【正确。丙公司因第三人丁公司工作失误原因导致违约，应向乙公司承担违约责任，之后有权向丁公司追偿。】

C. 甲公司有权要求丁公司承担民事责任【正确。因建设工程质量发生争议的，发包人甲公司可以以总承包人、分包人和实际施工人丁公司为共同被告提起诉讼。】

D. 丁公司因工作失误致使工程不合格，经过修复后验收不合格的，无权请求参照合同关于工程价款的约定折价补偿【正确。修复后工程仍验收不合格，实际施工人丁公司无权请求支付工程价款。】

第八章
其他有名合同

【重点】委托合同中的任意解除权、中介合同中的跳单

第一节　物业服务合同

概念	物业服务合同，是物业服务人（包括物业服务企业和其他管理人）在物业服务区域内，为业主提供建筑物及其附属设施的维修养护、环境卫生和相关秩序的管理维护等物业服务，业主支付物业费的合同。 【注意】物业服务人公开作出的有利于业主的服务承诺，为物业服务合同的组成部分。	
性质	双务、有名、有偿、诺成、要式合同	
当事人	物业服务合同的双方当事人是物业服务人和业主。（开发商、业主大会、业主委员会仅代表业主订立合同）。 1. 前期物业服务合同（开发商确定的物业服务人）：业主委员会或业主与新物业服务人订立的合同生效，前期物业服务合同终止。 2. 一般物业服务合同：业主委员会/业主大会依法选聘的物业服务人。	
物业服务人义务	亲自履行	1. 可以把部分专项服务委托给专业性组织，但仍要就该部分服务向业主负责。如花木养护。
		2. 不得将全部物业服务转委托给第三人，或将全部物业服务支解后分别转委托给第三人（禁止转包）。
	退出交接	1. 在约定期限或合理期限内退出小区，将物业服务用房、相关设施、物业服务所必需的相关资料等交还给业主委员会、决定自行管理的业主或其指定的人，配合新物业服务人做好交接工作，并如实告知物业的使用和管理状况。 2. 违反的不得请求业主支付合同终止后的物业费；造成业主损失的要赔偿。
	后合同义务	业主或业主大会选聘的新物业服务人或决定自行管理的业主接管之前，原物业服务人应当继续处理物业服务事项，并可以请求业主支付该期间的物业费。

续表

业主支付物业费义务	1. 物业服务人已提供服务，业主不得以未接受或者无需接受服务为由拒绝付费。
	2. 业主违反约定逾期不支付物业费的，物业服务人可以催告其在合理期限内支付；合理期限届满仍不支付的，物业服务人可以提起诉讼或者申请仲裁。
	3. 物业服务人不得采取停止供电、供水、供热、供燃气等方式催交物业费。
解除	业主解除	业主依法定程序共同决定解聘物业服务人的，可以解除物业服务合同（业主享有任意解除权）；应当提前60日书面通知物业服务人，但是合同对通知期限另有约定的除外。（解除合同造成物业服务人损失的，除不可归责于业主的事由外，业主应当赔偿损失。）
	双方解除	服务期限届满，业主没有续聘或另聘，物业服务人继续服务的，原物业服务合同继续有效，但是服务期限为不定期。当事人可以随时解除不定期物业服务合同，但是应当提前60日书面通知对方。
续聘	服务期限届满前，业主依法共同决定续聘；物业服务人不同意续聘的，应当在期限届满前90日书面通知业主或者业主委员会，但是合同对通知期限另有约定的除外。

【判断分析】

1. 物业服务人可以用停止供水、供电的方式催交物业费。【错误】

2. 业主可以通过法定程序对物业服务人行使任意解除权，但是应该90日之前通知物业服务人，因任意解除给物业服务人造成的损失，业主应当赔偿损失。【错误。业主通过法定程序行使任意解除权的，应当提前60日书面通知物业服务人。】

3. 服务期限届满前，业主依法共同决定续聘；物业服务人不同意续聘的，应当在期限届满前90日通知业主或者业主委员会。【错误。物业服务人不同意续聘的，应当在期限届满前90日书面通知业主或者业主委员会。】

第二节　合伙合同

概念	两个以上合伙人为了共同的事业目的，订立的共享利益、共担风险的协议。
特征	1. 多方法律行为（是平行的而非对应的一致，区别于双方法律行为）； 2. 合伙人可以是自然人、法人、非法人组织。
出资义务	某一合伙人未按约履行出资义务的，其他合伙人不能因此拒绝履行相应的出资义务。 例外：二人合伙中某一合伙人未按约履行出资义务的，另一合伙人可以因此拒绝履行相应的出资义务。
合伙财产	1. 合伙人的出资、因合伙事务依法取得的收益和其他财产，属于合伙财产。 2. 合伙合同终止前，合伙人不得请求分割合伙财产。 3. 合伙合同终止后，合伙财产在支付因终止而产生的费用以及清偿合伙债务后有剩余的，可以分配：按照利润分配、亏损承担规则。

续表

利润分配、亏损承担	有约从约→协商决定→按照实缴出资比例→平均分配、分担
事务决定	有约从约→无约经全体合伙人一致同意
事务执行	1. 规则：共同执行，也可委托一个或者数个合伙人执行，其他合伙人可监督。 2. 合伙人分别执行，一个可以对其他合伙人执行的事务提出异议，异议提出后，应当暂停该项事务的执行。 3. 除另有约定，合伙人不得因执行合伙事务而请求支付报酬。 4. 合伙人的债权人不得代位行使合伙人的权利，利益分配请求权除外。
债务承担	对外连带，对内按份额承担最终责任（即对外清偿超出份额可对内追偿）。
对外份额转让	除另有约定，向合伙人以外的人转让其全部或者部分财产份额的，须经其他合伙人一致同意。
不定期合伙合同	1. 合伙期限没有约定或者约定不明确，无法确定的，视为不定期合伙。 2. 合伙期限届满，合伙人继续执行合伙事务，其他合伙人没有提出异议的，原合伙合同继续有效，但是合伙期限为不定期。 3. 合伙人可以随时解除不定期合伙合同，但是应当在合理期限之前通知其他合伙人。
合伙事务的终止	1. 约定期限届满； 2. 合伙人一致同意终止； 3. 合同被依法解除； 4. 合伙人死亡、丧失民事行为能力或者终止的，合伙合同终止。但是，合伙合同另有约定或者根据合伙事务的性质不宜终止的除外。

【判断分析】

甲、乙、丙三人签订合伙合同，约定共同从事教育培训服务。对此，以下说法不正确的是？

A. 就合伙事务作出决定的，应当经三分之二以上的合伙人同意，合伙合同另有约定的除外【错误。如无特别约定，决定合伙事务需要全体同意，而非三分之二。】

B. 如果甲拟将其合伙份额转让给乙，必须经过丙的同意【错误。对内转让合伙份额是自由的，只有对外需要其他合伙人一致同意。】

C. 甲、乙、丙经协商，推举乙为合伙事务的执行人，除合伙合同另有约定外，乙不得因执行合伙事务而请求支付报酬【正确】

D. 就合伙债务，甲、乙、丙应按照出资比例对债权人承担责任【错误。合伙人对合伙债务对外承担连带责任，而非按份责任。】

第三节　委托合同

【重点法条】

《民法典》第 933 条【任意解除权】委托人或者受托人可以随时解除委托合同。因解除合同造成对方损失的，除不可归责于该当事人的事由外，无偿委托合同的解除方应当赔偿因解除时间不当造成的直接损失，有偿委托合同的解除方应当赔偿对方的直接损失和合同履行后可以获得的利益。

概念		委托合同，是委托人和受托人约定，由受托人处理委托人事务的合同。
有偿委托		双务、有偿、继续性合同。
无偿委托		单务、无偿、继续性合同。
垫付费用		受托人为处理委托事务垫付的必要费用，委托人应当偿还该费用并支付利息。
支付报酬		受托人完成委托事务的，委托人应当按照约定向其支付报酬。因不可归责于受托人的事由，委托合同解除或者委托事务不能完成的，委托人应当向受托人支付相应的报酬。当事人另有约定的，按照其约定。
共同委托		两个以上的受托人共同处理委托事务的，对委托人承担连带责任。
解除权	双方任意解除权	委托人或者受托人可以随时解除委托合同。因解除合同造成对方损失，不可归责于解除方，无责；可归责于解除方，则根据有偿无偿区别对待。
	无偿委托	故意或者重大过失造成损失，才赔；解除方赔因解除时间不当造成的直接损失。
	有偿委托	过错给委托人造成损失，要赔；解除方赔对方的直接损失和合同履行后可以获得的利益。
受托人变更委托权限	合法变更	（1）条件：委托人同意/情急妥善处理，事后报备。（2）后果：委托人承受。
	非法变更	（1）条件：未经同意/处理后未报备。（2）后果：受托人承受。
【注意】转委托、受托人以自己名义与第三人订立合同：详见总则编复代理与间接代理部分。		

【判断分析】

1. 甲委托好友乙有偿地为其购买红木沙发。在乙去购买沙发的路上，甲告知已经网上下单，乙可以以此时已快到家具店为由坚持购买。【错误。委托人甲可以随时解除委托合同，如因甲的原因造成乙损失，若可归责于甲，则甲需要赔偿损失。】

2. 甲委托同村人乙顺路将水果运往市场出售，乙在卸货过程中不小心将部分水果倒在地上（事后查明是轻过失），因此销售额少了200元，甲可以要求乙赔偿损失。【错误。无偿的委托合同，只有受托人乙故意或者重大过失造成委托人甲损失，甲才可以请求赔偿损失。】

第四节　中介合同

一、中介合同概述

1. **概念**：中介合同，是中介人向委托人报告订立合同的机会或者提供订立合同的媒介服务，委托人支付报酬的合同。

2. **性质**：双务、有名、有偿、诺成、不要式合同。

二、中介合同的效力

（一）中介人的义务

1. 忠实义务：中介人故意隐瞒与订立合同有关的重要事实或者提供虚假情况，损害委托人利益的，不得请求支付报酬并应当承担赔偿责任。

2. 负担中介费用的义务：中介人促成合同成立的，中介活动的费用，由中介人负担。

（二）委托人的义务

1. 支付报酬的义务：

（1）中介人促成合同成立，委托人应当按照约定支付报酬。

（2）因中介人提供订立合同的媒介服务而促成合同成立的，由该合同的当事人平均负担中介人的报酬。

2. 支付必要中介费用的义务：中介人未促成合同成立，不得请求支付报酬；但是可以按照约定请求委托人支付从事中介活动支出的必要费用。

3. 禁止跳单义务：委托人在接受中介人的服务后，利用中介人提供的交易机会或者媒介服务，绕开中介人直接订立合同的，应当向中介人支付报酬。

第五节　行纪合同

一、行纪合同概述

1. **概念**：行纪合同，是行纪人以自己的名义为委托人从事贸易活动，委托人支付报酬的合同。以自己名义为他人从事贸易活动的一方为行纪人，委托行纪人为自己从事贸易活动并支付报酬的一方为委托人。

2. **性质**：有名、双务、有偿、诺成、不要式合同。

3. **行纪合同与代理**：行纪人是以自己名义签订合同，行纪人对该合同直接享有权利、承担义务，与代理具有本质的区别。

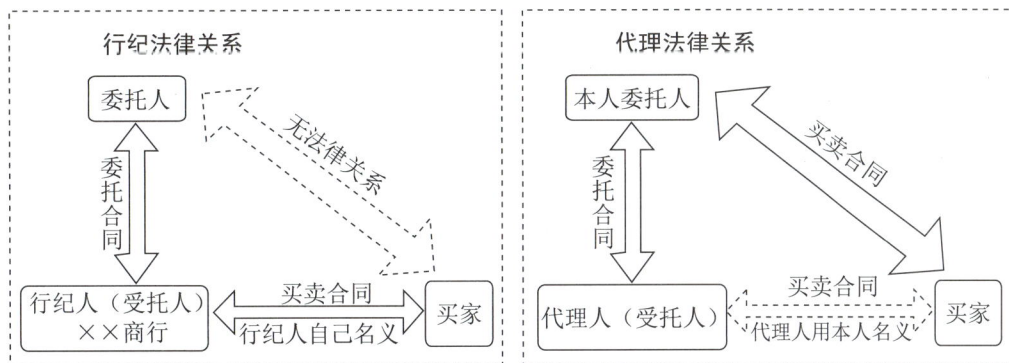

二、行纪合同的效力

（一）行纪人的权利

1. 介入权（自买自卖）：行纪人卖出或买入具有市场定价的商品，除委托人有相反的意思表示的以外，行纪人自己可以作为买受人或出卖人（不影响其要求委托人支付报酬）。

2. 留置权：行纪人完成或部分完成委托事务的，委托人应当向其支付相应的报酬。委托人逾期不支付报酬的，行纪人对委托物享有留置权，但是当事人另有约定的除外。

（二）行纪人的义务

1. 负担行纪费用的义务：行纪人处理委托事务支出的费用，由行纪人负担，当事人另有约定除外。

2. 价格遵守义务：

（1）行纪人低于委托人指定的价格卖出或者高于委托人指定的价格买入的，应当经委托人同意。未经委托人同意，行纪人补偿其差额，该买卖对委托人发生效力。

（2）行纪人高于委托人指定的价格卖出或者低于委托人指定的价格买入的，可以按照约定增加报酬。没有约定或者约定不明确，无法确定的，该利益属于委托人。

（3）委托人对价格有特别指示的，行纪人不得违背该指示卖出或者买入。

第六节　承揽合同

概念	承揽合同，是承揽人按照定作人的要求完成工作，交付工作成果，定作人支付报酬的合同。承揽包括加工、定作、修理、复制、测试、检验等工作。
定作人任意解除权	在承揽人完成工作前，定作人可随时变更或解除合同，造成承揽人损失的，定作人要赔偿。
承揽人解除权	定作人不履行协助义务，致使承揽工作不能完成，经承揽人催告后的合理期间仍不履行协助义务，承揽人可解除合同。
承揽人留置权	定作人未向承揽人支付报酬或者材料费等价款的，承揽人对完成的工作成果享有留置权或者有权拒绝交付，但是当事人另有约定的除外。

续表

承揽工作的亲自完成	1. 承揽人应当以自己的设备、技术和劳力，完成主要工作，但当事人另有约定的除外。 2. 承揽人将其承揽的主要工作交由第三人完成的，应当就该第三人完成的工作成果向定作人负责；未经定作人同意的，定作人也可以解除合同。 3. 承揽人可以将其承揽的辅助工作交由第三人完成，但是应当就该第三人完成的工作成果向定作人负责。

【判断分析】

甲提供三块木料给乙家具厂订制一个衣柜，开工两天后甲觉得衣柜样式不够新潮。甲有权要求乙停止制作，解除合同，对乙已做工作无需赔偿。【错误。定作人享有任意解除权，但造成承揽人损失的，定作人要赔偿。】

第七节　运输合同

概念		运输合同，是承运人将旅客或者货物从起运地点运输到约定地点，旅客、托运人或者收货人支付票款或者运输费用的合同。
性质		双务、有名、有偿、诺成、不要式合同。
强制缔约		公共运输的承运人不得拒绝旅客/托运人通常、合理的运输要求（不得拒载）。
客运合同	成立	客运合同自承运人向旅客出具客票时成立。
	救助义务	承运人在运输过程中应当尽力救助患有急病、分娩、遇险的旅客。无论遭遇危险原因如何，都应当尽力救助，否则承担违约或者侵权责任。
	旅客伤亡赔偿责任	无过错责任。同样适用于免票、持优待票或者经承运人许可搭乘的免票旅客（逃票的没有合同关系：不赔）。
		免责事由（但要尽到尽力救助的义务）：伤亡是旅客自身健康原因/故意或者重大过失造成的。
	财产赔偿责任	1. 随身携带行李：过错责任。 2. 托运行李：无过错责任。
货运合同	托运人的权利	任意变更权、任意解除权：在承运人将货物交付收货人之前，托运人可以要求承运人中止运输、返还货物、变更到达地或者将货物交给其他收货人，但是应当赔偿承运人因此受到的损失。
	承运人留置权	托运人或收货人不付应付费用，承运人有留置权。
	货物毁损	无过错责任。
		免责事由：承运人证明货物的毁损、灭失是因不可抗力、货物本身的自然性质或者合理损耗以及托运人、收货人的过错造成的。

续表

货运合同	赔偿数额	1. 有约定从约定。 2. 没有约定或者约定不明的，无法确定的，按照交付或者应当交付时货物到达地的市场价格计算。
	验收通知义务	对外观和数量瑕疵应该在收货时验货，否则视为没有瑕疵。
	单式联运合同的责任承担	突破合同相对性：损失发生在哪一段，与托运人订立合同的承运人和该区段的承运人承担连带责任。不能证明发生在哪一路段的，所有承运人承担连带责任。
	多式联运合同的责任承担	由与托运人订立合同的承运人独立承担责任，不连带。
		因托运人托运货物时的过错造成多式联运经营人损失的，即使托运人已经转让多式联运单据，托运人仍应当承担损害赔偿责任。

【判断分析】

1. 甲因年龄未达到购票标准被认定为是免票人员，后火车侧翻造成甲身体损伤，承运人不必对甲承担赔偿责任。【错误。甲虽为免票人员，但客运合同中造成旅客伤害是无过错责任，且同样适用于免票、持优待票或者经承运人许可搭乘的免票旅客。】

2. 甲公司出口精美瓷器，通过铁路运输单式联运方式运输，并与乙公司订立托运合同。后在丙公司负责的运输区段发生急刹车事故导致部分瓷器毁损，应由与托运人订立合同的承运人乙公司独立承担责任。【错误。单式联运突破合同相对性，损失发生在哪一段，与托运人订立合同的承运人乙公司和该区段的承运人丙公司承担连带责任。】

第八节　保管合同与仓储合同

	保管合同	**仓储合同**
含义	保管合同，是保管人保管寄存人交付的保管物，并返还该物的合同。 【注意】寄存人到保管人处从事购物、就餐、住宿等活动，将物品存放在指定场所的，视为保管，但另有约定或有交易习惯除外。	仓储合同，是保管人储存存货人交付的仓储物，存货人支付仓储费的合同。
性质	民事合同	商事合同
是否要物	实践合同（当事人另有约定除外）	诺成合同
是否有偿	可有偿、可无偿（对保管费用没有约定，推定为无偿）	有偿
任意解除权	定期保管合同的寄存人/不定期保管合同的双方	不定期仓储合同的双方

续表

	保管合同	仓储合同
提取时间	1. 寄存人：可以随时领取保管物。 2. 保管人： ①不定期：随时请求寄存人领取保管物； ②定期：保管人无特别事由，不得请求寄存人提前领取保管物。	不定期：存货人或者仓单持有人可以随时提取仓储物，保管人也可以随时请求存货人或者仓单持有人提取仓储物，但是应当给予必要的准备时间。
归责原则	有偿保管：过错责任。 无偿保管人：仅在故意或重大过失致保管物毁损灭失时担责。	过错责任。 免责事由：因仓储物的自然性质、包装不符合约定或超过有效储存期造成仓储物变质、损坏的。

第九节　技术合同

概念	技术合同是指当事人就技术开发、转让、许可、咨询或者服务订立的确立相互之间权利和义务的合同。
性质	双务、有偿、诺成合同。 要式：技术开发、技术转让、技术许可合同。不要式：技术咨询与技术服务合同。

职务技术成果	
范围	1. 履行本职工作或者本单位交付的本职工作以外的任务所完成的技术成果。 2. 离职、退休或者调动工作后1年内完成的与其在原单位承担的本职工作或者原单位分配的任务有关的技术成果。 3. 利用本单位物质技术条件完成的技术成果。
权利	单位：使用权、转让权、申请专利权
	个人（完成人）：署名权、获得奖励、报酬、同等条件下优先受让权

技术开发合同的技术成果归属		
类型	委托开发合同	合作开发合同
专利申请权	有约定从约定； 没有约定的，专利申请权属于研究开发人，且研究开发人有获得报酬的权利	有约定从约定； 没有约定的，申请专利的权利属于合作开发的当事人共有。 合作开发的当事人一方声明放弃其共有的专利申请权的，可以由另一方单独申请或者由其他各方共同申请。 合作开发的当事人一方不同意申请专利的，另一方或者其他各方不得申请专利。
使用权	研究开发人取得专利权的，委托人可以依法免费实施该专利。	合作开发的各方当事人均有权使用，合作开发的一方放弃专利申请权的，仍然有权免费实施该专利。

续表

转让权	研究开发人转让专利申请权的，委托人同等条件下享有优先受让权。	有约从约，无约时一方当事人转让共有专利申请权的，其他各方同等条件下享有优先受让权。
技术秘密转让权	有约从约→无约时，研究开发人与委托人均享有技术秘密转让权，研究开发人在向委托人交付研究开发成果之前，不得将研究开发成果转让给第三人。	有约从约→无约时，合作开发各方均有权行使技术秘密转让权。

后续改进的技术成果归属

在技术转让合同、技术咨询合同、技术服务合同中，一方后续改进的技术成果归属，有约定的，从约定；没有约定或者约定不明确的，归改进人方享有。

技术合同的无效

1. 非法垄断技术、侵害他人技术成果的技术合同无效。

2. 侵害他人技术秘密的技术合同被确认无效后，除法律、行政法规另有规定的以外，善意取得该技术秘密的一方当事人可以在其取得时的范围内继续使用该技术秘密，但应当向权利人支付合理的使用费并承担保密义务。

3. 双方恶意串通或一方知道或者应当知道另一方侵权仍与其订立或履行合同的，属于共同侵权，法院应当判令侵权人承担连带赔偿责任和保密义务，因此取得技术秘密的当事人不得继续使用该技术秘密。

KEEP AWAKE

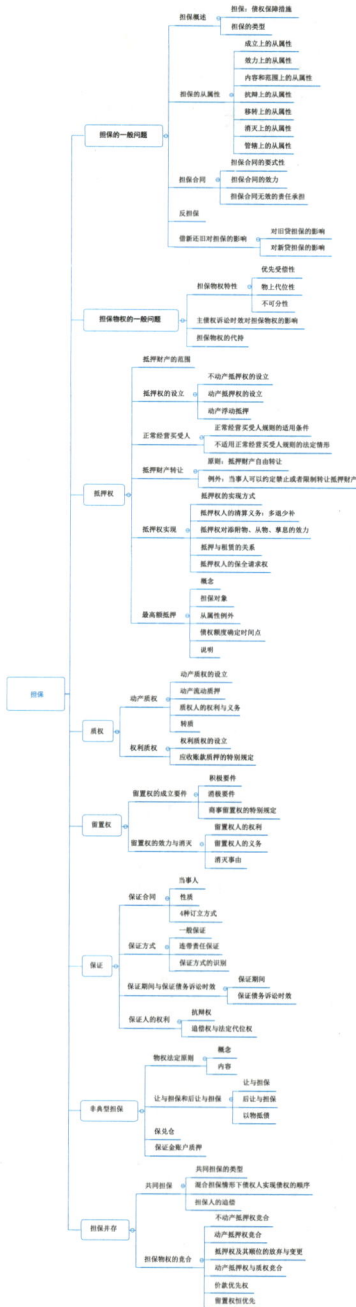

第一章

担保的一般问题

【重点】担保的从属性、法定代表人越权对外担保、担保合同无效的责任承担

第一节　担保概述

一、担保：债权保障措施

在一手交钱一手交货的交易中，当事人任何一方均不必担心自己的债权无法实现。但是，大量的交易并非如此。例如，在借款合同中，出借人提供借款后，借款人到期能否偿还借款本息，存在很大的不确定性。为了确保自己的借款债权能够实现，出借人（债权人）可以采取一定的保障措施，其中之一就是设立担保。

二、担保的类型

1. 人保：保证

担保债权实现的第一个方法是，扩大可以用于清偿债务的责任财产范围，即在债务人的责任财产之外增加第三人的责任财产。除债务人财产外，债权人还可以请求第三人以其责任财产承担责任。此种担保方式就是所谓的人保，即保证。例如，甲向乙借款100万，丙提供保证担保。到期后，乙可以请求丙支付借款本息。

2. 物保：担保物权

人保虽然可以在一定程度上保障债权，但是基于债权的平等性，其作用有时候极其有限。

【示例】甲向乙借款100万，丙提供保证担保。如果丙仅有100万元的A设备，别无他物，而丙尚拖欠丁100万元货款。在甲到期无力偿还借款时，若乙和丁均请求丙支付100万元，基于债权的平等性，丙可以自由决定将A设备拍卖所得价款全部支付给乙或者丁。若丙全部支付给丁，乙的债权就将无法实现。

为了打破债权的此种平等性，担保债权实现的第二个方法是，以债务人自己或第三人的特定财产设定担保，并就该财产取得优先于其他债权人的地位。此种担保方式就是所谓的物保，包括抵押和质押。

【示例】甲向乙借款100万，丙以价值100万元的A设备提供抵押担保，并办理了登记。假设丙除此之外别无他物，而丙尚拖欠丁100万元货款。若乙和丁均请求拍卖A设备，则乙可以优先于丁就拍卖所得价款受偿，因为乙的债权是有物权担保的债权，丁的债权是普通债权，而物权优先于债权。

除了抵押、质押这些根据当事人合意设定的物保之外，尚存在法律直接规定的物保形式，即留置；以金钱设定的担保，即定金，属于物保的一种特殊形式。

【说明】典型担保与非典型担保：抵押、质押和留置、保证和定金属于法律明文规定的担保，被称为典型担保。在此之外被承认的担保形式为非典型担保，例如让与担保、所有权保留、融资租赁、保理等。

第二节　担保的从属性

【重点法条】

《民法典》

第 547 条【从权利的转移】债权人转让债权的，受让人取得与债权有关的从权利，但是该从权利专属于债权人自身的除外。

受让人取得从权利不因该从权利办理转移登记手续或者未转移占有而受到影响。

《担保解释》

第 2 条【排除担保合同效力上从属性的条款无效】当事人在担保合同中约定担保合同的效力独立于主合同，或者约定担保人对主合同无效的法律后果承担担保责任，该有关担保独立性的约定无效。主合同有效的，有关担保独立性的约定无效不影响担保合同的效力；主合同无效的，人民法院应当认定担保合同无效，但是法律另有规定的除外。

第 3 条【内容和范围上的从属性】当事人对担保责任的承担约定专门的违约责任，或者约定的担保责任范围超出债务人应当承担的责任范围，担保人主张仅在债务人应当承担的责任范围内承担责任的，人民法院应予支持。

担保人承担的责任超出债务人应当承担的责任范围，担保人向债务人追偿，债务人主张仅在其应当承担的责任范围内承担责任的，人民法院应予支持；担保人请求债权人返还超出部分的，人民法院依法予以支持。

担保旨在保障债权实现。所以，担保从属于其所担保的债权，担保合同是主债权债务合同的从合同。例如，甲向乙借款 100 万，丙提供保证担保。乙与丙之间的保证合同，从属于甲与乙之间的借款合同，借款合同是主合同，保证合同是从合同。

【注意】从属性是担保的基本属性。现行法唯一承认的独立担保是由银行或者非银行金融机构开立的独立保函。

一、成立上的从属性

1. 担保以主债权的存在为前提。主债权不成立，则担保不成立。
2. 可以先成立担保，后发生债权。例如，最高额担保。

二、效力上的从属性

1. 主合同无效，担保合同随之无效。
2. 独立性约定无效：约定担保合同的效力独立于主合同，或者约定担保人对主合同无效的法律后果承担担保责任，独立性约定无效，但不影响担保合同的效力。

【示例】甲向乙借款 10 万，丙提供保证，保证合同中某条约定："即使甲乙的借款合同无效，丙仍然要承担保证责任"。该条款无效，但保证合同效力不受影响。

【注意】主合同解除后，担保人对债务人应当承担的民事责任仍应当承担担保责任。

三、内容和范围上的从属性

1. 担保人仅在债务人应当承担的责任范围内承担责任。

【说明】担保范围包括主债权及其利息、违约金、损害赔偿金、保管担保财产和实现债权的费用等。当事人另有约定的，按照其约定。

（1）担保债务范围不得大于主债务；约定大于的部分无效，限缩至主债务范围。

（2）对担保责任约定专门的违约责任，无效。

（3）担保人承担的责任超出债务人应当承担的责任范围，担保人仅能向债务人在其应当承担的责任范围内追偿；担保人可以请求债权人返还超出部分。

2. 债权人和债务人未经担保人书面同意，协商变更主债权债务合同内容：减轻债务的，担保人对变更后的债务承担担保责任；加重债务的，担保人对加重的部分不承担担保责任。

四、抗辩上的从属性

1. 担保人可以主张债务人对债权人的抗辩。债务人放弃抗辩的，担保人仍有权向债权人主张抗辩。

2. 债务人对债权人享有抵销权或者撤销权的，担保人可以在相应范围内拒绝承担担保责任。

五、移转上的从属性

1. 债权让与

（1）原则：从属于债权的担保物权随之转移给受让人，担保人继续承担担保责任。

①通知担保人是债权让与对担保人发生效力的条件。

②受让人取得担保权不以办理转移登记手续或者转移占有为前提。

（2）例外

①担保合同约定不得转让债权，债权人未经担保人书面同意转让债权的，担保人对受让人不再承担担保责任。

②最高额抵押担保的债权确定前，部分债权转让的，最高额抵押权不得转让。

2. 债务承担

（1）免责的债务承担：未经担保人书面同意，担保人不再承担相应的担保责任。

（2）并存的债务承担（债务加入）：担保人不得以第三人加入债务未经其同意为由主张免责。

【示例】甲对乙享有20万元债权，丙为乙提供保证，后丁向甲表示愿意与乙一起承担对甲的20万元债务。丙即使不知情，也无权主张免除保证责任，因为在并存的债务承担中，担保人不得以第三人加入债务未经其同意为由主张免责。

六、消灭上的从属性

主债权全部消灭的，担保人不再承担担保责任。

七、管辖上的从属性

1. 债权人**一并起诉**债务人和担保人的，应当根据**主合同**确定管辖法院。
2. 债权人依法可以**单独起诉**担保人且仅起诉担保人的，应当根据**担保合同**确定管辖法院。

【注意】可以单独起诉担保人的唯一情形：**连带责任保证**。

3. 主合同或者担保合同约定了仲裁条款的，人民法院对约定仲裁条款的合同当事人之间的纠纷无管辖权。

【判断分析】

甲公司将 1 台挖掘机出租给乙公司，为担保乙公司依约支付租金，丙公司担任保证人，丁公司以机器设备设置抵押。乙公司欠付 10 万元租金时，经甲公司、丙公司和丁公司口头同意，将租金债务转让给戊公司。丙公司和丁公司不再承担担保责任【**正确**。债务人乙公司将租金债务转移给戊公司，自己不再承担债务，此属于**免责的债务承担**。未经担保人丙公司、丁公司**书面同意**，仅有口头同意，担保人丙公司、丁公司不再承担担保责任】

第三节　担保合同

一、担保合同的要式性

设定担保，无论人保还是物保，均需要债权人与担保人签订**书面的**担保合同。

【说明】对担保合同进行形式强制的主要原因在于，担保合同是**单务、无偿合同**，采取书面形式可以促使担保人慎重考虑，避免第三人未经深思熟虑即提供担保。

二、担保合同的效力

担保合同的效力，一方面要根据民事法律行为效力规则进行判断，另一方面要考虑主合同对担保合同效力的影响，基于担保的从属性，主合同无效则担保合同无效。

（一）担保人资格限制

1. **原则**：基于私法自治，原则上任何民事主体**均可以**提供担保。

2. **例外**：**禁止**提供担保

机关法人和**居委会、村委会**以及以**公益**为目的的**非营利性**学校、幼儿园、医疗机构、养老机构等**以公益设施**提供担保的，担保合同**无效**。例如，大学不得以教学楼、图书馆、实验室等教学设施设定抵押。

3. **例外之例外——可以提供担保**

（1）机关法人：经**国务院**批准为使用外国政府或者国际经济组织贷款进行转贷。

（2）村委会：依法代行村集体经济组织职能的村委会，依照村委会组织法规定的讨论决定程序对外提供担保。

（3）以公益为目的的非营利性学校、幼儿园、医疗机构、养老机构等：

①以**保留所有权买卖**方式购入公益设施或者以**融资租赁**方式租入公益设施；

②以**公益设施以外**的不动产、动产或者财产权利设立担保物权。

【**示例1**】保留所有权买卖：甲公立医院与乙医疗器械公司签订手术机器人买卖合同，约定：在甲医院付清价款前，乙公司保留手术机器人的所有权。

【**示例2**】融资租赁：甲公立医院与丙融资租赁公司签订融资租赁合同，约定：丙公司向乙医疗器械公司购买手术机器人一台，出租给甲医院使用，甲医院按月支付资金，期限届满手术机器人归甲医院所有。

【**示例3**】以非公益设施提供担保：甲公立大学以校园内的古树设立抵押，向银行借款。

【**注意**】登记为营利法人的学校、幼儿园、医疗机构、养老机构等提供担保，担保合同有效。

（二）公司对外担保

《公司法》第16条规定：公司向其他企业投资或者为他人提供担保，依照公司章程的规定，由董事会或者股东会、股东大会决议；公司章程对投资或者担保的总额及单项投资或者担保的数额有限额规定的，不得超过规定的限额。公司为公司股东或者实际控制人提供担保的，必须经股东会或者股东大会决议。

1. 法定代表人逾越《公司法》第16条关于对外担保权限的限制，对外提供担保，构成无权代表。故而，法定代表人以公司名义签订的担保合同效力待定。

2. 在公司拒绝追认担保合同的情形，担保合同能否对公司生效，取决于是否成立表见代表。而表见代表是否成立，取决于相对人是否善意，即相对人在订立担保合同时是否知道或者应当知道法定代表人超越权限。

（1）相对人善意：成立表见代表，担保合同对公司发生效力，相对人可以请求公司承担担保责任；

（2）相对人非善意：担保合同对公司不发生效力，相对人只能请求公司承担赔偿责任。

3. 相对人善意的判断

（1）相对人对公司法定决议机关的决议进行了形式审查，可以认定相对人善意。

【**注意**】对于上市公司，相对人只能根据其公开披露的关于担保事项已经董事会或者股东大会决议通过的信息与之订立担保合同。

（2）法定决议机关

①关联担保（为公司股东或者实际控制人提供担保）：股东会或者股东大会决议。

②非关联担保（为公司股东或者实际控制人之外的人提供担保）：董事会或者股东会、股东大会决议。

【**注意**】相对人只要审查法定决议机关的决议即可，至于具体作出决议的机关是否是章程规定的有权决议机关，在所不问。例如，在非关联担保中，相对人审查了董事会决议即可，即使公司章程规定有权决议机关是股东会，依然应当认定相对人为善意。

（3）无须决议的情形

①金融机构开立保函或者担保公司提供担保。

②公司为其全资子公司开展经营活动提供担保（上市公司除外）。

③担保合同系由单独或者共同持有公司三分之二以上对担保事项有表决权的股东签字同意（上市公司除外）。

④一人公司为股东提供担保。（一人公司因承担担保责任导致无法清偿其他债务，提供担保时的股东不能证明公司财产独立于自己的财产，其他债权人可以请求该股东承担连带责任。）

【注意】

1. 并存的债务承担（债务加入）在功能上与保证类似。故而，法定代表人以公司名义加入债务的，适用法定代表人越权担保规则。

2. 公司的**分支机构未经授权**对外提供担保的，公司及其分支机构**不承担**担保责任。例外：①金融机构的分支机构在其营业执照记载的**经营范围内**开立保函；②相对人**善意**，即相对人不知道且不应当知道分支机构对外提供担保未经授权。

三、担保合同无效的责任承担

（一）担保人的赔偿责任

担保合同有效，则担保人可能承担担保责任；担保合同**无效**，则担保人**不承担担保责任**，但是有可能需要对债权人的损失承担**赔偿责任**。

情形	过错		担保人责任承担
	债权人	担保人	
主合同**有效**，担保合同无效	有错	有错	≤债务人不能清偿部分的1/2
	没错	有错	=债务人不能清偿的部分
	有错	没错	不承担
主合同**无效**导致担保合同无效		没错	不承担
		有错	≤债务人不能清偿部分的1/3

【总结】担保人只要**没错就不承担赔偿责任**。

【示例】甲向乙借款，丙村委会提供保证。村委会按照法律规定不得提供保证，担保合同无效。债权人乙、担保人丙对此均有过错，故丙应就债务人甲不能清偿部分的1/2对债权人乙承担清偿责任。

【注意】担保合同对上市公司不发生效力时，上市公司不承担赔偿责任，**无论**是否有错。

（二）担保人的追偿

1. 担保人承担了赔偿责任，可以在其承担责任的范围内向**债务人**追偿。

2. 担保人承担了赔偿责任，可以在其承担赔偿责任的范围内请求**反担保人**承担担保责任。

第四节 反担保

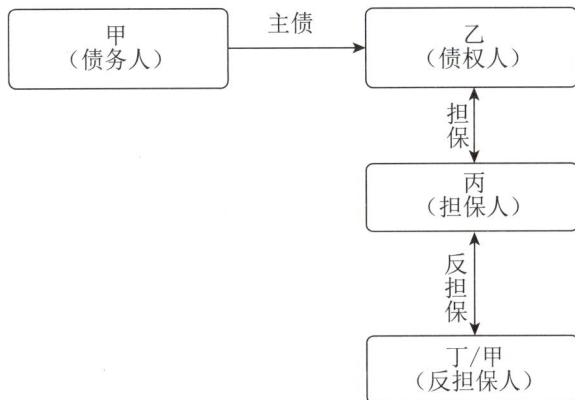

反担保，是指债务人或者第三人为确保担保人承担担保责任后实现对债务人的追偿权而设定的担保。

1. 反担保的担保对象

（1）反担保的担保对象是担保人对债务人的追偿权。只要担保人对债务人有追偿权，反担保人就要承担担保责任。

（2）反担保合同从属于担保人与债务人之间的追偿法律关系。

【注意】

1. 反担保和一般的担保并无本质不同，只不过它担保的是担保人对债务人的追偿权而已。通常将担保人提供的担保称之为本担保。

2. 虽然反担保合同以（本）担保合同的存在为前提，但是反担保合同并非（本）担保合同的从合同，反担保人不得仅以担保合同无效为由主张反担保合同无效。担保合同无效，担保人承担赔偿责任后，有权请求反担保人承担担保责任。

2. 反担保的方式

债务人提供反担保只能是抵押、质押；第三人提供反担保可以是保证，也可以是抵押、质押。

【示例】 甲向乙借款 100 万，丙提供保证担保。丙担心自己承担保证责任后，无法顺利向甲追偿。为此，丁向丙提供保证担保，若丙无法向甲追偿，则由丁承担责任。①甲与乙之间存在借款合同，乙与丙之间存在保证合同，该保证合同是借款合同的从合同。②一旦丙向乙承担保证责任，则丙与甲之间成立追偿法律关系，丁与丙之间的保证合同是该追偿法律关系的从合同。③乙与丙之间的保证合同关系被称之为本担保，丙与丁之间的保证合同关系被称之为反担保。前者担保的是乙对甲的借款债权，后者担保的是丙对甲的追偿权。

第五节 借新还旧对担保的影响

借新还旧，是指在旧的贷款尚未清偿的情况下，贷款人与借款人再次签订贷款合同，以新贷出的款项清偿旧的贷款。

一、对旧贷担保的影响

借新还旧，意味着旧贷消灭。基于担保的从属性，旧贷的担保也随之消灭。故而，担保人对旧贷**不再承担**担保责任。

二、对新贷担保的影响

借新还旧，通常是借款人无力偿还旧贷，此时债务人也并未实际收到新贷款项，所以为新贷提供担保的风险远远大于普通的担保。故而，新贷担保人是否需要承担担保责任，取决于其**是否知道或者应当知道**以新贷偿还旧贷的事实。

1. 旧贷与新贷的担保人相同的情形

在新贷与旧贷的担保人**相同**时（即同一人），说明新贷担保人**知情**，其自然**应当承担**担保责任。

【注意】旧贷的物保人在登记尚未注销的情形下**同意**继续为新贷提供担保，在订立新的贷款合同前又以该担保财产为其他债权人设立担保物权的，新贷债权人的担保物权顺位**优先**于其他债权人。（**按照旧贷的物保顺位确定新贷的物保顺位**）

2. 旧贷与新贷的担保人不同的情形

如果新贷与旧贷的担保人**不同**，或者旧贷无担保而新贷有担保，**知情**的新贷担保人**承担**担保责任；**不知情**的新贷担保人**不承担**担保责任。

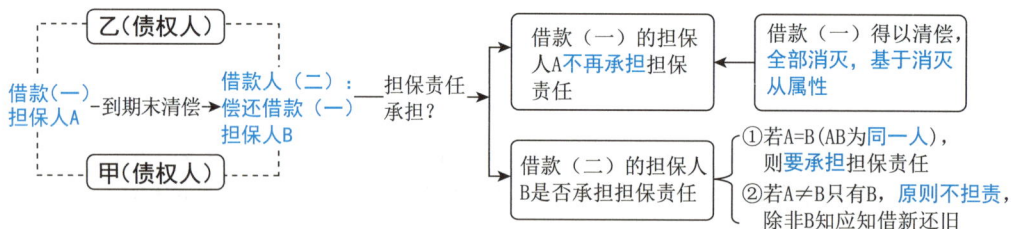

【示例】2021年10月1日，甲向乙银行借款300万元，丙以自己的A房提供抵押，并办理了抵押登记。2021年12月1日，丙向丁银行借款100万元，并以自己的A房提供抵押，办理了抵押登记。甲到期无力偿还借款，于是于2022年11月1日再次向乙银行借款320万元用于偿还到期本息，丙承诺继续以A房提供抵押担保，不知情的戊承诺提供保证。其后，甲、丙均无力偿还银行到期借款。①2022年11月1日借款的目的是借新还旧。②丙同时为旧贷和新贷提供抵押担保，所以丙要为新贷承担担保责任。③乙银行对A房的抵押权优先于丁银行对A房的抵押权。④不知情的戊不承担保证责任。

第二章

担保物权的一般问题

【重点】担保物权的物上代位性、主债权诉讼时效对担保物权的影响

担保物权，是以确保债务清偿为目的，于债务人或第三人所有之物或者权利上所设定的以**变价权和优先受偿权**为核心内容的物权。担保物权支配担保物的交换价值，包括：抵押权、质权和留置权。

第一节　担保物权的特性

一、优先受偿性

债务人不履行到期债务，债权人可就担保物拍卖、变卖所得的价款**优先于其他债权人受偿**。

【示例】甲先向乙借款 200 万元。后甲向丙借款 300 万元，并以房屋提供抵押，办理了抵押登记。现两笔借款均到期且甲的资产仅有房屋。丙可主张就房屋拍卖、变卖所得的价款**优先于乙**受偿：若房屋价款为 350 万元，则丙可得 300 万元，乙只能拿到 50 万元；若房屋价款为 200 万元，甲只能实现 200 万元的债权，乙则拿不到一毛钱。

二、物上代位性

【重点法条】

《民法典》第 390 条【担保物权的物上代位性】担保期间，担保财产毁损、灭失或者被征收等，担保物权人可以**就获得的保险金、赔偿金或者补偿金等优先受偿。被担保债权的履行期限未届满**的，也可以**提存该保险金**、赔偿金或者补偿金等。

《担保解释》第 42 条【担保物权的物上代位性】抵押权依法设立后，抵押财产毁损、灭失或者被征收等，抵押权人请求**按照原抵押权的顺位**就保险金、赔偿金或者补偿金等优先受偿的，人民法院**应予支持**。

给付义务人**已经向抵押人给付了保险金、赔偿金或者补偿金**，抵押权人请求给付义务人向其给付保险金、赔偿金或者补偿金的，人民法院**不予支持**，但是**给付义务人接到抵押权人要求向其给付的通知后**仍然向抵押人给付的除外。

抵押权人请求给付义务人向其给付保险金、赔偿金或者补偿金的，人民法院可以通知抵押人作为第三人参加诉讼。

担保物权支配担保物的**交换价值**。因此，担保物在担保期间即使发生形态变化，只要其交换价值尚存，担保物权的效力仍可及于其交换价值的载体。

1. 担保期间，担保财产毁损、灭失或者被征收等，担保物权并不消灭，担保物权人可以就获得的保险金、赔偿金或者补偿金等优先受偿，且顺位不发生变化，按照担保物权的原顺位。被担保的债权履行期限未届满的，可以提存该保险金、赔偿金或者补偿金等。

【示例】甲向乙借款 100 万元，并以房屋为乙提供抵押担保，办理了抵押登记。后该房屋因失火被焚毁，保险公司向甲赔付 200 万元保险金。甲到期无力偿还借款，则乙可主张就保险金优先受偿。

2. 保险金、赔偿金或者补偿金等给付义务人接到抵押权人要求向其给付的通知后仍然向抵押人给付的，不免除其继续向抵押权人给付的义务；抵押权人请求给付义务人向其给付保险金、赔偿金或者补偿金的，法院可以通知抵押人作为第三人参加诉讼。

三、不可分性

从债权的角度观察	担保物担保债权的全部 1. 债权部分消灭的，剩余债权仍享有担保物权。例：甲向乙借款 100 万元，并以价值 200 万元的房屋为乙提供抵押担保，办理了抵押登记。若尚有 50 万元到期未还，乙仍可就整套房屋享有担保物权。 2. 债权部分转让的，保留部分和转让部分债权都对担保物享有担保物权。例：甲向乙借款 100 万元，并以价值 200 万元的房屋为乙提供抵押担保，办理了抵押登记。后乙将其中 50 万元债权转让给了丙。乙保有的 50 万元债权和丙受让的 50 万元债权均受该套房屋的担保。
从担保物的角度观察	担保物以其全部担保债权 1. 担保物的价值增加/减少，都以担保物的全部担保债权。 例：甲向乙借款 100 万元，并以价值 200 万元的房屋为乙提供抵押担保，办理了抵押登记。后该套房屋大幅涨价/大幅跌价，但乙仍对整套房屋享有担保物权。 2. 担保物被分割或部分转让的，分割、转让后的各部分担保物都担保债权。 例：甲向乙借款 100 万元，并以价值 200 万元的房屋为乙提供抵押担保，办理了抵押登记。后甲将房屋第一层卖给了丙，则乙对甲保有的第二层和丙受让的第一层均享有担保物权。

第二节　主债权诉讼时效对担保物权的影响

1. 以不移转占有为前提的担保物权（抵押权、以登记作为公示方式的权利质权）：在主债权诉讼时效期间未行使担保物权，则担保物权消灭。例：甲向乙借款 100 万元，丙以房屋提供抵押并办理了抵押登记。若借款债务诉讼时效已过，则乙不得再主张行使抵押权。

【注意】主债权诉讼时效期间届满前，债权人仅对债务人提起诉讼，经人民法院判决或者调解后未在申请执行时效期间内对债务人申请强制执行，无权主张行使担保物权。

2. 以占有为前提的担保物权（动产质权、留置权、以交付权利凭证作为公示方式的权利质权）：不受主债权诉讼时效的影响。主债权诉讼时效期间届满后，担保物权人依然可以行使担保物权。例：甲向乙借款 100 万元，丙以名贵手表为乙提供质押。即使借款债务诉讼时效已过，乙依然可以主张行使质权。

第三节　担保物权的代持

担保物权代持，是指当事人将担保物权登记在他人名下，在符合规定要件时，若债务人不履行到期债务，债权人或者其受托人就所登记担保物享有优先受偿权。

现行法明确承认担保物权代持的法定情形包括：

1. 为债券持有人提供的担保物权登记在债券受托管理人名下。

【示例】甲公司（债券发行人）代债券持有人 A 聘请乙公司为债券受托管理人，丙公司以其办公大楼为债券提供抵押，并将乙公司（债券受托管理人）登记为抵押权人。①债券持有人 A 为债权人，甲公司（债券发行人）为债务人，乙公司（债券受托管理人）与债券持有人 A 之间为委托关系。②债券持有人 A 有权以自己的名义主张行使抵押权。③乙公司（债券受托管理人）为债券持有人 A 的利益，也可以行使抵押权。

2. 为委托贷款人提供的担保物权登记在受托人名下。

【示例】甲银行受乙公司的委托，向丙公司发放一笔贷款，丁公司以其办公大楼为该笔贷款提供抵押担保，并将甲银行登记为抵押权人。①委托人乙公司为真正的债权人及担保物权人，受托人甲银行为登记担保物权人。②乙公司和甲银行均可以自己的名义行使抵押权。

3. 担保人知道债权人与他人之间存在委托关系的其他情形。

【示例】甲向乙借款 100 万元，乙要求甲以建设用地使用权提供抵押担保，并约定由甲与丙签订《建设用地使用权抵押合同》，其担保的主合同为甲乙间的借款合同。后乙向甲依约发放借款，甲与丙办理了抵押登记。①乙为真正的债权人及担保物权人，丙为登记担保物权人。②乙和丙均可以自己的名义行使抵押权。

第三章

抵押权

【重点】本章均十分重要。

抵押权，是指债权人对于债务人或者第三人不转移财产的占有而提供的担保财产，在债务人不履行到期债务时，可就其拍卖、变卖所得价款优先受偿的担保物权。其中，提供担保的债务人或者第三人为抵押人，债权人为抵押权人，担保财产为抵押物或抵押财产。

【注意】设立抵押权不转移抵押物的占有，抵押人依然对抵押物享有占有、使用、收益和处分的权利。

第一节　抵押财产的范围

1. 原则自由：除法律、行政法规规定不得抵押的财产外，其他财产均可以抵押。至于债权人愿意接受何种财产抵押，则取决于该财产的价值以及能否变现、变现的难易度。

2. 例外禁止：法律、行政法规禁止抵押的财产包括：

禁止抵押财产	对抵押合同效力的影响
1. 土地所有权	抵押合同无效（土地公有，无法变现）
2. 宅基地、自留地、自留山等集体土地使用权	抵押合同无效（农村土地具有社会保障性质，无法变现） 例外可以抵押： 1. 土地经营权； 2. 以乡镇、村企业的厂房等建筑物抵押的，其占用范围内的建设用地使用权一并抵押（建设用地使用权不得单独抵押）。
3. 违法建筑物	抵押合同无效，一审法庭辩论终结前已经办理合法手续的除外。 【注意】以建设用地使用权抵押，抵押合同不因土地上存在违法建筑物而无效。
4. 划拨建设用地使用权	抵押合同有效。以划拨建设用地使用权或划拨建设用地上的建筑物抵押，即使未办理批准手续，抵押合同也不因此而无效。不过，抵押权实现时，拍卖、变卖所得的价款应当优先用于补缴建设用地使用权出让金。
5. 所有权、使用权不明或者有争议的财产	抵押合同有效。若抵押人属于有权处分，债权人可以取得抵押权；若抵押人无权处分，只有在满足善意取得条件的情况下债权人才能取得抵押权。

续表

禁止抵押财产	对抵押合同效力的影响
6. 查封、扣押、监管财产	抵押合同有效。抵押权人能否行使抵押权，取决于行使抵押权时查封、扣押或者监管措施是否已经解除：已经解除的，可以行使抵押权；未解除的，不得行使抵押权。

第二节　抵押权的设立

一、不动产抵押权的设立

【重点法条】

《民法典》

第 402 条【不动产抵押权的设立】以本法第三百九十五条第一款第一项至第三项规定的财产或者第五项规定的正在建造的建筑物抵押的，应当办理抵押登记。抵押权自登记时设立。

《担保解释》

第 52 条【抵押预告登记】当事人办理抵押预告登记后，预告登记权利人请求就抵押财产优先受偿，经审查存在尚未办理建筑物所有权首次登记、预告登记的财产与办理建筑物所有权首次登记时的财产不一致、抵押预告登记已经失效等情形，导致不具备办理抵押登记条件的，人民法院应当驳回其诉讼请求；经审查已经办理建筑物所有权首次登记，且不存在预告登记失效等情形的，人民法院应予支持，并应当认定抵押权自预告登记之日起设立。

当事人办理了抵押预告登记，抵押人破产，预告登记权利人主张就抵押财产优先受偿的，人民法院应予支持，但是抵押预告登记系在人民法院受理破产申请前一年内办理的除外。

1. 不动产抵押权 = 有效的书面抵押合同 + 有权处分 + 抵押登记（自登记时设立）。

【示例】 甲向乙借款，丙与乙约定以自有房屋担保该笔借款。丙仅将房产证交给乙，未按约定办理抵押登记。抵押权未设立。

2. 抵押合同有效 + 未登记的法律效果

（1）未办理不动产抵押登记，抵押权未设立，但不影响抵押合同效力（基于区分原则）。

（2）债权人有权请求抵押人办理抵押登记手续。

（3）如果客观上已经不能办理抵押登记：

①不可归责于抵押人：抵押物因不可抗力毁损灭失、被他人毁损、被征收等

债权人不能请求抵押人在约定的担保范围内承担责任；如果抵押人已经获得保险金、赔偿金或者补偿金等，债权人可以请求抵押人在其所获金额范围内承担赔偿责任。

【示例】 甲向乙借款 500 万，由丙以其自有的房屋提供抵押，但未办理抵押登记，后该房屋因地震毁损灭失。原则上，乙不得请求丙承担责任。但是，如果丙获得保险金 400 万元，则乙可以请求丙承担 400 万元的赔偿责任。

②可归责于抵押人：抵押人转让抵押财产等

债权人可以请求抵押人在约定的担保范围内承担责任，但是不得超过抵押权能够设立时抵押

人应当承担的责任范围。

3. 抵押预告登记

在以预售商品房提供抵押时，因为商品房尚未取得产权证，无法办理抵押登记，为此法律特设抵押预告登记制度，以满足现实需要。

（1）抵押预告登记的顺位效力和优先受偿效力

①具备办理抵押登记条件的，没有必要非让抵押预告登记的权利人先去办理抵押登记再来主张行使抵押权，而是直接认定抵押权自抵押预告登记之日起设立。

②同时满足以下三个条件的，可以认为已经具备办理抵押登记条件：

a. 建筑物所有权已经办理首次登记；

【注意】所谓建筑物首次登记是指，房地产开发企业在建筑物竣工验收后就建筑物所有权办理的首次登记（即俗称的"大产证"），而不是指抵押人自房地产开发企业处取得房屋所有权而办理的首次登记（即俗称的"小产证"）。

b. 预告登记的财产与办理建筑物所有权首次登记时的财产一致；

c. 抵押预告登记尚未失效。

债权消灭或者自能够进行不动产抵押登记之日起90日内未申请登记的，预告登记失效。

能够进行不动产抵押登记之日，是指抵押人自房地产开发企业处取得房屋所有权、办理首次登记之日。90日的起算点，应为抵押预告登记权利人知道或者应当知道抵押人已经办理首次登记之日。

（2）抵押预告登记的破产保护效力

①在抵押人破产的情况下，抵押预告登记权利人无法等到办理抵押登记的条件具备时再主张优先受偿权。因此，即使不具备上述办理抵押登记的条件，抵押预告登记权利人依然享有优先受偿权。

②三重限制：

其一，抵押财产必须属于破产财产；

其二，抵押预告登记权利人能够主张优先受偿的范围，以破产申请受理时抵押财产的价值为限；

其三，在人民法院受理破产申请前一年内，债务人对没有财产担保的债务设立抵押预告登记的除外。

4. 房地一体

【重点法条】

《民法典》

第397条【房地一并抵押规则】以建筑物抵押的，该建筑物占用范围内的建设用地使用权一并抵押。以建设用地使用权抵押的，该土地上的建筑物一并抵押。

抵押人未依据前款规定一并抵押的，未抵押的财产视为一并抵押。

第417条【新增部分的抵押规则】建设用地使用权抵押后，该土地上新增的建筑物不属于抵押财产。该建设用地使用权实现抵押权时，应当将该土地上新增的建筑物与建设用地使用权一并处分。但是，新增建筑物所得的价款，抵押权人无权优先受偿。

《担保解释》第 51 条【房地一并抵押中确定抵押财产范围的限制性规则】当事人仅以建设用地使用权抵押，债权人主张抵押权的效力及于土地上已有的建筑物以及正在建造的建筑物已完成部分的，人民法院应予支持。债权人主张抵押权的效力及于正在建造的建筑物的续建部分以及新增建筑物的，人民法院不予支持。

当事人以正在建造的建筑物抵押，抵押权的效力范围限于已办理抵押登记的部分。当事人按照担保合同的约定，主张抵押权的效力及于续建部分、新增建筑物以及规划中尚未建造的建筑物的，人民法院不予支持。

抵押人将建设用地使用权、土地上的建筑物或者正在建造的建筑物分别抵押给不同债权人的，人民法院应当根据抵押登记的时间先后确定清偿顺序。

地随房走	以建筑物抵押的，抵押权效力及于建筑物占用范围内的建设用地使用权。
房随地走	1. 以建设用地使用权抵押的，抵押权效力及于土地上已有的建筑物以及正在建造的建筑物已完成部分，不及于续建部分、新增建筑物以及规划中尚未建造的建筑物。
	2. 在实现抵押权时，应当一并处分。但是，对新增建筑物、续建部分所得的价款，抵押权人无权优先受偿。
房地分别抵押	根据抵押登记的时间先后确定清偿顺序。【注意：建筑物和建设用地使用权须一并抵押，未一并抵押的视为一并抵押】

【示例】甲公司将其楼盘所在土地使用权抵押给乙并办理了登记，半年后甲又将其楼盘抵押给丙并办理了登记。在甲将土地使用权抵押给乙时，土地上的楼盘视为一并抵押给乙；甲将楼盘抵押给丙时，土地使用权视为一并抵押给丙。乙和丙对房和地都可以优先受偿。但乙的抵押登记时间先于丙，故乙的抵押权优先于丙的抵押权。

【判断分析】

1. 某乡镇企业 A 以自有的仓库向银行 B 抵押贷款，办理抵押时，只办理了仓库抵押的登记，未涉及该仓库所在的集体土地使用权，故银行 B 仅就仓库享有抵押权。【错误。A 抵押自有仓库时虽未一并抵押该房屋占用范围内的集体土地使用权，但视为一并抵押。】

2. 甲公司获得 A 市某块土地的建设用地使用权后，以该建设用地使用权设立抵押，向银行借款 5000 万，并办理了抵押登记。后甲公司在该土地上修建了一栋楼房。银行对该土地上新建的楼房享有优先受偿权。【错误。甲公司将建设用地使用权抵押，土地上新增的房屋不属于抵押财产，银行无权对新增房屋价款优先受偿。】

二、动产抵押权的设立

【重点法条】

《民法典》

第 403 条【动产抵押权的设立】以动产抵押的，抵押权自抵押合同生效时设立；未经登记，不得对抗善意第三人。

《担保解释》

第54条【未登记动产抵押权不能对抗的善意第三人之范围】动产抵押合同订立后未办理抵押登记，动产抵押权的效力按照下列情形分别处理：

（一）抵押人转让抵押财产，受让人占有抵押财产后，抵押权人向受让人请求行使抵押权的，人民法院不予支持，但是抵押权人能够举证证明受让人知道或者应当知道已经订立抵押合同的除外；

（二）抵押人将抵押财产出租给他人并移转占有，抵押权人行使抵押权的，租赁关系不受影响，但是抵押权人能够举证证明承租人知道或者应当知道已经订立抵押合同的除外；

（三）抵押人的其他债权人向人民法院申请保全或者执行抵押财产，人民法院已经作出财产保全裁定或者采取执行措施，抵押权人主张对抵押财产优先受偿的，人民法院不予支持；

（四）抵押人破产，抵押权人主张对抵押财产优先受偿的，人民法院不予支持。

1. 动产抵押权＝有效的书面抵押合同＋有权处分（自合同生效时设立）；未经登记，不得对抗善意第三人（登记对抗主义）。

2. 未经登记的动产抵押权，不得对抗下列善意第三人：

（1）动产的善意受让人（善意指受让人不知且不应知动产已经被抵押）；例：甲以货车为乙设定抵押但未进行抵押登记。后甲将货车卖给不知情的丙并交付，丙取得所有权，乙无权主张对汽车行使抵押权。

（2）已经占有动产的善意承租人（善意指承租人不知且不应知动产已经被抵押）；例：甲以货车为乙设定抵押但未进行抵押登记。后甲将该车租给不知情的丁并交付。抵押虽然先于租赁，但是未登记，因而抵押不破租赁，即在实现抵押权时，丁可以主张买卖不破租赁，甲不得主张除去租约拍卖货车。

（3）抵押人的保全、执行债权人：抵押人的其他债权人已经对动产采取保全、强制执行措施。例：甲以货车为乙设定抵押但未进行抵押登记。法院应甲的债权人戊的请求扣押了该车，乙的抵押权不得对抗戊。

（4）抵押人的破产管理人、其他债权人。例：甲以货车为乙设定抵押但未进行抵押登记。后甲公司破产，乙的抵押权不得对抗甲的其他债权人。

【注意】

1. 未经登记的动产抵押权依然是物权。基于物权优先于债权的原则，未经登记的动产抵押权可以对抗抵押人的一般债权人，即保全、执行债权人和破产债权人之外的其他债权人。

2. 未经登记不得对抗的善意第三人范围，也适用于未登记的所有权保留买卖和融资租赁。

三、动产浮动抵押

【重点法条】

《民法典》

第396条【动产浮动抵押权】企业、个体工商户、农业生产经营者可以将现有的以及将有的生产设备、原材料、半成品、产品抵押，债务人不履行到期债务或者发生当事人约定的实现抵押权的情形，债权人有权就抵押财产确定时的动产优先受偿。

动产浮动抵押和普通的动产抵押并无本质区别，原则上适用普通动产抵押的规则。其特性主要体现于：

1. 抵押人限于商事主体：企业、个体工商户、农业生产经营者。

2. 抵押财产属于动产集合物：现有的以及将有的生产设备、原材料、半成品、产品。

3. 抵押财产在休眠期内处于浮动状态：

（1）休眠期：设定动产浮动抵押之后到抵押财产确定时点到来之前。

（2）休眠期内，抵押人可以正常经营，抵押财产不特定：抵押人在正常经营活动中买入的动产自动成为抵押财产，卖出的动产不再是抵押财产。

（3）休眠期结束，即抵押财产的确定时点到来之后，抵押财产特定。

（4）抵押财产的确定时点：

①债务履行期限届满，债权未实现；

②抵押人被宣告破产或者解散；

③当事人约定的实现抵押权的情形；

④严重影响债权实现的其他情形。

【说明】在设定抵押权的阶段，动产浮动抵押允许以现有以及将有的动产集合设定抵押，突破了物权客体特定原则，主要是为了最大限度地满足商事主体的融资需求。

第三节　正常经营买受人

【重点法条】

《民法典》第404条【正常经营活动买受人规则】以动产抵押的，不得对抗正常经营活动中已经支付合理价款并取得抵押财产的买受人。

《担保解释》第56条【正常经营活动买受人规则】买受人在出卖人正常经营活动中通过支付合理对价取得已被设立担保物权的动产，担保物权人请求就该动产优先受偿的，人民法院不予支持，但是有下列情形之一的除外：

（一）购买商品的数量明显超过一般买受人；

（二）购买出卖人的生产设备；

（三）订立买卖合同的目的在于担保出卖人或者第三人履行债务；

（四）买受人与出卖人存在直接或者间接的控制关系；

（五）买受人应当查询抵押登记而未查询的其他情形。

前款所称出卖人正常经营活动，是指出卖人的经营活动属于其营业执照明确记载的经营范围，且出卖人持续销售同类商品。前款所称担保物权人，是指已经办理登记的抵押权人、所有权保留买卖的出卖人、融资租赁合同的出租人。

以动产抵押的，不得对抗正常经营活动中已经支付合理价款并取得抵押财产的买受人。

【说明】正常经营买受人规则，旨在保护动产的买受人，使得在交易构成出卖人正常经营活动时，买受人不必耗费精力去调查标的物上是否存在权利负担，降低了交易成本，提高了经济效率。

【注意】无论是普通的动产抵押还是动产浮动抵押，均适用正常经营买受人规则；抵押即使已经登记，也不得对抗正常经营买受人。

一、正常经营买受人规则的适用条件

1. 出卖被抵押的动产属于抵押人的正常经营活动；

正常经营活动，是指出卖人的经营活动属于其营业执照明确记载的经营范围，且出卖人持续销售同类商品。例如：销售汽车属于4S店的正常经营活动；出售办公设备不属于4S店的正常经营活动。

2. 买受人已经支付合理价款；

3. 买受人已经取得抵押财产的所有权。

二、不适用正常经营买受人规则的法定情形

1. 购买商品的数量明显超过一般买受人；【买得过多（数量）】

2. 购买出卖人的生产设备；【标的物】

3. 订立买卖合同的目的在于担保出卖人或者第三人履行债务；【为担保而买（目的）】

4. 买受人与出卖人存在直接或者间接的控制关系；【有控制关系（关系）】

5. 买受人应当查询抵押登记而未查询的其他情形。【过错】

【注意】正常经营买受人规则也适用于所有权保留买卖和融资租赁。

【判断分析】

云辉公司系服装贸易公司，为向广大银行贷款，将其用于长途运输的货车一辆抵押给广大银行，并办理了抵押登记。后因生产经营业务调整，云辉公司未经银行同意，将该货车以市场价格出卖给了风腾公司，并完成了交付。因风腾公司已经支付合理价格并完成了交付，广大银行的抵押权不得对抗风腾公司。【错误。云辉公司系服装贸易公司，出售货车不属于正常经营活动，即使风腾公司已经支付合理价款并取得该辆货车，也不适用正常经营买受人规则，广大银行的抵押权办理了登记，可以对抗风腾公司。】

第四节　抵押财产转让

【重点法条】

《民法典》第406条【抵押物的转让】抵押期间，抵押人可以转让抵押财产。当事人另有约定的，按照其约定。抵押财产转让的，抵押权不受影响。

抵押人转让抵押财产的，应当及时通知抵押权人。抵押权人能够证明抵押财产转让可能损害抵押权的，可以请求抵押人将转让所得的价款向抵押权人提前清偿债务或者提存。转让的价款超过债权数额的部分归抵押人所有，不足部分由债务人清偿。

《担保解释》第43条【禁止或限制转让抵押财产约定的效力】当事人约定禁止或者限制转让抵押财产但是未将约定登记，抵押人违反约定转让抵押财产，抵押权人请求确认转让合同无效的，人民法院不予支持；抵押财产已经交付或者登记，抵押权人请求确认转让不发生物权效力的，人民法院不予支持，但是抵押权人有证据证明受让人知道的除外；抵押权人请求抵押人承担违约责任的，人民法院依法予以支持。

当事人约定禁止或者限制转让抵押财产且已经将约定登记，抵押人违反约定转让抵押财产，抵押权人请求确认转让合同无效的，人民法院不予支持；抵押财产已经交付或者登记，抵押权人主张转让不发生物权效力的，人民法院应予支持，但是因受让人代替债务人清偿债务导致抵押权消灭的除外。

一、原则：抵押财产自由转让

1. 抵押期间，抵押人可以自由转让抵押财产，不必经过抵押权人同意。

2. 抵押财产转让对抵押权的影响

（1）不动产抵押权和已经登记的动产抵押权

抵押财产转让的，抵押权不受影响，即抵押权具有追及效力，抵押财产受让人取得的是一个有抵押负担的所有权。

（2）未登记的动产抵押权

①不得对抗善意的受让人，此时抵押权不具有追及效力，受让人取得的是一个无抵押负担的所有权。

②可以对抗恶意的受让人，此时抵押权具有追及效力，受让人取得的是一个有抵押负担的所有权。

3. 抵押人的通知义务和抵押权人的权利

（1）抵押人转让抵押财产的，应当及时通知抵押权人。

（2）抵押权人能够证明抵押财产转让可能损害抵押权的，可以请求抵押人将转让所得的价款向抵押权人提前清偿债务或者提存。

二、例外：当事人可以约定禁止或者限制转让抵押财产

1. 当事人约定禁止或者限制转让抵押财产的，该约定有效。

2. 抵押人违反约定转让抵押财产的，产生何种法律后果，因约定是否已经登记而有所不同：

（1）约定已经登记

①债权效力：抵押财产转让合同有效。

②物权效力：即使抵押财产已经交付或者登记，受让人也无法取得抵押财产的所有权。

【注意】受让人的涤除权：受让人代替债务人清偿债务导致抵押权消灭的，受让人取得抵押财产的所有权。

（2）约定未登记

①债权效力：抵押财产转让合同有效。

②物权效力：抵押财产已经交付或者登记的，善意受让人取得抵押财产的所有权，恶意受让人无法取得抵押财产的所有权。

【注意】至于抵押权是否具有追及效力，参照前述抵押财产转让对抵押权的影响。

③受让人取得抵押财产所有权的，抵押权人可以请求抵押人承担违约责任。

【总结】正常经营买受人、抵押财产转让、抵押权未登记的关系判断步骤

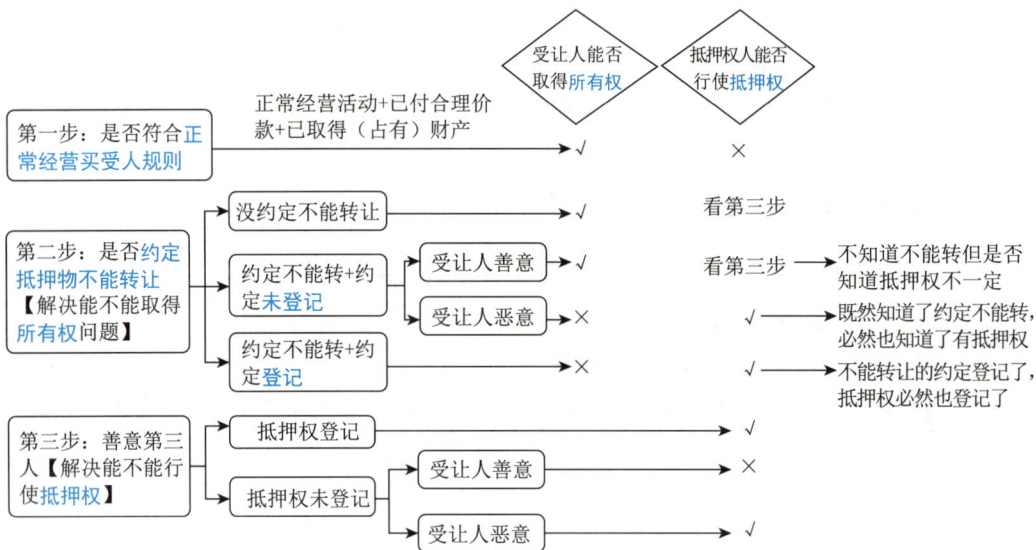

流程图内容：

	受让人能否取得**所有权**	抵押权人能否行使**抵押权**
第一步：是否符合正常经营买受人规则 正常经营活动+已付合理价款+已取得（占有）财产	√	×

第二步：是否约定抵押物不能转让【解决能不能取得所有权问题】
- 没约定不能转让 → √ ，看第三步
- 约定不能转+约定未登记
  - 受让人善意 → √ ，看第三步 → 不知道不能转但是否知道抵押权不一定
  - 受让人恶意 → × ，√ → 既然知道了约定不能转，必然也知道了有抵押权
- 约定不能转+约定登记 → × ，√ → 不能转让的约定登记了，抵押权必然也登记了

第三步：善意第三人【解决能不能行使抵押权】
- 抵押权登记 → √
- 抵押权未登记
  - 受让人善意 → ×
  - 受让人恶意 → √

【判断分析】

甲向银行借款 100 万元，并将一批棉花抵押给银行，办理了抵押登记。后未经银行同意，甲将棉花出卖给乙，但未告知乙该批棉花已经抵押的事实，乙向甲支付了全部价款。银行因甲无法清偿债务欲行使抵押权时才知道甲将棉花出卖给乙的事实，此时，棉花已被乙消耗殆尽。对此，下列表述正确的是？（2019-2-156，单选）

A. 银行抵押权自登记之日起设立【错误。棉花为动产，抵押合同生效时，抵押权即设立。】

B. 乙没有取得棉花的所有权【错误。抵押权存续期间，抵押人转让抵押财产无须经抵押权人同意。甲将抵押的棉花转让给乙属于有权处分，自向乙完成交付时，乙取得所购棉花的所有权。】

C. 银行对棉花的抵押权已经消灭【正确。乙已经将棉花"消耗殆尽"，抵押物已灭失，银行对棉花的抵押权也已经消灭。】

D. 乙应赔偿银行的损失【错误。银行有权请求甲承担责任，乙无过错不承担责任。】

第五节　抵押权实现

【重点法条】

《民法典》

第 405 条【先租后抵】抵押权设立前，抵押财产已经出租并转移占有的，原租赁关系不受该抵押权的影响。

第 408 条【抵押权人的保全请求权】抵押人的行为足以使抵押财产价值减少的，抵押权人有权请求抵押人停止其行为；抵押财产价值减少的，抵押权人有权请求恢复抵押财产的价值，或者提供与减少的价值相应的担保。抵押人不恢复抵押财产的价值，也不提供担保的，抵押权人有权请求债务人提前清偿债务。

《担保解释》第 54 条第 1 款第 2 项【先抵后租】动产抵押合同订立后未办理抵押登记，动产抵押权的效力按照下列情形分别处理：

（二）抵押人将抵押财产出租给他人并移转占有，抵押权人行使抵押权的，租赁关系不受影响，但是抵押权人能够举证证明承租人知道或者应当知道已经订立抵押合同的除外；

债务人不履行到期债务或者发生当事人约定的实现抵押权的情形，抵押权人可以主张行使抵押权。

一、抵押权的实现方式

（一）私力救济

1. 自力实现

（1）自力实现，是指抵押权人自行拍卖、变卖抵押财产并就所得的价款优先受偿。

（2）自力实现以当事人存在相应约定为前提，即当事人约定：当债务人不履行到期债务或者发生当事人约定的实现抵押权的情形，担保物权人有权将抵押财产自行拍卖、变卖并就所得的价款优先受偿。

2. 协商实现

（1）抵押权人可以与抵押人协议以抵押财产折价或者以拍卖、变卖该抵押财产所得的价款优先受偿。

折价，是指将抵押财产折算成一定金额，由抵押权人购买并取得抵押财产的所有权，以此冲抵抵押人的责任。

（2）折价协议损害其他债权人利益的，在符合债权人撤销权的条件时，其他债权人可以请求人民法院撤销该协议。

【示例】甲向乙借款 300 万，以房屋提供抵押，办理了抵押登记。后甲到期无力偿还借款。甲与乙达成协议，将房屋作价 500 万，由乙取得房屋的所有权，乙将超过部分即扣除欠款后的 200 万支付给甲。若 500 万的价格远低于市场行情，损害甲的债权人丙的利益，丙可以起诉请求撤销甲与乙之间的折价协议。

（二）公力救济

1. 诉讼方式

债权人以诉讼方式行使担保物权的，应当以债务人和担保人作为共同被告。

2. 非诉方式

实现担保物权案件的特别程序：申请实现担保物权，由担保物权人以及其他有权请求实现担保物权的人向担保财产所在地或者担保物权登记地基层人民法院提出。

二、抵押权人的清算义务：多退少补

抵押财产折价或者拍卖、变卖后，其价款超过债权数额的部分归抵押人所有，不足部分由债务人清偿。

【注意】流押条款无效：抵押权人在债务履行期限届满前，与抵押人约定债务人不履行到期债务时抵押财产归债权人所有的，只能依法就抵押财产优先受偿。

【说明】法律之所以规定流押无效，是为了避免债权人利用债务人的弱势谋取不合理的利益，对债务人不公平。例如，甲向乙借款 200 万元，以自己的 A 房提供抵押并办理了登记，同时约定：甲到期不偿还借款，则 A 房归乙所有，以冲抵借款。甲到期后果真无力偿还借款，而 A 房市值 500 万元。若认定流押条款有效，则意味着乙白白赚了 300 万元。而一个理性的人对此根本不会接受，甲之所以与乙达成流押约定，就是因为乙利用了甲需要借钱的"弱势"。【借钱的时候，借钱的一方是"孙子"，出借的一方是"大爷"】

三、抵押权对添附物、从物、孳息的效力

1. 添附物

（1）添附物归第三人所有：抵押权效力及于补偿金。

（2）添附物归抵押人所有：抵押权的效力及于添附物，但是添附导致抵押财产价值增加的，抵押权的效力不及于增加的价值部分。

（3）添附物归抵押人与第三人共有：抵押权的效力及于抵押人对共有物享有的份额。

2. 从物

（1）先有从物后设立抵押权：抵押权效力及于从物，主物和从物一并处分，都有优先受偿权。

（2）先有抵押权后产生从物：抵押权效力不及于从物，但主物和从物一并处分，只是对从物价款不享有优先受偿权。

3. 孳息

（1）债务履行期届满前，孳息由抵押人收取，所有权也归抵押人。

（2）债务履行期届满后且法院扣押抵押财产，自扣押之日起，孳息由抵押权人收取，抵押权人未通知应当清偿法定孳息义务人的除外。

【注意】抵押权人享有孳息收取权，孳息的所有权仍属于抵押人（所有权人）。

（3）孳息收取后，用于清偿：收取孳息的费用>主债优先受偿。

四、抵押与租赁的关系

1. 先租后抵

抵押权设立前，抵押财产已经出租并转移占有的，原租赁关系不受该抵押权的影响。

【说明】租赁不受抵押权的影响，是指抵押财产被拍卖后，租赁关系可以对抗抵押财产的买受人，即买卖不破租赁。例如，甲将房屋出租给乙。在乙入住后，甲又将房屋抵押给丙。若丙行使抵押权，丁通过拍卖取得房屋的所有权，则丁取代甲的地位成为出租人。

2. 先抵后租

抵押权设立于前，租赁关系成立于后：

（1）不动产抵押权或已登记的动产抵押权：买卖破租赁。

（2）未登记的动产抵押权：①承租人善意（不知道有抵押）：买卖不破租赁；②承租人恶意（知道有抵押）：买卖破租赁。

【示例】蒋某以跑车为陈某设定了抵押，未办理抵押登记。后蒋某为躲避债务，将该跑车租给知情的好友宋某。宋某作为恶意承租人，其租赁权不可对抗陈某的抵押权。

五、抵押权人的保全请求权

1. 抵押人的行为足以使抵押财产价值减少的，抵押权人有权请求抵押人停止其行为。

2. 抵押人的行为已经导致抵押财产价值减少的，抵押权人有权请求恢复抵押财产的价值，或者提供与减少的价值相应的担保。抵押人既不恢复价值又不提供担保的，有权请求提前清偿债务。（加速到期）

【注意】必须是抵押人的行为导致价值减少，如果是因为地震、水灾、第三人原因等，抵押权人不享有保全请求权，通过物上代位性解决。

第六节　最高额抵押

概念	为担保债权人对债务人在未来一定期限内连续发生的"不特定债权"，而由债务人或第三人提供担保财产，抵押权人有权在最高债权额限度内优先受偿。例：为担保甲银行在 2022 年度向乙公司发放的贷款，丙公司以其厂房提供最高额抵押，担保的最高债权额为 500 万元，并办理抵押登记。乙公司到期后无力偿还，则甲银行可就厂房在 500 万的限额内优先受偿。
担保对象	1. 未来一定期限内发生的"不特定债权" 原则：仅限于"抵押权设立之后，被担保的债权确定之前"发生的债权。 例外：最高额抵押权设立前已经存在的债权，经当事人同意，可以转入最高额抵押担保的债权范围。
	2. 最高限额 （1）未来实际发生的债权<最高额，以实际发生的债权为限对抵押物优先受偿； （2）未来实际发生的债权>最高额，以最高额为限，超过最高额的部分不具有优先受偿的效力。 （3）登记和约定的最高债权额不一致的，以登记为准。 【注意】最高债权额，是指包括主债权及其利息、违约金、损害赔偿金、保管担保财产的费用、实现债权或者实现担保物权的费用等在内的全部债权。
从属性例外	1. 在最高额担保的债权确定前，部分债权转让的，最高额抵押权不随之转让，除非当事人另有约定。例：接上例，债权确定前甲银行将其中的 100 万元债权转让给丁，最高额抵押权并不随之转让，丁不享有最高额抵押权。 2. 在最高额担保的债权确定后，部分债权转让的，最高额抵押权随之转让。和普通抵押权一样。
债权额度确定时间点	1. 约定的债权确定期间（决算期）届满； 2. 没有约定债权确定期间或者约定不明，抵押权人或者抵押人自最高额抵押权设立之日起满 2 年后请求确认债权； 3. 新的债权不可能发生； 4. 抵押权人知道或者应当知道抵押财产被查封、扣押； 5. 债务人、抵押人被宣告破产或者解散。
说明	最高额质押、最高额保证，在没有特别规定时参照适用最高额抵押的规则。

【判断分析】

1. 甲超市与乙公司存在长期的供货关系，丙公司以其办公用房在300万元的额度范围内为乙公司在未来5个月内对甲超市连续发生的货款债权提供抵押担保，并办理了抵押登记。两个月后，乙公司将其中一笔30万元的货款债权转让给丁公司，并通知了甲公司。（2018-2-58，多选）

A. 若抵押权设定前，甲超市另欠乙公司50万元债权，当事人可以约定将之纳入抵押担保的范围【正确。最高额抵押权设立前已经存在的债权，经当事人约定，可以将之纳入担保范围。】

B. 30万元债权转让有效，丁公司有权主张抵押权【错误。当事人之间不存在特别约定，故30万债权转让有效，但是在最高额担保的债权确定前，部分债权转让的，最高额抵押权并不随之转移。】

C. 若30万元债权转让未通知甲公司，丁公司将因此而无权主张抵押权【错误。丁公司无权主张抵押权，因为其根本未取得抵押权，与债权转让是否通知甲公司并无关系。】

D. 在本题所述的5个月内，丙公司不得转让其办公用房【错误。在当事人没有另外约定的情况下，抵押人有权处分抵押财产。】

2. 甲以某商铺作抵押向乙银行借款，抵押权已登记，借款到期后甲未偿还。甲提前得知乙银行将起诉自己，在乙银行起诉前将该商铺出租给不知情的丙，预收了1年租金。半年后经乙银行请求，该商铺被法院委托拍卖，由丁竞买取得。丁有权请求丙腾退商铺，丙无权要求丁退还剩余租金。【正确。先抵后租且抵押权已登记的情形下，不适用买卖不破租赁。丁在取得商铺所有权后，可以要求丙腾退。丙丁之间无合同关系，丙无权请求丁退还剩余租金。】

第四章

质　权

【重点】动产质权的设立、应收账款质押

质权，是指债权人对于债务人或者第三人**转移占有**而提供的担保物，在债务人不履行到期债务时，可就其卖得的价金优先受偿的担保物权。其中，提供担保的债务人或者第三人为**出质人**，债权人为**质权人**，出质人提供的担保财产为质押财产或者质物。

【注意】与抵押权的区别是，质权以**转移质物的占有**为前提。

质权包括**动产质权**和**权利质权**，没有不动产质权。

第一节　动产质权

【重点法条】

《民法典》

第 427 条第 1 款【质押合同】设立质权，当事人**应当采用书面形式**订立质押合同。

第 429 条【动产质权设立】质权自出质人**交付**质押财产时设立。

《担保解释》第 55 条【动产流动质押】债权人、出质人与监管人订立**三方协议**，出质人以通过一定数量、品种等**概括描述能够确定范围**的货物为债务的履行提供担保，当事人有证据证明监管人系债权人的**委托监管并实际控制**该货物的，人民法院应当认定**质权于监管人实际控制货物之日**起设立。监管人违反约定向出质人或者其他人放货、因保管不善导致货物毁损灭失，债权人请求监管人承担**违约责任**的，人民法院依法予以支持。

在前款规定情形下，当事人有证据证明监管人系受**出质人委托**监管该货物，或者虽然受债权人委托但是未实际履行监管职责，导致货物仍由**出质人实际控制**的，人民法院应当认定质权未设立。债权人可以基于质押合同的约定请求出质人承担违约责任，但是**不得超过质权有效设立时出质人应当承担的责任范围**。监管人未履行监管职责，债权人请求监管人承担责任的，人民法院依法予以支持。

一、动产质权的设立

动产质权，是指以动产为质物的质权。

1. 动产质权＝有效的书面质押合同+有权处分+交付（自交付质物时设立）

（1）质押合同生效后，债权人有权请求出质人交付质物，否则可以请求出质人承担违约责任。

（2）动产质权的成立，以出质人通过交付移转动产占有给质权人为要件。约定的质物与实际交付的质物**不一致的，以实际移交的为准**。

（3）设立动产质权，**不能采取占有改定的交付方式**。例：甲乙签订质押合同，约定乙将自己价值昂贵的照相机质押给甲。在交付之前，乙提出要拍摄一组大片，仍需使用该相机一个月，甲表示同意。因为质权设立不能采取占有改定方式，甲未取得照相机的质权。

2. 质权人丧失占有对质权的影响

（1）质权人将质物返还给出质人，则**不得以其质权对抗善意第三人**。例：甲向乙借款，并将照相机交付给乙提供质押担保。其后，根据甲的请求，乙将照相机还给甲。甲随后将照相机抵押给丙借款，并办理了抵押登记。甲到期无力偿还乙和丙的借款。①若丙善意，则丙的抵押权优先于乙的质权。②若丙恶意，则乙的质权优先于丙的抵押权。

（2）非基于质权人意愿丧失对质物的占有，如质物被盗，不影响质权的存续，因为质权人可以请求返还占有。

【注意】流质无效：债权人（质权人）在债务履行期限届满前，与出质人约定债务人不履行到期债务时质押财产归债权人所有的，**只能**依法就质押财产**优先受偿**。（原理同流押无效）

二、动产流动质押

1. 动产流动质押，又被称为存货动态质押，是指债务人或者第三人为担保债务的履行，以其有权处分的原材料、半成品、产品等**库存货物为标的**向债权人设定质押，双方委托**第三方物流企业占有并监管**质押财产，质押财产被控制在一定数量或者价值范围内进行**动态**更换、出旧补新的一种担保方式。

【示例】甲材料公司为研发一种新型环保材料，向乙银行贷款 200 万元，并以自己现有的材料和将来生产的材料向乙银行提供质押担保，约定由乙银行委托的丙公司负责监管材料，并将材料价值至少控制在 250 万元。甲公司销售材料，需请求乙银行签发提货单，丙公司见单才可以放货。三方依约履行。①乙银行**取得了质权**。②材料在质押期间**可以出售**，已经售出的不属于质**物**。③质押期间**生产的新材料成为质物**。④甲公司到期不偿还贷款，则乙银行可以就丙公司负责监管的库存材料**实现质权**。

【说明】在普通的动产质押情形中，质权设立后质物由质权人占有和控制，出质人无法再对质物进行利用，这在一定程度上阻碍了**质物价值的充分发挥**。在此背景下，动产流动质押应运而生。

2. 判断动产流动质押是否成立的关键在于，交付是否完成，即债权人是否亲自或者通过第三人（监管人）**实际控制**了质物。

（1）第三人（监管人）受**债权人**委托**占有**质物，**完成交付**，质权**设立**。第三人违规放货、保管不善的，承担违约责任。

【注意】第三人受**债权人**委托占有质物，但质物仍由**出质人控制**，**未完成交付**，质权**未设立**，债权人可以请求第三人承担责任。

（2）第三人受**出质人**委托占有质物，**未完成交付**，质权**未设立**。

债权人可以基于质押合同的约定请求出质人承担违约责任，但是**不得超过质权有效设立时出质人应当承担**的责任范围。

【判断分析】

债权人李某和出质人王某签订动产流动质押合同，并将质物放在监管人张某的厂房保管，后张某因疏忽，导致厂房中存放的物品被大雨全部浸泡毁损，李某到期不能实现债权，可要求张某承担违约责任。【正确。监管人有过错的，承担相应的违约责任。】

三、质权人的权利与义务

权利	1. 质物占有权。从物转移占有的，质权的效力及于从物；否则不及于。
	2. 孳息收取权： (1) 只能收取，不享有孳息的所有权，除非另有约定； (2) 孳息收取后，用于清偿：收取孳息的费用>主债优先受偿。 【注意】抵押权人只能在"债务履行期届满后且法院扣押抵押财产"时才有权收取孳息，而质权人自质权成立即可收取，因为质权有占有权能。
	3. 质权保全请求权： 因不能归责于质权人的事由可能使质物毁损、价值明显减少，足以危害质权人权利，质权人有权先请求出质人提供相应担保；不提供，可拍卖、变卖质物，并协议将所得价款提前清偿或提存。
	4. 转质权
义务	1. 未经出质人同意，不得擅自使用、处分质物。
	2. 妥善保管： (1) 因保管不善致使质押财产毁损、灭失的，应当承担赔偿责任。 (2) 质权人的行为可能使质物毁损、灭失的，出质人可以请求质权人将质物提存，或者提前清偿债务并请求质权人返还质物。
	3. 及时行使质权： (1) 债务履行期届满后，出质人可请求质权人及时行使质权； (2) 质权人不行使的，出质人可请求法院拍卖、变卖质物。
	4. 质权消灭后，向出质人返还质物。

【判断分析】

1. 甲为担保对乙的债务，与乙签订质押合同，承诺将自己的越野车质押给乙。后甲交付越野车，但未将随车工具箱交付给乙。乙对工具箱享有质权。【错误。随车工具箱作为越野车的从物并未交付，质权的效力不及于随车工具箱。】

2. 甲向乙借款，并将自己的母马出质于乙。质权存续期间，母马生下小马驹。小马驹属于乙的质权行使范围，并不属于乙所有。【正确。质权人有孳息收取权，可就孳息优先受偿，但并无孳息所有权。】

3. 甲向乙借款2万元，并将自己市值5万元的波斯猫质押给乙并交付。因乙照管不善，经常忘记给猫喂食，导致波斯猫生病死亡，乙需承担赔偿责任。【正确。乙有妥善保管质物波斯猫的

义务，因保管不善导致波斯猫生病死亡，甲可以请求乙承担赔偿责任。】

四、转质

转质，是指在质押期间，质权人以质权人的身份将质物出质给第三人。

【注意】质权人若以所有人的身份将质物出质给第三人，则不属于转质，而属于无权处分，第三人可能善意取得质权。

【示例】甲将其电动车出质给乙。后乙又将电动车出质于丙：①若乙据实相告，则属于转质，丙取得质权。②若乙谎称电动车归其所有，则属于无权处分。丙在符合善意取得要件的情况下，可以善意取得质权。

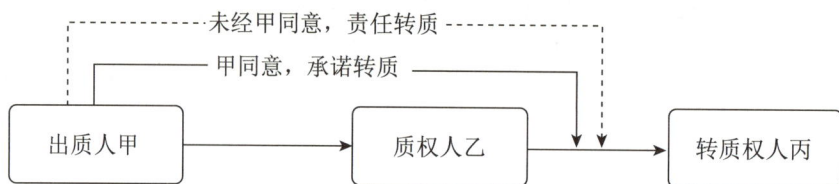

```
         ┌------------- 未经甲同意，责任转质 -------------┐
         │    ┌--------- 甲同意，承诺转质 ---------┐      │
         │    │                                ▼      ▼
  ┌──────────┐      ┌──────────┐      ┌──────────┐
  │ 出质人甲 │ ───▶ │ 质权人乙 │ ───▶ │转质权人丙│
  └──────────┘      └──────────┘      └──────────┘
```

	承诺转质	责任转质
适用情形	经出质人同意	未经出质人同意
转质设立	转质押合同有效、转质权设立	
优先性	转质权均优先原质权	
效力	独立性：①转质权对质物优先受偿的数额不以原质权担保的债权额度为限；②原质权消灭的，不影响转质权的存续；③即使原质权的实现条件尚不具备，只要转质权的实现条件具备，即可行使转质权。	从属性：①转质权对质物优先受偿的数额以原质权担保的债权额度为限；②原质权消灭的，转质权随之消灭；③须原质权和转质权均具备实现的条件，转质权人才能行使转质权。
质物毁损灭失责任	质权人承担过错责任	质权人承担无过错责任

【示例】甲向乙借款 10 万元，并将自己的汽车质押给乙。后乙向丙借款 15 万元，并以质权人的身份将汽车质押给丙。甲和乙到期均无法偿还债务，汽车拍卖所得价款为 20 万元。①若经过甲同意，则构成承诺转质，丙可以在 15 万元的额度内优先受偿。②若未经过甲同意，则构成责任转质，丙只能在 10 万元的额度内优先受偿。

【说明】承诺转质，经过出质人同意，转质权人对质物交换价值的支配范围和强度不必受质权人对质物交换价值的支配范围和强度的影响。责任转质，相当于质权人将自己对质物交换价值的支配权让渡给转质权人，所以转质权人对质物交换价值的支配范围和强度不得超过质权人。

【判断分析】

甲将自己的手机质押给乙。未经甲同意，乙又将手机质押给丙。若手机在丙处毁损灭失，仅

在乙具有过错时，甲才有权请求乙承担赔偿责任。【错误。在责任转质中，质物毁损、灭失的，质权人应承担绝对无过错责任。】

第二节　权利质权

【重点法条】

《民法典》

第441条【以汇票等出质的质权设立】以汇票、本票、支票、债券、存款单、仓单、提单出质的，质权自权利凭证交付质权人时设立；没有权利凭证的，质权自办理出质登记时设立。法律另有规定的，依照其规定。

第445条【应收账款质押】以应收账款出质的，质权自办理出质登记时设立。

应收账款出质后，不得转让，但是出质人与质权人协商同意的除外。出质人转让应收账款所得的价款，应当向质权人提前清偿债务或者提存。

一、权利质权的设立

1. 权利质权的设立=有效合同+交付（排除占有改定）/登记

	交付权利凭证时设立	办理出质登记时设立
具体标的	有权利凭证的： ①汇票（必须背书记载"质押"字样并签章）、本票、支票； ②债券、存款单； ③仓单（必须背书记载"质押"字样，并经保管人签章）、提单。	①没有权利凭证的电子提单、电子仓单等； ②可以转让的基金份额、股权； ③可以转让的知识产权中的财产权； ④现有的以及将有的应收账款。

【注意】只要法律、行政法规没有明确禁止，私人财产均可以抵押或者质押。与此不同，可以出质的权利，以法律、行政法规明确允许者为限。故而，债权人与担保人订立担保合同，约定以法律、行政法规尚未规定可以担保的财产权利（出租车经营权等）设立担保的，担保合同有效，但是当事人未在法定的登记机构依法进行登记的，不具有物权效力。

2. 抵押财产原则上可以自由转让。但是基金份额、股权、知识产权财产权、应收账款出质后，不得转让，除非当事人协商同意。应当向质权人转让所得价款，提前清偿或者提存。

3. 有价证券先于被担保的债权到期的，质权人可以兑换或提货，并与出质人协议提前清偿或提存。

二、应收账款质押的特别规定

（一）以现有应收账款出质

1. 质权人享有优先受偿权的情形

（1）应收账款在办理出质登记时真实存在；

（2）应收账款系虚构：应收账款债务人向质权人确认了应收账款的真实性（不得反悔）。

【注意】在应收账款债务人未向质权人确认应收账款真实性的情形，质权人不得仅以已经办理出质登记为由请求就应收账款优先受偿。

【示例】甲与乙串通，虚构了一笔 20 万元的应收账款债权，并将该笔应收账款债权出质给丙，办理了登记。若乙不承认应收账款的真实性，则丙无权向乙主张应收账款债权。

2. 通知应收账款债务人的效力

（1）通知前：应收账款债务人可以向应收账款债权人履行债务，构成有效清偿。

（2）通知后：应收账款债务人不能向应收账款债权人履行债务，必须向质权人履行。

（二）以基础设施和公用事业项目收益权、提供服务或者劳务产生的债权以及其他将有的应收账款出质：

1. 当事人为应收账款设立特定账户：发生法定或者约定的质权实现事由时，质权人可以就该特定账户内的款项优先受偿。

2. 特定账户内的款项不足以清偿债务或者未设立特定账户：质权人可以请求折价或者拍卖、变卖项目收益权等将有的应收账款，并以所得的价款优先受偿。

第五章

留置权

【重点】留置权（包括商事留置）的成立要件

【重点法条】

《民法典》

第447条【留置权的一般规定】债务人不履行到期债务，债权人可以留置**已经合法占有**的债务人的动产，并有权就该动产优先受偿。

前款规定的债权人为留置权人，占有的动产为留置财产。

第448条【留置财产与债权的关系】债权人留置的动产，应当与债权属于**同一法律关系**，但是**企业之间留置**的除外。

《担保解释》 第62条【留置权】债务人不履行到期债务，债权人因同一法律关系留置**合法占有的第三人的动产**，并主张就该留置财产优先受偿的，人民法院应予支持。第三人以该留置财产并非债务人的财产为由请求返还的，人民法院不予支持。

企业之间留置的动产与债权并非同一法律关系，债务人以该债权不属于**企业持续经营中发生的债权**为由请求债权人返还留置财产的，人民法院应予支持。

企业之间留置的动产与债权**并非同一法律关系**，债权人留置第三人的财产，第三人请求债权人返还留置财产的，人民法院应予支持。

留置权，是指债务人不履行到期债务时，债权人享有的留置其已经合法占有的债务人的动产，并就该动产优先受偿的权利。债权人为留置权人，占有的动产为留置财产或留置物。

【注意】抵押权与质权均属于意定担保物权，留置权属于**法定担保物权**。

一、留置权的成立要件

（一）积极要件

1. 债务人**不履行到期债务**。

【注意】债务人丧失支付能力或者被宣告破产的，即使债务尚未到期，债权人也可以行使留置权。

2. 债权人**合法占有**债务人或者第三人的**动产**。

（1）留置财产限于动产。

（2）留置的动产可以属于债务人所有，也可以属于**第三人所有**。

【注意】留置第三人所有的动产，不以债权人善意为前提，即不要求债权人不知道也不应当知道动产为第三人所有。

【示例】甲借用乙的汽车。发生交通事故后，甲将车送丙修理。若甲不支付修理费，无论丙是否知道汽车属于乙所有，丙均可以留置汽车。

（3）留置的动产须为债权人合法占有。

①合法占有不等于有权占有；

【示例】拾得人对于遗失物的占有属于无权占有，但却为合法占有。若失主不向拾得人支付其支出的必要费用，拾得人可以留置遗失物。

②仅要求动产为债权人合法占有，并不要求动产为债务人合法占有。债权人合法占有的动产是债务人非法占有的，并不影响留置权的成立；

【示例】甲盗取乙的汽车，送交丙维修。若甲不支付修理费，丙可以留置该车。

③区分自助行为与留置权的行使。

【示例】蒋同学去饭店吃饭，因忘记带钱被老板认为吃霸王餐，强行扣下其电脑。老板扣下电脑属于自助行为，并非行使留置权，因为在此之前，老板对电脑根本未取得占有。

3. 债权的发生与动产的占有属于同一法律关系，即具有牵连性。常见的有承揽、保管、维修、运输、委托、行纪等。

【示例】承揽人占有加工物和请求定作人支付报酬都是基于承揽合同，若不支付报酬可以留置加工物。

（二）消极要件

1. 法律规定或者当事人约定不得留置的动产，不得留置。

2. 留置不得违反公序良俗。【示例】不得因欠医疗费而留置死者的尸体。

3. 不得与留置权人的义务抵触。【示例】未修理好物品，导致对方不支付维修费时，维修方不得留置物品。

（三）商事留置权的特别规定

1. 商事留置权，是指债权人与债务人均为企业的情形债权人所享有的留置权。与普通留置权相比，商事留置权的特别之处在于，不要求债权的发生与动产的占有属于同一法律关系。

【示例】甲公司欠乙公司维修费，现乙公司受托保管甲公司一批货物，乙公司可就该批货物成立留置权。

2. 一旦债权之发生与动产的占有不属于同一法律关系，对商事留置权存在两个限制：

（1）不得留置第三人的动产。

【示例】甲公司拖欠乙公司 A 设备销售款 100 万元。其后，甲公司将其从丙公司租赁的 B 设备送交乙公司维修。若甲公司支付了维修费用，乙公司不得留置 B 设备，以督促甲公司支付销售款。因为，债权的发生与动产的占有不属于同一法律关系，不得留置第三人的动产。

（2）债权必须属于企业持续经营中发生的债权。

所谓企业持续经营中发生的债权，是指企业之间因经常性的商事交易而发生的债权。例如，买卖价款债权。通过债权转让取得的债权或者非基于法律行为取得的债权，通常不属于企业持续经营中发生的债权。

【示例】甲公司与乙公司签订债权转让合同，约定甲公司将其对丙公司的到期债权转让给乙公司，并通知了丙公司。其后，丙公司将一批货物送交乙公司运输，并预付了全部运输费用。乙公司不得留置该批货物，因为乙公司受让的债权与其占有该批货物不属于同一法律关系，且受让的债权不属于企业持续经营中发生的债权。

【注意】在债权人与债务人均为企业的情形，如果债权的发生与动产的占有属于同一法律关系，自然适用普通留置权的规则：可以留置第三人的动产，也不要求债权必须属于企业持续经营中发生的债权。

【示例】甲公司将一辆七座商务车租赁给乙公司使用。乙公司在使用过程中造成商务车损坏，于是乙公司将车送交丙公司修理。若乙公司不支付修理费，丙公司可以留置该车。

【判断分析】

下列哪些情形下权利人可以行使留置权？（2015-3-55，单选）

A. 张某为王某送货，约定货物送到后一周内支付运费。张某在货物运到后立刻要求王某支付运费被拒绝，张某可留置部分货物【错误。货物运到时债务尚未到期，所以张某尚不产生留置权。】

B. 刘某把房屋租给方某，方某退租搬离时尚有部分租金未付，刘某可留置方某部分家具【错误。刘某的债权与方某的家具不属于同一法律关系，刘某不可以留置家具。】

C. 何某将丁某的行李存放在火车站小件寄存处，后丁某取行李时认为寄存费过高而拒绝支付，寄存处可留置该行李【正确。虽行李系第三人丁某所有，但寄存处可因同一法律关系留置合法占有的丁某行李。】

D. 甲公司加工乙公司的机器零件，约定先付费后加工。付费和加工均已完成，但乙公司因维持企业经营曾向甲公司借款且到期尚未清偿，甲公司可留置机器零件【正确。甲公司和乙公司均为企业，所以不需被留置财产与债权属同一法律关系；且该借款是乙公司持续经营中发生的债权，故甲公司可以行使留置权。】

二、留置权的效力与消灭

留置权人的权利	1. 占有留置物的权利：留置物为可分物的，留置财产的价值应当相当于债务金额。
	2. 优先受偿权： 只有在宽限期届满后还未履行，留置权人才能就留置物的价值优先受偿： （1）对宽限期有约定的，从约定； （2）没有约定的，应确定60日以上的宽限期，但鲜活易腐等不易保管的动产除外。 【注意】债务届期不履行，即可实现抵押权、质权；而债务届期不履行，成立留置权；宽限期满不履行，才能实现留置权。
	3. 孳息收取权： （1）只能收取，不享有孳息的所有权； （2）孳息收取后，用于清偿：收取孳息的费用>主债优先受偿。
留置权人的义务	1. 妥善保管：保管不善致使留置物毁损、灭失的，承担赔偿责任。
	2. 不得擅自使用、出租或处分留置物。
	3. 及时行使留置权：债务人请求留置权人在债务履行期满后行使留置权，留置权人不行使的，债务人可请求法院拍卖、变卖留置物。
	4. 留置权消灭后返还留置物。

续表

消灭事由	1. 留置权人丧失占有，留置权消灭。
	2. 留置权人接受债务人另行提供的担保，留置权消灭。

【判断分析】

1. 甲乙订立货运合同，货到付款。甲将樱桃运到指定目的地后，如乙不支付运费，甲将樱桃留置，但想要就价款优先受偿，还需要给予乙60日以上的宽限期。【错误。对于宽限期没有约定的，应确定60日以上的宽限期，但樱桃这类鲜活易腐不易保管的动产除外。】

2. 若洪某因汤某不支付手机维修费用而留置汤某的手机，后不忍汤某苦苦哀求将手机还给汤某，则洪某丧失留置权。【正确。丧失占有，留置权消灭。】

【重点】保证方式、保证期间、保证人的抗辩与追偿权

保证合同，是为保障债权的实现，保证人和债权人约定，当债务人不履行到期债务或者发生当事人约定的情形时，保证人履行债务或者承担责任的合同。

【注意】保证人以其信用（一般责任财产）提供担保，而非用自己的特定财产提供担保，债权人对保证人的一般责任财产不享有优先受偿权。

第一节　保证合同

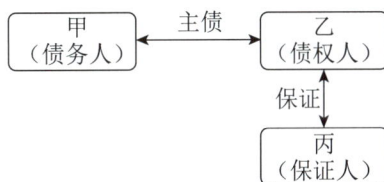

当事人	保证人与债权人，且保证人必须是第三人，不能是债务人本人
性质	单务、无偿、诺成、要式（书面合同）
4种订立方式	1. 单独书面保证合同。 2. 主合同有保证条款，保证人在主合同签字/盖章/按指印。 3. 主合同没有保证条款，第三人以保证人身份在主合同签字/盖章/按指印。 4. 第三人单方以书面形式作出保证，债权人接收且未提出异议。 【注意】他人在借据、收据、欠条等债权凭证或者借款合同上签名或者盖章，但是未表明其保证人身份或者承担保证责任，或者通过其他事实不能推定其为保证人的，不能将其认定为保证人。

第二节　保证方式

【重点法条】

《民法典》

第686条【保证的方式】保证的方式包括一般保证和连带责任保证。

当事人在保证合同中对保证方式没有约定或者约定不明确的，按照一般保证承担保证责任。

第687条【一般保证及先诉抗辩权】当事人在保证合同中约定，债务人不能履行债务时，由保证人承担保证责任的，为一般保证。

一般保证的保证人在主合同纠纷未经审判或者仲裁，并就债务人财产依法强制执行仍不能履行债务前，有权拒绝向债权人承担保证责任，但是有下列情形之一的除外：

（一）债务人下落不明，且无财产可供执行；

（二）人民法院已经受理债务人破产案件；

（三）债权人有证据证明债务人的财产不足以履行全部债务或者丧失履行债务能力；

（四）保证人书面表示放弃本款规定的权利。

第688条【连带责任保证】当事人在保证合同中约定保证人和债务人对债务承担连带责任的，为连带责任保证。

连带责任保证的债务人不履行到期债务或者发生当事人约定的情形时，债权人可以请求债务人履行债务，也可以请求保证人在其保证范围内承担保证责任。

保证的方式包括一般保证和连带责任保证。

一、一般保证

一般保证是指，只有在债务人不能履行债务时，保证人才承担保证责任，即一般保证人享有先诉抗辩权。

1. 一般保证人的先诉抗辩权

（1）含义：一般保证的保证人在主合同纠纷未经审判或者仲裁，并就债务人财产依法强制执行仍不能履行债务前，有权拒绝向债权人承担保证责任。

（2）排除先诉抗辩权的情形

①债务人下落不明，且无财产可供执行；

②人民法院已经受理债务人破产案件；

③债权人有证据证明债务人的财产不足以履行全部债务或者丧失履行债务能力；

④保证人书面表示放弃先诉抗辩权。

【注意】一般保证的保证人在主债务履行期限届满后，向债权人提供债务人可供执行财产的真实情况，债权人放弃或者怠于行使权利致使该财产不能被执行的，保证人在其提供可供执行财产的价值范围内不再承担保证责任。

2. 一般保证人的诉讼地位

（1）债权人未就主合同纠纷提起诉讼或者申请仲裁，仅起诉一般保证人的，人民法院应当驳回起诉。

【注意】《民诉法解释》第66条和《民间借贷规定》第4条均规定，仅起诉一般保证人的，人民法院应当追加债务人为共同被告，而《担保解释》第26条规定，仅起诉一般保证人的，人民法院应当驳回起诉。由于《担保解释》出台的时间晚一些，且《民间借贷规定》仅仅是根据《民法典》进行了形式修正，内容上并无实质变化，而《担保解释》代表了最高院的最新立场，故而应以《担保解释》的规定为准。需要说明的是，基于民诉的处分原则，是否将债务人列为共同被告应属于债权人可以自由决定之事，法院不应当直接追加债务人为共同被告。就此而言，《担保解释》的规定比《民诉法解释》和《民间借贷规定》要合理一些。但是，更为妥当的做法也许是，法院首先向债权人释明，让其将债务人列为共同被告，只有债权人不同意的情况下，才可以<u>驳回起诉</u>。

（2）债权人<u>一并起诉</u>债务人和保证人的，人民法院可以受理，但是在作出判决时，应当在判决书主文中明确，保证人<u>仅</u>对债务人财产依法强制执行后仍不能履行的部分承担保证责任。

【注意】债权人未对债务人的财产申请保全，或者保全的债务人的财产足以清偿债务，债权人申请对一般保证人的财产进行保全的，人民法院不予准许。

二、连带责任保证

连带责任保证，是指保证人和债务人对债务承担连带责任，只要债务人<u>不</u>履行债务，债权人就可以请求保证人承担保证责任，即连带责任保证人<u>不享有</u>先诉抗辩权。

【说明】连带责任的意思是，债权人既可以找债务人，也可以找连带责任保证人，还可以同时找债务人和连带责任保证人。

【注意】在连带责任保证中，债权人仅起诉债务人的，人民法院<u>可以不</u>追加保证人为共同被告；债权人仅起诉保证人的，人民法院也<u>可以不</u>追加债务人为共同被告。当然，也可以一起告。

三、保证方式的识别

一般保证和连带责任保证的根本区别在于，一般保证人享有先诉抗辩权，而连带责任保证人并无先诉抗辩权。因而，识别保证方式的关键是<u>看债务人是否应当先承担责任</u>。

1. 认定为一般保证

（1）保证合同中明确约定"一般保证"；

（2）具有债务人应当先承担责任的意思表示：约定保证人在债务人<u>不能</u>履行债务或者<u>无力</u>偿还债务时<u>才</u>承担保证责任。

2. 认定为连带责任保证

（1）保证合同中明确约定"连带责任保证"；

（2）不具有债务人应当先承担责任的意思表示：约定保证人在债务人不履行债务或者未偿还债务时即承担保证责任、<u>无条件</u>承担保证责任。

3. 一般保证推定

当事人在保证合同中对保证方式<u>没有约定或者约定不明确</u>的，按照<u>一般保证</u>承担保证责任。

【注意】必须先对保证合同的约定进行意思表示解释，以确定是一般保证还是连带责任保证，只有经过解释依然无法明确保证方式的，才能推定为一般保证。

【判断分析】

甲向乙借款 100 万元，丙为一般保证人。后乙通过获取的甲公司内部财务信息，发现甲已经破产，根本无法清偿 100 万元借款。但由于丙享有先诉抗辩权，故乙不能要求丙承担保证责任。【错误。债权人乙<u>有证据证明债务人甲的财产不足以履行全部债务或者丧失履行债务能力</u>，一般保证人丙<u>丧失先诉抗辩权</u>，乙可以要求丙承担保证责任。】

第三节　保证期间与保证债务诉讼时效

【重点法条】

《民法典》

第692条【保证期间】保证期间是确定保证人承担保证责任的期间，不发生中止、中断和延长。

债权人与保证人可以约定保证期间，但是约定的保证期间早于主债务履行期限或者与主债务履行期限同时届满的，视为没有约定；没有约定或者约定不明确的，保证期间为主债务履行期限届满之日起六个月。

债权人与债务人对主债务履行期限没有约定或者约定不明确的，保证期间自债权人请求债务人履行债务的宽限期届满之日起计算。

第693条【保证期间经过的后果】一般保证的债权人未在保证期间对债务人提起诉讼或者申请仲裁的，保证人不再承担保证责任。

连带责任保证的债权人未在保证期间请求保证人承担保证责任的，保证人不再承担保证责任。

第694条【保证债务诉讼时效的起算点】一般保证的债权人在保证期间届满前对债务人提起诉讼或者申请仲裁的，从保证人拒绝承担保证责任的权利消灭之日起，开始计算保证债务的诉讼时效。

连带责任保证的债权人在保证期间届满前请求保证人承担保证责任的，从债权人请求保证人承担保证责任之日起，开始计算保证债务的诉讼时效。

一、保证期间

保证期间，是确定保证人承担保证责任的期间。

（一）保证期间的性质

1. 不发生中止、中断和延长，属于除斥期间。

2. 法院应主动审查保证期间是否届满、债权人是否在保证期间内依法行使权利等事实。

（二）保证期间的长度与起算

1. 有约定：从约定

2. 没有约定或者约定不明：

（1）约定了主债务履行期限

①保证期间为主债务履行期限届满之日起六个月；

②约定的保证期间早于主债务履行期限或者与主债务履行期限同时届满，视为没有约定；

③保证合同约定保证人承担保证责任直至主债务本息还清时为止等类似内容的，视为约定不明。

【注意】债权人和债务人变更主债权债务合同的履行期限，未经保证人书面同意的，保证期间不受影响，即根据原来的履行期限确定保证期间。

（2）主债务履行期限没有约定或者约定不明确

保证期间自债权人请求债务人履行债务的宽限期届满之日起计算。

【示例】甲向乙借款100万，于2021年12月31日到期。丙提供保证，约定保证期间于2021年11月30日届满。由于保证期间早于主债务履行期限届满，视为没有约定，自2022年1月1日开始起算6个月的保证期间。

3. 最高额保证的保证期间

（1）保证期间统一起算，而非每一笔债权单独起算。

（2）保证期间何时起算，取决于被担保债权的履行期限于债权确定之日是否均已届满：

①均已届满：自债权确定之日起开始计算保证期间；

②只要有一笔债权的履行期限尚未届满：自最后到期债权的履行期限届满之日起开始计算保证期间。

【示例】甲向乙在2021年分别借款100万（约定2021年9月1日还）、200万（约定2022年1月1日还）、300万（约定2022年3月1日还），丙为2021年度甲乙之间的债务提供最高额保证，约定债权确定之日为2021年12月31日，未约定保证期间。在2021年12月31日，由于还有两笔债权的履行期限尚未届满，三笔借款的保证期间均应当从最后届满的2022年3月1日起算六个月的保证期间。

（三）债权人避免保证人脱保的法定动作

1. 一般保证

（1）债权人必须在保证期间对债务人提起诉讼或者申请仲裁，否则保证人免责。

（2）一般保证的债权人在保证期间内对债务人提起诉讼或者申请仲裁后，又撤回起诉或者仲裁申请，在保证期间届满前未再行提起诉讼或者申请仲裁，保证人可以主张免责。

（3）一般保证的债权人取得对债务人赋予强制执行效力的公证债权文书后，在保证期间内向人民法院申请强制执行，视为债权人已经完成法定动作，保证人不免责。

2. 连带责任保证

（1）债权人必须在保证期间请求保证人承担保证责任，否则保证人免责。

（2）连带责任保证的债权人在保证期间内对保证人提起诉讼或者申请仲裁后，又撤回起诉或者仲裁申请，起诉状副本或者仲裁申请书副本已经送达保证人的，应当认定债权人已经在保证期间内向保证人行使了权利，保证人不免责。

3. 保证合同无效

保证合同无效，保证人本来需要承担赔偿责任的情形，如果债权人未在保证期间内完成上述法定动作，保证人不承担赔偿责任。

4. 共同保证

（1）债权人在保证期间内仅对部分保证人完成上述法定动作，其他保证人免责。

（2）保证人之间相互有追偿权，债权人未在保证期间内对部分保证人完成上述法定动作，导致其他保证人在承担保证责任后丧失追偿权，其他保证人可以主张在其不能追偿的范围内免除保证责任。

【示例】甲向乙借款100万，丙、丁约定为乙提供共同保证，同时约定承担保证责任后可以相互追偿。后甲无力还款，乙在保证期间内仅请求丙承担保证责任，保证期间经过，丁不再承担保证责任。丙可以主张仅承担50万的保证责任。

【注意】因保证期间经过导致保证责任消灭的，债权人书面通知保证人要求承担保证责任，保证人在通知书上签字、盖章或者按指印，债权人请求保证人继续承担保证责任的，人民法院不予支持，但是债权人有证据证明成立了新的保证合同的除外。

二、保证债务诉讼时效

（一）一般保证

1. 一般保证的债权人在保证期间届满前对债务人提起诉讼或者申请仲裁的，从保证人拒绝承担保证责任的权利消灭之日起，开始计算保证债务的诉讼时效。

2. 一般保证人拒绝承担保证责任的权利消灭之日通常为法院终结执行程序裁定送达债权人之日。如果法院自收到申请执行书之日起一年内未作出该裁定的，自法院收到申请执行书满一年之日起开始计算，但是保证人有证据证明债务人仍有财产可供执行的除外。

3. 一般保证的债权人在保证期间届满前对债务人提起诉讼或者申请仲裁，债权人举证证明保证人存在丧失先诉抗辩权的法定情形的，保证债务的诉讼时效自债权人知道或者应当知道该情形之日起开始计算。

【示例】甲向乙借款 100 万，约定主债务履行期限届满之日为 2021 年 12 月 31 日，丙提供一般保证。乙于 2022 年 2 月 1 日起诉甲，3 月 1 日胜诉判决，5 月 1 日申请强制执行，8 月 1 日强制执行完毕仍还有 50 万元没有清偿，并将终结执行裁定送达乙。保证期间自 2022 年 1 月 1 日起算 6 个月。乙于 2022 年 2 月 1 日起诉甲，已经于保证期间依法行使权利。2022 年 8 月 1 日，终结执行程序裁定送达债权人乙，丙丧失先诉抗辩权，开始计算保证债务的诉讼时效。

（二）连带责任保证

连带责任保证的债权人在保证期间届满前请求保证人承担保证责任的，从债权人请求保证人承担保证责任之日起，开始计算保证债务的诉讼时效。

【注意】

1. 保证人受保证期间、保证债务诉讼时效、主债务诉讼时效的三重保护。

2. 债权人在保证期间内没有依法行使权利，则保证人不再承担保证责任，没有保证债务诉讼时效的问题；只有债权人在保证期间内依法行使了权利，才有保证债务诉讼时效的起算问题。

【判断分析】

2012 年 4 月 1 日，甲公司与乙公司、张某签订了《协议》，约定甲公司向乙公司借款 5000 万元，张某提供保证，但未约定保证方式和期间。同年 5 月 1 日，乙公司债权到期。乙公司于 2012 年 6 月 1 日起诉甲公司和张某，于 2012 年 8 月 1 日得知甲公司已经破产，不再具有偿债能力。关于《协议》中张某的保证期间和保证债务诉讼时效，下列表述正确的是？

A. 保证期间为 2012 年 5 月 2 日起 6 个月【正确。未约定保证期间的，保证期间为主债务履行期限届满之日起六个月。】

B. 保证债务诉讼时效从 2012 年 8 月 1 日起算【正确。保证人张某和债权人乙公司未约定保证方式，因此为一般保证；一般保证债务的诉讼时效，从保证人张某丧失先诉抗辩权之日起算，一般是法院终结执行裁定送达债权人乙公司时。但是，债权人乙公司发现，甲公司已经破产，不再具有偿债能力，此时张某丧失先诉抗辩权，保证债务的诉讼时效自乙公司发现甲公司破产之日起开始计算。】

第四节　保证人的权利

一、抗辩权

（一）保证人自己的抗辩权

1. 一般保证人享有先诉抗辩权；

2. 保证债务诉讼时效经过，保证人享有时效抗辩权。

【注意】保证人放弃自己的抗辩权，不影响其承担责任后向债务人追偿。

（二）保证人可以援用债务人对债权人的抗辩权（基于担保的从属性）

债务人对债权人的抗辩权，包括但不限于：

1. 主债务诉讼时效经过抗辩权；

2. 可抵销/可撤销抗辩权：债务人对债权人享有抵销权或者撤销权的，保证人可以在相应范围内拒绝承担保证责任。

【示例】甲向乙借款100万，丙提供连带责任保证。其后，甲到期无力偿还借款，而甲对乙有一笔到期的50万元债权。如果甲与乙之间的债权满足法定抵销的条件，则丙可以行使可抵销抗辩权，主张自己只承担50万元的保证责任。

【注意】债务人放弃抗辩，保证人可以主张抗辩也可以放弃抗辩，放弃的，可追偿；债务人主张抗辩，保证人必须主张抗辩，没有主张抗辩的，不能追偿。

【总结】保证人放弃抗辩后的追偿权

原则：保证人放弃抗辩（不管是自己的还是债务人的）仍可追偿；

例外：只有在债务人主张抗辩，保证人放弃（债务人的）抗辩的情况下，不能追偿。

二、追偿权与法定代位权

保证人承担保证责任后，取得追偿权与法定代位权。

1. 追偿权：保证人有权在其承担保证责任的范围内向债务人追偿。

【注意】保证人知道或应当知道主债权诉讼时效期间届满仍然提供保证或者承担保证责任，不能再以诉讼时效期间届满为由拒绝承担；承担保证责任后也不能找债务人追偿，除非债务人放弃诉讼时效抗辩。

2. 法定代位权：保证人取代债权人的地位，享有债权人对债务人的权利，但是不得损害债权人的利益。

【比较】诉讼时效的起算：追偿权是保证人在承担保证责任后新取得的债权，所以追偿权的诉讼时效期间自保证人向债权人承担保证责任之日起算；而法定代位权是保证人取得了债权人对债务人的债权，因此其诉讼时效期间的起算以主债权为准。

【判断分析】

1. 甲向乙借款100万，丙提供保证。后乙要求甲还款，甲对乙行使诉讼时效抗辩权并且抗辩权成立。乙转而要求丙承担保证责任，丙只能承担担保责任。【错误。保证人丙可以援用债务人甲的抗辩权，拒绝承担保证责任。】

2. 甲向乙借款100万，丙提供保证。后乙要求甲还款，虽然诉讼时效已经经过，甲仍然表示愿意还款，丙也必须承担担保责任。【错误。债务人甲**放弃**对债权人乙的诉讼时效抗辩权，保证人丙**仍可援用**债务人甲放弃的抗辩权。】

3. 甲向乙借款 100 万，丙提供保证。后乙要求甲还款，虽然诉讼时效已经经过，甲仍然表示愿意还款，丙未援用甲的诉讼时效抗辩权，也承担了保证责任。由于诉讼时效经过，丙不能向甲追偿。【错误。**债务人甲放弃**对债权人乙的抗辩权，保证人丙**未援用**债务人甲放弃的抗辩权并承担保证责任的，保证人丙对债务人甲的**追偿权不受影响**。】

第七章

非典型担保

【重点】让与担保与后让与担保

第一节　物权法定原则

概念		物权法定原则，是指物权的种类、内容法定，不允许当事人自由创设。
内容	种类法定	**1. 不得创设法律未规定的新型物权** 例：甲将其房屋交付给乙办理质押借款。甲与乙之间的质押合同有效，但是无法产生质权，因为现行法未规定不动产质权。
	内容法定	**2. 不得约定与法律规定内容不同的物权权能内容** 例：甲将古董花瓶赠与给乙，并约定乙永远不得将之卖给他人。甲乙之间的赠与合同有效，但是乙永远不得将花瓶卖给他人的约定无效，因为该约定彻底排除了乙对花瓶的处分权，而处分权属于所有权的基本权能之一。
		3. 物权效力法定，当事人不得协议变更 例：甲乙签订房屋抵押借款合同，约定甲不履行到期债务则房屋归乙所有，双方办理了抵押登记。抵押借款合同有效，乙也可以取得抵押权，但是甲不履行到期债务则房屋归乙所有的约定无效，因为抵押权人只能就抵押物的价款优先受偿。
		4. 物权的享有和物权变动的公示方法法定 例：甲乙签订房屋买卖合同，并约定自交付之日起乙取得房屋的所有权。买卖合同有效，但是交付即取得房屋所有权的约定无效，因为不动产所有权的变动以登记为生效要件。

【说明】物权法定原则的正当性在于物权属于绝对权，具有排他效力和优先效力。不过，目前出现了物权法定的缓和现象。例如，承认让与担保。

【判断分析】

在抵押借款合同中，双方约定抵押权的行使期限为五年，从借款到期之日起算。该约定有效。【错误。法律明文规定，抵押权人应当在主债权诉讼时效期间行使抵押权，抵押借款合同的约定与此不符，违反物权法定原则，应当认定无效。】

第二节　让与担保和后让与担保

【重点法条】

《民法典担保制度解释》

第 68 条【让与担保】债务人或者第三人与债权人约定将财产形式上转移至债权人名下，债务人不履行到期债务，债权人有权对财产折价或者以拍卖、变卖该财产所得价款偿还债务的，人民法院应当认定该约定有效。当事人已经完成财产权利变动的公示，债务人不履行到期债务，债权人请求参照民法典关于担保物权的有关规定就该财产优先受偿的，人民法院应予支持。

债务人或者第三人与债权人约定将财产形式上转移至债权人名下，债务人不履行到期债务，财产归债权人所有的，人民法院应当认定该约定无效，但是不影响当事人有关提供担保的意思表示的效力。当事人已经完成财产权利变动的公示，债务人不履行到期债务，债权人请求对该财产享有所有权的，人民法院不予支持；债权人请求参照民法典关于担保物权的规定对该财产折价或者以拍卖、变卖该财产所得的价款优先受偿的，人民法院应予支持；债务人履行债务后请求返还财产，或者请求对财产折价或者以拍卖、变卖所得的价款清偿债务的，人民法院应予支持。

债务人与债权人约定将财产转移至债权人名下，在一定期间后再由债务人或者其指定的第三人以交易本金加上溢价款回购，债务人到期不履行回购义务，财产归债权人所有的，人民法院应当参照第二款规定处理。回购对象自始不存在的，人民法院应当依照民法典第一百四十六条第二款的规定，按照其实际构成的法律关系处理。

《民间借贷规定》

第 23 条【买卖型担保】当事人以订立买卖合同作为民间借贷合同的担保，借款到期后借款人不能还款，出借人请求履行买卖合同的，人民法院应当按照民间借贷法律关系审理。当事人根据法庭审理情况变更诉讼请求的，人民法院应当准许。

按照民间借贷法律关系审理作出的判决生效后，借款人不履行生效判决确定的金钱债务，出借人可以申请拍卖买卖合同标的物，以偿还债务。就拍卖所得的价款与应偿还借款本息之间的差额，借款人或者出借人有权主张返还或者补偿。

一、让与担保

概念	让与担保，是指为担保债务的履行，债务人或者第三人与债权人订立合同，将特定财产的所有权转移至债权人名下，如果债务届期履行完毕，债权人将所有权回复至债务人或第三人名下；如果债务届期未履行，债权人可以就该财产拍卖、变卖所得价款优先受偿。 【说明】让与所有权的目的是担保，并且是在债务人不履行债务之前先将所有权让与给债权人，所以又称为先让与担保。
构成要件	1. 有效的让与担保合同
	2. 权利变动公示：不动产过户登记/动产交付
法律效果	1. 债权效力：让与担保合同有效；
	2. 物权效力：债权人取得担保物权，享有优先受偿权。

续表

注意	1　如果让与担保合同中约定，债务人到期不履行债务，则担保财产归债权人所有，该约定属于流担保，与抵押合同中的流押条款类似，无效。如同流押条款无效不影响抵押权的设立一样，该约定的无效同样不影响让与担保的设立。 【说明】流押条款出现于抵押合同中，让与担保中也可能会出现类似的条款，只是名字不叫流押条款，本质上是一样的。
	2. 股权让与担保：股东以将其股权转移至债权人名下的方式为债务履行提供担保，公司或者公司的债权人以股东未履行或者未全面履行出资义务、抽逃出资等为由，请求作为名义股东的债权人与股东承担连带责任的，人民法院不予支持。

【示例】甲向乙借款 500 万，约定：甲将 A 房（价值 600 万）过户给乙，如果甲到期未还款，A 房归乙所有。甲按照约定办理了 A 房的过户手续。①甲将 A 房过户给乙的目的在于担保借款合同的履行。②已经完成了 A 房的过户手续，所以成立让与担保。③如果甲到期不还款，乙可以主张就 A 房的拍卖所得价款优先受偿，但是不能主张 A 房归自己所有（甲到期未还款则 A 房归乙所有的约定属于流担保条款，无效，但是并不影响担保物权的设立）。

【注意】回购条款：债务人与债权人约定将财产转移至债权人名下，在一定期间后再由债务人或者其指定的第三人以交易本金加上溢价款回购，债务人到期不履行回购义务，财产归债权人所有。

1. 关于财产归债权人所有的约定无效。
2. 如果债务人已经按照约定将财产转移至债权人名下，则成立让与担保。
3. 回购对象自始不存在的，通谋虚伪表示无效，按照其实际构成的法律关系处理。

二、后让与担保

概念	后让与担保，是指为担保债务的履行，债务人或者第三人与债权人订立买卖合同，约定：如果债务届期履行完毕，买卖合同不履行；如果债务届期未履行，债权人作为买受人可以请求出卖人（债务人或者第三人）履行买卖合同，转移标的物的所有权。 【说明】后让与担保中，担保人是在债务人届期不履行时才需履行买卖合同，移转担保财产的所有权，所以才被称为后让与担保。签订买卖合同的目的在于提供担保，因此后让与担保又称买卖型担保。
法律效果	1. 债权效力：后让与担保合同有效。
	2. 物权效力：担保物权未设立。
	【注意】后让与担保中，担保人尚未移转财产的所有权，即尚未完成物权变动公示，所以无法设立担保物权；但是，当事人提供担保的意思表示是真实的，故而后让与担保具有债权性质的担保效力，即：债权人可以请求拍卖标的物用于偿债，但是并无优先受偿权。
注意	1. 当事人以订立买卖合同作为民间借贷合同的担保，借款到期后借款人不能还款，出借人请求履行买卖合同的，人民法院应当按照民间借贷法律关系审理。 2. 按照民间借贷法律关系审理作出的判决生效后，借款人不履行生效判决确定的金钱债务，出借人可以申请拍卖买卖合同标的物，以偿还债务，但是并无优先受偿权。 【说明】如果后让与担保人是债务人，实质上无法起到担保的作用；如果后让与担保人是第三人，第三人起到的作用类似于保证人，只不过限于以买卖合同标的物的价值为限承担担保证责任。

【示例】甲向乙借款 500 万，同时签订房屋（价值 600 万）买卖合同，约定：如果甲到期还款，则买卖合同不履行；如果甲到期未还款，则履行买卖合同，价款则以借款本息抵偿。①甲与乙签订的买卖合同旨在担保借款合同的履行。②因房屋的所有权在甲到期未还款之时才需要转移给乙，所以属于后让与担保。③如果甲到期未还款，则乙不得请求履行买卖合同，只能起诉请求甲偿还借款。拿到胜诉判决后，如果甲不履行生效判决，则乙可以请求拍卖房屋，并以所得价款偿还借款，但是乙对房屋的所得价款并无优先受偿权。

三、以物抵债

以物抵债，是指债权人与债务人达成合意，债务人以他种给付代替原给付，从而使债消灭。以物抵债通常由债权人与债务人达成"以物抵债协议"、"抵顶协议"。例如，开发商无力支付工程款，和包工头签订抵顶协议，约定：开发商十套房屋抵偿工程款。

（一）以物抵债协议的性质

传统理论认为以物抵债协议属于实践合同，只有债务人交付了抵债物，以物抵债协议才成立。最高院主张以物抵债协议属于诺成合同，以物抵债协议自签订之时成立。（答题以最高院观点为准）

（二）以物抵债协议的效力

1. 履行期届满后达成的以物抵债协议

（1）若无其他无效事由，应当认定有效

【注意】以物抵债协议有可能因恶意串通而无效；以物抵债还可能涉嫌以不合理的低价转让财产，债权人可能可以行使撤销权。

（2）在当事人未明确约定以物抵债协议签订后原债务消灭时，应认定为新债清偿，即：新债（交付抵债物）与旧债并存。

（3）抵债物尚未交付：债权人可以请求债务人交付抵债物或承担违约责任，也可以转而请求债务人履行旧债。

（4）抵债物已经交付：自抵债物交付之日起，新债和旧债均归消灭，债权人取得抵债物的所有权。

2. 履行期届满前达成的以物抵债协议

（1）抵债物尚未交付：按买卖型担保（后让与担保）处理。

①债权人请求债务人交付抵债物的，人民法院应当向其释明，其应当根据原债权债务关系提起诉讼。

②经释明后当事人仍拒绝变更诉讼请求的，应当驳回其诉讼请求，但不影响其根据原债权债务关系另行提起诉讼。

③债权人胜诉后，如果债务人不履行生效判决，债权人可以请求拍卖、变卖抵债物，并以所得价款受偿，但是无优先受偿权。

（2）抵债物已经交付：按让与担保处理，债权人仅取得担保物权，需履行清算义务，即多退少补。

【说明】债权人与债务人在债务履行期届满前约定以物抵债的，标的物缔约时的价值与实现时的价值往往存在较大差距，如果直接认定以物抵债有效，可能导致双方利益显著失衡。例如，甲向乙借款 500 万，同时约定，如果甲到期不还钱，则乙的 A 设备（价值 1000 万）归甲所有。如果承认这种以物抵债协议的效力，很显然对乙极其不公平。

【总结】当事人约定以物抵债的处理思路：

第一步，**看该约定达成的时间**：

1. 债务履行期届满后达成：原则上约定有效，可以请求交付抵债物，取得抵债物的所有权。

2. 债务履行期届满前达成→进入第二步

第二步，**看出现的场景**：

1. 出现于抵押和质押中：该约定构成流押、流质条款，无效，但是不影响抵押和质押合同的效力，债权人可以行使优先受偿权。

2. 出现于其他场景→进入第三步

第三步，**识别当事人的内心真意**：

1. 合同约定"若到期未还款，则某物归债权人所有或者债权人可以就某物行使优先受偿权"，则属于让与担保合同；

2. 买卖合同约定"若到期还款，则买卖合同不再履行；若到期未还款，则履行买卖合同"，则属于后让与担保合同。

第四步，如果属于**让与担保合同**，则：

1. 让与担保合同原则上**有效**。

2. 归债权人所有的约定属于流担保条款，无效，债权人不得主张某物归其所有。

3. 若**已经登记/交付**，债权人可以行使**担保物权**，**否则只能按照原债权债务关系起诉**，并请求以拍卖所得价款清偿，但是**并无优先受偿权**。

第五步，如果属于**后让与担保合同**，则：

1. 后让与担保合同原则上**有效**。

2. 债权人**不得请求履行买卖合同**。

3. 债权人**只能按照原债权债务关系起诉**，并请求以拍卖所得价款清偿，但是**并无优先受偿权**。

第三节　保兑仓

【重点法条】

《九民纪要》

第 68 条【保兑仓交易】保兑仓交易作为一种新类型融资担保方式，其基本交易模式是，以**银行信用**为载体、以**银行承兑汇票**为结算工具、由**银行控制货权**、卖方（或者仓储方）受托**保管货物并以承兑汇票与保证金之间的差额作为担保**。其基本的交易流程是：卖方、买方和银行订立三方合作协议，其中买方向银行缴存一定比例的**承兑保证金**，银行向买方签发以卖方为收款人的银行**承兑汇票**，买方将银行承兑汇票交付卖方作为货款，银行根据买方缴纳的保证金的一定比例向卖方签发**提货单**，卖方根据提货单向买方交付对应金额的货物，买方销售货物后，将货款再缴存为保证金。

在三方协议中，一般来说，银行的主要义务是及时签发承兑汇票并按约定方式将其交给卖方，卖方的主要义务是根据银行签发的提货单发货，并在买方未及时销售或者回赎货物时，就保证金与承兑汇票之间的差额部分承担责任。银行为保障自身利益，往往还会约定卖方要将货物交给由其指定的当事人监管，并设定质押，从而涉及监管协议以及流动质押等问题。实践中，当事人还可能在前述基本交易模式基础上另行作出其他约定，只要不违反法律、行政法规的效力性强制性规定，这些约定应当认定有效。

一方当事人因保兑仓交易纠纷提起诉讼的，人民法院应当以保兑仓交易合同作为审理案件的基本依据，但买卖双方没有真实买卖关系的除外。

保兑仓，是指以银行承兑汇票为结算工具，由银行控制货权，卖方（或者仓储方）受托保管货物并以承兑汇票与保证金之间的差额作为担保，银行向买卖双方提供银行承兑汇票的一种金融服务。

1. "保兑"模式：

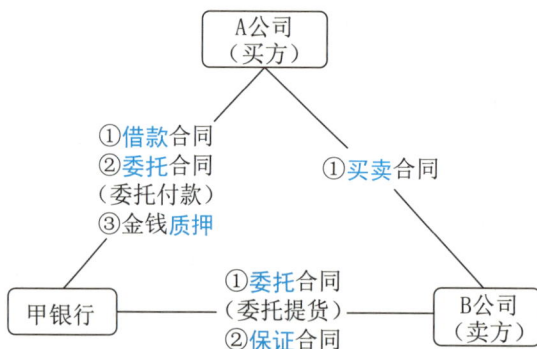

【示例】A公司欲向供应商B公司购买一批价值500万元的玉米。因资金不足，A公司找到甲银行，与B公司一起签订了三方协议，约定：甲银行签发500万元的承兑汇票（出票人：A公司；承兑人：甲银行；收款人：B公司），约定利息100万；A公司需在甲银行设立保证金账户，定期存入保证金，汇票到期日前A公司需存入本息之和共600万；甲银行依据A公司缴存的保证金比例签发提货单，B公司根据提货单内容向A公司发货，A公司实现销售后再次缴存保证金；汇票到期后，B公司对已存保证金与承兑汇票之间的差额承担连带保证责任。现汇票到期，A公司只存入200万保证金。

①就已存保证金与承兑汇票的差额部分即300万：甲银行既可要求A公司继续还款，也可向B公司主张连带保证责任，也有权一起主张；B公司承担后可以找A公司追偿。

②就100万的利息，甲银行只能找A公司主张，不能找B公司，因为利息不在B公司的担保范围。

2. "保兑仓"模式：

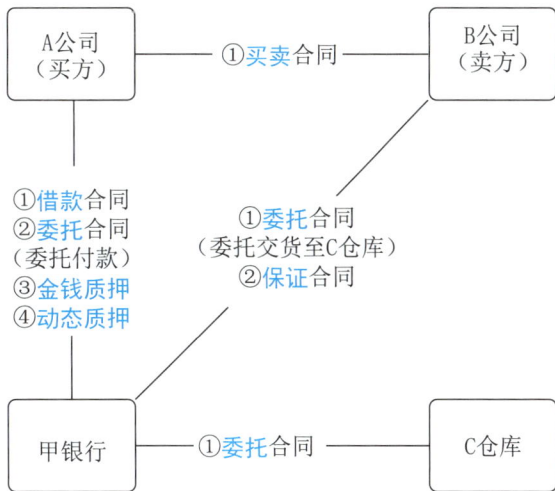

【示例】A公司欲向供应商B公司购买一批价值500万元的玉米。A公司、B公司、甲银行和C仓库，一起签订了四方协议，约定：甲银行签发500万元的承兑汇票（出票人：A公司；承兑人：甲银行；收款人：B公司），约定利息100万；A公司需在甲银行设立保证金账户，定期存入保证金，汇票到期日前A公司需存入本息之和共600万；甲银行依据A公司缴存的保证金比例签发提货单，为控制风险，B公司根据提货单内容将玉米存放于甲银行监管下的C仓库，以该批玉米为甲银行设立动产质权；甲银行根据A公司缴付的保证金，向C仓库发出放货指令，C仓库释放相应玉米给A公司；汇票到期后，B公司对已存保证金与承兑汇票之间的差额承担连带保证责任。现汇票到期，A公司只存入200万保证金。

①就已存保证金与承兑汇票的差额部分即300万：该债权既有A公司提供的玉米动产质权，也有B公司的连带责任保证，构成混合担保。甲银行须先行使A公司的质权，再向B公司主张连带保证。B公司承担后可以找A公司追偿。

②就100万的利息，甲银行只能找A公司主张，行使质权。不能找B公司，因为利息不在B公司的担保范围。

3. 无真实贸易背景的保兑仓交易

【示例】A公司为套取甲银行贷款，和B公司签订虚假的买卖合同，约定向B公司购买500万元玉米，于是甲银行与A、B公司签订三方协议。其他约定同上。现汇票到期，A公司只存入200万保证金。

（1）保兑仓合同是虚假意思表示，无效。

（2）隐藏起来的是借款合同，A公司和甲银行借款合同有效。

（3）B公司与甲银行的保证合同，有效，就差额的300万承担连带保证责任。

第四节　保证金账户质押

1. 债务人或者第三人为担保债务的履行，设立专门的保证金账户并由债权人实际控制，或者将其资金存入债权人设立的保证金账户，债权人可以主张就账户内的款项优先受偿。

2. 保证金账户内的款项浮动，不影响债权人对账户内的款项享有优先受偿权。

3. 当事人约定的保证金并非为担保债务的履行设立，债权人无权主张就保证金优先受偿，但是不影响当事人依照法律的规定或者按照当事人的约定主张合同权利。

第八章

担保并存

【重点】本章均十分重要。

第一节　共同担保

【重点法条】

《民法典》

第 392 条【混合担保】被担保的债权既有物的担保又有人的担保的，债务人不履行到期债务或者发生当事人约定的实现担保物权的情形，债权人应当按照约定实现债权；没有约定或者约定不明确，债务人自己提供物的担保的，债权人应当先就该物的担保实现债权；第三人提供物的担保的，债权人可以就物的担保实现债权，也可以请求保证人承担保证责任。提供担保的第三人承担担保责任后，有权向债务人追偿。

《民法典担保制度解释》

第 13 条【共同担保的担保人之间相互追偿问题】同一债务有两个以上第三人提供担保，担保人之间约定相互追偿及分担份额，承担了担保责任的担保人请求其他担保人按照约定分担份额的，人民法院应予支持；担保人之间约定承担连带共同担保，或者约定相互追偿但是未约定分担份额的，各担保人按照比例分担向债务人不能追偿的部分。

同一债务有两个以上第三人提供担保，担保人之间未对相互追偿作出约定且未约定承担连带共同担保，但是各担保人在同一份合同书上签字、盖章或者按指印，承担了担保责任的担保人请求其他担保人按照比例分担向债务人不能追偿部分的，人民法院应予支持。

除前两款规定的情形外，承担了担保责任的担保人请求其他担保人分担向债务人不能追偿部分的，人民法院不予支持。

第 18 条【共同担保中，担保人向债务人追偿问题】承担了担保责任或者赔偿责任的担保人，在其承担责任的范围内向债务人追偿的，人民法院应予支持。

同一债权既有债务人自己提供的物的担保，又有第三人提供的担保，承担了担保责任或者赔偿责任的第三人，主张行使债权人对债务人享有的担保物权，人民法院应予支持。

共同担保，是指同一债务存在两个以上担保的情形。

一、共同担保的类型

1. 分类标准：担保方式

（1）人保与人保并存。例如，甲向乙借款 100 万元，丙、丁均提供保证担保。

（2）物保与物保并存。例如，甲向乙借款 100 万元，丙以其 A 设备提供抵押担保，丁以其 B 手表提供质押担保。

（3）人保与物保并存（混合担保）。例如，甲向乙借款 100 万元，丙以其 A 设备提供抵押担保，丁提供保证担保。

2. 分类标准：担保人的责任形态

（1）按份共同担保：共同担保人对债权人承担按份担保责任。例如，甲向乙借款 100 万元，丙以其 A 设备提供抵押，丁以其 B 汽车提供质押担保。乙丙丁三人约定：丙、丁各自担保 50 万元的债务。此为按份共同担保。若甲到期无法偿还债务，则债权人乙只能按照份额请求丙、丁各承担 50 万元的担保责任。

（2）连带共同担保：共同担保人对债权人承担连带担保责任。例如，甲向乙借款 100 万元，丙、丁承诺提供保证担保，对乙承担连带责任。此为连带共同担保。若甲到期无法偿还债务，则债权人乙可以请求丙或者/和丁承担 100 万元的担保责任。

二、混合担保情形下债权人实现债权的顺序

1. 有约定，从约定。

2. 没有约定或者约定不明确：

（1）债务人自己提供物保：应先就债务人的物保实现债权，不足以清偿债权的，才能请求第三人承担担保责任；债权人放弃债务人物保的，其他担保人在债权人丧失优先受偿权益的范围内免除担保责任，但是其他担保人承诺仍然提供担保的除外。

【示例】甲向乙借款 500 万元，并以自己价值 400 万元的房屋设定抵押，办理了抵押登记，丙则提供保证担保。若乙放弃房屋抵押权，则丙可主张在乙丧失优先受偿 400 万元的范围内免责，即丙的担保责任范围缩减至 100 万元。

（2）债务人自己未提供物保：债权人可以任意行使担保权，没有顺序限制。

【注意】债务人提供物保和第三人提供物保并存的，债权人也应先就债务人的物保实现债权。

三、担保人的追偿

（一）担保人向债务人追偿

1. 担保人可以在其承担责任的范围内向债务人追偿。

2. 若债务人自己提供了物保，担保人可以行使债权人对债务人享有的担保物权。

【示例】甲向乙借款 100 万元，以自己的房屋提供抵押，办理了抵押登记，丙则提供连带责任保证。三方约定，如果甲到期无力还款，丙先承担保证责任。若甲到期未能还款，丙依约承担保证责任后，可以向债务人甲追偿，并且可以行使乙对甲房屋的抵押权。

（二）担保人之间的追偿

1. 原则：担保人之间禁止互相追偿。

2. 例外：担保人之间可以追偿的三种法定情形

（1）担保人之间约定相互追偿：①同时约定了分担份额：可以直接向其他担保人追偿。②未同时约定分担份额：必须先向债务人追偿，不足部分再按比例向其他担保人追偿。

（2）担保人之间约定承担连带共同担保：必须先向债务人追偿，不足部分再按比例向其他担保人追偿。

（3）担保人在<u>同一份合同书</u>上签字、盖章或者按指印：必须先向债务人追偿，不足部分再按比例向其他担保人追偿。

【示例】甲向乙借款 1000 万元，并以自己价值 600 万元的房屋提供抵押，办理了抵押登记，丙提供连带责任保证，丁以其价值 100 万元的 A 设备提供抵押担保，丙丁约定可以相互追偿。甲到期无力偿还借款，房屋拍卖所得价款为 600 万元。①甲和丁的物保+丙的人保，构成混合担保。②债务人甲自己提供了物保，乙应先实现甲房屋的抵押权，再就剩下的 400 万元债务任意请求丙或者丁承担担保责任。③如果丙此后承担了 400 万元的担保责任，则丙必须先向债务人甲追偿，不足部分再向丁追偿。

3. 防止规避法律的应对规则

同一债务有两个以上第三人提供担保，担保人受让债权的，该行为应被认为系承担担保责任。受让债权的担保人不得作为债权人请求其他担保人承担担保责任。至于担保人之间能否追偿，适用前述追偿的规则。

【示例】甲向乙借款 100 万元，丙提供保证，丁以其房屋提供抵押。到期后甲无力还款。①如果乙将其对甲的 100 万债权转让给丙，基于担保的从属性，乙对丁房屋的抵押权也将一并转移，那么丙就可以请求丁承担 100 万的抵押担保责任。最后的结果是，本来应当承担担保责任的丙，最后彻底免责，不仅变相实现了向丁追偿，而且是全额追偿。②这样的结果显然不合理，也明显规避了担保人之间原则上不得追偿的规定。故而，《担保解释》将共同担保人之一受让债权的行为定性为承担担保责任。

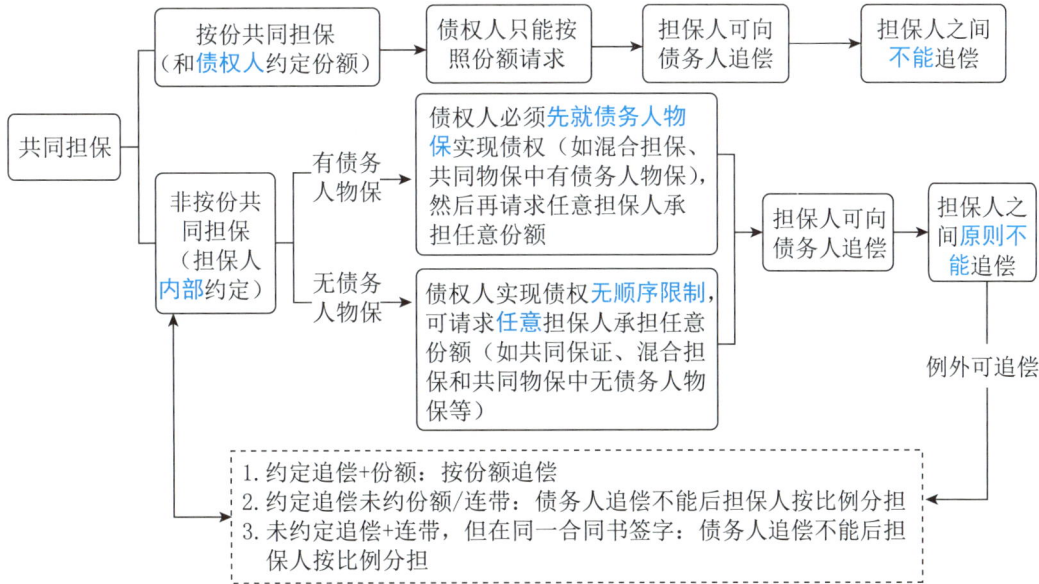

```
                          ┌──────────────┐   ┌──────────────┐   ┌──────────────┐
            ┌─按份共同担保─│ 债权人只能按 │──→│ 担保人可向   │──→│ 担保人之间   │
            │ （和债权人约 │ 照份额请求   │   │ 债务人追偿   │   │ 不能追偿     │
            │  定份额）    └──────────────┘   └──────────────┘   └──────────────┘
            │
┌────────┐  │              ┌───────────────────────────┐
│共同担保│──┤     有债务   │ 债权人必须先就债务人物    │
└────────┘  │     人物保   │ 保实现债权（如混合担保、  │
            │    ┌────────→│ 共同物保中有债务人物保）， │──┐  ┌──────────┐   ┌──────────┐
            │    │         │ 然后再请求任意担保人承    │  ├─→│担保人可向│──→│担保人之  │
            │─非按份共同    │ 担任意份额                │  │  │债务人追偿│   │间原则不  │
            │ 同担保（担保  └───────────────────────────┘  │  └──────────┘   │能追偿    │
            │ 人内部约定）  ┌───────────────────────────┐  │                 └──────────┘
            │    │ 无债务   │ 债权人实现债权无顺序限制， │  │                       │
            │    └────────→│ 可请求任意担保人承担任意  │──┘                       │
            │     人物保    │ 份额（如共同保证、混合担  │                  例外可追偿│
            │               │ 保和共同物保中无债务人物  │                          │
            │               │ 保等）                    │                          │
            │               └───────────────────────────┘                          │
            │                                                                       │
            │    ┌─────────────────────────────────────────────────────────┐       │
            │    │ 1. 约定追偿+份额：按份额追偿                             │       │
            └───→│ 2. 约定追偿未约份额/连带：债务人追偿不能后担保人按比例分担│←──────┘
                 │ 3. 未约定追偿+连带，但在同一合同书签字：债务人追偿不能后担│
                 │    保人按比例分担                                         │
                 └─────────────────────────────────────────────────────────┘
```

【判断分析】

甲公司向乙银行借款 100 万元，丙、丁以各自房产分别向乙银行设定抵押，戊、己分别向乙银行出具承担全部责任的担保函，承担保证责任。下列哪些表述是正确的？（2012-3-55，多选）

A. 乙银行可以就丙或者丁的房产行使抵押权【正确。无债务人物保：债权人可以任意行使担保物权，没有顺序限制。】

B. 丙承担担保责任后，可向甲公司追偿，也可要求丁清偿其应承担的份额【错误。丙可以向债务人甲公司追偿，但丙不能向丁追偿：原则上担保人之间禁止追偿，本案中也不存在可以追偿的三种情形。】

C. 乙银行可以要求戊或者己承担全部保证责任【正确】

D. 戊承担保证责任后，可向甲公司追偿，也可要求己清偿其应承担的份额【错误】

第二节　担保物权的竞合

【重点法条】

《民法典》

第414条【抵押权清偿顺序】同一财产向两个以上债权人抵押的，拍卖、变卖抵押财产所得的价款依照下列规定清偿：

（一）抵押权已经登记的，按照登记的时间先后确定清偿顺序；

（二）抵押权已经登记的先于未登记的受偿；

（三）抵押权未登记的，按照债权比例清偿。

其他可以登记的担保物权，清偿顺序参照适用前款规定。

第415条【抵押与质权竞合】同一财产既设立抵押权又设立质权的，拍卖、变卖该财产所得的价款按照登记、交付的时间先后确定清偿顺序。

第416条【价款超级优先权】动产抵押担保的主债权是抵押物的价款，标的物交付后十日内办理抵押登记的，该抵押权人优先于抵押物买受人的其他担保物权人受偿，但是留置权人除外。

第456条【留置权与抵押权或者质权的关系】同一动产上已经设立抵押权或者质权，该动产又被留置的，留置权人优先受偿。

《民法典担保制度解释》

第57条　担保人在设立动产浮动抵押并办理抵押登记后又购入或者以融资租赁方式承租新的动产，下列权利人为担保价款债权或者租金的实现而订立担保合同，并在该动产交付后十日内办理登记，主张其权利优先于在先设立的浮动抵押权的，人民法院应予支持：（一）在该动产上设立抵押权或者保留所有权的出卖人；（二）为价款支付提供融资而在该动产上设立抵押权的债权人；（三）以融资租赁方式出租该动产的出租人。

买受人取得动产但未付清价款或者承租人以融资租赁方式占有租赁物但是未付清全部租金，又以标的物为他人设立担保物权，前款所列权利人为担保价款债权或者租金的实现而订立担保合同，并在该动产交付后十日内办理登记，主张其权利优先于买受人为他人设立的担保物权的，人民法院应予支持。

同一动产上存在多个价款优先权的，人民法院应当按照登记的时间先后确定清偿顺序。

同一财产向两个以上债权人设定担保物权，就担保财产拍卖、变卖所得的价金，各个债权人的优先受偿顺位如何确定？

【说明】法律允许同一财产之上设立数个担保物权，而不必考虑担保财产的价值是否足以担保数个债权。因而，必须采用一定的顺位规则解决数个担保物权担保的债权总额超过担保财产价值的问题。

一、不动产抵押权竞合

不动产抵押权实行登记生效主义，因此以登记时间先后确定不动产抵押权的顺位。

【示例】1月1日，甲向乙借款500万元，以其A房提供抵押，并于同日办理了抵押登记。1月10日，甲又向丙借款500万元，以其A房提供抵押，并于同日办理了抵押登记。其后，甲到期无力偿还乙和丙的借款，而A房拍卖所得仅为800万元。因乙的抵押权先于丙的抵押权登记，故而乙可以分得500万元，而丙只能分得剩下的300万元。

二、动产抵押权竞合

1. 抵押权均已经登记的：按照登记的时间先后确定清偿顺序。

2. 抵押权已经登记的先于未登记的受偿。

3. 抵押权均未登记：按照债权比例清偿。

【示例】1月1日，甲向乙借款50万元，以其A设备提供抵押，未办理抵押登记。1月10日，甲向丙借款50万元，以其A设备提供抵押，并于同日办理了抵押登记。1月20日，甲向丁借款50万元，以其A设备提供抵押，并于同日办理了抵押登记。1月30日，甲向戊借款50万元，以其A设备提供抵押，未办理抵押登记。其后，甲到期无力偿还乙、丙、丁和戊的借款，而A设备拍卖所得仅为120万元。①乙和戊的抵押权未登记，丙和丁的抵押权均已经登记且丙的抵押权登记在先，故而优先顺位排序为：丙＞丁＞乙＝戊。②因此，丙和丁可以各分得50万元；剩下的20万元由乙和戊均分。

【注意】

1. 担保物权人优先顺位的确定，不考虑当事人主观上的善意或者恶意。上例中，即使丙知道甲将A设备先抵押给了乙，丙依然可以优先于乙。

2. 其他可以登记的担保物权，例如所有权保留、融资租赁和保理，均参照适用动产抵押权竞合的顺位规则。

三、抵押权及其顺位的放弃与变更

1. 抵押权人可以放弃抵押权或者抵押权的顺位。

2. 抵押权人与抵押人可以协议变更抵押权顺位以及被担保的债权数额等内容。但是，抵押权的变更未经其他抵押权人书面同意的，不得对其他抵押权人产生不利影响。

【示例】黄河公司以其房屋作抵押，先后向甲银行借款100万元，乙银行借款300万元，丙银行借款500万元，并依次办理了抵押登记。因黄河公司无力偿还三家银行的到期债务，银行拍卖其房屋，仅得价款600万元。黄河公司的房屋上有3个抵押登记，根据登记的时间先后，甲是第一顺位受偿100万，乙是第二顺位受偿300万，丙是第三顺位受偿200万。如抵押权人丙银行、甲银行与抵押人黄河公司商定交换二者抵押权的顺位，并办理了变更登记，但乙银行并不知情。债权总额500万的丙如果成为第一顺位优先受偿，则乙只能受偿100万，对乙产生了不利影响。因"变更"未经过乙的书面同意，则不能对乙产生不利影响。丙受偿300万，乙依然受偿300万，丙的剩余200万和甲的100万不能优先受偿。

3. 债务人以自己的财产设定抵押，抵押权人放弃该抵押权、抵押权顺位或者变更抵押权的，其他担保人在抵押权人丧失优先受偿权益的范围内免除担保责任，但是其他担保人承诺仍然提供担保的除外。

四、动产抵押权与质权竞合

按照登记、交付的时间先后确定清偿顺序。

【示例】1月1日，甲向乙借款50万元，以其A设备提供抵押，并于同日办理了抵押登记。1月10日，甲向丙借款50万元，并将其A设备交付给丙作为质押担保。其后，甲到期无力偿还乙和丙的借款，而A设备拍卖所得仅为80万元。①乙的动产抵押权设立于1月1日并于同日登记。②丙的质权设立于1月10日。③故而，乙的动产抵押权优先于丙的质权，乙可以分得50万元，而丙只能分到30万元。④若乙的动产抵押权并未办理登记，则丙的质权优先于乙的抵押权，丙可以分到50万元，而乙只能分到30万元。

五、价款优先权

（一）构成要件

价款优先权＝买受人通过融资购入动产＋以购买的动产为融资提供担保＋动产交付后十日内办理担保登记

主要分为以下四种情形：

1. 向出卖人赊购：以购买的动产为出卖人提供抵押并办理抵押登记；

2. 以所有权保留买卖方式购入：以出卖人保留所有权的方式提供担保并办理所有权保留登记；

3. 以融资租赁方式租入新的动产：以出租人对租赁物享有所有权的方式提供担保并办理融资租赁登记；

4. 向银行贷款购买动产：以购买的动产为银行提供抵押并办理抵押登记。

（二）法律效果

1. 无论是存在先登记的动产浮动抵押权，还是买受人取得动产后又以动产为其他人设定担保物权，提供融资方优先于动产买受人的其他担保物权人受偿，但是留置权人除外。

【总结】享有价款优先权的四类人：（1）以买卖标的物设定抵押的出卖人；（2）保留所有权买卖的出卖人；（3）融资租赁的出租人；（4）为买受人支付价款提供融资并以买卖标的物设定抵押的人。

【注意】售后回租中的出租人不享有价款优先权。

2. 同一动产上存在多个价款优先权的，按照登记的时间先后确定清偿顺序。

【注意】价款优先权不是一个独立的权利，而是说抵押权等担保物权具有超级优先效力。

【示例】1月1日，甲公司向乙银行借款，并设定动产浮动抵押，于同日办理了抵押登记。

①3月1日，甲公司与丙公司签订设备买卖合同，约定甲公司于设备交付后3个月内一次性付清价款，并以A设备提供抵押担保。3月7日，丙公司交付A设备。3月16日，甲公司配合丙公司办理抵押登记。虽然丙公司的抵押权后于乙银行的抵押权登记，但是丙公司的抵押权优先于乙银行的抵押权。

②3月1日，甲公司与丙公司签订A设备买卖合同，约定甲公司分期付款，在甲公司付清全部价款之前A设备属于丙公司所有。3月7日，丙公司交付A设备。3月16日，办理保留所有权买卖登记。虽然保留所有权买卖登记晚于乙银行的抵押权登记，但是丙公司对A设备保留的所有

权优先于乙银行的抵押权。

③3月1日，甲公司向丁银行借款，约定：甲公司以该笔借款向丙公司支付购买A设备的价款，并以A设备为借款提供抵押担保。3月7日，丙公司交付A设备。3月16日，甲公司配合丁银行办理抵押登记。虽然丁银行的抵押权登记晚于乙银行的抵押权登记，但是丁银行的抵押权优先于乙银行的抵押权。

④3月1日，甲公司与戊公司签订融资租赁合同，约定戊公司向丙公司购买A设备，出租给甲公司。3月7日，丙公司交付A设备。3月16日，办理融资租赁登记。虽然融资租赁登记晚于乙银行的抵押权登记，但是戊公司对租赁物的所有权优先于乙银行的抵押权。

【说明】无论甲公司以何种方式购入新设备，新设备均将自动成为乙银行动产浮动抵押权的客体。若坚持动产抵押权竞合的顺位规则，因为乙银行的动产浮动抵押权登记于前，即使丙公司或丁银行的抵押权、丙公司对A设备的所有权、戊对租赁物的所有权办理了登记，丙、丁或戊在优先顺位上也劣后于乙银行。如此一来，丙、丁或戊自然不愿意与甲公司进行交易，甲公司的再融资能力就因为动产浮动抵押权的设立受到了严重影响，而甲公司无法购买到需要的设备，其生产能力和盈利能力自然也会受到影响，这对乙银行来说也并非好事，丙、丁或戊则丧失了一次潜在的交易机会，由此出现了多方皆输的局面。为改变这种局面，民法典规定价款优先权，着力解决中小企业在将现有的和将有的动产设定浮动抵押后的再融资能力问题。

【注意】最高院认为，价款优先权不仅存在于动产浮动抵押权登记在先的情形，还存在于动产固定抵押权登记在先的情形。例如，1月1日，甲公司与丙公司签订A设备买卖合同，约定甲公司于设备交付后3个月内一次性付清价款，并以A设备提供抵押担保。1月7日，丙公司交付A设备。1月10日，甲公司向乙银行借款用于资金周转，并以A设备提供抵押，于同日办理了抵押登记。1月15日，甲公司配合丙公司办理了抵押登记。按照最高院的观点，虽然丙公司的抵押权晚于乙银行的抵押权登记，但是丙公司的抵押权优先于乙银行的抵押权。此种观点的正当性存疑，不过法考应按照该观点解题。

六、留置权恒优先

同一动产上已经设立抵押权或者质权，该动产又被留置的，留置权人优先受偿。即使在先设立的是价款优先权，留置权也具有优先地位。

【示例】1月1日，甲公司向乙银行借款，并以其A设备提供抵押担保，办理了抵押登记。3月1日，A设备出现故障，甲公司送交丙公司维修。因无力支付维修费，丙公司扣住A设备不放。丙公司对A设备的留置权优先于乙银行登记在先的抵押权。

【总结】留置权>价款优先权（内部看登记时间先后）>公示的抵押权/质权（内部看登记/交付的时间先后）>未登记的抵押权（内部顺位相同，按债权比例）>普通债权

【示例】2020年1月，甲公司向银行贷款200万元，并就公司现有的以及将有的生产设备设立浮动抵押，并办理了抵押登记。2020年6月，甲公司向乙公司购买口罩生产设备，并将该设备抵押给乙公司，同样办理了抵押登记。2020年7月，甲公司将该口罩生产设备质押给丙公司并完成交付，以获取流动资金。而后因仓库变动，丙公司委托货运公司运输口罩生产设备，经多次催促未支付运费，货运公司遂留置了口罩生产设备。之后，甲公司无力清偿。问本案例中的担保物权顺位如何？【①因为甲乙公司在标的物交付后10日内办理了登记，且标的物是为出卖人提供抵押，因此6月登记的乙公司的抵押权作为价款优先权优先于1月设立的银行的动产抵押权。②由

于银行的抵押权的公示时间早于丙公司的质权，故银行的动产抵押权优先于 7 月设立的丙公司的**动产质权**。③由于**留置权优先于价款优先权**，故货运公司的留置权优先于乙公司的价款优先权。故本案例中的担保物权顺位为：货运公司（留置权）>乙公司（价款优先权）>银行（抵押权）>丙公司（质权）】

【判断分析】

甲公司以其机器设备为乙公司设立了质权。10 日后，丙公司向银行贷款 100 万元，甲公司将机器设备又抵押给银行，担保其中 40 万元贷款，但未办理抵押登记。同时，丙公司将自有房产抵押给银行，担保其余 60 万元贷款，办理了抵押登记。20 日后，甲将机器设备再抵押给丁公司，办理了抵押登记。丙公司届期不能清偿银行贷款。下列哪一表述是正确的？（2013-3-8，单选）

A. 如银行主张全部债权，应先拍卖房产实现抵押权【错误。有约定份额的，债权人只能按照份额请求承担担保责任，既无先后顺序，也无选择权】

B. 如银行主张全部债权，可选择拍卖房产或者机器设备实现抵押权【错误】

C. 乙公司的质权优先于银行对机器设备的抵押权【正确。公示的质权优先于未登记的抵押权】

D. 丁公司对机器设备的抵押权优先于乙公司的质权【错误。公示在先的质权优先于登记在后的抵押权】

侵权责任编与人格权编

KEEP AWAKE

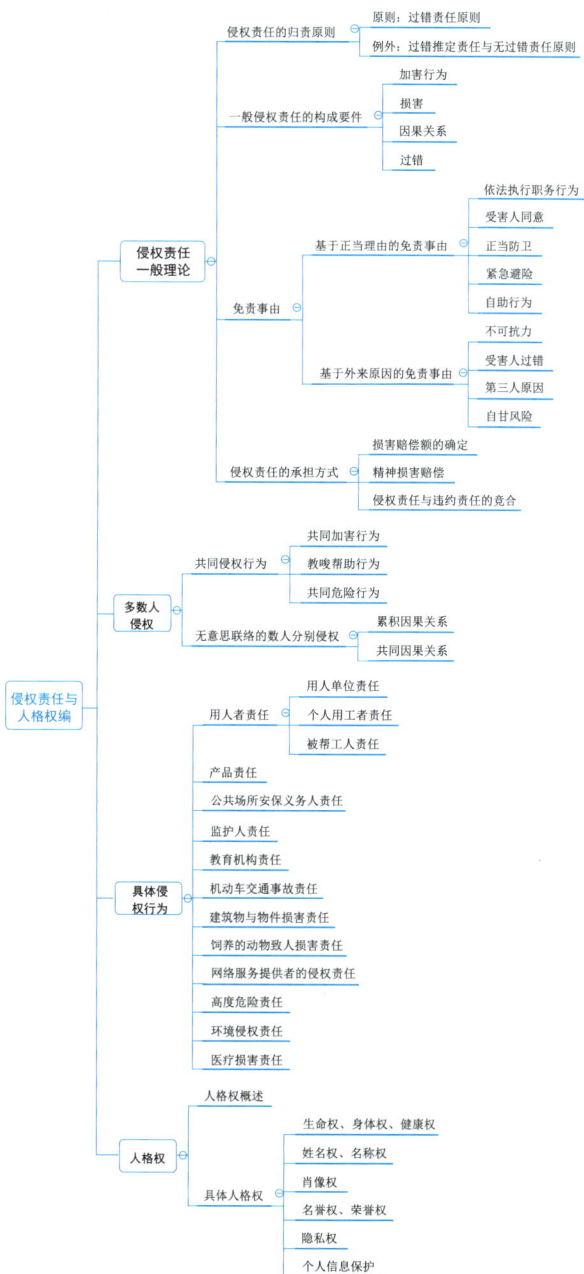

侵权责任与人格权编
- 侵权责任一般理论
  - 侵权责任的归责原则
    - 原则：过错责任原则
    - 例外：过错推定责任与无过错责任原则
  - 一般侵权责任的构成要件
    - 加害行为
    - 损害
    - 因果关系
    - 过错
  - 免责事由
    - 基于正当理由的免责事由
      - 依法执行职务行为
      - 受害人同意
      - 正当防卫
      - 紧急避险
      - 自助行为
    - 基于外来原因的免责事由
      - 不可抗力
      - 受害人过错
      - 第三人原因
      - 自甘风险
  - 侵权责任的承担方式
    - 损害赔偿额的确定
    - 精神损害赔偿
    - 侵权责任与违约责任的竞合
- 多数人侵权
  - 共同侵权行为
    - 共同加害行为
    - 教唆帮助行为
    - 共同危险行为
  - 无意思联络的数人分别侵权
    - 累积因果关系
    - 共同因果关系
- 具体侵权行为
  - 用人者责任
    - 用人单位责任
    - 个人用工者责任
    - 被帮工人责任
  - 产品责任
  - 公共场所安保义务人责任
  - 监护人责任
  - 教育机构责任
  - 机动车交通事故责任
  - 建筑物与物件损害责任
  - 饲养的动物致人损害责任
  - 网络服务提供者的侵权责任
  - 高度危险责任
  - 环境侵权责任
  - 医疗损害责任
- 人格权
  - 人格权概述
  - 具体人格权
    - 生命权、身体权、健康权
    - 姓名权、名称权
    - 肖像权
    - 名誉权、荣誉权
    - 隐私权
    - 个人信息保护

第一章
侵权责任一般理论

【重点】归责原则、自甘风险、精神损害赔偿、侵权责任与违约责任竞合

侵权责任，是指行为人因侵害他人民事权益而依照法律规定需要承担的民事法律后果。

【说明】损害应该被视为一种"不幸"或"宿命"，原则上每个遭受损害的人都要由自己来应对这些损害，即"损害应停留在其发生之处"。只有存在"特别干预事由"或者说正当事由时，才能转移损害或分散损害，以免动则得咎，影响行为自由。就此而言，侵权责任法固然是权益保护法，但同时也是行为自由保障法。侵权责任的归责原则、构成要件和免责事由等均应在受害人权益保护与加害人行为自由之间谋求平衡。

第一节　侵权责任的归责原则

【重点法条】

《民法典》第1165条【过错责任原则】行为人因过错侵害他人民事权益造成损害的，应当承担侵权责任。

【过错推定】依照法律规定推定行为人有过错，其不能证明自己没有过错的，应当承担侵权责任。

一、原则：过错责任原则

1. 侵权责任原则上奉行过错责任原则，即：加害人承担侵权责任以具有过错为前提，加害人的过错是让其承担责任的正当理由。

2. 受害人应举证证明加害人有过错，若不能证明，即使行为造成损害，加害人也不需要承担侵权责任。

二、例外：过错推定责任与无过错责任原则

法律从两个不同的方向设置了两个例外，以更好地保护受害人。

（一）无过错责任原则

1. 彻底突破过错责任原则，不问加害人有无过错，只要满足其他条件，加害人均应承担责任。加害人即使证明自己没有过错，依然需要承担责任。

2. 法定情形：

（1）监护人责任；

（2）用人单位责任；

（3）个人用工者责任；

（4）被帮工人责任；

（5）建筑物倒塌、塌陷；

（6）动物侵权（动物园除外）；

（7）产品责任（包括医疗产品致人损害）；

（9）机动车交通事故责任（机动车与行人、非机动车间发生道路交通事故；机动车之间发生交通事故适用过错责任原则）；

（9）环境侵权责任；

（10）高度危险作业责任；

（11）在公共道路上堆放、倾倒、遗撒妨碍通行的物品，行为人承担无过错责任。

（二）过错推定责任

1. 从举证责任的负担上降低受害人的证明义务，首先推定加害人有过错。

（1）加害人若能证明自己没有过错，则无责任；

（2）加害人若不能证明自己没有过错，则承担责任；

（3）即使加害人能够证明第三人具有过错，只要不能证明自己没有过错，依然无法免责。

【说明】过错推定责任，本质上依然为过错责任，只是举证责任倒置。

2. 法定情形：

（1）教育机构侵权责任（限于无民事行为能力人）；

（2）医疗机构责任（限于特定情形：违反法律、行政法规、规章以及其他有关诊疗规范的规定；隐匿或者拒绝提供与纠纷有关的病历资料；遗失、伪造、篡改或者违法销毁病历资料）；

（3）建筑物、构筑物或者其他设施及其搁置物、悬挂物脱落、坠落致人损害（不动产倒塌或者塌陷的除外）；

（4）堆放的物品倒塌致人损害的；

（5）林木折断致人损害的；

（6）地下设施致人损害的；

（7）道路维护缺陷致人损害的；

（8）动物园动物致人损害的。

【注意】无过错责任与过错推定责任均以法律明文规定为限。法律未明文规定属于无过错责任或者过错推定责任的，则适用过错责任原则。

（三）公平责任

1. 公平责任，是指受害人和行为人对损害的发生都没有过错，依照法律的规定由双方分担损失。

【注意】承担公平责任依然要求加害行为与损害之间具有因果关系。

2. 限于法律明文规定的下列情形：

（1）紧急避险（参见免责事由部分）

危险由自然原因引起的，紧急避险人不承担民事责任，可以给予适当补偿。

（2）见义勇为

见义勇为人受损害的，由侵权人承担民事责任，受益人可以给予适当补偿。

没有侵权人、侵权人逃逸或者无力承担民事责任，受害人请求补偿的，受益人应当给予适当补偿。

（3）完全民事行为能力人无过错地陷入无意思状态或者失去控制致人损害

完全民事行为能力人对自己的行为暂时没有意识或者失去控制造成他人损害有过错的，应当承担侵权责任；没有过错的，根据行为人的经济状况对受害人适当补偿。

（4）高空抛物致人损害无法确定具体侵权人（参见具体侵权行为部分）

【注意】依据公平责任承担责任，本质上并非侵权责任，仅仅是用于在特殊情形下公平分担损失。

第二节　一般侵权责任的构成要件

一般侵权责任，是指奉行过错责任原则的一般侵权行为，其构成要件包括：

一般侵权责任＝加害行为＋损害＋因果关系＋主观过错

一、加害行为

加害行为，是指侵害他人民事权益的行为。

1. 必须存在受意志支配的人的行为。

2. 行为必须侵害他人民事权益。

【注意】受侵权法保护的民事权益限于绝对权，债权一般不受侵权法保护，因为债权发生在特定的当事人之间，缺乏公示性。故意以悖于善良风俗的方式侵害债权的，例外构成侵权。

3. 行为方式包括作为（不当为而为）和不作为（当为而不为）。

（1）不作为侵权以行为人存在作为的义务为前提。

（2）作为的义务可能源于：法律规定、合同约定、在先行为、特定关系。例：甲带着五岁的小外甥乙去游泳。游泳时，甲让乙自己在泳池旁玩。乙因调皮不小心掉入深水区，身受重伤。甲带乙去游泳使得其对乙负有保护义务，甲构成不作为侵权。

二、损害

1. 加害行为必须造成损害，包括财产损害与精神损害。

【注意】仅损害赔偿责任要求造成损害。

2. 非因侵害人身权或者财产权造成的纯粹经济损失一般不赔，加害人故意以悖于善良风俗之方法致他人遭受纯粹经济损失的除外。

【示例】甲公司在施工过程中挖断了供电公司的电力电缆，导致乙公司的芯片生产线停工三个小时，造成损失1000万元。甲公司并未侵害乙公司财产权益，因此乙公司的损失属于纯粹经济损失。对于该损失，甲公司无须承担侵权损害赔偿责任。若甲公司是乙公司的同行，挖断电缆系其故意为之，目的在于干扰乙公司的正常生产，则甲公司应负赔偿责任。

三、因果关系

1. 因果关系包括：

（1）责任成立的因果关系：加害行为与民事权益被侵害之间存在因果关系。

（2）责任范围的因果关系：民事权益被侵害与损害之间存在因果关系。

2. 侵权法上的因果关系采相当因果关系说，需同时满足：

（1）条件：无此行为，则无此种损害。

（2）相当性．有此行为，通常生此种损害。

【注意】 受害人的特殊体质，不影响因果关系的成立。

【示例】 甲在手机app上花36元购买了《狙击手》的电影票。在前往电影院的路上，甲不小心撞到乙，乙二话没说对甲进行殴打，导致甲支付医药费500元，电影也没看成。乙的殴打行为与甲的健康权受损之间存在因果关系（责任成立的因果关系），健康权受损与支付医疗费之间存在相当因果关系（责任范围的因果关系），因此乙应当赔偿500元的医药费；但是健康权受损与电影票白白浪费导致损失36元之间不存在相当因果关系，甲无权请求乙赔偿36元的电影票损失。

四、过错

过错包括故意与过失（重大过失、一般过失）。

1. 故意：指明知损害会发生而追求或放任损害发生。

2. 过失：指对损害的发生有主观上的疏忽大意或过于自信。依据过失的严重程度可分为：

（1）一般过失：普通人违反了一般理性人的注意义务；

（2）重大过失：欠缺一般人所应有的最起码的注意，成立重大过失。专业人士的注意程度较高，若违反了一般理性人的注意义务，即为有重大过失。重大过失往往与故意等同。

【注意】 仅在法律明文规定之时，故意、重大过失和一般过失的区分才具有意义。

第三节 免责事由

免责事由，是指违反法律规定的义务致人损害却依法可以不承担侵权责任或者减轻民事责任的事由。

一、基于正当理由的免责事由

（一）依法执行职务行为

为了维护社会公共利益和公民的合法权益，在执行职务时不可避免地对他人的财产和人身造成伤害，不承担侵权责任。

1. 构成要件

（1）有合法的授权；

（2）执行职务的程序和方式均合法；

（3）致人损害是执行职务的必要条件。

2. 常见情形（广义理解）

（1）国家机关工作人员在执行职务范围内，不可避免地造成他人损害（如为制止精神病人乱砍人的行为而开枪射击或者电击）；

（2）工作人员为合法执行职务的需要而损害他人权益（如时间紧迫，为实施抢救或者火灾救助划蹭到道路车辆）；

（3）公民依法维护公共利益、社会秩序的行为（如公交车上为制止小偷的扒窃、性骚扰行为造成伤害）。

（二）受害人同意

受害人事先明确作出自愿承担某种损害结果的意思表示，且该自愿受损的意思表示不违反法律和公序良俗。

1. 受害人必须具有同意的能力（无民事行为能力人、限制民事行为能力人通常必须征得法定代理人的同意，才能作出该允诺）；

2. 必须由受害人明确作出意思表示；

3. 不得违反法律和公序良俗；

4. 受害人的同意应当在损害发生前作出。

【注意】如果受害人仅仅是意识到危险的存在，但并没有对损害结果表示同意，则不能视为受害人同意，加害人仍然应当承担侵权责任。

【示例】尚无驾照的甲邀请乙乘坐自己的敞篷跑车兜风，知情的乙欣然同意，结果跑车在高速上发生交通事故，乙深受重伤。虽然乙能预见到可能会发生危险，但是并不意味着其自愿承担损害结果，因此不构成受害人同意。甲乙应当根据各自的过错分担责任。

（三）正当防卫

1. 概念

避免自己或他人的利益受到不法侵害，对不法侵害人实施的不超过必要限度的行为

例：甲乙为邻居，双方因生活琐事发生争议，争吵中甲动手殴打乙，乙被动防御，过程中甲不慎摔伤。乙的行为属于正当防卫，对甲的受伤无需承担责任。

2. 构成要件

（1）存在不法侵害行为；

（2）侵害行为正在发生；

（3）针对不法侵害人本人进行防卫；

（4）防卫行为必要；

（5）防卫行为适当。

3. 法律后果

（1）因正当防卫造成损害的，防卫人不承担民事责任；

（2）正当防卫超过必要限度的，正当防卫人在造成不应有的损害范围内承担部分责任。实施侵害行为的人不能证明防卫行为造成不应有的损害的，不得仅以正当防卫人采取的反击方式和强度与不法侵害不相当为由主张防卫过当。

（四）紧急避险

1. 概念

为避免自己或他人利益上现实急迫的危险，不得已实施的加害他人的行为。例：为了防止船沉没，将船上旅客的行李丢弃大海。

2. 构成要件

（1）现实急迫的危险：自己或他人的合法权益正在遭受现实而急迫的危险。

（2）避险目的：为了避免危险造成损害而实施紧急避险行为。

（3）避险行为必要：只有在不得已的情况下，才能采取紧急避险行为，即：不采取紧急避

措施，就会造成更大的损失。

（4）避险行为适当。紧急避险行为不应超过必要的限度。通常认为，紧急避险行为所引起的损害应轻于该危险所可能带来的损害。例：甲为了避免自己的汽车撞到路旁的大树而猛打方向盘，结果撞伤了行人乙。甲要保护的是自己的财产权，侵害的是乙的健康权，而健康权的价值远远大于财产权，故而甲的避险行为过当，应当承担侵权责任。

3. 法律后果：

（1）避险人原则上不承担责任，引起险情的人应承担责任；

（2）自然原因引起的危险，避险人不承担民事责任，受益人可给予适当补偿；

（3）紧急避险超过必要限度，紧急避险人在造成的不应有的损害范围内承担相应的责任。

（五）自助行为

1. 概念

为了保护自己的权利，对他人的自由或者财产进行拘束、扣留或毁损的行为。例：甲在乙超市偷东西被抓住。为防止甲逃跑，乙超市可以在警察到来之前暂时拘束甲的人身自由。

2. 构成要件

（1）合法权益受到侵害；

（2）情况紧迫且不能及时获得国家机关保护，不立即采取措施将使其权益遭受难以弥补的损害；

（3）在保护自己合法权益的必要范围内采取合理的措施；

（4）及时请求有关国家机关处理。

3. 法律后果

自助行为对他人造成人身或者财产损害的，不承担侵权责任；若超出必要限度，应承担相应的赔偿责任。

二、基于外来原因的免责事由

（一）不可抗力

1. 不可抗力是法定的免责事由。既适用于过错责任，也适用于无过错责任

2. 例外情况下不免责。例：一些高度危险责任，如民用核设施、民用航空器致害，不可抗力并非免责事由。

（二）受害人过错

受害人对同一损害的发生或者扩大有过错的，可以减轻侵权人的责任。受害人过错作为免责事由，不仅适用于过错责任，也适用于无过错责任。

1. 原则

（1）受害人具有故意的，免除加害人的责任；

【注意】受害人故意是损害发生的唯一原因时，方可完全免责。

（2）受害人具有过失的，可以减轻加害人的责任（过失相抵）。

【注意】受害人的特殊体质不属于其过错，不能适用过失相抵减轻侵权人的责任。

2. 例外

（1）受害人故意仅为减责事由

违反管理规定，未对动物采取安全措施造成他人损害的，饲养人或管理人应当承担侵权责任；但是能够证明是因被侵权人故意造成的，可以减轻责任。

（2）受害人故意并非免责事由

饲养禁止饲养的烈性犬等危险动物（如藏獒、老虎、毒蛇、鳄鱼）致人损害的，无免责事由（绝对无过错责任，被害人故意也不免责）。

（三）第三人原因

损害是由第三人造成的，应由第三人承担侵权责任。

1. 第三人单独承担责任的前提是：第三人是损害发生的唯一原因。如果第三人的行为与加害人的行为共同导致同一损害后果，则第三人与加害人共同承担侵权责任。例如，教育机构以外的第三人侵权，教育机构未尽管理职责，承担相应的补充责任。

2. 免责的情形

（1）侵权人完全免责。如第三人原因导致物件坍塌致人损害，由第三人承担全部责任。

（2）侵权人不能免责。如因第三人原因（运输者、仓储者）使产品发生缺陷致人损害的，产品的生产者、销售者赔偿后，有权向第三人追偿。

（3）侵权人与第三人承担不真正连带责任。如产品缺陷，被侵权人既可以向销售者请求赔偿，也可以向生产者请求赔偿。

（四）自甘风险

行为人自愿参加具有一定风险的文体活动，因其他参加者的行为受到损害的，其他参加者不承担责任。例：大学生甲参加学院组织的篮球比赛，在抢球时被乙撞骨折，乙无需对甲承担责任。

【注意】其他参加者的行为致他人损害，并非绝对免责，因故意或者重大过失而造成他人损害的，仍要承担民事责任；活动组织者的责任适用安全保障义务规定。

【判断分析】

1. 甲8周岁的儿子因调皮翻墙进入邻居院中玩耍，被院内藏獒咬伤，邻居无需承担侵权责任。【错误。乙饲养禁止饲养的烈性犬造成甲损害，无免责事由，乙仍需要承担侵权赔偿责任。】

2. 因学校电梯维修停电，甲下课后走楼梯下楼，在下楼过程中由于专注玩手机失足摔倒，造成擦伤和中度脑震荡。对于甲的损害，学校应当承担一定责任。【错误。甲的损害系其玩手机失足摔倒导致，学校对损害结果的发生不存在过错，不承担责任，应由甲自行承担全部损害后果。】

3. 甲、乙、丙、丁均为资深骑马爱好者，相约去草原骑马，马由甲提供。骑行过程中，乙的马被突然出现的野兔惊吓，造成乙摔倒受伤。乙受伤的责任应当4人公平承担。【错误。四人的行为系"自甘风险"。在骑马过程中，参与者对损害的发生不存在过错（故意或重大过失），无需承担侵权责任。】

4. 甲和乙在路边厮打，甲突然用力将乙推向非机动车道，乙躲闪不及，将骑车经过的丙撞伤。丙的损害应由甲和乙共同承担赔偿责任。【错误。甲可以以第三人过错作为抗辩事由免责。】

第四节　侵权责任的承担方式

侵权责任的承担方式主要有停止侵害、排除妨碍、消除危险、返还财产、恢复原状、赔偿损失、赔礼道歉，以及消除影响、恢复名誉。

1. 以上侵权责任承担方式可以单独适用，也可以合并适用。

2. 民事责任优先：民事主体因同一行为应当承担民事责任、行政责任和刑事责任的，承担行政责任或者刑事责任不影响承担民事责任；民事主体的财产不足以支付的，优先用于承担民事责任。

一、损害赔偿额的确定

1. 财产侵权：按照损失发生时的市场价格或者其他合理方式计算损失。

2. 侵害他人人身权益造成财产损失的，按照被侵权人因此受到的损失或者侵权人因此获得的利益赔偿；难以确定，被侵权人和侵权人就赔偿数额协商不一致，向人民法院提起诉讼的，由人民法院根据实际情况确定赔偿数额。

二、精神损害赔偿

1. 适用范围

（1）侵害自然人人身权益造成严重精神损害的；

（2）因故意或重大过失侵害自然人具有人身意义的特定物（如已逝的父母和子女唯一的合照）；

（3）侵害监护权（非法使被监护人脱离监护，造成亲子或亲属关系遭受严重损害的）；

（4）侵害死者人格利益。

【注意】仅自然人有权主张精神损害赔偿。

2. 起诉

（1）起诉主体

原则上由受害人本人起诉，本人因侵权致死或死者人格利益受侵害的，近亲属按照下列顺位起诉：①第一顺位：配偶、父母、子女。②第二顺位：其他近亲属。

（2）起诉途径

①侵害自然人人身权益造成严重精神损害的，提起侵权之诉可以请求精神损害赔偿。

②如因违约损害对方人格权并造成严重精神损害，提起违约之诉也可请求精神损害赔偿。

【注意】精神抚慰金的请求权，不得转让或继承；但赔偿权利人（受害人）已向法院起诉或赔偿义务人（侵权人）已以书面方式承诺给予金钱补偿的除外。

三、侵权责任与违约责任的竞合

因当事人一方的违约行为，损害对方人身权益、财产权益的，受损害方有权选择请求其承担违约责任或者侵权责任。

【示例】王某在酒店住宿。因洗澡时热水器突然爆炸，王某被烫伤，花去医疗费3000元。经查，酒店未对热水器进行定期安全检查。王某可以请求酒店承担违约责任，也可以请求酒店承担侵权责任。

【判断分析】

1. 赵某从商店购买了一台甲公司生产的家用洗衣机，洗涤衣物时，该洗衣机因技术缺陷发生爆裂，叶轮飞出造成赵某严重人身损害并毁坏衣物。赵某的下列哪些诉求是正确的？（2015-3-58，多选）

A. 商店应承担更换洗衣机或退货、赔偿衣物损失和赔偿人身损害的违约责任【正确，洗衣机因技术缺陷发生爆裂，叶轮飞出造成赵某严重人身损害并毁坏衣物，属于商店履行合同义务不符合约定的情形，应承担更换洗衣机或退货、赔偿衣物损失和赔偿人身损害的违约责任。】

B. 商店应按违约责任更换洗衣机或者退货，也可请求甲公司按侵权责任赔偿衣物损失和人身损害【正确，因洗衣机存在缺陷造成他人损害的，被侵权人赵某可以向产品的生产者甲公司请求赔偿，也可以向产品的销售者商店请求赔偿。】

C. 商店或者甲公司应赔偿因洗衣机缺陷造成的损害【正确】

D. 商店或者甲公司应赔偿物质损害和精神损害【正确，因当事人一方商店的违约行为，损害对方人格权并造成严重精神损害，受损害方赵某选择请求其承担违约责任的，不影响其请求精神损害赔偿。】

2. 甲父去世，将遗体送到殡仪馆火化，但由于殡仪馆工作人员的疏忽，甲父的骨灰盒不慎丢失。甲知道后，伤心至极，其有权向法院提起侵权之诉，主张精神损害赔偿，也有权提起违约之诉。【正确】

第二章

多数人侵权

【重点】共同危险行为、共同因果关系的分别侵权

第一节　共同侵权行为

一、共同加害行为

指二人以上基于共同的故意或过失侵权，造成他人损害，应当承担连带侵权责任。

1. 类型

（1）二人以上共同故意侵权，即二人以上的行为人彼此间存在意思联络，共同故意实施侵权行为造成他人损害。

【示例】甲乙丙三人事先商量欺负丁，随后三人按计划一同殴打丁，致其轻伤。

（2）二人以上共同过失侵权。

【示例】甲乙一起搬东西，在抬东西下楼过程中因两人只顾聊天没注意到楼道里的丙，将丙撞成轻伤。

2. 法律后果

（1）共同加害人对受害人承担连带责任。该责任法定，不因加害人的内部约定而改变，受害人也无权免除部分共同加害人的责任。

（2）就加害行为人内部而言，按照各自过错及原因力的大小确定各自应当承担的份额；无法确定责任大小时，各加害人平均承担。任一加害人承担责任后，对超过其责任份额部分可以向其他赔偿义务人追偿。

二、教唆帮助行为

1. 教唆、帮助完全民事行为能力人（或法人）侵权的：构成共同侵权，教唆、帮助人与被教唆、被帮助人承担连带责任。

2. 教唆、帮助无、限制民事行为能力人侵权的：

（1）监护人尽到监护责任（无过错）的，不构成共同侵权，由教唆、帮助人单独承担全部责任；

（2）监护人未尽到监护责任（有过错）的，构成共同侵权。监护人承担与其过错相应的责任（监护人不对外承担连带责任）。

【注意】教唆帮助不同于共同加害行为。在共同加害中，各加害人都实施了直接的侵权行为；

而教唆帮助中，教唆、帮助人没有直接实施侵权行为，只是怂恿、劝诱第三人或者为其提供帮助。

三、共同危险行为

共同危险行为，是指二人以上实施危及他人权益的行为，其中一人或数人的行为造成了实际损害，但无法查明实际加害人的情形。例：甲乙两人在山上打猎，结果打中了寻找药草的丙。丙的身上只有一个枪眼，分不清到底是谁的枪打的，此时成立共同危险行为。

1. 构成要件

（1）二人或者二人以上均实施了足以造成他人人身、财产损害的危险行为；

（2）其中一人或数人的行为造成了损害后果；

（3）无法查明实际加害人。

2. 法律后果

（1）对外：行为人承担连带责任；

（2）对内：各行为人内部能够确定责任大小的，承担按份责任，不能确定责任大小的，平均承担。任一加害人承担责任后，对超过其责任份额部分可以向其他赔偿义务人追偿。

【注意】如果能查明实际加害人，就由实际加害人承担责任，此时不是共同危险行为。

3. 免责事由

行为人可以通过举证证明谁是真正的加害人而免责；但不能通过证明自己的行为与结果没有因果关系而免责。

【比较】共同危险行为 vs 共同加害行为

1. 共同危险行为的损害结果是共同危险行为人中一人或数人造成，彼此间无意思联络；共同加害行为的损害结果由所有行为人共同造成，彼此之间存在意思联络。

2. 共同危险行为中，行为与损害的因果关系无法确定；共同加害行为中，行为与损害间的因果关系可以确定。

3. 共同危险行为中，无法确定实际造成损害的行为人；共同加害行为中，能够确定实际造成损害的行为人。

4. 共同危险行为中，由行为人举证证明谁是具体侵权人免于承担责任；共同加害行为则无该免责事由。

【判断分析】

甲、乙、丙三人在公路边玩弹弓。路过的一辆汽车先后被两颗弹子打中玻璃，导致玻璃破碎，但是无法确定是谁的弹子。甲乙丙应对玻璃破碎承担连带责任。【正确。甲乙丙三人均实施了打弹子行为，其中两人的弹子造成了玻璃破碎，但无法查明，属于共同危险行为，甲乙丙应对受害人承担连带责任。】

第二节　无意思联络的数人分别侵权

无意思联络的数人分别侵权，是指没有共同故意的数人，分别实施侵权行为，造成他人同一损害。

一、累积因果关系

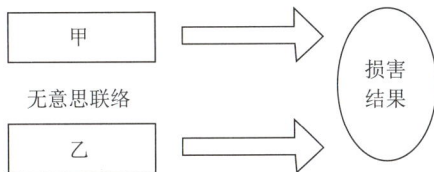

1. 构成要件

（1）二人以上分别实施加害行为，无共同故意或者共同过失，故不构成共同侵权；

（2）其加害行为结合在一起，同时造成同一个不可分割的损害后果；

（3）因果关系上，每个人的行为单独均足以造成损害后果。

2. 责任承担

加害人承担连带责任。

【示例】甲在山上寻找药草，被来自不同方向的打猎者乙、丙各自发射的子弹击中头部而死亡。乙、丙的行为均足以造成全部损害，构成累积的因果关系，由乙和丙承担连带责任。

二、共同因果关系

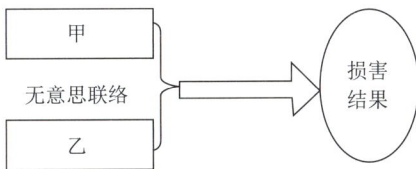

1. 构成要件

（1）二人以上分别实施加害行为，无共同故意或共同过失，故不构成共同侵权；

（2）其加害行为结合在一起，共同造成同一个不可分割的损害；

（3）在因果关系上，每个人的行为单独不足以造成损害后果，只有结合在一起才能造成损害后果。

2. 责任承担

加害人按照其原因力大小及过错程度承担按份责任，责任份额难以确定的，各个行为人平均承担责任份额。

【示例】甲、乙两个工厂分别按照排污标准向河里排放工业废水，甲或乙单独排放的废水均不足以对下游丙所养殖的鱼苗造成损害，但是两种工业废水结合后发生化学反应，产生了某种有毒物质，导致丙的鱼苗全部死亡。甲、乙的行为单独不足以造成损害，构成共同的因果关系，由甲和乙承担按份责任。

【总结】**数人侵权的具体判断**

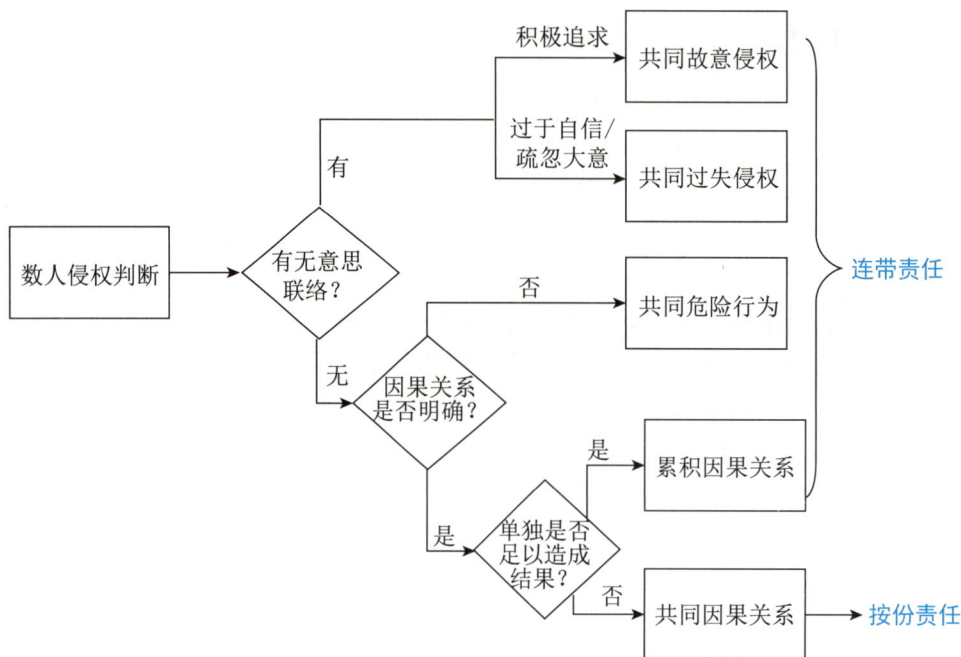

【判断分析】

1. 某晚 11 点，载有超高货物的甲重型卡车将公路上的一根缆线挂落（呈吊落状），五分钟后，乙重型卡车驶过时车轮将挂落的缆线卷起致路边行人受伤。经查，事发路段无路灯。关于侵权责任的承担下列表述正确的是？(2018-2-107，单选)

A. 甲车挂落缆线，应由其承担全部责任【错误】

B. 甲乙依过错分别承担侵权责任【正确。甲、乙既无共同故意亦无共同过失，但若无甲卡车挂落缆线的行为损害不会发生，若无乙卡车卷起缆线的行为损害也不会发生，即甲、乙的行为单独均不足以造成损害，故甲、乙的行为结合造成同一损害。】

C. 甲、乙共同致人损害，应承担连带责任【错误】

D. 乙车致人受伤，乙承担全部责任【错误】

2. 甲驾车闯红灯，与此同时，对面的乙也驾车闯红灯，结果甲、乙二车同时撞上正在通过人行道的行人张三，致张三重伤，经查，甲、乙两人的行为单独均足以致使张三受重伤。甲和乙应对张三的损害承担连带责任。【正确。甲、乙分别实施加害行为，主观上没有共同故意或共同过失，但其行为结合在一起造成同一个不可分割的损害后果，且甲、乙每一个人的行为单独均足以造成该损害后果，故甲、乙应对张三的损害承担连带责任。】

具体侵权行为

【重点】用人单位责任、监护人责任、产品责任、机动车交通事故责任、饲养动物致人损害责任、高空抛物责任

一、用人者责任

【重点法条】

《民法典》第 1191 条【用人单位责任】用人单位的工作人员**因执行工作任务**造成他人损害的，由**用人单位**承担侵权责任。用人单位承担侵权责任后，可以向**有故意或者重大过失的**工作人员追偿。

劳务派遣期间，被派遣的工作人员因执行工作任务造成他人损害的，由接受劳务派遣的**用工单位**承担侵权责任；劳务派遣单位**有过错的**，承担**相应的**责任。

用人单位责任	
情形	用人单位的工作人员因**执行工作任务**造成他人损害。 【说明】执行工作任务的判断：行为外观和职务客观上存在联系。
责任主体	1. 用人单位：**无过错责任**。 用人单位承担侵权责任后，可以向**有故意或者重大过失**的工作人员**追偿**。 【注意】对外承担责任的主体只有用人单位，工作人员并非与用人单位对外承担连带责任。
	2. 若执行工作任务的工作人员是劳务派遣人员： ①接受劳务派遣的**用工单位**：无过错责任； ②派遣单位：承担与其过错相应的责任。
【注意】依法应当参加工伤保险统筹的用人单位的劳动者遭受工伤，不能请求用人单位承担民事赔偿责任：①因工伤事故遭受人身损害，只能享受工伤保险待遇。②因用人单位以外的第三人侵权遭受工伤，可以请求第三人承担赔偿责任，同时可以享受工伤保险待遇。	
个人用工者责任	
情形	个人之间提供劳务，提供劳务一方**因劳务**致人损害或者遭受损害。

续表

提供劳务一方致人损害		接受劳务一方：**无过错责任**；可以向**有故意或者重大过失**的提供劳务一方**追偿**。例：甲在乙承包的水库游泳，乙的雇工丙误以为甲在偷鱼苗将甲打伤。甲的损害由乙承担赔偿责任。
提供劳务一方遭受损害	非因第三人原因	根据双方过错承担责任。例：甲聘请乙为司机，乙一边开车一边在手机上玩斗地主，甲未予以制止，不料在红绿灯路口处与一辆车相撞，两人重伤。此时甲乙都有过错，应由甲乙分担责任。
	因第三人原因	提供劳务一方有权请求**第三人**承担侵权责任，也有权请求**接受劳务一方**给予**补偿**；接受劳务一方补偿后，可以向第三人**追偿**。例：甲请钟点工乙擦洗玻璃时，丙将烟灰缸从楼上窗户扔下，导致乙被砸伤。此时乙可以请求丙承担责任，也可以请求甲进行补偿，甲补偿后可向丙追偿。
被帮工人责任		
情形		因帮工（**无偿**为他人提供劳务）致人损害或者遭受人身损害。
帮工人致人损害		被帮工人：**无过错责任**；可以向有故意或者重大过失的帮工人追偿。**【注意】**被帮工人明确拒绝帮工的，免责。例：甲结婚，表弟乙前来帮忙，乙在上菜过程中不慎摔倒，将客人丙烫伤。若甲同意乙帮忙，由甲承担责任；若甲明确拒绝乙帮忙，则甲免责。
帮工人遭受损害	非因第三人原因	根据各自过错承担相应的责任。**【注意】**被帮工人**明确拒绝帮工**的，**免责**，可以在受益范围内予以适当补偿。例：甲结婚，表弟乙前来帮忙，乙在上菜过程中蹦蹦跳跳导致自己不慎摔倒，将自己烫伤。若甲同意乙帮忙，甲、乙根据过错承担相应责任；若甲明确拒绝乙帮忙，则甲免责，但如果乙的帮工对甲有益，如节省了200元的劳务费，则甲可以在200元内对乙适当补偿。
	因第三人原因	第三人承担赔偿责任；第三人不能确定或者没有赔偿能力的，可以由被帮工人予以适当补偿。
定作人责任		承揽人在完成工作过程中造成第三人损害或者自己损害的，**定作人不承担**侵权责任。但是，定作人对定作、指示或者选任有过错的，应当承担相应的责任。

【判断分析】

1. 甲请A搬家公司搬家，A公司派出B、C、D三人前往。C与D在搬运甲最珍贵的一盆兰花时不慎将其折断，甲可以要求A公司赔偿名贵兰花被折断造成的损失。**【正确**。工作人员C、D因**执行工作任务**造成他人损害的，由**用人单位**A公司承担侵权责任。**】**

2. 甲公司的安装工人李某在为消费者黄某安装空调的过程中，不慎从高处掉落安装工具，将路人王某砸成重伤。李某是乙公司的劳务派遣人员，此前曾多次发生类似小事故，甲公司曾要求乙公司另派他人，但乙公司未予换人。对此，甲、乙两公司承担连带责任。**【错误**。用工单位甲公司承担侵权责任，**用人单位**乙公司根据其过错承担**相应的**责任。**】**

3. 甲找乙为其提供有偿搬家服务，乙搬家过程中被丙绊倒受伤。乙可以请求丙承担侵权责任，也可以请求甲承担侵权责任。【错误。乙可以请求第三人丙承担侵权责任，但不可以请求甲承担侵权责任，只能请求甲给予补偿。】

4. 甲将数箱蜜蜂放在自家院中槐树下采蜜。在乙家帮忙筹办婚宴的丙在帮乙喂猪时忘关猪圈，猪冲入甲家院内，撞翻蜂箱，使来甲家串门的丁被蛰伤，经住院治疗后痊愈。乙和丙应对丁的医疗费用承担连带责任。【错误。丙与乙形成帮工关系，应由被帮工人乙承担责任。】

二、产品责任

【重点法条】

《民法典》

第 1202 条【生产者责任】因产品存在缺陷造成他人损害的，生产者应当承担侵权责任。

第 1203 条【生产者与销售者之间的不真正连带责任】因产品存在缺陷造成他人损害的，被侵权人可以向产品的生产者请求赔偿，也可以向产品的销售者请求赔偿。

产品缺陷由生产者造成的，销售者赔偿后，有权向生产者追偿。因销售者的过错使产品存在缺陷的，生产者赔偿后，有权向销售者追偿。

第 1204 条【第三人过错的责任承担】因运输者、仓储者等第三人的过错使产品存在缺陷，造成他人损害的，产品的生产者、销售者赔偿后，有权向第三人追偿。

第 1206 条【缺陷产品的警示与召回】产品投入流通后发现存在缺陷的，生产者、销售者应当及时采取停止销售、警示、召回等补救措施；未及时采取补救措施或者补救措施不力造成损害扩大的，对扩大的损害也应当承担侵权责任。

依据前款规定采取召回措施的，生产者、销售者应当负担被侵权人因此支出的必要费用。

第 1207 条【惩罚性赔偿】明知产品存在缺陷仍然生产、销售，或者没有依据前条规定采取有效补救措施，造成他人死亡或者健康严重损害的，被侵权人有权请求相应的惩罚性赔偿。

情形	因产品存在缺陷造成他人损害。
	缺陷，是指产品具有危及他人人身、财产的不合理危险；产品有保障人体健康和人身、财产安全的国家标准、行业标准的，指不符合该标准。
责任主体	1. 对外：生产者、销售者：无过错责任、不真正连带责任。
	2. 对内：销售者是过错责任：①销售者有过错，导致产品存在缺陷：销售者承担责任（生产者赔偿后有权向销售者追偿）；②销售者没有过错，产品缺陷是由生产者造成的，生产者承担（销售者赔偿后有权向生产者追偿）。
	3. 因运输者、仓储者等第三人的过错使产品存在缺陷，造成他人损害的，产品的生产者、销售者赔偿后，有权向第三人追偿。
	注意：被侵权人可以向销售者主张违约责任、侵权责任，只能向生产者主张侵权责任，可以同时向生产者与销售者主张侵权责任。
惩罚性赔偿	生产者和销售者明知缺陷存在，仍然生产、销售或者在发现缺陷时没有及时采取有效补救措施或补救措施不力；造成受害人死亡或者健康严重损害的后果。

【判断分析】

甲系某品牌汽车制造商，发现已投入流通的某款车型刹车系统存在技术缺陷，即通过媒体和销售商发布召回该款车进行技术处理的通知。乙购买该车，看到通知后立即驱车前往丙销售公司，途中因刹车系统失灵撞上大树，造成伤害。下列哪些说法是正确的？（2011-3-67，多选）

A. 乙有权请求甲承担赔偿责任【正确。乙可以向产品的生产者甲请求赔偿。】

B. 乙有权请求丙承担赔偿责任【正确。乙可以向产品的销售者丙请求赔偿。】

C. 乙有权请求惩罚性赔偿【错误。生产者甲在发现产品缺陷后及时采取了补救措施，故乙无权请求惩罚性赔偿。】

D. 甲的责任是无过错责任【正确。生产者甲承担无过错责任。】

三、公共场所安保义务人责任

情形	宾馆、商场、银行、车站、机场、体育场馆、娱乐场所等经营场所、公共场所的经营者、管理者或者群众性活动的组织者，未尽到安全保障义务，造成他人损害。
责任主体	1. 安保义务人：过错责任
	2. 第三人侵权：第三人承担侵权责任；安保义务人有过错的，承担相应的补充责任；承担责任后可以向第三人追偿。例：甲与乙前往饭店吃饭，期间两人醉酒后因口角发生打斗，饭店老板张某未上前制止。后丙被甲扔过来的盘子砸伤。甲应对丙承担侵权责任，张某未尽到安保义务，承担相应的补充责任。
注意	不要求被侵权人与安保义务人存在交易关系。例：因天气炎热，甲大妈去商场蹭空调纳凉。甲因不慎踩到地面的水渍而滑倒，摔成重伤。商场未及时处理水渍，存在过错，应对甲的损害承担赔偿责任。

四、监护人责任

情形		无民事行为能力人、限制民事行为能力人造成他人损害。
责任主体		监护人：无过错责任；尽到监护职责的，可以减轻责任。
		被监护人有财产的，从本人财产中支付；不足部分由监护人赔偿。
特殊情形	父母离异	由与该子女共同生活的父母一方承担替代责任；共同生活一方不能独立承担的，未共同生活的一方承担补充赔偿责任。
	委托监护	监护人不免责，依然应当承担侵权责任；受托人有过错的，承担相应的责任。
	擅自变更指定监护人	被监护人有财产的，从本人财产中支付；不足部分由指定监护人和擅自变更后的监护人承担无过错的连带责任。

【判断分析】

甲的儿子乙（8岁）因遗嘱继承了祖父遗产10万元。某日，乙玩耍时将另一小朋友丙的眼睛划伤。丙的监护人要求甲承担赔偿责任2万元。后法院查明，甲已尽到监护职责。下列哪一说

法是正确的？（2015-3-24，单选）

A. 因乙的财产足以赔偿丙，故不需用甲的财产赔偿【**正确**。被监护人乙有财产，且乙的财产足以赔偿丙，故不需用甲的财产赔偿。】

B. 甲已尽到监护职责，无需承担侵权责任【**错误**。监护人尽到监护职责的，可以减轻责任，但是不能完全免责。】

C. 用乙的财产向丙赔偿，乙赔偿后可在甲应承担的份额内向甲追偿【**错误**。用被监护人的财产承担赔偿责任后，被监护人无权向监护人追偿。】

D. 应由甲直接赔偿，否则会损害被监护人乙的利益【**错误**。被监护人造成他人损害，自己有财产的，从本人财产中支付赔偿款。】

五、教育机构责任

情形	无、限制民事行为能力人在教育机构学习、生活期间遭受人身损害。 【注意】教育机构组织校外活动视为在校期间。	
责任主体	无民事行为能力人受害	教育机构：过错推定责任；能够证明尽到教育、管理职责的，免责。
	限制民事行为能力人受害	教育机构：过错责任
	外部第三人侵权：第三人承担责任，教育机构承担与过错相应的补充责任，教育机构承担补充责任后可以向第三人追偿（与公共场所安保义务人责任类似）。	

【判断分析】

1. 甲系幼儿班教师。某日，幼儿班课间休息时，甲离校打电话，几个幼儿在教室里的火炉旁烤火。其中5岁的乙和4岁的丙因争夺位置而打斗，乙用石块将丙头部打破，而丙则把乙按在火炉上，乙被烫伤。对此，幼儿园承担相应的赔偿责任。【**正确**。甲未尽到教育、管理的职责，学校承担与过错相应的赔偿责任。】

2. 某小学组织春游，队伍行进中某班班主任甲未跟进照顾本班学生。该班学生小乙私自离队，与路人丙起争执被打伤。对小乙的人身损害，路人丙应承担赔偿责任，该小学承担相应的补充赔偿责任。【**正确**】

六、机动车交通事故责任

一般规则		
情形	机动车发生交通事故造成损害。	
责任承担	机动车与机动车之间发生交通事故	过错责任：①由有过错的一方承担责任；②双方均有过错的，各自承担与其过错相应的责任。
	机动车与行人、非机动车之间发生交通事故	机动车一方：无过错责任 ①行人、非机动车故意碰撞机动车：免责； ②行人、非机动车对损害的发生具有过失：可以适当减轻责任； ③机动车能证明自己没有过错：仅承担不超过10%的责任。

续表

注意	属于机动车一方责任：先由承保机动车强制保险的保险人在强制保险责任限额范围内予以赔偿；不足部分，由承保机动车商业保险的保险人按照保险合同的约定予以赔偿；仍然不足或者没有投保机动车商业保险的，由侵权人赔偿。

特殊情形	
情形	**责任主体**
1. 当事人之间已经以买卖或者其他方式转让并交付机动车但是未办理登记	受让人
2. 因租赁、借用等情形，机动车所有人、管理人与使用人不是同一人	机动车使用人 有过错的机动车所有人、管理人：相应责任
3. 未经允许驾驶他人机动车	
4. 非营运机动车无偿搭乘	机动车使用人 应当减责，机动车使用人有故意或者重大过失的除外
5. 以挂靠形式从事道路运输经营的机动车	由挂靠人和被挂靠人承担连带责任
6. 以买卖或者其他方式转让拼装或者已经达到报废标准的机动车	由转让人和受让人承担连带责任
7. 盗窃、抢劫或者抢夺的机动车	盗窃人、抢劫人或者抢夺人 与机动车使用人不是同一人：连带责任
8. 交通事故后逃逸	（1）有交强险，则保险人赔偿 （2）机动车不明、该机动车未参加强制保险或者抢救费用超过机动车交通事故责任强制保险责任限额，抢救、丧葬等费用由道路交通事故社会救助基金垫付，可向责任人追偿。

【判断分析】

1. 甲以正常速度驾驶汽车（已投保）途中，突遇行人乙在非人行道处横穿公路，甲紧急刹车，但仍将其撞伤。保险公司在强制保险责任限额内对乙支付保险金后，乙尚有一部分损害未获赔偿。对于这部分损害赔偿费用，应由甲全部承担。【错误。甲没有过错，仅承担不超过10%的责任。】

2. 周某从迅达汽车贸易公司购买了1辆车，约定周某试用10天，试用期满后3天内办理过户登记手续。试用期间，周某违反交通规则将李某撞成重伤。因在试用期间该车未交付，李某有权请求迅达公司赔偿。【错误。因租赁、借用等情形，机动车所有人、管理人与使用人不是同一人时，由机动车使用人承担责任。】

七、建筑物与物件损害责任

情形	归责原则	责任主体	免责事由
不动产倒塌、坍塌	无过错	建设和施工单位承担连带责任	1. 能证明不存在质量缺陷。 2. 因所有人、管理人、使用人或者第三人的原因造成。 【注意】建设和施工单位承担责任后可以向有过错的设计、监理等单位追偿。
不动产及其搁置物、悬挂物脱落、坠落	过错推定	所有人、管理人或使用人	证明自己没有过错。 【注意】第三人原因不能免责，形成不真正连带责任，承担责任后可以追偿。
堆放物倒塌、滚落或滑落	过错推定	堆放人	证明自己没有过错
公共道路上堆放、倾倒、遗撒妨碍通行物	无过错	行为人	
	过错推定	公共道路管理人	证明已尽到清理、防护、警示义务
林木折断、倾倒或者果实坠落	过错推定	所有人或管理人	证明自己没有过错
地面施工	过错推定	施工人	证明已经设置明显标志和采取安全措施
窨井等地下设施	过错推定	管理人	证明尽到管理职责
高空抛物	能确定具体侵权人	侵权人承担责任（由公安机关负责调查责任人）	
	难以确定具体侵权人	可能加害的建筑物使用人承担补偿责任；补偿后，有权向侵权人追偿。	
		能够证明自己不是侵权人的建筑物使用人：免责	
	物业服务企业	未采取必要安全保障措施防止高空抛物，承担未履行安全保障义务的侵权责任。	

【判断分析】

1. 王某骑车回家经过一工地时，掉入没有设置明显标志和采取安全措施的坑中，造成骨折。王某有权请求工地的发包人和承包人赔偿。【错误。王某只能请求施工人也就是承包人承担赔偿责任。】

2. 甲商场委托乙广告公司制作了一块广告牌，并由乙公司负责安装在商场外墙。某日风大，广告牌被吹落砸伤过路人郑某。经查，广告牌的安装存在质量问题。关于郑某的损害，应由乙公司承担责任。【错误。应当由甲商场承担赔偿责任，但其有权向乙公司追偿。】

3. 甲与同事乙路过一居民楼时，一台电脑被扔出，砸在甲的头上，致其脑震荡，但难以查明具体的抛物人。如该楼顶层业主证明当日家中无人，可以免责。【正确。高空抛物致人损害的，证明自己不是侵权人，可免予补偿。】

八、饲养的动物致人损害责任

情形	饲养的动物造成他人损害。 【注意】必须是动物独立加害，且必须是动物固有危险致害。主人驱狗咬人，或者小狗从阳台坠落砸伤小区业主，均非动物侵权。		
动物类型	归责原则	责任主体	免责事由
一般动物	无过错责任	饲养人或者管理人	被侵权人故意或者重大过失：免责或减责
遗弃、逃逸动物		原饲养人或者管理人	
违反管理规定，未对动物采取安全措施		饲养人或者管理人	被侵权人故意：减责
禁止饲养的危险动物		饲养人或者管理人	无免责事由
动物园	过错推定责任	动物园	能够证明尽到管理职责
因第三人过错致使动物致人损害：被侵权人可以向动物饲养人或者管理人请求赔偿，也可以向第三人请求赔偿。动物饲养人或者管理人赔偿后，有权向第三人追偿。（不真正连带责任）			

【判断分析】

1. 小学生乙和丙放学途经养狗的王平家，丙故意逗狗，狗被激怒咬伤乙，乙既可以向王平请求赔偿，也可以向丙的监护人请求赔偿。【正确】

2. 甲饲养的一只狗在路上追咬乙饲养的一只狗，行人丙避让中失足掉入坑里，受伤严重。如若甲、乙能证明自己没有过错，则不承担责任。【错误。甲、乙承担无过错责任。】

3. 戊带女儿到动物园游玩时，动物园饲养的老虎从破损的虎笼中蹿出将戊的女儿咬伤，动物园应承担侵权责任。【正确。动物园承担过错推定责任。】

九、网络服务提供者的侵权责任

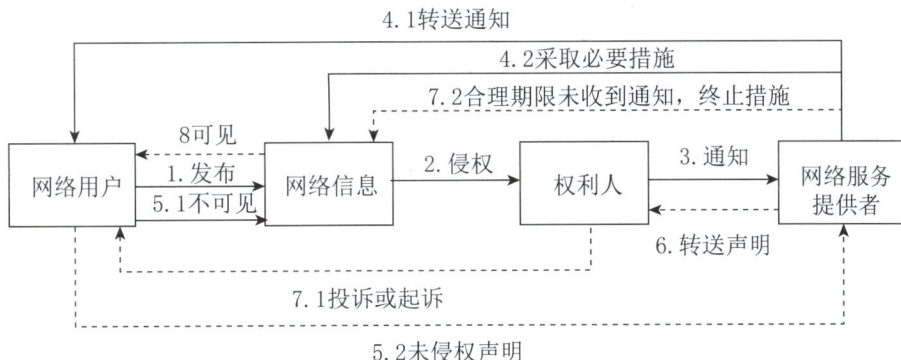

1. 权利人因网络信息侵权而通知网络提供者：

（1）网络用户利用网络侵权的，承担侵权责任。（如 2）

（2）（红旗规则）网络服务提供者**明知或应知**网络用户利用网络服务侵权而未采取必要措施的，由网络用户与网络服务提供者承担**连带责任**（不以权利人告知为前提）。

（3）权利人**有权通知**网络服务提供者采取**删除、屏蔽、断开链接**等必要措施。（如 3）

（4）通知：

①合格通知：构成侵权的**初步证据**及**权利人的真实身份信息**（不是义务人的身份信息）。

②错误通知：错误通知造成损失的，**通知者**承担侵权责任。

2. 网络信息提供者收到通知：

（1）应当及时将该通知**转送**相关网络用户。（如 4.1）

（2）（避风港规则）根据构成侵权的初步证据和服务类型**采取必要措施**（删除、屏蔽、断开链接等）；（如 4.2）未及时采取必要措施的，就**扩大的**损失部分，由网络用户与网络服务提供者承担**连带责任**。

3. 网络用户收到转送通知：

（1）网络用户的权利：向网络服务提供者提交**不存在侵权行为**的声明，（如 5.2）声明应当包括不存在侵权行为的**初步证据**及网络用户的**真实身份信息**。

4. 网络服务提供者接到未侵权声明：

（1）**转送**发出通知的权利人，（如 6）**告知**权利人可向有关部门**投诉**或向人民法院提起**诉讼**；（如 7.1）

（2）**合理期限内**未收到权利人已采取投诉或提起诉讼的通知，应当**及时终止**所采取的措施。（如 7.2）

【判断分析】

甲到乙医院做隆鼻手术效果很好。乙为了宣传，分别在美容前后对甲的鼻子进行拍照（仅见鼻子和嘴部），未经甲同意将照片发布到丙网站的广告中，介绍该照片时使用甲的真实姓名。丙网站在收到甲的异议后立即删除，丙无需承担侵权责任。**【正确】**

十、高度危险责任【无过错责任】

情形	责任主体	免责事由
民用航空器的经营	经营者	受害人故意 【注意】不可抗力不免责。
民用核设施的经营	营运单位	1. 受害人故意； 2. 战争、武装冲突、暴乱等。 【注意】不可抗力不免责。
占有或使用易燃、易爆、剧毒、高放射性、强腐蚀性、高致病性的物质	占有人或使用人	1. 受害人故意、不可抗力：免责； 2. 受害人重大过失：减轻。
从事高空、高压、地下挖掘活动或使用高速轨道运输工具	经营者	
遗失、抛弃高度危险物	所有人；管理人（有过错所有人：连带）	无
非法占有高度危险物	非法占有人	无
	所有人、管理人不能证明对防止非法占有尽到高度注意义务的，承担连带责任	
擅自进入高度危险区域	管理人	证明已采取足够安全措施并尽到充分警示义务：可减免责任。

【判断分析】

1. 甲外出，恰逢电力公司正在维修高压线路。维修工人见甲立于高压塔下，便再三提醒甲离开此地。甲对此不以为意，结果甲在使用电话时被高压电电死。对此，电力公司不承担责任。【正确。维修工人已尽到充分警示义务。】

2. 甲公司为民用核设施经营企业，某年夏天因海啸造成核泄露，甲公司不用承担责任。【错误。不可抗力不是免责事由。】

十一、环境侵权责任

情形	因污染环境、破坏生态造成他人损害。
归责原则	无过错责任
	①污染者不能以自己没有过错或者符合国家、行业有关标准为由主张免责。
	②因第三人的过错污染环境、破坏生态的，被侵权人可以向侵权人请求赔偿，也可以向第三人请求赔偿。侵权人赔偿后，可向第三人追偿。（不真正连带）

续表

举证责任	由排污者就行为与损害之间<u>不存在因果关系</u>承担举证责任（<u>举证责任倒置</u>）
数个污染者	①无意思联络且每个污染者的排污行为都不足以造成全部损害的，承担按份责任
	②无意思联络且每个污染者的排污行为都足以造成全部损害的，承担连带责任
	【说明】承担责任的大小，根据污染物的种类、浓度、排放量、破坏生态的方式、范围、程度，以及行为对损害后果所起的作用等因素确定。
惩罚性赔偿	侵权人违反法律规定故意污染环境、破坏生态造成严重后果
生态环境修复	1. 违反国家规定造成生态环境损害+能够修复，国家规定的机关和法律规定的组织有权要求侵权人承担<u>修复责任</u>。
	2. 侵权人在期限内未修复的，国家规定的机关或者法律规定的组织可以自行或者委托他人进行修复，所需费用由侵权人负担。
生态环境损害赔偿	违反国家规定造成生态环境损害，国家规定的机关和法律规定的组织有权请求侵权人赔偿损害。

【判断分析】

1. 由于天气干旱，农民甲的农作物缺水，甲便将某化肥厂排放的污水引入自己的农田灌溉，结果造成农作物死亡，甲可以要求化肥厂承担赔偿责任。【错误。损害系受害人甲<u>故意</u>造成。】

2. 甲、乙、丙三家公司生产三种不同的化工产品，生产场地的排污口相邻。某年，当地大旱导致河水水位大幅下降，三家公司排放的污水混合发生化学反应，产生有毒物质致使河流下游丁养殖场的鱼类大量死亡。三家公司对丁养殖场的损害承担连带责任。【错误。构成共同的因果关系，应当承担<u>按份责任</u>。】

十二、医疗损害责任

类型	情形	归责原则	免责事由
医疗技术损害责任	医疗机构的医务人员在诊断、治疗过程中<u>因过错</u>给患者造成人身损害。	过错责任	1. 患者或者其近亲属<u>不配合</u>医疗机构进行符合诊疗规范的诊疗（主要指不遵医嘱诊疗，不遵医嘱用药）。 2. 医务人员在抢救生命垂危的患者等紧急情况下<u>已经尽到合理诊疗义务</u>。 3. <u>限于当时的医疗水平难以诊疗</u>。
	1. <u>违反</u>法律、行政法规、规章以及其他有关诊疗规范的<u>规定</u>； 2. 隐匿或者拒绝提供与纠纷有关的<u>病历</u>资料； 3. 遗失、伪造、篡改或者违法销毁<u>病历</u>资料。	过错推定	

续表

类型	情形	归责原则	免责事由
违反告知义务的医疗损害责任	1. 违反一般告知义务给患者造成损害。 2. 需要手术、特殊检查、特殊治疗时，医疗机构未及时向患者具体说明医疗风险、替代医疗方案等情况，并取得患者或者其近亲属明确同意，医疗行为虽无差错，但仍给患者造成损害的。	过错责任	医疗机构的紧急处置权不构成侵权：因抢救生命垂危的患者等紧急情况，必须进行手术、特殊检查、特殊治疗，限于客观情况，不能取得患者或者其近亲属意见（如：患者昏迷且不知其近亲属。又如：患者近亲属无正当理由拒不签字）。
医疗产品责任	医疗机构在诊断、治疗过程中使用的药品、消毒产品、医疗器械具有缺陷或者输入不合格的血液给患者造成损害。（与一般的产品责任同样处理）	无过错责任	无

【判断分析】

1. 甲到乙医院做手术，手术过程中因医生使用的高频电刀漏电将甲烧伤。经查，该批设备是乙医院从丙公司购买的。对此，乙医院可以免责。【错误。乙医院承担无过错责任。】

2. 甲突发重病神志不清，甲父将其送至医院，医院使用进口医疗器械实施手术，手术失败，甲死亡。甲父主张医疗损害侵权。

(1) 医疗损害适用过错责任原则，由患方举证医疗机构在诊疗过程中有过错。【正确】

(2) 医院实施该手术，因无法取得甲的同意，可自主决定实施手术。【错误。医院应当向陪同的甲父说明，并取得其同意方可实施手术。甲父在旁，不适用紧急处置权。】

(3) 医院有权拒绝提供相关病历，且不因此承担不利后果。【错误】

【总结】侵权责任中的连带责任 vs 不真正连带责任 vs 补充责任

按份责任	数个责任人按照各自的过错和原因力等承担一定份额的民事责任
	多数人分别侵权行为：每个人的行为都不足以造成全部损害的。
连带责任	权利人有权要求责任人中的任何一个人承担全部或部分的责任 例：甲乙合谋对丙进行殴打，致丙重伤。丙可以要求甲承担全部或者部分赔偿责任，也可以要求乙承担全部或者部分赔偿责任。
	1. 数人侵权：(1) 共同侵权行为，如共同加害、教唆、帮助、共同危险等；(2) 分别侵权行为中，每个人的行为都足以造成全部损害的。
	2. 机动车侵权责任：(1) 挂靠的；(2) 买卖拼装或报废机动车的；(3) 盗窃、抢劫或抢夺机动车，行为人与机动车使用人不是同一人的；等。
	3. 网络侵权：(1) 网络服务提供者接到通知后未及时采取必要措施的；(2) 网络服务提供者明知用户侵权，未采取必要措施的。

不真正连带责任	外部关系同**连带责任**，内部由**一个人最终承担**全部责任。 例：甲医院使用乙公司生产的有缺陷的医疗器械对丙进行治疗，导致丙病情加重。 外部：丙既可以找甲医院请求赔偿，也可以找乙公司请求赔偿。 内部：医疗器械缺陷是由生产商乙公司导致的，甲医院赔偿后有权向乙公司全额追偿。
	1. 缺陷产品致人损害的生产者与销售者之间。
	2. 医疗机构与产品制造者、血液提供者之间。
	3. 因第三人过错导致污染环境，第三人与污染者之间。
	4. 因第三人过错致动物侵权，第三人与动物饲养人、管理人之间。
补充责任	主责任人不能承担全部赔偿责任时，其他责任人承担补充责任。承担补充责任后，**有权向主责任人追偿**。有先后顺序：先主责任人，再其他责任人。 例：甲冲进幼儿园砍伤小朋友乙。甲应赔偿乙的损害，幼儿园未尽到管理职责的，承担相应的**补充责任**。
	1. 有财产的无、限民事行为能力人侵权的，先从本人财产中支付，不足部分监护人赔偿。
	2. 无、限民事行为能力人在学校受到校外第三人所致人身损害，应由第三人（即侵权人）承担责任，学校**未尽到**管理职责的，承担**补充责任**。
	3. 第三人侵权由第三人承担责任，但**安保义务人**未尽到安全保障义务的，承担补充责任。

第四章
人格权

【重点】肖像权、名誉权、隐私权、个人信息保护

第一节　人格权概述

概念	人格权，指民事主体依法支配其人格利益并排除他人侵害的、以维护和实现人格尊严和人格自由为目的的民事权利。		
特征	人格权是支配权、绝对权，具有固有性和专属性，人格权不得放弃、转让或者继承。		
类型	一般人格权	以人身自由、人格尊严等一般人格利益为客体的人格权。	
	具体人格权	以具体人格利益为客体的人格权。例如，生命权、身体权、健康权、姓名权、名称权、肖像权、名誉权、荣誉权、隐私权。	
	一般人格权起兜底作用：判断侵犯的是何种人格权，首先要看具体人格权，具体人格权未被侵害，再看是否侵害了一般人格权。		
人格权请求权	停止侵害、排除妨碍、消除危险、消除影响、恢复名誉、赔礼道歉请求权。 【注意】不适用诉讼时效。		
	人格权禁令：民事主体有证据证明行为人正在实施或者即将实施侵害其人格权的违法行为，不及时制止将使其合法权益受到难以弥补的损害的，有权依法向人民法院申请采取责令行为人停止有关行为的措施。		
	行为人因侵害人格权承担消除影响、恢复名誉、赔礼道歉等民事责任的，应当与行为的具体方式和造成的影响范围相当。行为人拒不承担的，法院可以采取在报刊、网络等媒体上发布公告或者公布生效裁判文书等方式执行，产生的费用由行为人负担。		
人格要素使用	许可使用	民事主体可以将自己的姓名、名称、肖像等许可他人使用，但是依照法律规定或者根据其性质不得许可的除外。	
	合理使用	为公共利益实施新闻报道、舆论监督等行为的，可以合理使用民事主体的姓名、名称、肖像、个人信息等；使用不合理侵害民事主体人格权的，应当依法承担民事责任。	

第二节　具体人格权

一、生命权、身体权、健康权

类型	侵权行为
生命权	实施加害行为，致自然人生理死亡。
身体权	1. 破坏身体完整性。如泼硫酸致人毁容、强行剪去他人头发、剔除他人眉毛、打断肢体、擅自摘人器官等。 2. 破坏身体完满性。如强奸、打人耳光等。 3. 侵害身体活动自由。如非法强制搜身、非法拘禁等。 【注意】与身体相连的不能自由拆卸的假肢、心脏起搏器、支架等属于身体权的范畴。与身体已经分离的部分（如剪掉的头发、拔去的牙齿、捐献的血液、可以自由拆卸的假肢、假牙等），属于物权而非身体权的范畴。
健康权	实施加害行为，致自然人生理机能、心理机能不能正常发挥，处于疾病状态，或者丧失、部分丧失劳动能力。
相关问题	1. 器官捐献： ①完全民事行为能力人有权依法自主决定无偿捐献；书面形式或遗嘱。 ②生前未表示不同意捐献的，配偶、成年子女、父母可以共同决定捐献；书面形式。 ③买卖器官的行为无效。
	2. 临床实验： ①为研制新药、医疗器械或者发展新的预防和治疗方法，需要进行临床试验的，应当依法经相关主管部门批准并经伦理委员会审查同意，向受试者或者受试者的监护人告知试验目的、用途和可能产生的风险等详细情况，并经其书面同意。 ②进行临床试验的，不得向受试者收取试验费用。
	3. 性骚扰： ①违背他人意愿，以言语、文字、图像、肢体行为等方式对他人实施性骚扰。 ②机关、企业、学校等单位应当采取合理的预防、受理投诉、调查处置等措施，防止和制止利用职权、从属关系等实施性骚扰。 ③性骚扰可能侵犯不同权利。例：甲对乙长期实施性骚扰，持续不断给乙发微信、打电话等，乙除了以性骚扰为理由请求甲承担民事责任外，还可以甲侵犯其隐私权（私人生活安宁）为由请求其承担民事责任。

【判断分析】

下列哪一情形构成对生命权的侵犯？（2016-3-22，单选）

A. 甲女视其长发如生命，被情敌乙尽数剪去【错误。侵犯了甲女的身体权。】

B. 丙应丁要求，协助丁完成自杀行为【正确。受害人同意是无效的。】

C. 戊为报复欲致己于死地，结果将己打成重伤【错误。侵犯了己的健康权。】

D. 庚医师因误诊致辛出生即残疾，辛认为庚应对自己的错误出生负责【错误。侵犯了辛的身体权。】

二、姓名权、名称权

类型	姓名权	名称权
概念	自然人依法享有决定、使用、变更或者许可他人使用自己的姓名，并要求他人尊重自己姓名的一种人格权利。	法人、非法人组织依法享有的决定、使用、变更、转让或者许可他人使用自己的名称，并排除他人侵害的权利。
内容	姓名决定权、姓名使用权、姓名变更权、许可他人使用权。	决定权、使用权、变更权、许可他人使用权、转让权。
侵权行为	1. 干涉。指不正当干涉他人行使姓名权（姓名决定权、姓名使用权、姓名变更权等）。 2. 盗用。指擅自使用他人姓名。 3. 假冒。指冒充他人姓名与身份进行活动。	干涉、盗用、假冒，擅自将他人已经实际具有商号作用的企业名称简称作为商业活动中互联网竞价排名关键词，使相关公众产生混淆。
注意	姓名权的客体也包括具有一定社会知名度，被他人使用足以造成公众混淆的笔名、艺名、网名、译名、字号、姓名和名称的简称等。 自然人的姓氏应当随父姓或者母姓，有下列情形之一的，可以在父姓和母姓之外选取姓氏：①选取其他直系长辈血亲的姓氏。②因由法定扶养人以外的人扶养而选取扶养人姓氏。③有不违背公序良俗的其他正当理由。 少数民族自然人的姓氏可以遵从本民族的文化传统和风俗习惯。	

【判断分析】

1. 甲用其拾得的乙的身份证在丙银行办理了信用卡，并恶意透支，致使乙的姓名被列入银行不良信用记录名单。甲侵犯了乙的姓名权。【正确。甲的行为系假冒他人姓名与身份。】

2. 甲为李某和张某之子，张某出轨第三者章某，便为甲起名为章某某，该行为合法。【错误。张某之子不随父姓、母姓的理由有违公序良俗。】

三、肖像权

概念	肖像权，是自然人对自己的肖像享有利益并排斥他人侵害的权利。 【注意】肖像，是通过影像、雕塑、绘画等方式在一定载体上所反映的特定自然人可以被识别的外部形象。对自然人的声音，参照适用肖像权保护的有关规定。
内容	1. 肖像制作权：可以自己制作肖像，也可许可他人制作肖像。 2. 肖像使用权：可以合法方式使用或者许可他人使用自己的肖像。 3. 肖像公开权：有权决定是否公开自己的肖像。

续表

侵权行为	1. 未经肖像权人同意，制作、使用、公开肖像权人的肖像。 【注意】未经肖像权人同意，肖像作品权利人不得以发表、复制、发行、出租、展览等方式使用或者公开肖像权人的肖像。 2. 以丑化、污损，或者利用信息技术手段伪造等方式侵害他人的肖像权。
肖像合理使用 （无须同意）	1. 为个人学习、艺术欣赏、课堂教学或者科学研究，在必要范围内使用肖像权人已经公开的肖像； 2. 为实施新闻报道，不可避免地制作、使用、公开肖像权人的肖像； 3. 为依法履行职责，国家机关在必要范围内制作、使用、公开肖像权人的肖像； 4. 为展示特定公共环境，不可避免地制作、使用、公开肖像权人的肖像； 5. 为维护公共利益或肖像权人合法权益，制作、使用、公开肖像权人的肖像的其他行为。
许可使用	1. 当事人对肖像许可使用期限没有约定或者约定不明确的，双方可以随时解除肖像许可使用合同，但是应当在合理期限之前通知对方。 2. 使用期限有明确约定，肖像权人有正当理由的，可以解除肖像许可使用合同，但是应在合理期限之前通知对方。因解除合同造成对方损失的，除不可归责于肖像权人的事由外，应当赔偿损失。 3. 关于肖像使用条款的理解有争议的，应当作出有利于肖像权人的解释。 【注意】对姓名等的许可使用，参照适用肖像许可使用的有关规定。

【判断分析】

1. 甲自小貌美，其父母经常带其拍摄各种广告。某传媒大学李教授为了在课堂上向同学们解析、展示某广告的效应以供学习，遂在其课堂幻灯片中使用了甲某次拍摄的广告照片（该广告已投放市场）。李教授的行为构成侵权。【错误。构成合理使用。】

2. 甲在某影楼拍摄了一套私人艺术照，影楼觉得该套照片非常好看，遂在未经甲同意的情况下，将其中一张照片挂在了影楼的装饰墙上。影楼使用该照片并不以营利为目的，因此影楼不构成肖像权侵权。【错误】

3. 甲整容成知名歌星乙的外形参加营利性模仿秀表演，甲侵犯乙的肖像权。【错误。甲参加模仿秀表演的行为使用的是自己的肖像而不是乙的肖像。】

四、名誉权、荣誉权

	名誉权	荣誉权
概念	民事主体依法享有的维护其名誉，享受名誉给自己带来的利益并排除他人非法侵害的权利。 【注意】名誉是对民事主体的品德、声望、才能、信用等的社会评价。	民事主体所享有的，因自己的突出贡献或者特殊劳动成果而获得的光荣称号或其他荣誉的权利。

续表

	名誉权	荣誉权
侵权构成要件	1. 加害人实施了侮辱、诽谤等毁损名誉的行为，包括暴力侮辱、语言侮辱、非暴力侮辱。如当众辱骂他人、殴打他人、猥亵他人。 2. 毁损名誉的行为为指向特定人。 3. 毁损名誉的行为为第三人所知晓。 4. 受害人的社会评价因此而降低。	包括两种行为： 1. 非法剥夺荣誉称号。如荣誉授予组织在没有法定理由或非经法定程序的情况下，剥夺他人已获得的荣誉称号。 2. 严重诋毁、贬损他人的荣誉。如对他人获得的荣誉心怀不满，向授予组织诬告、诋毁荣誉权人，或者当众摘人荣誉牌匾、撕人荣誉证书，或者公开发表言论诋毁他人荣誉不实等行为。
注意	1. 发表的文学、艺术作品以真人真事或者特定人为描述对象，含有侮辱、诽谤内容，侵害他人名誉权的，受害人有权依法请求该行为人承担民事责任。 2. 发表的文学、艺术作品不以特定人为描述对象，仅其中的情节与该特定人的情况相似的，不承担民事责任。 3. 行为人为公共利益实施新闻报道、舆论监督等行为，不担责。但捏造事实、歪曲事实，对他人提供的严重失实内容未尽到合理核实义务，使用侮辱性言辞等贬损他人名誉，需承担民事责任。	1. 对侵害英雄名誉、荣誉等行为，英雄烈士的近亲属依法向人民法院提起诉讼的，人民法院应予受理。 2. 任何组织和个人以细节考据、观点争鸣等名义对英雄烈士的事迹和精神进行污蔑和贬损，属于歪曲、丑化、亵渎、否定英雄烈士事迹和精神的行为，应当依法承担法律责任。
相关	民事主体可以依法查询自己的信用评价；发现信用评价不当的，有权提出异议并请求采取更正、删除等必要措施。信用评价人应当及时核查，经核查属实的，应当及时采取必要措施。	

【判断分析】

1. 某广告公司于金某出差时，在金某房屋的院墙上刷写了一条妇女卫生巾广告。金某1个月后回来，受到他人耻笑。广告公司侵犯了金某的名誉权，应为金某恢复名誉。【错误。广告公司没有侮辱、诽谤行为，不构成对金某名誉的侵害。】

2. 甲创作完成一部小说，在小说中对烈士李某的英雄形象进行了歪曲与诋毁。乙将该部小说内容改编为漫画，上传至丙网站。丁未经许可根据漫画制作成了电子游戏。周某作为烈士李某的遗孀有权对甲、乙、丙、丁进行起诉。【正确。英雄烈士的近亲属有权起诉。】

五、隐私权

概念	隐私权是自然人对其个人信息、个人私事和个人领域所享有的不受他人侵犯的权利。包括私人信息自主和私密领域不受干扰。 【注意】隐私是自然人的私人生活安宁和不愿为他人知晓的私密空间、私密活动、私密信息。

续表

侵权行为	1. 以短信、电话、即时通讯工具、电子邮件、传单等方式侵扰他人的私人生活安宁。 2. 进入、拍摄、窥视他人的住宅、宾馆房间等私密空间。 3. 拍摄、窥视、窃听、公开他人的私密活动。 4. 拍摄、窥视他人身体的私密部位。 5. 处理他人的私密信息。 6. 以其他方式非法干涉他人私人生活自主权。
注意	隐私公开权是一次性权利。若隐私权人自行或许可他人披露了隐私，曾经的隐私就不再是隐私，他人进一步传播该信息的，不会侵犯隐私权（但有可能侵犯其他权利，如名誉权、肖像权）。

【判断分析】

媒体未征得艾滋病孤儿小兰的同意，发表了一篇关于小兰的报道，将其真实姓名、照片和患病经历公之于众。报道发表后，隐去真实身份开始正常生活的小兰再次受到歧视和排斥。该媒体侵犯了小兰的隐私权。【正确】

六、个人信息保护

个人信息	个人信息，是以电子或者其他方式记录的能够单独或者与其他信息结合识别特定自然人的各种信息。 ①包括自然人的姓名、出生日期、身份证件号码、生物识别信息、住址、电话号码、电子邮箱、健康信息、行踪信息等。 ②不包括匿名化处理后的信息。
知情同意	1. 基于个人同意处理个人信息的，该同意应当由个人在充分知情的前提下自愿、明确作出。 2. 个人信息的处理目的、处理方式和处理的个人信息种类发生变更的，应当重新取得个人同意。 3. 基于个人同意处理个人信息的，个人有权撤回其同意。个人信息处理者应当提供便捷的撤回同意的方式。（不影响撤回前基于个人同意已进行的个人信息处理活动的效力。） 4. 个人撤回同意，个人信息处理者不得以个人不同意处理其个人信息或者撤回同意为由，拒绝提供产品或者服务。处理个人信息属于提供产品或者服务所必需的除外。 5. 未经个人信息处理者同意，受托人不得转委托他人处理个人信息。
合理使用	1. 为订立、履行个人作为一方当事人的合同所必需，或者按照依法制定的劳动规章制度和依法签订的集体合同实施人力资源管理所必需。 2. 为履行法定职责或者法定义务所必需。 3. 为应对突发公共卫生事件，或者紧急情况下为保护自然人的生命健康和财产安全所必需。 4. 为公共利益实施新闻报道、舆论监督等行为，在合理的范围内处理个人信息。 5. 在合理的范围内处理个人自行公开或者其他已经合法公开的个人信息。 【注意】个人明确拒绝的除外；对个人权益有重大影响的，应当取得个人同意。 6. 法律、行政法规规定的其他情形。

续表

敏感个人信息	1. 敏感个人信息：一旦泄露或者非法使用，容易导致自然人的人格尊严受到侵害或者人身、财产安全受到危害的个人信息，包括生物识别、宗教信仰、特定身份、医疗健康、金融账户、行踪轨迹等信息，以及不满十四周岁未成年人的个人信息。 2. 只有在具有特定的目的和充分的必要性，并采取严格保护措施的情形下，个人信息处理者方可处理敏感个人信息。 3. 除处理一般个人信息应当告知的内容外，还应当告知处理敏感个人信息的必要性以及对个人权益的影响。 4. 处理个人敏感信息应当取得个人的单独同意。而处理不满十四周岁未成年人个人信息的，应当取得其父母或者其他监护人的同意。
注意	个人信息中的私密信息，适用有关隐私权的规定；没有规定的，适用有关个人信息保护的规定。

婚姻家庭编

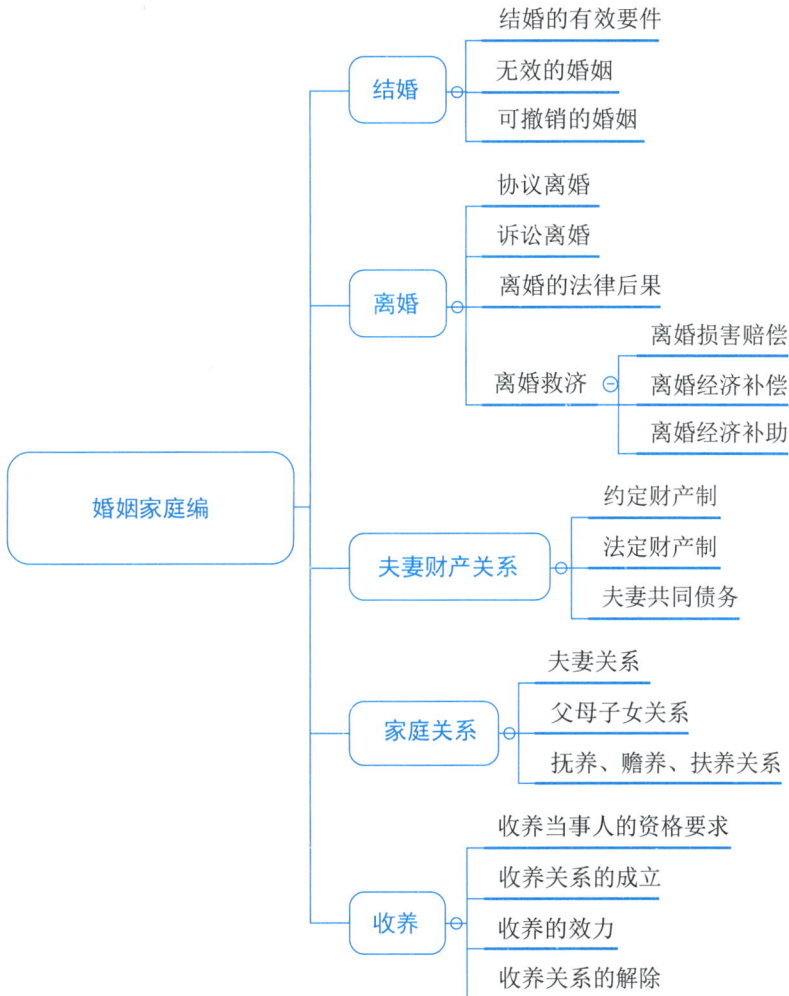

- 婚姻家庭编
  - 结婚
    - 结婚的有效要件
    - 无效的婚姻
    - 可撤销的婚姻
  - 离婚
    - 协议离婚
    - 诉讼离婚
    - 离婚的法律后果
    - 离婚救济
      - 离婚损害赔偿
      - 离婚经济补偿
      - 离婚经济补助
  - 夫妻财产关系
    - 约定财产制
    - 法定财产制
    - 夫妻共同债务
  - 家庭关系
    - 夫妻关系
    - 父母子女关系
    - 抚养、赡养、扶养关系
  - 收养
    - 收养当事人的资格要求
    - 收养关系的成立
    - 收养的效力
    - 收养关系的解除

第一章
结 婚

【重点】婚姻的无效与可撤销

一、结婚的有效要件

实质要件	积极条件	1. 男女双方完全自愿； 2. 男女双方均达法定年龄（男≥22周岁，女≥20周岁）； 3. 双方均无配偶：一夫一妻。
	禁止条件	直系血亲或者三代以内的旁系血亲禁止结婚：既包括自然血亲又包括拟制血亲（养父母子女、有扶养关系的继父母子女）。 1. 直系血亲：指具有直接血缘关系的亲属，即生育自己和自己所生育的上下各代亲属。如父母与子女、祖父母与孙子女、外祖父母与外孙子女等。 2. 旁系血亲：指具有间接血缘关系的亲属，即非直系血亲而在血缘上和自己同出一源的亲属。"三代以内旁系血亲"的算法：以自己为一代，向上推算出与对方的共同祖辈，三辈之内数到共同祖辈的，即为"三代以内的旁系血亲"。如堂/表兄弟姐妹。
形式要件		1. 结婚登记：双方亲自申请结婚登记，婚姻关系自结婚登记完成之时确立。 2. 未办理结婚登记的，应当补办，婚姻关系自双方均符合结婚的实质要件时起算。 【注意】当事人以结婚登记程序存在瑕疵为由提起民事诉讼，主张撤销结婚登记的，告知其可以依法申请行政复议或提起行政诉讼。
同居关系		1. 认定：未办理结婚登记而持续、稳定地共同居住的男女。
		2. 同居关系起诉的处理： （1）无论同居的一方是否有配偶，当事人提起诉讼仅请求解除同居关系的，人民法院不予受理；已经受理的裁定驳回起诉。 （2）因同居期间财产分割或者子女抚养纠纷起诉的，法院应当受理。
		3. 同居期间所生子女属于亲生子女，适用父母子女的规定；双方共同取得的财产属于按份共有（婚姻关系中属于共同共有），一方个人取得财产归个人所有。
彩礼返还		按照习俗给付的彩礼，属于以下三种情形的，当事人有权要求返还： 1. 双方未办理结婚登记手续； 2. 双方办理结婚登记手续但确未共同生活； 3. 婚前给付并导致给付人生活困难。 以上2、3项须以双方离婚为条件。

二、无效的婚姻

无效婚姻，是指因违反了法律规定的结婚的实质要件而自始不具有法律效力的瑕疵情形。

（一）无效事由（法定 3 种情形）与可以请求确认无效的申请人

无效情形	重婚	有禁止结婚的亲属关系	未达到法定婚龄
申请人	当事人、近亲属、基层组织	当事人、近亲属	当事人、未达法定婚龄者的近亲属
可否补正（转为有效）	否	否	可（未达法定婚龄情形在提起诉讼时已经消失的，法院不予宣告无效）
注意	夫妻一方或者双方死亡后，生存一方或者利害关系人可以请求确认婚姻无效。		

（二）无效婚姻的宣告（必须经法院宣告）

宣告机关	申请人只能向法院申请宣告婚姻无效（不得向婚姻登记机关申请）。
审理规则	1. 起诉理由：当事人以重婚、有禁止结婚的亲属关系、未达法定婚龄这 3 种以外的情形申请宣告婚姻无效的，法院应当判决驳回当事人的诉讼请求。
	2. 起诉时间：无时间限制。法院受理后，原告申请撤诉的，不予准许。
	3. 当事人的诉讼地位： （1）利害关系人起诉的，利害关系人为原告，婚姻当事人双方为被告；夫妻一方死亡的，生存一方为被告。 （2）重婚导致婚姻无效的案件，涉及财产处理的，应当准许合法婚姻当事人作为有独立请求权的第三人参加诉讼。
	4. 审理方式： （1）法院对婚姻效力的审理不适用调解，应当作出判决；确属无效婚姻的，应当告知当事人无效的情形，并依法作出确认婚姻无效的判决。 （2）对涉及财产分割和子女抚养的，可以调解并另行制作调解书，调解不成的应一并判决。
	5. 审理原则： 就同一婚姻分别受理请求确认婚姻无效与离婚诉讼的，请求确认婚姻无效案件先作出判决后再审理离婚案件。 （1）若经审理婚姻有效，再审理离婚诉讼； （2）若经审理婚姻无效，不再审理离婚诉讼；婚姻无效后涉及财产分割和子女抚养的部分，继续审理。

续表

法律效果	1. 婚姻自始没有法律约束力，当事人不具有夫妻的权利和义务； 【注意】婚姻在被宣告无效时，才确定该婚姻自始不受法律保护。即使婚姻不满足结婚的实质要件，但是未经法院依法宣告婚姻无效，不得径行认定婚姻无效。
	2. 当事人成为同居关系，所生子女成为非婚生子女，与婚生子女享有同等的权利；
	3. 同居期间所得的财产，为共同共有，但有证据证明为一方所有的除外；
	4. 婚姻被宣告无效的，无过错方有权请求损害赔偿。

【判断分析】

甲与乙登记结婚3年后，乙向法院请求确认该婚姻无效。乙提出的下列哪一理由可以成立？(2011-3-22，单选)

A. 乙登记结婚的实际年龄离法定婚龄相差2年【错误。3年后，起诉时未达婚龄的情形已消失，婚姻有效。】

B. 甲婚前谎称是海归博士且有车有房，乙婚后发现上当受骗【错误。欺诈不是婚姻无效的法定事由。】

C. 甲与乙是表兄妹关系【正确。三代以内旁系血亲属于禁止结婚的亲属关系，婚姻无效。】

D. 甲以揭发乙父受贿为由胁迫乙结婚【错误。受胁迫不是无效婚姻的事由。】

三、可撤销的婚姻

撤销事由	胁迫	一方患有重大疾病，在结婚登记前未如实告知另一方
撤销权人	受胁迫一方	未被告知情况的一方
申请时间	胁迫行为终止之日起1年内；被非法限制人身自由的，自恢复人身自由之日起1年内（不适用最长5年除斥期间的规定）	自知或应知撤销事由之日起1年内
撤销机关	法院	
撤销后果	同无效婚姻法律效果	
损害赔偿	婚姻被撤销的，无过错方有权请求损害赔偿	

【判断分析】

甲男与乙女通过网聊恋爱，后乙提出分手遭甲威胁，乙无奈遂与甲办理了结婚登记。婚后二人关系融洽，甲提出不再强留，愿意给乙自由，乙表明愿意继续维系婚姻关系。两年后，甲乙感情破裂，乙随即以受胁迫为由，向法院请求撤销该婚姻【错误。受胁迫的婚姻可撤销，但乙未在甲胁迫行为终止后1年内请求撤销婚姻，撤销权消灭，婚姻终局有效。】

第二章

离 婚

【重点】离婚冷静期、探望权、离婚损害赔偿

一、协议离婚

概念	协议离婚，是在夫妻双方能够对离婚、子女抚养、财产分割等事项达成一致，在婚姻登记机关办理离婚手续，从而解除婚姻关系的一种方式。 【注意】协议离婚须有合法的婚姻关系且双方均为完全民事行为能力人。一方或者双方为无、限制民事行为能力人的，只能诉讼离婚。
程序	1. 双方订立书面离婚协议，并亲自到婚姻登记机关申请离婚登记。
	2. 离婚冷静期：①自婚姻登记机关收到离婚登记申请之日起30日内，任何一方不愿意离婚的，可以向婚姻登记机关撤回离婚登记申请。②期限届满后30日内，双方应当亲自到婚姻登记机关申请发给离婚证；未申请的，视为撤回离婚登记申请。 【注意】离婚冷静期仅适用于协议离婚。
	3. 婚姻登记机关经审查双方确实是自愿离婚，并已经对子女抚养、财产分割等事项达成一致的，予以登记并发给离婚证。
离婚财产分割协议	1. 当事人离婚后，因履行财产分割协议发生纠纷提起诉讼的，法院应当受理。
	2. 男女双方协议离婚后反悔，请求变更或者撤销财产分割协议的，法院应当受理。法院审理后，未发现协议订立时存在欺诈、胁迫等情形的，应当依法驳回当事人的诉讼请求。
	3. 当事人达成的以协议离婚或者到人民法院调解离婚为条件的财产以及债务处理协议，如果双方离婚未成，一方在离婚诉讼中反悔的，法院应当认定该财产以及债务处理协议没有生效，并根据实际情况依法判决。 例：甲男乙女因感情破裂协议离婚，签订了一份离婚协议，内容为：房产归女方，100万现金和汽车归男方，50元夫妻共同债务由男方清偿。后甲母不准许甲离婚，甲遂反悔。乙提起离婚诉讼，诉讼中甲拒绝按照离婚协议分割财产，故此协议未生效。

二、诉讼离婚

概念	诉讼离婚，是指夫妻一方向法院提起离婚诉讼，法院依法通过调解或判决而解除婚姻关系的离婚方式。
调解先行	法院审理离婚案件，应当进行调解。如果感情确已破裂，调解无效的，应当准予离婚。

续表

法定离婚事由	1. **不忠**：重婚或与他人同居；
	2. **暴力**：实施家庭暴力或虐待、遗弃家庭成员的；
	3. **恶习**：有赌博、吸毒等恶习屡教不改的；
	4. **分居**：因感情不和分居满二年的；
	5. **失踪**：一方被宣告失踪；
	6. **生育**：夫妻双方因是否生育发生纠纷，致使感情确已破裂；（夫以妻擅自中止妊娠侵犯其生育权为由请求损害赔偿的，法院不予支持）
	7. 经法院判决不准离婚后，双方又分居满一年，一方再次提起离婚诉讼的。
诉讼离婚限制	1. 女方在怀孕期间、分娩后一年内或中止妊娠后六个月内，男方不得提出离婚。例外：（1）女方可以提出离婚；（2）法院认为确有必要受理男方离婚请求。（如孩子非亲生）
	2. 现役军人的配偶未经军人同意，不得离婚；例外：军人一方有重大过错。
	3. 判决不准离婚和调解和好的离婚案件，没有新情况、新理由，原告在6个月内又起诉离婚的，法院不予受理。（被告可以起诉）
	4. 原告撤诉或者按撤诉处理的离婚案件，没有新情况、新理由，原告在6个月内又起诉离婚的，人民法院不予受理。（被告可以起诉）
	5. 诉讼离婚原则上不能代理。但是，无民事行为能力人的配偶被撤销监护资格后，变更后的监护人可以代理无民事行为能力一方提起离婚诉讼。

三、离婚的法律后果

抚养权归属	1. **不满2周岁**：原则上归母亲抚养；
	2. **已满2周岁**：以有利子女为原则；
	3. **已满8周岁**：应当尊重子女真实意愿。
	离婚不影响父母与子女之间的关系，不管子女由谁抚养，仍是父母双方的子女。
抚养费负担	1. 不与子女共同生活的一方应当负担部分或全部抚养费（协商），协商不成的，法院判决；
	2. 子女在必要时有权向父母任何一方提出支付超出协议或判决数额的抚养费；有下列情形之一，子女要求有负担能力的父或者母增加抚养费的，法院应予支持： （1）原定抚养费数额不足以维持当地实际生活水平； （2）因子女患病、上学，实际需要已超过原定数额； （3）有其他正当理由应当增加。
	3. 父母不得因子女变更姓氏而拒付抚养费。父或母擅自把子女姓氏改为继母或继父姓氏引起纠纷的，应当责令恢复原姓氏。

续表

探望权	离婚后，不直接抚养子女的父或母，有探望子女的权利，另一方有协助的义务。拒不协助的，法院可依法采取拘留、罚款等强制措施，但是不能对子女的人身、探望行为进行强制执行。
	1. 行使探望权的时间、方式由当事人协商，协商不成，由法院判决；
	2. 若法院生效判决中未涉及探望权，可单独就探望权提起诉讼；
	3. 探望权的行使不利于子女身心健康的，由法院根据当事人的申请中止探望权。中止探望的情形消失后，法院根据当事人的请求书面通知其恢复探望权。
	4. 未成年子女、直接抚养子女的父或者母以及其他对未成年子女负担抚养、教育、保护义务的法定监护人，有权向人民法院提出中止探望的请求。
财产分割	1. 原则：协议处理；协议不成的，由法院按照照顾子女、女方和无过错方权益的原则判决。
	2. 离婚时，夫妻一方隐藏、转移、变卖、毁损、挥霍夫妻共同财产，或者伪造夫妻共同债务企图侵占另一方财产的，对该方可以少分或者不分。离婚后，另一方发现有上述行为的，可以向法院提起诉讼，请求再次分割夫妻共同财产。请求再次分割夫妻共同财产的诉讼时效为3年，从当事人发现之日起计算。
	【注意】婚姻关系存续期间，有下列情形之一的，夫妻一方可以向人民法院请求分割共同财产： 1. 一方有隐藏、转移、变卖、毁损、挥霍夫妻共同财产或者伪造夫妻共同债务等严重损害夫妻共同财产利益的行为； 2. 一方负有法定扶养义务的人患重大疾病需要医治，另一方不同意支付相关医疗费用。

【判断分析】

乙起诉离婚时，才得知丈夫甲此前已着手隐匿并转移财产。关于甲、乙离婚的财产分割，下列哪一选项是错误的？（2016-03-18，单选）

A. 甲隐匿转移财产，分割财产时可少分或不分【正确】

B. 就履行离婚财产分割协议事宜发生纠纷，乙可再起诉【正确】

C. 离婚后发现甲还隐匿其他共同财产，乙可另诉再次分割财产【正确】

D. 离婚后因发现甲还隐匿其他共同财产，乙再行起诉不受诉讼时效限制【错误。请求再次分割夫妻共同财产的诉讼时效期间为三年，从当事人发现之日起计算。】

四、离婚救济

离婚损害赔偿	
成立条件	1. 存在法定事由（法定重大过错）： 重婚；与他人同居；实施家庭暴力；虐待、遗弃家庭成员；有其他重大过错。
	2. 双方离婚： （1）婚姻关系存续期间，当事人不起诉离婚而单独请求赔偿损害，法院不予受理； （2）诉讼离婚的，判决不准离婚，法院对损害赔偿请求不予支持。
	3. 请求损害赔偿一方为无过错方，被请求人为过错一方。 【注意】过错仅指法定重大过错；双方都有过错，不可主张；第三人不承担责任（如即使第三者知道夫妻一方有配偶，也无需承担责任。）

续表

请求时间	1. 无过错方作为原告的，离婚损害赔偿请求应当在诉讼离婚中一并提出，离婚后不能提。
	2. 无过错方作为被告的，原则上应在离婚诉讼中提出。但存在以下例外： （1）如果被告不同意离婚，也没有提起损害赔偿请求的，可以在离婚后单独提起诉讼； （2）一审时被告未提出损害赔偿请求，二审期间提出的： ①法院应当进行调解，调解不成的，告知当事人在离婚后另行起诉。 ②双方当事人同意由二审法院一并审理的，二审法院可以一并裁判。
	3. 登记离婚后可以起诉赔偿损害，除非无过错方在协议离婚时已经明确表示放弃该项请求。
注意	1. 赔偿范围包括物质损害和精神损害。 2. 婚姻关系存续期间，夫妻一方擅自处分共同所有的房屋造成另一方损失，离婚时另一方可以请求赔偿物质损害。

离婚经济补偿

条件	夫妻一方因抚育子女、照料老年人、协助另一方工作等负担较多义务的，离婚时有权向另一方请求补偿。
方式	由双方协议；协议不成时，由法院判决。

离婚经济帮助

条件	离婚时一方生活困难，另一方有负担能力。 生活困难指： （1）依靠个人财产和离婚时分得的财产无法维持当地基本生活水平； （2）一方离婚后没有住处的。
方式	1. 由双方协议；协议不成时，由法院判决。 2. 具体方式： （1）将其房屋所有权转移给对方或者在其房屋上为对方设立居住权。 （2）一次性或者定期支付一定的金钱、财物。 （3）承担照顾对方生活的义务。

【判断分析】

王某与周某结婚时签订书面协议，约定婚后所得财产归各自所有。周某婚后即辞去工作在家奉养公婆，照顾小孩。王某长期在外地工作，后与李某同居，周某得知后向法院起诉要求离婚。周某的下列哪些请求可以得到法院的支持？（2004-03-61，多选）

A. 由于自己为家庭生活付出较多义务，请求王某予以补偿【正确。周某照顾家庭较多，可以请求王某补偿。】

B. 由于自己专门为家庭生活操持，未参加工作，请求法院判决确认双方约定婚后所得归各自所有的协议显失公平，归于无效【错误。夫妻对婚姻关系存续期间所得的财产以及婚前财产的约定，对双方具有法律约束力。】

C. 由于离婚后生活困难，请求王某给予适当帮助【正确。离婚时，如果一方生活困难，有负担能力的另一方应当给予适当帮助。】

D. 由于王某与他人同居导致双方离婚，请求王某给予损害赔偿【正确。王某与他人同居，导致离婚，周某作为无过错方有权要求赔偿。】

第三章
夫妻财产关系

【重点】夫妻共同财产与个人财产、夫妻共同债务与个人债务

一、约定财产制

约定财产制，是指夫妻双方可以约定婚前财产或婚后财产归各自所有、共同所有或者部分各自所有、部分共同所有。

1. 形式

夫妻约定财产制必须采用书面形式。没有约定或者约定不明确的，适用法定财产制。

2. 约定效力

（1）对内：对夫妻双方具有法律约束力，约定财产制优先于法定财产制。

（2）对外：不得对抗善意第三人。约定归各自所有，夫或者妻一方对外所负的债务，第三人知道该约定的，以夫或者妻一方的个人财产清偿。（夫妻一方负有证明"第三人知道该约定"的证明责任）。

【示例】甲乙为夫妻，婚后签订协议约定所有财产都归甲所有，债务都由乙承担。乙向不知情的朋友丙借款 50 万元用于夫妻共同经营。甲乙离婚后，丙可以要求甲和乙共同偿还借款，协议对丙没有约束力。

二、法定财产制

法定财产制，是指夫妻双方在对婚前、婚后财产关系都没有约定或约定无效时，直接适用法律规定的夫妻财产制度。

夫妻共同财产	夫妻个人财产
婚姻关系存续期间所得的下列财产： 1. 工资、奖金、其他劳务报酬； 2. 生产、经营、投资的收益； 3. 知识产权的收益（包括实际取得或者已经明确可以取得的财产性收益）； 4. 继承、受赠所得财产（遗嘱或赠与合同中确定只归一方的财产除外）； 5. 婚后，父母为双方购置房屋出资的，视为对双方的赠与，除非父母明确表示赠与一方；	1. 一方的婚前财产； 2. 一方因受到人身损害获得的赔偿或者补偿； 3. 遗嘱或者赠与合同中确定只归一方的财产； 4. 一方专用的生活用品； 5. 军人的伤亡保险金、伤残补助金、医药生活补助费； 6. 婚前，父母为双方购置房屋出资的，该出资应认定为对自己子女个人的赠与，除非父母明确表示赠与双方；

续表

夫妻共同财产	夫妻个人财产
6. 婚姻存续期间，实际取得或者应当取得的住房补贴、住房公积金、养老保险金、破产安置补偿费； 7. 由一方婚前承租、婚后用共有财产购买，登记在一方名下的房屋； 8. 夫妻一方个人财产在婚后产生的收益，除孳息和自然增值外，应认定为夫妻共同财产。	7. 一方婚前签订不动产买卖合同，以个人财产支付首付款并在银行贷款，婚后用夫妻共同财产还贷，不动产登记于首付款支付方名下的，除离婚时双方另有约定，原则上认为该不动产归登记一方。

【注意】
1. 夫妻一方的个人财产，不因婚姻关系的延续而转化为夫妻共同财产，除非另有约定。
2. 婚前或者婚姻关系存续期间，当事人约定将一方所有的房产赠与另一方或者共有，赠与方在赠与房产变更登记之前撤销赠与，另一方请求判令继续履行的，人民法院可以按照赠与人任意撤销权的规定处理。

【判断分析】

甲乙夫妻的下列哪一项婚后增值或所得，属于夫妻共同财产？（2013-3-23，单选）

A. 甲婚前承包果园，婚后果树上结的果实【错误。果树是婚前财产，属于甲的个人财产，婚后果树上结的果实属于该财产产生的天然孳息，不属于共同财产。】

B. 乙婚前购买的1套房屋升值了50万元【错误。婚前个人所有的房屋，自然增值的部分仍是个人财产。】

C. 甲用婚前的10万元婚后投资股市，得利5万元【正确。投资股市得利是个人财产产生的其他收益，属于夫妻共同财产。】

D. 乙婚前收藏的玉石升值了10万元【错误。婚前个人所有的玉石，自然增值的部分仍是个人财产。】

三、夫妻共同债务

【重点法条】

《民法典》第1064条【夫妻共同债务的认定】夫妻双方共同签名或者夫妻一方事后追认等共同意思表示所负的债务，以及夫妻一方在婚姻关系存续期间以个人名义为家庭日常生活需要所负的债务，属于夫妻共同债务。

夫妻一方在婚姻关系存续期间以个人名义超出家庭日常生活需要所负的债务，不属于夫妻共同债务；但是，债权人能够证明该债务用于夫妻共同生活、共同生产经营或者基于夫妻双方共同意思表示的除外。

（一）夫妻共同债务与个人债务的认定

共同债务（共同意思表示/共同生活）	个人债务（非共同意思表示/非共同生活）
1. 双方共同签字或一方事后追认等共同意思表示所负的债务； 2. 婚内以个人名义为家庭日常生活需要所负的债务；	1. 夫妻书面约定夫妻财产分别所有，婚姻期间，一方以个人名义负债，且债权人知道夫妻双方存在该约定的； 2. 夫妻一方与第三人恶意串通，虚构债务的；
3. 婚内以个人名义超出家庭日常生活需要所负的债务，但债权人能证明该债务用于夫妻共同生活、共同生产经营或者基于夫妻双方共同意思表示的债务； 4. 夫妻一方婚前以个人名义所负的债务，但债权人能够证明所负债务用于婚后家庭共同生活的债务。	3. 夫妻一方从事赌博、吸毒等违法活动所负债务； 4. 一方在婚姻期间以个人名义超出家庭日常生活需要所负债务，债权人不能证明债务用于夫妻共同生活、共同生产经营或者基于夫妻共同意思表示。

（二）夫妻共同债务的清偿

1. 离婚（或配偶一方死亡）时，夫妻共同债务按下列步骤清偿：

以夫妻共同财产进行清偿>协议清偿>双方承担连带清偿责任

【注意】夫妻关于共同债务分担的约定对内有效，对外没有法律约束力。一方就夫妻共同债务对债权人承担清偿责任后，有权按照内部约定向另一方追偿。

2. 当事人的离婚协议或者法院生效判决、裁定、调解书已经对夫妻财产分割问题作出处理的，债权人仍有权就夫妻共同债务向男女双方主张权利。

一方就夫妻共同债务承担清偿责任后，主张由另一方按照离婚协议或者人民法院的法律文书承担相应债务的，人民法院应予支持。

3. 夫或者妻一方死亡的，生存一方应当对婚姻关系存续期间的夫妻共同债务承担清偿责任。

【判断分析】

黄某与唐某自愿达成离婚协议并约定财产平均分配，婚姻关系存续期间的债务全部由唐某偿还。经查，黄某以个人名义在婚姻存续期间向刘某借款 10 万元用于购买婚房。下列哪一表述是正确的？（2011-3-21，单选）

A. 刘某只能要求唐某偿还 10 万元【错误。黄某以个人名义在婚姻存续期间向刘某借款，但该借款用于购买婚房，属于用于夫妻共同生活，故该债务应按夫妻共同债务处理。夫妻双方关于债务分担的约定对内有效，对外无效。因此，刘某既可以要求唐某偿还，也可以要求黄某偿还。】

B. 刘某只能要求黄某偿还 10 万元【错误】

C. 如黄某偿还了 10 万元，则有权向唐某追偿 10 万元【正确。夫妻双方关于债务分担的约定对内有效，因此黄某有权全额向唐某追偿。】

D. 如唐某偿还了 10 万元，则有权向黄某追偿 5 万元【错误】

第四章

家庭关系

【重点】夫妻日常家事代理权、亲子关系的确认与否认之诉

一、夫妻关系

1. 夫妻在婚姻家庭关系中地位平等。

2. 夫妻有相互扶养义务；有相互继承遗产的权利。

3. 夫妻双方互相有日常家事代理权。

（1）夫妻一方因家庭日常生活需要而实施的民事法律行为（如交电费、买家用物品等），对夫妻双方发生效力，但是夫妻一方与相对人另有约定的除外。

（2）夫妻之间对一方可以实施的民事法律行为范围的限制，不得对抗善意相对人。

二、父母子女关系

（一）生父母子女关系

1. 夫妻双方一致同意进行人工授精，所生子女视为婚生子女。

2. 亲子关系的确认与否认

（1）对亲子关系有异议且有正当理由的，父或母可以向法院起诉请求确认或否认亲子关系；成年子女可以向法院起诉，请求确认亲子关系。

【注意】父或母可以请求确认或者否认亲子关系，但是成年子女只能请求确认亲子关系。（即使非亲生，但不可否认养育之恩）

（2）父或母向法院起诉请求否认亲子关系，并已提供必要证据证明的，另一方没有相反证据又拒绝做亲子鉴定的，法院可以认定否认亲子关系一方主张成立。

（3）父或母以及成年子女起诉请求确认亲子关系的，并已提供必要证据证明的，另一方没有相反证据又拒绝做亲子鉴定的，法院可以认定确认亲子关系一方主张成立。

（二）继父母子女关系

继父或者继母和受其抚养教育的继子女间的权利义务关系，适用父母子女关系的规定。

三、抚养、赡养、扶养关系

（一）父母子女之间

1. 父母对"未成年子女"或者"不能独立生活的成年子女"有抚养义务。

【说明】不能独立生活的成年子女包括：尚在校接受高中及其以下学历教育，或者丧失、部分丧失劳动能力等非因主观原因而无法维持正常生活的成年子女。

2. 成年子女对"缺乏劳动能力"或者"生活困难的父母"有赡养义务。

（二）祖孙之间

1. 有负担能力的祖父母、外祖父母，对于父母已经死亡或者父母无力抚养的未成年孙子女、外孙子女，有抚养的义务。

2. 有负担能力的孙子女、外孙子女，对于子女已经死亡或者子女无力赡养的祖父母、外祖父母，有赡养的义务。

（三）兄弟姐妹之间

1. 有负担能力的兄、姐，对于父母已经死亡或者父母无力抚养的未成年弟、妹，有扶养的义务。

2. 由兄、姐扶养长大且有负担能力的弟、妹，对于缺乏劳动能力又缺乏生活来源的兄、姐，有扶养的义务。

第五章
收 养

【重点】本章内容了解即可。

一、收养当事人的资格要求

被收养人	应为<u>未成年人</u>，包括： 1. 丧失父母的孤儿； 2. 查找不到生父母的未成年人； 3. 生父母有特殊困难无力抚养的子女。
送养人	三种：①孤儿的监护人；②儿童福利机构；③有特殊困难无力抚养子女的生父母。
	注意： 1. 未成年人的父母均<u>不具备完全民事行为能力</u>且<u>可能严重危害</u>该未成年人的，该未成年人的监护人可以将其送养。 2. 生父母送养子女，应当双方<u>共同送养</u>。生父母一方不明或者查找不到的，可以单方送养。 3. 监护人送养孤儿的，应当征得有抚养义务的人同意。
收养人	应当<u>同时具备</u>下列条件： 1. <u>无子女或者只有一名</u>子女； 2. 有抚养、教育和保护被收养人的能力； 3. 未患有在医学上认为不应当收养子女的疾病； 4. 无不利于被收养人健康成长的违法犯罪记录； 5. <u>年满 30 周岁</u>。
	注意： 1. 无配偶者收养异性子女的，收养人与被收养人的年龄应当相差<u>四十周岁</u>以上。 2. 有配偶者收养子女，应当夫妻<u>共同收养</u>。 3. 配偶一方死亡，另一方送养未成年子女的，<u>死亡一方的父母</u>有优先抚养的权利。 4. 无子女的收养人可以收养<u>两名子女</u>；有子女的收养人<u>只能收养一名</u>子女（收养<u>孤儿、残疾未成年人</u>或者<u>儿童福利机构抚养的查找不到生父母的未成年人</u>除外）。
	<u>放松限制的特殊情形</u>： 1. 收养<u>三代以内旁系同辈血亲的子女</u>：不要求送养的父母有特殊困难无力抚养，不要求年龄差 40 周岁。<u>华侨</u>收养三代以内旁系同辈血亲的子女，进一步放松限制，不要求收养人无子女或者只有一名子女。 2. 收养继子女：经<u>继子女的生父母同意</u>即可，不受任何其他限制。

二、收养关系的成立

1. 收养、送养双方自愿，且要征得 8 周岁以上被收养人的同意。仅涉外收养必须签订书面收养协议。

2. 收养应当向县级以上人民政府民政部门登记，收养关系自登记之日起成立。

3. 收养查找不到生父母的未成年人的，办理登记的民政部门应当在登记前予以公告。

三、收养的效力

1. 自收养关系成立之日起，养父母与养子女、养子女与养父母的近亲属间的权利义务关系，和亲生子女一样。

2. 养子女与生父母以及其他近亲属间的权利义务关系，因收养关系的成立而消除。

3. 养子女可以随养父或者养母的姓氏，经当事人协商一致，也可以保留原姓氏。

4. 无效的收养行为自始没有法律约束力。

四、收养关系的解除

1. 被收养人成年前：①收养人、送养人双方可以协议解除（养子女八周岁以上的，应当征得本人同意）；②收养人不得单方解除；③送养人可以单方解除的情形：收养人不履行抚养义务，有虐待、遗弃等侵害未成年养子女合法权益行为。

2. 被收养人成年后：养父母与成年养子女关系恶化、无法共同生活的，可以协议解除收养关系。

3. 解除收养登记：当事人协议解除收养关系的，应当到民政部门办理解除收养关系登记。

4. 收养关系解除的法律后果

（1）身份关系：养子女与养父母以及其他近亲属间的权利义务关系即行消除，与生父母以及其他近亲属间的权利义务关系自行恢复。但是，成年养子女与生父母以及其他近亲属间的权利义务关系是否恢复，可以协商确定。

（2）财产关系：

①生父母要求解除收养关系的，养父母可以要求生父母适当补偿收养期间支出的抚养费；但是，因养父母虐待、遗弃养子女而解除收养关系的除外。

②经养父母抚养的成年养子女，对缺乏劳动能力又缺乏生活来源的养父母，应当给付生活费。因养子女成年后虐待、遗弃养父母而解除收养关系的，养父母可以要求养子女补偿收养期间支出的抚养费。

继承编

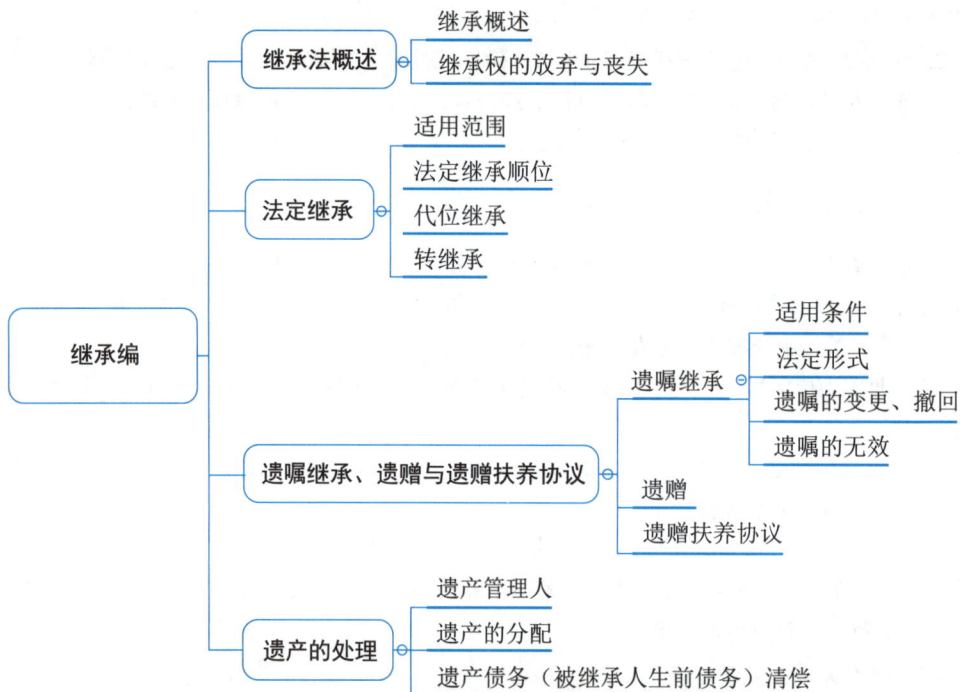

第一章

继承法概述

【重点】死亡推定、继承权的放弃与丧失

继承，是指自然人死亡时遗留的个人合法财产，由法律规定的或者由死者指定的人取得其所有权的制度。其中，死者死亡时遗留的个人合法财产是遗产；死者是被继承人；依法取得遗产的人是继承人、受遗赠人或者酌情分得遗产的人。

一、继承概述

主体	继承人只能是自然人（法人、非法人组织、集体、国家只能成为受遗赠人）。
客体 （遗产范围）	自然人死亡时遗留的个人合法财产。 不属于遗产： 1. 被继承人死亡后其亲属应得的死亡赔偿金、抚恤金； 2. 土地承包经营权、宅基地使用权。 例外可以作为遗产：承包收益；林地的土地承包经营权；通过招标、拍卖、公开协商等方式取得的对四荒地的土地经营权。 【注意】夫妻共有财产的一半属于配偶，另外一半属于遗产。
继承的开始	继承从被继承人死亡时开始。 【死亡推定】相互有继承关系的几个人在同一事件中死亡，如不能确定死亡先后时间： 1. 推定没有继承人的人先死亡（"没有继承人"是指，除了与其在同一事件中死亡的相互有继承关系的人以外，该人没有其他继承人）； 2. 死亡人各自都有继承人的（指除了与其在同一事件中死亡的相互有继承关系的人以外，该人还有其他继承人）： （1）几个死亡人辈份不同，推定长辈先死亡； （2）几个死亡人辈份相同，推定同时死亡，相互不发生继承，由他们各自的继承人分别继承。 【总结】无继先死，长辈先死，同辈同死。例：甲与乙系夫妻，有两个女儿。某日甲乙带小女儿外出旅游，发生车祸全部遇难，但无法确定死亡的先后时间。①甲乙和小女儿都有其他继承人，即大女儿，不适用"无继先死"。②推定甲和乙作为长辈先死，且互不继承；小女儿作为晚辈后死。

二、继承权的放弃与丧失

（一）继承权的放弃

时间	继承开始后，遗产分割前。 （遗产分割后，放弃的不是继承权，而是财产所有权）
方式	1. 以书面形式向遗产管理人或者其他继承人明示放弃。 继承开始后，遗产分割前，未明示放弃的，视为接受继承。 2. 在诉讼中，向法院口头表示放弃继承的，应当制作笔录，由放弃继承的人签名。
效力	1. 放弃继承的效力，溯及至继承开始时。 2. 继承人因放弃继承权，致其不能履行法定义务的，放弃继承权的行为无效。
反悔	1. 遗产处理前，或者在诉讼进行中，继承人对放弃继承反悔的，由法院根据其提出的具体理由，决定是否承认。 2. 遗产处理后，继承人对放弃继承反悔的，不予承认。

（二）继承权的丧失

继承权的丧失，是指继承人因有法律规定的违法行为而依法丧失继承资格。

丧失继承权的法定事由	继承权的恢复
1. 故意杀害被继承人（不论既遂与否）；	绝对丧失：被继承人在遗嘱中将其列为继承人的，遗嘱无效。
2. 为争夺遗产而杀害其他继承人；	
3. 遗弃被继承人，或者虐待被继承人，情节严重；	相对丧失：继承人确有悔改表现，被继承人表示宽恕或者事后在遗嘱中将其列为继承人的，该继承人不丧失继承权。
4. 伪造、篡改、隐匿或者销毁遗嘱，情节严重；	
5. 以欺诈、胁迫手段迫使或者妨碍被继承人设立、变更或者撤回遗嘱，情节严重。	
注意：受遗赠人有第1项至第5项行为的，绝对丧失受遗赠权。（不适用宽恕）	

【判断分析】

下列哪一行为可引起放弃继承权的后果？（2011-3-23，单选）

A. 甲口头放弃继承权，本人承认【错误。放弃继承权应当以书面形式作出。】

B. 乙在遗产分割前书面表示放弃继承权【正确】

C. 李某以不再赡养父母为前提，书面表示放弃其对父母的继承权【错误。继承人因放弃继承权，致其不能履行法定义务的，放弃继承权的行为无效。】

D. 赵某与父亲共同发表书面声明断绝父子关系【错误。断绝父母子女关系的行为违反公序良俗，不引起放弃继承权的后果。】

第二章
法定继承

【重点】 法定继承顺位、代位继承与转继承

法定继承，是由法律直接规定继承人的范围、继承顺位以及遗产分配规则的继承方式。

一、适用范围

法定继承的前提是无遗嘱、遗赠和遗赠扶养协议。此外，以下五种情形也按照法定继承处理：

1. 遗嘱继承人放弃继承或受遗赠人放弃遗赠；
2. 遗嘱继承人丧失继承权或者受遗赠人丧失受遗赠权；
3. 遗嘱继承人、受遗赠人先于遗嘱人死亡或者终止；
4. 遗嘱无效部分所涉及的遗产；
5. 遗嘱未处分的遗产。

二、法定继承顺位

（一）不同顺位法定继承人的范围

第一顺位法定继承人的范围
1. 配偶。同居关系、婚姻被宣告无效或撤销的双方当事人互不享有继承权。
2. 父母。包括：①生父母；②养父母；③形成扶养关系的继父母。 **【注意】** 生父母对已被他人收养的亲生子女不享有继承权；继父母继承了继子女遗产的，不影响其继承生子女的遗产。
3. 子女。包括：①婚生/非婚生子女；②养子女；③形成扶养关系的继子女。 **【注意】** 养子女对生父母不享有继承权；继子女继承了继父母遗产的，不影响其继承生父母的遗产。
4. 对公婆、岳父母尽了主要赡养义务的丧偶儿媳、丧偶女婿：无论是否再婚。
5. 胎儿。遗产分割时，应当保留胎儿的继承份额，胎儿娩出时是死体的，保留的份额按照法定继承办理。
6. 代位继承人。被继承人的子女先于被继承人死亡的，由被继承人的子女的直系晚辈血亲代位继承。

续表

第二顺位法定继承人的范围
1. 兄弟姐妹。包括：同父同母、同母异父或同父异母的兄弟姐妹、养兄弟姐妹、形成扶养关系的继兄弟姐妹（继兄弟姐妹之间相互继承了遗产的，不影响其继承亲兄弟姐妹的遗产）。
2. 祖父母、外祖父母。
3. 代位继承人。被继承人的兄弟姐妹的子女代位继承的，为第二顺位法定继承人。

（二）继承规则

1. 不同顺位：法定继承开始后，有第一顺位继承人继承的，第二顺位继承人不继承；没有第一顺位继承人继承的，由第二顺位继承人继承。

2. 同一顺位

原则	同一顺位继承人继承的份额，一般应当均等（继承人协商一致，也可不均等）。
例外	1. 对生活有特殊困难又缺乏劳动能力的继承人，分配遗产时，应当予以照顾；
	2. 对被继承人尽了主要扶养义务或与被继承人共同生活的继承人，分配遗产时，可以多分；
	3. 有扶养能力和条件而不尽扶养义务的继承人，应当不分或少分；
	4. 法院对故意隐匿、侵吞或者争抢遗产的继承人，可以酌情减少其应继承的遗产。

遗产酌分：继承人以外，依靠被继承人扶养的人或对被继承人扶养较多的人，可以分给适当的遗产。①分得的遗产可以多于或者少于继承人。②有权酌分遗产的人在其依法取得被继承人遗产的权利受到侵犯时，有权以独立的诉讼主体资格向法院提起诉讼。

【示例】 甲的妻子乙因车祸失去行动能力瘫痪在床，大儿子丙和两位老人共同生活，小女儿丁收入丰厚，但她认为父母重男轻女，拒绝赡养二老。甲还有一位远房叔叔戊，依靠甲扶养。甲死亡后，在分配遗产时：①应适当照顾乙，与甲共同生活的丙可以多分，丁应不分或少分；②戊不是继承人，但他依靠甲扶养，适当分给遗产。

【判断分析】

1. 甲的女儿五年前病故，女婿乙一直与甲共同生活，尽了主要赡养义务。甲的继子丙虽然与其无扶养关系，但也不时从外地回来探望。甲还有一丧失劳动能力的养子丁。甲过世，乙丙丁均可以继承甲的遗产。【错误。丧偶女婿乙尽到了主要赡养义务，属于第一顺序法定继承人；继子丙和甲没有形成扶养关系，不属于继承人；养子丁属于第一顺序法定继承人。故丙不可以继承甲的遗产。】

2. 钱某与胡某婚后生有子女甲和乙，后钱某与胡某离婚，甲、乙归胡某抚养。胡某与吴某结婚，当时甲已参加工作而乙尚未成年，乙跟随胡某与吴某居住，后胡某与吴某生下一女丙，吴某与前妻生有一子丁。钱某和吴某先后去世，下列哪些说法是正确的？（2009-3-68，多选）

A. 胡某、甲、乙可以继承钱某的遗产【错误。胡某与钱某已离婚，不再有配偶的身份，故

胡某不能继承钱某的遗产；甲乙作为钱某的子女可以继承。】

B. 甲和乙可以继承吴某的遗产【错误。继父母与继子女之间继承关系的存在必须以扶养关系的存在为前提。胡某与吴某结婚时，甲已参加工作，并未与吴某形成扶养关系，故甲不能继承吴某的遗产。】

C. 胡某和丙可以继承吴某的遗产【正确。胡某是吴某的配偶，丙是吴某的子女，均有权继承。】

D. 乙和丁可以继承吴某的遗产【正确。胡某与吴某结婚时，乙尚未成年并共同居住，作为继子女已形成扶养关系，故乙有权继承吴某遗产；丁是吴某的亲生子女，可以继承。】

三、代位继承

含义	法定继承中，被继承人的子女或兄弟姐妹先于被继承人死亡的，由被继承人的子女的直系晚辈血亲或者被继承人的兄弟姐妹的子女代位继承其应继承份额。 其中，先于被继承人死亡的继承人叫做被代位继承人（被代位人）；代替被代位继承人继承遗产的人叫做代位继承人。
条件	1. 法定继承。
	2. 被继承人的子女或兄弟姐妹先于被继承人死亡。
	3. 被继承人的子女或兄弟姐妹未丧失继承权。
效果	1. 被继承人的子女的直系晚辈血亲（无辈数限制）或者被继承人的兄弟姐妹的子女代位继承其应继承份额，继承顺位保持不变。 【注意1】被继承人的子女包括生子女、养子女、已形成扶养关系的继子女；子女的直系晚辈血亲包括生子女、养子女（不包括已形成扶养关系的继子女）。 【注意2】丧偶儿媳对公婆，丧偶女婿对岳父母，尽了主要赡养义务的，作为第一顺序继承人。无论其是否再婚，都不影响其子女代位继承。
	2. 代位继承人缺乏劳动能力又没有生活来源，或者对被继承人尽过主要赡养义务的，分配遗产时，可以多分。
	3. 继承人丧失继承权的，其晚辈直系血亲不得代位继承。如该代位继承人缺乏劳动能力又没有生活来源，或者对被继承人尽赡养义务较多的，可以适当分给遗产。

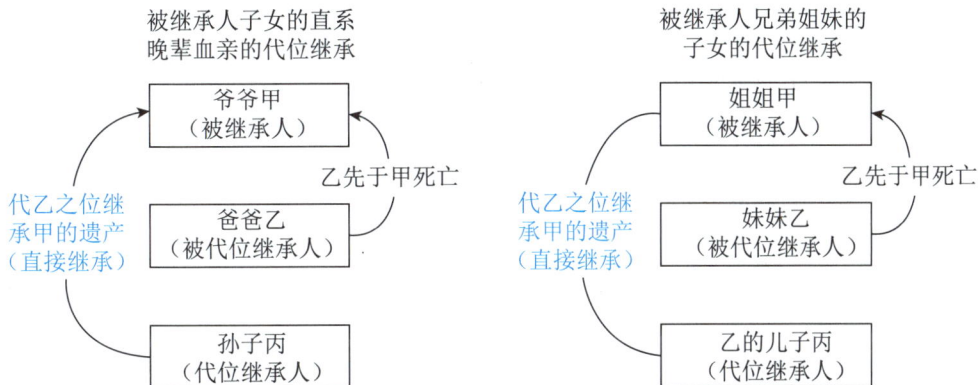

被继承人子女的直系
晚辈血亲的代位继承

被继承人兄弟姐妹的
子女的代位继承

爷爷甲
（被继承人）

代乙之位继
承甲的遗产
（直接继承）

乙先于甲死亡

爸爸乙
（被代位继承人）

孙子丙
（代位继承人）

姐姐甲
（被继承人）

代乙之位继
承甲的遗产
（直接继承）

乙先于甲死亡

妹妹乙
（被代位继承人）

乙的儿子丙
（代位继承人）

注意：直系晚辈血亲代位继承中，代位继承人不受辈分限制；
被继承人甲的孙子女、外孙子女、曾孙子女、外曾孙子女都可以代位继承

四、转继承

含义	转继承，是指继承人在继承开始后，遗产分割前死亡，其应继承的遗产转由他的继承人继承的制度。 【注意】发生了两次继承，即先由继承人继承，再由继承人的法定继承人继承。
适用范围	法定继承、遗嘱继承、遗赠。
条件	1. 继承人在继承开始后，遗产分割前死亡；
	2. 继承人未丧失继承权，也未放弃继承权。
效果	继承人应取得的被继承人的遗产份额成为其遗产，由其法定继承人继承。

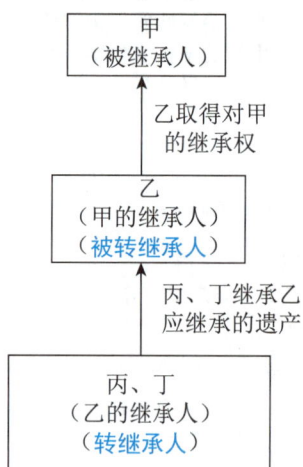

【比较】代位继承 VS 转继承

	代位继承	转继承
适用范围	法定继承	法定继承、遗嘱继承、遗赠
本质	一次继承（继承权的转移）	两次继承
继承人定位不同	代位继承人是被继承人的继承人	转继承人是继承人的继承人
发生时间	继承人先于被继承人死亡	继承人在继承开始后、遗产分割前死亡
权利主体	1. 被继承人子女的直系晚辈血亲（无辈数限制） 2. 被继承人兄弟姐妹的子女	所有合法继承人

【示例】甲死后留有一套房屋和存款10万。甲育有两女，老大早年已故，留下一子乙，老二在给甲治丧期间，因车祸意外身亡，留下一子丙。①老大的儿子乙代位继承其母亲应继承的遗产份额，是甲的继承人；②老二的儿子丙转继承其母亲应继承的份额，是老二的继承人。

第三章

遗嘱继承、遗赠与遗赠扶养协议

【重点】遗嘱形式、遗嘱的撤回、遗嘱的无效

第一节　遗嘱继承

一、适用条件

1. 被继承人立有有效遗嘱。

2. 遗嘱继承人没有放弃、丧失继承权，也未先于被继承人死亡。

【注意】遗嘱继承人只能是法定继承人中的一人或数人。

二、法定形式

自书遗嘱	遗嘱人亲笔书写，签名，注明年、月、日。
	【注意】遗书中涉及死后个人财产处分的内容，能确认是死者真实意思表示，本人签名并注明了年、月、日，又无相反证据的，按自书遗嘱处理。
代书遗嘱	1. 两个以上见证人在场见证。
	2. 遗嘱人口述，其中一个见证人代书。
	3. 遗嘱人确认无误后，代书人、其他见证人、遗嘱人共同签名，注明年、月、日。
打印遗嘱	1. 遗嘱人书写并打印遗嘱，两个以上见证人在场见证。
	2. 遗嘱人和见证人应当在遗嘱每一页签名，注明年、月、日。
录音录像遗嘱	1. 两个以上见证人在场见证。
	2. 遗嘱人和见证人应当在录音录像中记录其姓名或者肖像，以及年、月、日。
口头遗嘱	1. 在危急情况下，有两个以上见证人在场见证，见证人应当记录遗嘱内容（无法当场记录的，可事后补记），记录人、其他见证人应当签名，注明年、月、日。
	2. 危急情况解除后，遗嘱人能以书面或者录音录像形式立遗嘱的，所立的口头遗嘱无效。
公证遗嘱	由遗嘱人经公证机构办理。
	公证遗嘱不具有最高效力：遗嘱人实施与公证遗嘱内容相反的行为或订立其他形式遗嘱视为撤回或变更在先的公证遗嘱。

续表

不得担任见证人	1. 无民事行为能力人或限制民事行为能力人以及其他不具有见证能力的人； 2. 继承人、受遗赠人； 3. 与继承人、受遗赠人存在利害关系的人（包括债权人、债务人、共同经营的合伙人）。

三、遗嘱的变更、撤回

遗嘱人可以撤回、变更自己所立的遗嘱。

1. 明示方式：遗嘱人在后订立的遗嘱中，明确表示撤回或变更先前遗嘱。

2. 推定方式：

（1）立有数份遗嘱，内容相抵触的，以最后的遗嘱为准。

（2）立遗嘱后，遗嘱人实施与遗嘱内容相反的民事法律行为的，视为对遗嘱相关内容的撤回。

四、遗嘱的无效

1. 遗嘱人立遗嘱时无或限制民事行为能力；

2. 受欺诈、胁迫所立遗嘱；

3. 伪造的遗嘱；

4. 被篡改部分的遗嘱内容；

5. 处分国家、集体、他人所有的财产的遗嘱部分；

6. 未对缺乏劳动能力又没有生活来源的继承人保留必要的遗产的份额（特留份）。

【注意】第1-3项导致遗嘱全部无效；第4-6项仅导致遗嘱相应部分无效。

【判断分析】

甲有一子一女，二人请了保姆乙照顾甲。甲为感谢乙，自书遗嘱，表示其三间房屋由两个子女平分，所有现金都赠给乙。后甲又立下书面遗嘱将其全部现金分给两个子女。不久甲去世。下列哪些选项是错误的？（2007-03-69，多选）

A. 甲的前一遗嘱无效【错误。第一份遗嘱和第二份遗嘱均有效。不过，由于第二份遗嘱修改了第一份遗嘱的部分内容（即对于现金的分配），第一份遗嘱关于现金的部分无效，关于房屋的部分有效。】

B. 甲的后一遗嘱无效【错误】

C. 所有现金应归甲的两个子女所有【正确。现金应按照第二份遗嘱进行分配。】

D. 所有现金应归乙所有【错误】

第二节　遗赠

1. 受遗赠的对象

受遗赠人只能是国家、集体、组织或者法定继承人以外的个人。

2. 遗赠的接受

受遗赠人应当在知道受遗赠后 60 日内，作出接受或者放弃受遗赠的表示；到期没有表示的，视为放弃受遗赠。

【比较】继承开始后，遗产分割前，继承人未明示放弃的，视为接受继承。

3. 附义务的遗赠

（1）遗赠附有义务的，受遗赠人应当履行义务。

（2）受遗赠人没有正当理由不履行义务的，经利害关系人或者有关组织请求，人民法院可以取消其接受附义务部分遗产的权利。

第三节　遗赠扶养协议

自然人可以与继承人以外的组织或者个人签订遗赠扶养协议。按照协议，该组织或者个人承担该自然人生养死葬的义务，享有受遗赠的权利。

1. 遗赠扶养协议的当事人＝遗赠人＋扶养人

【注意】遗赠扶养协议是双方法律行为，须经遗赠人与扶养人协商一致；遗赠属于单方法律行为，依遗赠人单方的意思表示即可成立。

2. 扶养人可以是受扶养人的继承人以外的组织或者个人。

（1）扶养人和遗赠人不得存在法定扶养权利义务关系。

（2）孙子女、外孙子女原则上可以作为祖父母、外祖父母的扶养人；例外，不得作为扶养人：有负担能力的孙子女、外孙子女，对于子女已经死亡或者子女无力赡养的祖父母、外祖父母，有赡养的义务。例：甲 80 岁，由其 50 岁的女儿赡养。其 25 岁的外孙女丙对甲并无赡养义务，可以作为扶养人。

3. 扶养人的扶养义务在遗赠人生前生效；财产的赠与在遗赠人死后生效。

如果遗赠人在死亡前即将财产转移给扶养人，则该行为应定性为赠与合同。

4. 扶养人无正当理由不履行生养死葬的义务，导致协议解除的，不能享有受遗赠的权利，其支付的供养费一般不予补偿；遗赠人无正当理由不履行，导致协议解除的，则应当偿还扶养人已支付的供养费用。

【判断分析】

1. 梁某已八十多岁，老伴和子女都已过世，年老体弱，生活拮据，欲立一份遗赠扶养协议，死后将三间房屋送给在生活和经济上照顾自己的人。梁某的外孙子女、侄子、侄女及干儿子等都争着要做扶养人。这些人中谁不应作遗赠扶养协议的扶养人？（2004-03-16，单选）

A. 外孙子女【正确。有负担能力的孙子女、外孙子女，对于子女已经死亡或者子女无力赡养的祖父母、外祖父母，有赡养的义务。】

B. 侄子【错误】

C. 侄女【错误】

D. 干儿子【错误】

2. 甲与保姆乙约定：甲生前由乙照料，死后遗产全部归乙。乙一直细心照料甲。后甲女儿丙回国，与乙一起照料甲，半年后甲去世。丙认为自己是第一顺序继承人，且尽了义务，主张

甲、乙约定无效。下列哪一表述是正确的？（2012-03-24，单选）

    A. 遗赠扶养协议有效【正确。甲与乙的协议应当认定为遗赠扶养协议，该协议有效，甲的遗产应当归乙所有。】

    B. 协议部分无效，丙可以继承甲的一半遗产【错误】

    C. 协议无效，应按法定继承处理【错误】

    D. 协议有效，应按遗嘱继承处理【错误。遗赠扶养协议是双方法律行为，不是遗嘱。】

第四章 遗产的处理

【重点】遗产分配顺序、遗产债务清偿

一、遗产管理人

确定	1. 继承开始后，遗嘱执行人为遗产管理人； 2. 没有遗嘱执行人的，继承人应当及时推选遗产管理人； 3. 未推选的，由继承人共同担任遗产管理人； 4. 没有继承人或者继承人均放弃继承的，由被继承人生前住所地的民政部门或者村民委员会担任遗产管理人。
指定	对遗产管理人的确定有争议的，利害关系人可以向人民法院申请指定。
职责	1. 清理遗产并制作遗产清单； 2. 向继承人报告遗产情况； 3. 采取必要措施防止遗产毁损； 4. 处理被继承人的债权债务； 5. 按照遗嘱或者依照法律规定分割遗产； 6. 实施与管理遗产有关的其他必要行为。
责任	因故意或者重大过失造成继承人、受遗赠人、债权人损害的，应当承担民事责任。
报酬	遗产管理人可以依照法律规定或者按照约定获得报酬。

二、遗产的分配

1. 被继承人死亡后，按照下列顺序处理遗产：遗赠扶养协议>遗嘱继承、遗赠>法定继承。与遗赠扶养协议抵触的遗嘱部分或者全部无效。

2. 无人继承又无人受遗赠的遗产，归国家所有，用于公益事业。

死者生前是集体所有制组织成员的，遗产归所在集体所有制组织所有。

三、遗产债务（被继承人生前债务）清偿

1. 限定继承

（1）继承人以所得遗产实际价值为限承担被继承人生前债务；

（2）超过遗产实际价值部分的债务，继承人可以不偿还，也可以自愿偿还。

【注意】放弃继承的继承人，对被继承人生前债务无需偿还。

319

2. 清偿顺序

（1）特留份优先于债务清偿：先为缺乏劳动能力又没有生活来源的继承人保留必要的遗产份额，剩余的再用于清偿债务。

（2）首先由法定继承人用所得遗产清偿；不足部分，由遗嘱继承人和受遗赠人按比例以所得遗产清偿。

【注意】遗赠扶养协议中的扶养人不承担债务清偿责任。